DAS DEUTSCHE TRAUMA

Heinrich Jaenecke

DAS DEUTSCHE TRAUMA

Die Geschichte der Teilung – Legende und Wirklichkeit

Herausgeber: Klaus Liedtke
Programmleitung: Dr. Manfred Leier
Lektorat: Gisela Merz-Busch
Graphische Gestaltung: Hans-Günther Meyer
Verlagsleitung: Peter Schlickenrieder
Produktion: Bernd Bartmann
Druckzentrale G + J
Druck: Mohndruck, Gütersloh

Erweiterte und aktualisierte Neuauflage des 1974
unter dem Titel „Dreißig Jahre und ein Tag" erschienenen Buches
1. Auflage 1989
ISBN 3-570-03258-2

INHALT

VORBEMERKUNG

»Es gibt zwei deutsche Staaten, und zwei sollen es bleiben.« Der Satz stammt von einem westeuropäischen Demokraten, dem italienischen Staatsmann Giulio Andreotti. Er löste damit vor einiger Zeit eine erbitterte Debatte in der Bundesrepublik aus. Die Empörung auf der einen und das Unverständnis über die Empörung auf der anderen Seite zeigten schlaglichtartig, wie wenig die deutsche Teilung verarbeitet worden ist, bei uns wie bei unseren Nachbarn.

Dabei sind mehr als vier Jahrzehnte seit Gründung der Bundesrepublik und der DDR vergangen. Die beiden Nachfolgestaaten des Deutschen Reiches, als Spaltprodukte des kalten Krieges entstanden, existieren bald so lange wie das kaiserliche Deutschland und mehr als doppelt so lange wie die Weimarer Republik und der Hitlerstaat zusammen. Die »Wiedervereinigung« ist offiziell ad acta gelegt, Bonn und Ostberlin haben sich nach Jahrzehnten der Konfrontation gegenseitig als »voneinander unabhängige Staaten« anerkannt – ein Modus vivendi der Unvereinbarkeiten.

Doch die deutsch-deutsche Koexistenz bleibt ein prekärer Burgfrieden. Die ungelöste nationale Frage schwelt nach wie vor unter der Oberfläche. Die Teilung ist das Trauma der deutschen Politik geblieben, im Osten wie im Westen. Beide Staaten sind damit bis heute nicht fertig geworden. Beide haben bis heute nicht zu einer eigenen Identität gefunden, die DDR noch weniger als die Bundesrepublik. Beide gründen ihre Existenz auf die Verdrängung der Teilung.

Verdrängungen pflegen jedoch zu unerwarteter Zeit und in unerwarteter Weise wieder aufzubrechen, und es scheint, als träfe dies auch auf die deutsche Frage zu. Die revolutionären Veränderungen im Osten haben Bewegung in die europäische Szene gebracht. Der Ruf nach Überwindung der Blöcke wird lauter. Die DDR sieht sich der schwersten Belastungsprobe ihrer Geschichte ausgesetzt. Die Anzeichen für eine existentielle Krise des sozialistischen deutschen Staates mehren sich.

Damit stellt sich die Frage nach den Ursprüngen der Teilung: Wie kam es dazu – wer wollte sie – und warum?

Das vorliegende Buch geht diesen Fragen nach. Es erschien in erster Fassung vor 15 Jahren. Die Zeit hat eine Überarbeitung und Aktualisierung notwendig gemacht. Die letzten Kapitel sind völlig neu geschrieben worden. Doch die Absicht des Buches blieb davon unberührt: Es will nicht Partei nehmen, sondern helfen, den Blick auf die von Propaganda und Gegenpropaganda verzerrte Geschichte der deutschen Teilung freizumachen.

Eine Zusammenstellung der wichtigsten Dokumente, Erklärungen und Vereinbarungen über die Teilung findet der Leser im Anhang. Vieles bleibt freilich noch im dunkeln, da vor allem die ostdeutschen und sowjetischen Quellen noch immer nicht zugänglich sind. Eines ist allerdings klar: Die deutsche Teilung war kein rascher Schritt, kein von den Siegern nach vorgefaßtem Plan vollstrecktes Urteil, sondern ein langer Prozeß voller Widersprüche und Irrtümer auf beiden Seiten. Ein Prozeß, an dem die Deutschen ebensoviel Anteil hatten wie die Alliierten.

Am Schluß bleibt die Frage, ob die Teilung von Dauer ist. Die Antwort kann niemand geben. Sicher ist nur, daß die Windstille, die lange Zeit über der deutschen Frage lag, vorbei ist. Eine neue Unruhe ist aufgebrochen. Sie wird desto stärker werden, je anachronistischer einer neuen Generation die Nachkriegsstrukturen erscheinen. Die Zeit, als die deutsche Teilung ein Element zur Stabilisierung Europas war, geht dem Ende entgegen.

I. KAPITEL

DER KOLOSS WIRD ZERTRÜMMERT

»Wir alle fürchteten die Macht eines geeinten Deutschlands.«

Winston Churchill

1. DEUTSCHLAND TEILEN – ABER WIE?

Am 15. März 1943 meldete das Oberkommando der Wehrmacht seit langer Zeit wieder einen Sieg von der Ostfront: »Nach tagelangen, harten Kämpfen haben Verbände der Waffen-SS, von der Luftwaffe tatkräftig unterstützt, die Stadt Charkow in umfassendem Angriff von Norden und Osten zurückerobert. Die Verluste des Gegners sind noch nicht zu übersehen. Südöstlich und nördlich der Stadt bis in den Raum von Bjelgorod warfen unsere angreifenden Divisionen den Feind weiter nach Osten zurück. Die Luftwaffe vernichtete an der Ostfront bei nur zwei eigenen Verlusten 64 Sowjetflugzeuge.«

Auch vom anderen Ende der Welt hatte das Führerhauptquartier gute Nachricht: »Wie durch Sondermeldung bekanntgegeben, schlugen unsere Unterseeboote weiter zu. Sie griffen an der Ostküste Südamerikas einen stark gesicherten Geleitzug an. Sieben Dampfer mit 49 000 BRT wurden versenkt, ein weiterer torpediert, dessen Sinken wegen starker Abwehr nicht beobachtet werden konnte. Außerdem wurden weitere sieben Schiffe mit 43 000 BRT in den übrigen Operationsgebieten des Atlantiks versenkt.

Damit beendeten wieder insgesamt 14 Schiffe mit 92 000 BRT ihre Fahrt für England auf dem Grund des Meeres.«

Es war das vierte Kriegsjahr. Noch immer beherrschte Hitler den europäischen Kontinent vom Nordkap bis Sizilien. Aber die Erfolgsmeldungen konnten den Niedergang seiner Macht nicht mehr verschleiern. Der Wendepunkt des Krieges war erreicht. Stalingrad hatte die Kraft der deutschen Armee im Osten gebrochen, in Nordafrika waren die Reste der deutsch-italienischen Truppen auf einem letzten Brückenkopf in Tunesien zusammengedrängt, und in Deutschland selbst verwandelten sich die Großstädte unter dem täglichen Bombenhagel der Engländer und Amerikaner allmählich in Ruinenfelder. Das Ende des »Dritten Reiches« war nur noch eine Frage der Zeit – und einiger Millionen Toter. Die Führer der Westmächte hielten die Zeit für reif, sich über ihre Friedenspläne zu verständigen.

Am gleichen Tag, als das deutsche Oberkommando die Rückeroberung der ukrainischen Industriemetropole Charkow meldete, dinierte der amerikanische Präsident Franklin D. Roosevelt im Weißen Haus mit dem britischen Außenminister Anthony Eden. Die beiden Männer sprachen über die Zeit nach Hitler. Roosevelts Berater und Vertrauter Harry Hopkins zeichnete die Unterhaltung auf:

»Eden sagte, das Wichtigste, über das wir uns in einem Gedankenaustausch einigen müßten, sei die Frage, ob wir Deutschland nach dem Krieg als Einheit behandeln oder in verschiedene unabhängige Staaten aufbrechen sollten. Nach seinen Gesprächen mit den Russen sei er sicher, daß Stalin darauf bestehen werde, Deutschland aufzuteilen. Der Präsident sagte, er hoffe nicht, daß wir die in Versailles diskutierten und von Clemenceau befürworteten Methoden zur willkürlichen Teilung Deutschlands benutzen würden. Wir sollten vielmehr die Gegensätze und Bestrebungen innerhalb Deutschlands zu einer separatistischen Bewegung fördern und eine Teilung gutheißen, die der deutschen Volksmeinung entspreche.«

Hopkins fragte, was man denn zu tun gedenke, wenn diese spontane Bewegung ausbleibe. Darauf erklärten beide, der Präsident und Eden, »daß Deutschland unter allen

Umständen in mehrere Staaten geteilt werden müsse. Einer davon müsse in jedem Fall Preußen sein. Den Preußen dürfe nicht mehr gestattet werden, ganz Deutschland zu beherrschen.«

Als Roosevelt und Eden das Thema zwei Tage später beim Tee wieder aufgriffen, drängte Harry Hopkins auf konkrete Beschlüsse. Denn bisher gebe es noch nicht einmal eine Vereinbarung zwischen Engländern, Amerikanern und Sowjets, wessen Armee bei Kriegsende wo stehen und welche Art Verwaltung in Deutschland errichtet werden solle. Wenn die Alliierten nicht schnell und sicher reagierten, würde Deutschland »entweder kommunistisch werden oder in einen völlig anarchischen Zustand verfallen«. Hopkins schlug deshalb vor, das US-Außenministerium mit der Ausarbeitung eines Planes zu beauftragen, über den man sich mit den Russen auf einer Konferenz verständigen könne.

Roosevelt und Eden stimmten zu. Es war die Geburtsstunde alliierter Nachkriegspolitik.

Bis dahin hatten sich die Verbündeten nur auf ihr unmittelbares Kriegsziel geeinigt: die »bedingungslose Kapitulation« (Unconditional Surrender) Deutschlands. Diese Formel war neu in der modernen Kriegsgeschichte. Sie war ein Rückgriff auf die Rituale urgeschichtlicher Stammesfehden. Denn die »bedingungslose Kapitulation« meinte nicht nur bedingungslose Feuereinstellung, militärische Waffenstreckung also, sondern totale Übergabe der politischen Herrschaftsgewalt an die Sieger, Unterwerfung »auf Gnade oder Ungnade«, wie es im Mittelalter hieß.

Das Motiv für die »Unconditional Surrender«-Formel war freilich nicht alliierter »Ausrottungswille« (wie von der Nazipropaganda unterstellt), sondern Schlußfolgerung aus einer historischen Erfahrung, die sich mit dem Schlagwort »1919« ausdrücken ließ. Denn das traumatische Erlebnis einer ganzen Generation lag weniger im Phänomen Hitler an sich als vielmehr darin, daß dieser Zweite Weltkrieg nur zwanzig Jahre nach Versailles möglich war.

Zu Hitlers Glanzzeiten hatte es auch im Westen Stimmen gegeben, die den Friedensvertrag von 1919 für einen

Fehler hielten: Er sei zu hart und ungerecht gewesen, er habe die Deutschen gedemütigt und ihnen unbezahlbare Reparationen auferlegt, er habe den deutschen Nationalismus angestachelt und im Endeffekt Hitler hervorgebracht. Wäre man in Versailles weniger rachsüchtig gewesen, wäre dieser Mann wahrscheinlich ein unbekannter Sonntagsmaler geblieben.

Nachdem der Sonntagsmaler jedoch in wenigen kurzen Feldzügen ganz Europa unterworfen hatte, seine Flugzeuge London bombardierten und seine U-Boote auf allen Weltmeeren Schiffe versenkten, nachdem seine SS-Truppen zum Synonym für Unmenschlichkeit geworden waren und im verborgenen die größte Tötungsaktion der Weltgeschichte durchführten, schlug die Stimmung um: Versailles war wohl ein kapitaler Fehler gewesen, aber nicht, weil der Vertrag zu hart, sondern weil er zu milde gewesen war, weil er nicht ein für allemal Schluß gemacht hatte mit der deutschen Gefahr.

Die »bedingungslose Kapitulation« zog aus dieser Erfahrung die Konsequenz: Diesmal sollte es überhaupt keine Verhandlungen mit dem Feind mehr geben. Die Alliierten hatten nicht die Absicht, sich auch nur die geringsten Bedingungen stellen zu lassen, und sie wurden in diesem Punkt niemals schwankend. Wenn die Deutschen den Krieg beenden wollten, dann nur, indem die ganze Nation die Hände hoch nahm. Eine Dolchstoßlegende, eine neue Fabel von der »im Felde unbesiegten Armee« sollte nicht entstehen. Niemand sollte je sagen, »eigentlich« hätte Hitler den Krieg ja noch gewinnen können.

Was aber nach dem Tag X mit den unterworfenen Deutschen geschehen sollte, darüber gab es bis 1943 keine alliierten Absprachen. Es gab nur einige unverbindliche, einander widersprechende und zum Teil phantastische Vorstellungen in den Regierungsämtern Londons und Washingtons. Sie hatten jedoch alle eine gemeinsame Ausgangsbasis: Das von Bismarck gegründete, von Hitler in einen straffen Einheitsstaat verwandelte Deutsche Reich durfte den Krieg nicht überleben, weder in seiner geographischen noch in seiner politischen Struktur. Es hatte sich als Unglück für Europa erwiesen.

Von den Regierungschefs entwickelte der britische Premierminister Winston Churchill am frühesten eine Idee zur Teilung Deutschlands. Sie entsprach seinen politischen Denkkategorien, die tief im 19. Jahrhundert wurzelten. Ungeachtet der Tatsache, daß Hitler ein Österreicher und seine engsten Vertrauten Süddeutsche waren, daß die Nazis Deutschland von München und nicht von Berlin aus erobert hatten, hielt Churchill »Preußen« für die Quelle allen Unglücks. So sah sein Plan die Nord-Süd-Teilung Deutschlands vor. Bayern, Österreich und Ungarn sollten zusammen eine »Donau-Föderation« bilden, eine Art Neuauflage der Habsburger Monarchie (freilich ohne Habsburger und ohne Monarchie). Die Norddeutschen seien dann isoliert und ergäben mit »vierzig Millionen Preußen einen europäischen Staatsverband, der leitbar wäre«.

Wann immer Churchill im Verlauf des Krieges mit den Verbündeten über Deutschland sprach, kam er beharrlich auf diesen Plan zurück, obwohl selbst Außenminister Eden immer weniger vom Realismus dieser Idee überzeugt war.

Die gründlichste Deutschland-Planung wurde in der größten Entfernung vom Kriegsschauplatz betrieben – in Washington. Bereits wenige Wochen nach dem japanischen Angriff auf Pearl Harbor, als weder die Dauer noch der Ausgang des Krieges abzuschätzen waren, wurde im State Department ein »Beratungsausschuß für Nachkriegsfragen« eingesetzt. Er bestand nicht nur aus Beamten des Außenministeriums, sondern auch aus unabhängigen Fachleuten, Wissenschaftlern und Publizisten. Von dieser stillen Gruppe sollte bald der nachhaltigste Einfluß auf die alliierte Deutschlandpolitik ausgehen.

Zu Anfang gab es im Ausschuß zwei Gruppen unterschiedlicher Überzeugung: die Anhänger eines »Karthago-Friedens« und die Anhänger eines »milden« Friedens, mit einer anderen Formel: die »Vernichter« und die »Umerzieher«. Die einen hielten jeden Versuch, aus den Deutschen ein normales Volk zu machen, für verschwendete Zeit. Ihre Lösung hieß darum: Nehmen wir den Deutschen ihre

Macht, das heißt ihre Industrie, teilen wir sie in möglichst viele Kleinstaaten auf und kontrollieren wir sie so streng und so lange wie möglich.

Die andere Gruppe sah gerade in dieser Politik eine Gefahr für den Frieden: Ohne die deutsche Industrie werde Europa im Chaos versinken, und die Deutschen selbst würden erst recht auf Revanche sinnen, wenn sie ihrer Lebensgrundlage beraubt und obendrein in Teilstaaten gespalten seien. Man müsse vielmehr versuchen, sie zu demokratischen Verhaltensweisen zu erziehen – wozu allerdings eine strenge und langdauernde Kontrolle notwendig sei. Beide Gruppen waren sich darin einig, daß Deutschland auf Dauer entmilitarisiert werden und sein wirtschaftliches Übergewicht in Europa verlieren müsse.

Professor Philip Mosely, damals wissenschaftlicher Mitarbeiter des State Department und Teilnehmer an den Deutschland-Beratungen, berichtet: »Auf jeden Fall wurde das Für und Wider einer Zerstückelung Deutschlands seit Beginn des Jahres 1942 sorgfältigen Erwägungen unterzogen. Es wurden Pläne für die Aufteilung Deutschlands in drei, fünf und sieben einzelne Staaten entworfen, und die sich daraus ergebenden politischen, wirtschaftlichen und bevölkerungspolitischen Probleme analysiert.«

Im Lauf der Beratungen setzten sich aber allmählich die Argumente der »Karthago«-Gegner durch. »Der Ausschuß kam in seiner Mehrheit zu dem Schluß«, berichtet Mosely, »daß die Zerstückelung entschieden abzulehnen sei, und empfahl eine Politik, durch die eine deutsche Wiederaufrüstung verhindert, die demokratischen Einrichtungen gefördert und die wirtschaftliche Hegemonie Deutschlands in Europa eingedämmt und kontrolliert würde.«

Aber der Ausschuß stand mit dieser Ansicht noch ziemlich allein da. Zwar war Außenminister Cordell Hull ein Gegner der Teilung, aber sein Stellvertreter, Unterstaatssekretär Sumner Welles, zählte zum harten Kern der »Karthago«-Anhänger. Und da Welles stärkeren Einfluß auf Roosevelt besaß als der Außenminister, wurde der Präsident der entschiedenste und mächtigste Befürworter eines »Vernichtungsfriedens«. Unterstützt von seinen persönlichen Beratern entwickelte er Pläne, die denen seiner Fachbeamten entgegengesetzt waren. Bis zu seinem Tode sollten die Diplomaten in London und Moskau das verwirrende Spiel einer doppelten amerikanischen Deutschlandpolitik erleben – die des Präsidenten und die des Außenministeriums.

Dies war der Stand der Deutschland-Diskussion, als die USA und Großbritannien Mitte 1943 den Zeitpunkt für gekommen hielten, mit Stalin über die Zukunft der Welt zu reden und ihm ein dauerhaftes Bündnis anzubieten.

Roosevelts außenpolitische Leitidee war die Neuordnung der Welt unter Führung der »Vereinten Nationen«, besser gesagt: unter Führung der Mächtigsten der Vereinten Nationen. Roosevelt hatte die USA aus der Isolation herausgeführt, und er wollte verhindern, daß sie je wieder dorthin zurückkehrten, denn auch seine Erfahrung ging auf 1919 zurück: Der Rückzug Amerikas hinter den Atlantik hatte einen neuen Weltkrieg heraufbeschworen.

Jetzt war Washington entschlossen, die Rolle des Sheriffs zu übernehmen – nicht nur in Europa, sondern auf dem ganzen chaotischen Planeten. Es war bereit, diese Rolle mit dem Mann im Kreml und mit den beiden Zweitgrößten der Allianz – Großbritannien und China – zu teilen. Als Roosevelt dem britischen Premierminister und dem sowjetischen Generalissimus einige Monate später zum erstenmal erklärte, wie er sich die Funktion der neuen Weltorganisation vorstelle, malte er drei Kreise auf ein Papier. In den einen schrieb er »vierzig vereinte Nationen«, in den zweiten »Exekutiv-Komitee« und in den dritten »vier Polizisten«.

Der Präsident meinte das Angebot an Stalin ernst. Ein Memorandum, das sein Intimus Hopkins Mitte 1943 vorlegte, faßt die Rußland-Politik des Weißen Hauses zusammen: »Da Rußland der entscheidende Kriegsfaktor ist, muß es jede mögliche Hilfe erhalten. Es müssen alle Anstrengungen gemacht werden, um sein Vertrauen zu gewinnen. Da es nach der Niederlage der Achse fraglos Europa beherrschen wird, ist es um so wichtiger, die freundschaftlichsten Beziehungen mit Rußland zu entwickeln.«

Im August 1943 boten Roosevelt und Churchill dem roten Zaren vom kanadischen Quebec aus eine Dreier-Konferenz an. Als Stalin antwortete, er sei zunächst mit einem Treffen der drei Außenminister in Moskau einverstanden, »wurde die Nachricht mit Jubel begrüßt, denn sie bedeutete den Beginn der langersehnten Zusammenarbeit der Großen Drei« (Hopkins).

Bevor Außenminister Hull nach Moskau abreiste, instruierte ihn Roosevelt noch einmal über seine Deutschlandpolitik. Der Präsident hatte seine Meinung seit der Begegnung mit Eden verschärft. Hull: »Er sagte kategorisch, daß er die Teilung des Landes in drei oder mehr völlig souveräne Staaten befürworte. Sie könnten untereinander durch ein Netz von Postverbindungen, Eisenbahnen, gemeinsame Zölle und vielleicht Energieversorgung verbunden sein, obwohl er glaube, daß die Energieversorgung besser auf kontinentaler Basis geregelt werden solle. Die neuen deutschen Staaten sollten keinerlei militärische Tätigkeit einschließlich der Ausbildung und der Waffenherstellung ausüben dürfen. Ostpreußen sollte von Deutschland abgetrennt und alle gefährlichen Bevölkerungs-Elemente zwangsevakuiert werden.«

Als Hull die Argumente der Teilungsgegner erwähnte, meinte der Präsident, sie würden die negativen Folgen der Zerstückelung übertreiben. »Er sagte, er sei durch Deutschland gereist, sei dort zur Schule gegangen und spreche Deutsch. Er verstehe Deutschland besser als wir. Er bestand darauf, daß die Teilung die Lösung war. Das Gespräch wandte sich dann anderen Dingen zu, aber nach einer Weile kam der Präsident plötzlich wieder auf Deutschland zurück und sagte, es sei eigentlich sehr lange her, daß er Deutschland kennengelernt habe, und vielleicht wisse er nicht so viel darüber, wie er dächte. Dann sagte er, die ganze Übergangsperiode werde zwangsläufig voller Experimente und Irrtümer sein, und es könne geschehen, daß wir eines Tages die unmittelbar nach dem Krieg vollzogene Teilung wieder aufgeben müßten.«

Mit diesen Instruktionen begab sich Cordell Hull zwei

Tage später auf die Reise nach Moskau. Es war ein abenteuerliches Unternehmen und für den Chef des State Department in mehrfacher Hinsicht eine Premiere: Zum erstenmal sollten sich die Außenminister der Großen Drei zusammensetzen, zum erstenmal sollte ein amerikanischer Außenminister Moskau besuchen – und zum erstenmal in seinem Leben sollte Cordell Hull ein Flugzeug besteigen, fünf Tage nach seinem 72. Geburtstag. Aber der alte Herr genoß seinen ersten Flug. Er wunderte sich, daß es drei Notausgänge gab und legte gehorsam die Sauerstoffmaske an, als die Maschine, die noch keinen Druckausgleich besaß, auf 3000 Meter Höhe stieg.

Die Reise ging nicht über die direkte Nordatlantikroute, denn noch machten deutsche Flugzeuge den Luftraum zwischen England und Moskau unsicher. Der Außenminister flog südwärts bis Puerto Rico und stieg dort zur Atlantiküberquerung auf den Kreuzer »Phoenix« um. In Casablanca nahm er wieder ein Flugzeug und erreichte schließlich nach Zwischenlandungen in Algier, Kairo und Teheran (wo zwei russische Navigatoren zustiegen) die sowjetische Hauptstadt, elf Tage nach seiner Abreise aus Washington. Hull: »Es war ein kalter Oktobertag, der 18. Die Sonne ging gerade unter.«

Wahrscheinlich kam nie wieder ein amerikanischer Außenminister mit größerem Goodwill nach Moskau. Cordell Hull stand vor der schweren Aufgabe, den Kreml von der Ehrlichkeit des amerikanischen Wunsches nach Zusammenarbeit zu überzeugen, und er selbst war bereit, seinen Gesprächspartnern das Äußerste an Verständnis entgegenzubringen.

»Wir müssen uns erinnern«, schrieb Hull, »daß die Russen ein Vierteljahrhundert eingesperrt und isoliert waren. Und wenn sie in dieser Zeit jemand von draußen über Rußland reden hörten, dann waren es meistens wilde Schmähungen. So wurden sie noch verschlossener und mißtrauischer als gewöhnlich und gleichzeitig aggressiver in ihren Erwiderungen. Sie gewöhnten sich an, auf jeden einzudreschen, der sie herausforderte, und manchmal wüster, als es gerechtfertigt war.«

Gegen dieses sowjetische Syndrom entwickelte Hull eine eigene Therapie: »Fortwährende freundschaftliche Diskussion mit den Russen. Sie zu jedem Punkt konsultieren. Ihnen wieder und wieder die Prinzipien erklären, unter denen nach unserer Meinung friedliche internationale Beziehungen gedeihen konnten. Ihnen klarmachen, daß wir nichts dagegen haben, wenn eine Nation die Vorzüge ihrer Regierungsform – sei es Kommunismus oder Demokratie – propagiert, daß wir aber dagegen sind, wenn eine Nation sich in die inneren Angelegenheiten anderer Völker mischt.«

Vor allem tat Hull, was er konnte, um das sowjetische Mißtrauen gegen eine britisch-amerikanische »Komplizenschaft« innerhalb des frischgebackenen Dreier-Bündnisses zu zerstreuen. Er ging so weit, auf der Hinreise nach Moskau den Wunsch Anthony Edens nach einem Vorgespräch in Kairo abzulehnen. Als dann die beiden westlichen Außenminister auf dem Wege in die sowjetische Hauptstadt zufällig zur gleichen Zeit in Teheran zwischenlandeten, vermied es Hull peinlichst, mit seinem britischen Kollegen mehr als ein paar Höflichkeitsfloskeln zu wechseln.

Gleich nach seiner Ankunft in Moskau machte Hull seinen Standpunkt in dieser Frage klar: »Ich sagte Molotow, was ich schon Eden gesagt hatte, daß ich eine Zusammenarbeit der drei Länder auf vollkommen gleichberechtigter Grundlage anstrebte und daß es deshalb keinerlei Geheimnis zwischen zweien von uns geben dürfte. Ich sei bereit, den Rest meines Lebens dieser Zusammenarbeit zu widmen.« Wjatscheslaw Molotow sagte, er sei bereit, alles für das gleiche Ziel zu tun.

Nachdem man sich so über die Prinzipien der Zusammenarbeit geeinigt hatte, wandte man sich den Sachproblemen zu. Als Deutschland zur Debatte stand, sorgte Cordell Hull für eine Überraschung. Er präsentierte seinen unvorbereiteten Kollegen den ersten detaillierten amerikanischen Plan »zur Frage, was unserer Meinung nach mit und in Deutschland geschehen sollte«.

Als besondere Geste des Vertrauens zeigte Hull das Papier zuerst seinem sowjetischen Kollegen Molotow. »Ich zog das Dokument aus meiner Rocktasche und reichte es ihm mit den Worten: ›Dies ist kein formeller Vorschlag der Vereinigten Staaten, sondern eher eine persönliche Anregung, über die wir beide uns unterhalten können. Wenn Sie einverstanden sind, können wir dann mit Eden darüber reden und hören, was er dazu meint. Ich kann das zu meinem Konferenz-Vorschlag machen, aber Sie können es auch zu Ihrem machen.‹«

Hull hatte Molotow gegenüber diplomatisch untertrieben. Was er nonchalant aus der Tasche gezogen hatte, war keineswegs eine »persönliche Anregung«, sondern die Frucht monatelanger Arbeit. Es war die Deutschland-Studie des State Department. Sie enthielt die wesentlichen Grundzüge aller späteren alliierten Vereinbarungen:

- Deutschland muß eine Kapitulationsurkunde unterzeichnen, mit der es seine totale Niederlage anerkennt.
- Ganz Deutschland wird von alliierten Truppen besetzt.
- Eine alliierte Kontrollkommission übt die vorläufige Regierungsgewalt aus.
- Deutschland wird entmilitarisiert und entnazifiziert.
- Die deutsche Kriegsindustrie wird zerstört. Eine langfristige Kontrolle verhindert, daß sie wieder aufgebaut wird.
- Deutschland leistet Wiedergutmachung für die Kriegsschäden. (Die USA verzichten für sich selbst auf Reparationen.)
- Die Kriegsverbrecher werden bestraft.
- Deutschland wird dezentralisiert und demokratisiert.

Nur zur Frage der Teilung Deutschlands äußerte sich das Papier angesichts der Divergenzen zwischen Weißem Haus und State Department zurückhaltend. Hull: »Wir sagten, es gebe noch keinen Hinweis, ob die Niederlage den Trend zur politischen Einheit in Deutschland stärken oder zur spontanen Bildung mehrerer Teilstaaten führen werde.« Mündlich ergänzte der Minister sein Papier durch den vorsichtigen Hinweis, »in hohen Kreisen der Vereinigten Staaten« bestünde eine »allgemeine Neigung zur Zerteilung Deutschlands«.

Molotow fragte Hull, ob er das Dokument über Nacht mitnehmen dürfe, um es zu studieren. Hull willigte ein: »Am nächsten Tag kam Molotow mit strahlendem Gesicht zurück. ›Ich habe es Stalin gezeigt‹, sagte er, ›er ist begeistert. Es drückt die russischen Ansichten so treffend aus, daß es von uns stammen könnte. Wir haben die gleichen Gedanken, wir haben sie nur noch nicht formuliert. Stalin würde dies gern zu einem sowjetischen Vorschlag machen.‹ Ich war einverstanden.«

Stalins Freude war begreiflich. Die amerikanische Initiative war offensichtlich nicht gegen die sowjetischen Interessen gerichtet, und sie enthob den Kreml der Mühe, selbst einen Deutschlandplan zu entwerfen.

Die Haltung des Sowjetführers zur Deutschland-Frage war immer schwankend gewesen, und sie blieb es bis zu seinem Tode. Einen konkreten russischen Vorschlag gab es während des Krieges überhaupt nicht. In der Teilungsfrage redete Stalin seinen westlichen Gesprächspartnern mehr oder weniger nach dem Munde. So hatte er sich schon 1941 Churchills Pläne angehört und sich vage für die Loslösung des Rheinlandes ausgesprochen. Aber dann hatte er alles wieder mit seinem berühmten Tagesbefehl an die Rote Armee vom 23. Februar 1942 zurückgenommen: »Es wäre lächerlich, die Hitler-Clique mit dem deutschen Volke, mit dem deutschen Staat gleichzusetzen. Die Erfahrungen der Geschichte besagen, daß die Hitler kommen und gehen, aber das deutsche Volk, der deutsche Staat bleibt.«

Mag sein, daß dies eine leere Propagandaformel war. Doch jedesmal, wenn es auf einer Deutschland-Konferenz zum Schwur kommen sollte, zögerte Stalin, einer Teilung zuzustimmen. So fand denn Washingtons erstes Deutschland-Papier seinen ungeteilten Beifall, gerade weil es die Frage der Teilung offen ließ und die übrigen Regelungen sowjetischen Wünschen entgegenkamen.

Damit wurde das amerikanische Memorandum das erste und wichtigste Arbeitspapier für eine Expertengruppe, die die drei Außenminister in Moskau aus der Taufe hoben, die »Beratende Europa-Kommission« (European Advisory Commission = EAC). Sie sollte konkrete Pläne für die Besetzung und Nachkriegsverwaltung Deutschlands ausarbeiten. Die EAC bezog ihren Sitz im Londoner Foreign Office. Dort wurde von nun an im geheimen vorbereitet, was am Tage X in Deutschland Wirklichkeit werden sollte.

Die Außenminister einigten sich auch darauf, was am Tage X unter »Deutschland« zu verstehen sei: nämlich das Reich in den Grenzen von 1937 minus Ostpreußen, das an Polen gehen sollte. Alle Vorkriegserwerbungen Hitlers, einschließlich der Eingliederung Österreichs, seien als null und nichtig zu betrachten. Damit waren die ersten territorialen Vorentscheidungen gefallen.

»Als ich die Maschine nach Hause bestieg«, schreibt Hull, »hatte ich das sichere Gefühl, daß in Moskau Großes erreicht worden war.« Der erste Schritt zur gemeinsamen Nachkriegsplanung war getan. Die kurze Periode der amerikanisch-sowjetischen Zusammenarbeit hatte begonnen.

2. DREI STREICHHÖLZER IN TEHERAN

Vier Wochen später trafen sich die Großen Drei zu ihrer ersten Gipfelkonferenz. Das Ereignis war eine Weltsensation. Es hatte noch keine Ähnlichkeit mit jenen politischen Publicity-Shows, die später mit der Entwicklung des Luftverkehrs international Mode wurden. Damals trafen die Chefs der drei alliierten Mächte unter fast konspirativen Umständen zusammen. Auf dem Höhepunkt des weltumspannenden Krieges reisten sie an einen verlorenen Ort im Mittleren Orient – in die verschlafene persische Hauptstadt Teheran.

Es hatte ein langes Tauziehen um den Konferenzort gegeben, und das Weiße Haus erhielt eine erste Kostprobe harter russischer Verhandlungstaktik. Man wollte auf »neutralem« Boden, nicht allzuweit von der sowjetischen Grenze zusammenkommen. Roosevelt schlug den Irak vor, damals ein britisches De-facto-Protektorat. Aber Stalin erklärte dem amerikanischen Außenminister Hull in Moskau, daß für ihn nur Persien in Frage käme. Er müsse ständigen Kontakt mit dem Oberkommando der Roten Armee halten, und nur in Teheran gebe es eine direkte Telefonleitung nach Moskau. Auch als Hull ihm erklärte, Amerikas Techniker seien in der Lage, von jedem beliebigen Punkt der Erde aus eine direkte Telefonverbindung nach Moskau herzustellen, blieb Stalin bei Teheran: Es seien wichtige militärische Operationen im Gange, und man habe »nur einmal in 50 Jahren Gelegenheit, der deutschen Armee eine entscheidende Niederlage zuzufügen«.

Der wahre Grund für Teheran war indessen Stalins pathologisches Sicherheitsbedürfnis. Er verließ zum erstenmal die Sowjetunion, aber in Teheran befand er sich trotzdem unter dem Schutz der Roten Armee: Der Iran war von russischen und britischen Truppen besetzt, um die alliierten Nachschublinien in die Sowjetunion und den Seeweg zum pazifischen Kriegsschauplatz zu sichern.

So machte sich der gelähmte Präsident der Vereinigten Staaten per Schiff und Flugzeug auf den Weg um die halbe Erde. Als er schließlich am 27. November 1943 in Teheran eintraf, sah er sich einer unvermuteten Situation gegenüber. Kaum war Roosevelt in der US-Botschaft abgestiegen, erschien Molotow. Er überbrachte ihm die Einladung Stalins, in die sowjetische Botschaft umzuziehen.

Zur Begründung führten die Russen an, die US-Botschaft sei die kleinste und abgelegenste der drei alliierten Missionen, und es sei ein unzumutbares Sicherheitsrisiko für den US-Präsidenten, täglich durch die orientalischen Straßen zur Sowjetbotschaft zu fahren (die Stalin selbstverständlich nicht zu verlassen gedachte). Die sowjetischen Sicherheitsdienste hätten schon von Attentatsplänen Kenntnis. Der Generalissimus lade den Präsidenten deshalb ein, bei ihm zu wohnen. Eine Villa innerhalb des sowjetischen Botschaftsgeländes stehe ihm zur Verfügung.

Da auch Churchill, dessen Residenz unmittelbar neben der sowjetischen lag, den Präsidenten drängte, nahm Roosevelt den Vorschlag an und zog am nächsten Morgen um – zur Tarnung wurde ein auffälliger Konvoi auf direktem Wege vorausgeschickt, während der Präsident in einem einzelnen Wagen auf Umwegen in die Sowjetbotschaft fuhr.

Es war das erste und vermutlich auch letzte Mal, daß ein Präsident der Vereinigten Staaten seinen zeitweiligen Dienstsitz in einer ausländischen Botschaft nahm. Stalins Geheimpolizisten umgaben Roosevelt auf Schritt und Tritt. Harry Hopkins, der den Präsidenten anstelle des Außenministers begleitete, notierte: »Die Diener, die die Betten machten und die Zimmer säuberten, gehörten alle zum NKWD, und unter ihren weißen Jacketts waren die vielsagenden Ausbuchtungen der Hüfthalfter deutlich erkennbar. Es waren nervöse Tage für die Männer vom Secret Service des Weißen Hauses, denn sie waren darauf gedrillt, in der Umgebung des Präsidenten niemanden zu dulden, der auch nur mit einem goldenen Zahnstocher bewaffnet war.«

So begann, abgeschirmt durch einen undurchdringlichen Kordon sowjetischer, amerikanischer und britischer Sicherheitskommandos, hinter den Mauern der sowjetischen Botschaft die Geheimkonferenz der Großen Drei. Zum erstenmal saßen sich Roosevelt, Churchill und Stalin am runden Tisch gegenüber - drei Männer im gleichen Lebensalter zwischen 60 und 70, die die größte Militärkoalition der Geschichte repräsentierten -, »Titanen, die sich anschickten, die Zukunft eines ganzen Planeten zu bestimmen« (Hopkins).

Diese Koalition wäre ohne Hitler nicht denkbar gewesen. Noch wenige Jahre zuvor herrschte kaum verhüllte Feindschaft zwischen den beiden Westmächten auf der einen und der Sowjetunion auf der anderen Seite. Erst 1933 hatten die USA die diplomatischen Beziehungen zu Moskau aufgenommen, und bis 1941 war Stalin in den Augen des Westens nicht besser als Hitler gewesen. Der deutsche Diktator hatte dem russischen Tyrannen die baltischen Staaten ausgeliefert, und gemeinsam hatten sie Polen geteilt. Ohne den Hitler-Stalin-Pakt hätte es keinen Zweiten Weltkrieg gegeben.

Erst Hitlers Angriff auf die Sowjetunion machte die Gegner von gestern über Nacht zu Zwangsverbündeten. Seit zwei Jahren kämpften sie nun gemeinsam gegen den gleichen Feind. Ströme von Blut waren geflossen. Jetzt, im

Herbst 1943, sahen die Alliierten endlich »Licht am Ende des Tunnels«. Seit dem Frühjahr hatte sich Hitlers Lage weiter verschlechtert. Die Russen drängten die Deutschen auf der ganzen Front zurück. Italien hatte kapituliert, für das nächste Jahr war die Landung in Frankreich geplant. Die Alliierten zweifelten nicht mehr am Sieg.

Aber auch in dieser Stunde blieben die »Titanen« Rivalen, und zumindest zwei von ihnen betrachteten sich mit unverhohlenem Argwohn: Churchill und Stalin. Der britische Premier und der sowjetische Diktator waren sich bereits in Moskau begegnet. Sie repräsentierten die entgegengesetzten Pole alter europäischer Machtpolitik: Beide waren klassische Imperialisten, der eine geprägt von den liberalen, parlamentarischen Traditionen Englands, der andere von den autokratischen Herrschaftsformen Rußlands und den Maximen der leninistischen Revolution. Sie waren die geborenen Gegner, und noch wenige Jahre zuvor, während des sowjetischen Angriffs auf Finnland im Winter 1939/40, hätte Churchill am liebsten Truppen nach Helsinki geschickt. Jetzt hatte eine weltpolitische Katastrophe beide in das gleiche Boot verschlagen, und wenn jeder von ihnen die Unbeugsamkeit des anderen achtete, so sehnten sie doch den Augenblick herbei, an dem sie wieder aussteigen konnten.

Roosevelt und Stalin sahen sich zum erstenmal. Keiner von beiden sprach aus, was jeder für sich wußte: Daß sie die Größten waren, daß der dritte am Tisch ein untergehendes Reich vertrat. Am Ende dieses Krieges würde es nur noch zwei wahre Großmächte geben, die Vereinigten Staaten und die Sowjetunion. Roosevelt war von der Idee besessen, mit dieser anderen Großmacht eine heile Welt aufzubauen. Er hatte keine Konflikte mit Stalin. Er maß ihn nicht mit westlichen Maßstäben. Er akzeptierte ihn als die Macht auf der anderen Seite des Planeten.

Roosevelts Stabschef, Admiral William Leahy, beschreibt den Eindruck, den Stalin auf die amerikanische Delegation machte:

»Alle amerikanischen und britischen Augen richteten sich auf den Sowjetführer. Der Marschall sprach ruhig, ohne Gesten, und äußerte sich, von Dolmetscher Pawlow übersetzt, auf überzeugende Weise. Bevor wir ihn trafen, hielten ihn die meisten von uns für einen Banditenführer, der sich an die Spitze der Regierung gedrängt hatte. Aber dieser Eindruck war falsch. Wir merkten sofort, daß wir es mit einem hochintelligenten Mann zu tun hatten, der entschlossen war, das, was er für Rußland haben wollte, zu bekommen. Kein Berufssoldat konnte diese Haltung tadeln. Der Marschall zeigte eine verständnisvolle Haltung zu den Ansichten seiner beiden Kollegen – bis jemand einen Punkt vorbrachte, den Stalin als schädlich für die sowjetischen Interessen betrachtete. Dann konnte er plötzlich schroff bis zur Grobheit werden.«

Admiral Leahy sah den Sowjetführer vollkommen richtig. Stalin lieferte keine Beiträge zu den visionären Gesprächen über die künftige Gestaltung der Welt. Politik reduzierte sich für ihn allemal auf die Frage der Macht. Er war außerstande, in anderen Kategorien zu denken. Vor allem aber hatte er als einziger der Großen Drei den Feind tief im eigenen Land stehen, und sein Hauptproblem zur Zeit von Teheran bestand darin, den Krieg so schnell wie möglich zu beenden, wenn die Sowjetunion nicht vollends ausbluten sollte. Stalin brauchte eine zweite Front im Westen, um die deutschen Divisionen im Osten zu verringern. Und eine zweite Front war für ihn nicht Italien, sondern die Großinvasion Frankreichs.

Als Churchill dem Sowjetführer erklärte, daß die Operation »Overlord« für nächstes Frühjahr geplant sei und daß es schließlich kein Kinderspiel sei, eine Armee über den Ärmelkanal zu schicken, fuhr Stalin ihn an: »Glauben Sie eigentlich an Overlord, oder erzählen Sie das nur zu unserer Beruhigung?«

Zum ärgsten Zusammenstoß zwischen Churchill und Stalin kam es auf einem Abendessen, das der russische Führer seinen beiden Partnern gab. Dabei erklärte Stalin, der deutsche Generalstab müsse liquidiert werden. Das beste wäre, 50 000 ausgewählte deutsche Offiziere nach ihrer Gefangennahme zu erschießen. Churchill nahm die Bemerkung wörtlich und brauste auf: »Das britische Parlament und die britische Öffentlichkeit würden Massenexekutionen niemals gutheißen. Als Stalin lächelnd darauf beharrte und als gar der Sohn des US-Präsidenten, Elliot Roosevelt, dem Sowjetchef zustimmte, verließ Churchill die Tafel und ging ins Nebenzimmer.

»Ich befand mich noch keine Minute dort«, schreibt Churchill, »als mir jemand von hinten die Hände auf die Schultern legte. Es war Stalin, und neben ihm stand Molotow. Beide lachten herzlich und erklärten eifrig, sie hätten nur gescherzt. Stalin hat eine sehr einnehmende Art, wenn er will, und nie habe ich ihn so liebenswürdig wie in diesem Moment gesehen.«

Die politische Kraft Churchills war auf dieser Konferenz schon geschwächt. Einst war er der Motor der Allianz gewesen, er führte am längsten Krieg von allen Beteiligten, er war der älteste der Großen Drei, aber er spürte mit Bitterkeit, daß seine Stimme nicht mehr das gewohnte Gewicht hatte. Er selbst wurde lässig in seinem Urteil. Er traf Entscheidungen, die er bald darauf als erster bereuen sollte. Die folgenschwerste fällte er mit Hilfe dreier Streichhölzer – es war die Frage der polnischen Grenzen.

Stalins politisches Ziel in diesem Stadium war die Anerkennung der russischen Vorkriegsgrenzen durch die Westmächte. Das heißt, er wollte behalten, was ihm Hitler zwischen 1939 und 1941 verschafft hatte: Ostpolen, die baltischen Staaten, Ostfinnland, die Randgebiete der Slowakei und Rumäniens. Dazu verlangte er Königsberg für die Sowjetunion.

Churchill befand sich in einer schwierigen Lage. Um Polen zu verteidigen, war Großbritannien in den Krieg gezogen. Die polnische Regierung hatte in London Exil gefunden, sie bestand auf der Wiederherstellung der alten Ostgrenze. Doch Churchill sah ein, daß die Sowjetunion nach dem mörderischsten Krieg ihrer Geschichte, nach Millionen Toten nicht freiwillig herausgeben würde, was sie sich vor dem Krieg schon genommen hatte. Der Premierminister setzte sich am ersten Abend der Teheraner Konferenz mit Stalin auf ein Sofa, um das Problem zu klären.

»Stalin fragte noch«, schreibt Churchill, »ob es ohne polnische Beteiligung geschehen solle, was ich bejahend beantwortete. Falls wir uns inoffiziell einigten, könnten wir später an die Polen herantreten.«

Stalin schlug vor, die Polen im Westen auf Kosten Deutschlands zu entschädigen. Polen könne ja »bis an die Oder« vorrücken.

Sowohl Churchill wie sein Außenminister Eden stimmten ohne Zögern zu. Churchill: »Ich demonstrierte dann mit Hilfe dreier Streichhölzer (die die Sowjetunion, Polen und Deutschland darstellten) meine Gedanken über eine Westverlagerung Polens. Das gefiel Stalin, und damit löste sich unsere Gruppe für den Moment auf.«

Das Streichholzspiel führte zur ersten Grundsatzvereinbarung über die Abtretung der preußischen Ostprovinzen an Polen, wobei die genaue Grenzziehung noch offenblieb. Auf der Rückreise von Teheran telegrafierte Churchill seinem vorausgeflogenen Außenminister nach London: »Ich glaube, es ist an der Zeit, daß Sie mit den Polen das Problem ihrer künftigen Grenzen erörtern. Zeigen Sie ihnen auf einer Landkarte die ungefähre Grenzlinie im Osten und im Westen die Oderlinie einschließlich des Regierungsbezirks Oppeln. Sie bekämen so eine herrliche Heimat von fünf- bis sechshundert Kilometer Länge und Breite. Die Küste wäre, auch wenn sie erst westlich Königsbergs beginnt, fast 250 Kilometer lang.«

Was Churchill später verzweifelt beklagte, nahm er selbst mit diesem Funkspruch vorweg. Für Stalin aber waren die drei Streichhölzer und das einmal gegebene Wort des britischen Premierministers soviel wie ein Vertrag. Er brauchte kein Papier mehr.

Damit war nach der Moskauer Konferenz die zweite territoriale Vorentscheidung über Deutschland gefallen. Das deutsche Problem selbst kam indessen erst im allerletzten Moment der Teheraner Konferenz zur Sprache. Als Stalin fragte: »Ist noch etwas zu besprechen?«, meldete sich Roosevelt und sagte: »Die deutsche Frage.« Dann überrumpelte er, ähnlich wie sein Außenminister Hull zuvor in Moskau, seine Kollegen mit einem kompletten Deutschland-Plan.

Was Roosevelt in Teheran aus der Tasche zog, stammte jedoch nicht aus dem Außenministerium, sondern war ein Papier der »Karthago«-Anhänger: Der Plan sah die Atomisierung Deutschlands in acht getrennte Gebiete vor – fünf autonome Staaten und drei internationalisierte Territorien.

Die fünf autonomen Staaten sollten sein: »Preußen« (die Gebiete östlich der Elbe), »Sachsen« (unter Einschluß Thüringens), »Nordwest-Deutschland« (umfassend Schleswig-Holstein, Niedersachsen und Nordrhein-Westfalen), »Hessen« (unter Einschluß der Pfalz), »Süddeutschland« (bestehend aus Bayern und Baden-Württemberg).

Aus dem Gebiet dieser Staaten sollten folgende Territorien ausgeklammert und der direkten Kontrolle der Vereinten Nationen unterstellt werden: die Zone um den Nord-Ostsee-Kanal mit den Städten Kiel und Hamburg, das Ruhrgebiet und das Saargebiet.

Als Roosevelt mit seinem Vortrag fertig war, antwortete Churchill, wie er in seinen Memoiren schreibt: »Um eine amerikanische Redewendung zu gebrauchen, würde ich sagen, daß der Herr Präsident den Mund sehr voll genommen hat. Dieses Projekt ist mir neu.« Dann trug der Premier noch einmal seinen Lieblingsplan von der Donau-Föderation vor. Das Wichtigste sei, Preußen vom übrigen Deutschland zu trennen, denn: »Süddeutschland beginnt keinen neuen Krieg.«

Stalin widersprach dieser These heftig: Es gebe keinen Unterschied zwischen Nord- und Süddeutschen. Sie kämpften »alle wie die Teufel«, die Engländer und Amerikaner würden das auch bald erfahren. Deshalb sei ihm Roosevelts Plan lieber als Churchills. »Die Deutschen würden sich immer vereinigen wollen und nach Revanche streben. Deutschland müsse deshalb so zersplittert werden, daß es sich nie wieder vereinigen könne«, schreibt Churchill.

Stalin vermied es jedoch sorgfältig, eine amtliche sowjetische Stellungnahme zu dieser Frage abzugeben, und so ging die Konferenz auseinander, ohne einen Beschluß über die Zukunft Deutschlands zu fassen.

Churchill dachte später in tiefer Bedrückung an Teheran zurück. Als er nach dem Krieg seine Nobelpreis-gekrönte

»Geschichte des Zweiten Weltkrieges« schrieb, beendete er das Kapitel über die erste Dreier-Konferenz mit einer Entschuldigung vor der Nachwelt:

»Wir alle fürchteten die Macht eines geeinten Deutschlands. Preußen hatte seine eigene große Vergangenheit. Ich hielt es für möglich, einen harten und dennoch ehrenvollen Frieden mit diesem Staat zu schließen und gleichzeitig eine modernisierte Auflage des alten Österreich-Ungarn zu schaffen . . . Aber im Bereich der Wirklichkeit sind unabsehbare, katastrophale Änderungen eingetreten. Die polnische Grenze gibt es nur dem Namen nach, und Polen windet sich bebend im russisch-kommunistischen Griff. Deutschland ist in der Tat aufgeteilt worden, aber nur durch eine scheußliche Spaltung in militärische Besatzungszonen. Angesichts dieser Tragödie kann man nur sagen: ›Sie kann nicht dauern.‹«

Sie dauert bis auf den heutigen Tag. Als Churchill erkannte, daß die Entwicklung einen unvorhergesehenen Lauf nahm, setzte er den Rest seiner Kraft ein, um den Kurs zu korrigieren. Doch er konnte seine eigenen Fehlentscheidungen nicht mehr rückgängig machen.

Roosevelts spektakulärer Deutschland-Plan blieb indessen ein Stück Papier. Die Teheraner Konferenz überwies das Memorandum an die frisch installierte EAC in London, wo es alsbald in den Akten verschwand. Denn obwohl Stalin den Entwurf in Teheran so gelobt hatte, griff ihn der sowjetische Vertreter in der EAC nicht mehr auf. Und da die amerikanische Delegation der EAC dem Außenministerium unterstand, sah sie keine Veranlassung, ein Papier zu erörtern, das außerhalb ihres Kompetenzbereiches angefertigt worden war.

Die Ausschußmitglieder in London waren abseits vom Rampenlicht der Öffentlichkeit längst damit beschäftigt, jenes Nachkriegsdeutschland zu entwerfen, das bald Wirklichkeit werden sollte. Aber noch einmal griff Präsident Roosevelt auf dramatische Weise in die Deutschland-Diskussion ein.

3. »EIN LAND DER SCHÄFER UND HIRTEN«

Am 6. Juni 1944 waren die Alliierten unter dem Oberbefehl General Dwight D. Eisenhowers in der Normandie gelandet. Der Sturmangriff auf Hitlers »Festung Europa« hatte begonnen. Befreiungseuphorie breitete sich aus, je weiter die Invasion an Boden gewann. Die meisten glaubten nicht, daß der Krieg noch lange dauern würde. Je näher der Zusammenbruch Deutschlands rückte, desto stärker wurden Zorn, Empörung und Rachedurst gegen die Urheber der Weltkatastrophe – und gegen das Volk, das Hitler selbst jetzt noch blindlings zu folgen schien. Der Ruf nach exemplarischer Strafe beherrschte die Öffentlichkeit.

Auch die Haltung Roosevelts verhärtete sich noch weiter. Beunruhigt registrierte der Präsident, daß es in seiner eigenen Regierung starke Vertreter einer »weichen Welle« gab. Er rechnete vor allem das Außen- und das Kriegsministerium dazu. Ende August 1944 protestierte er schriftlich bei Kriegsminister Henry L. Stimson gegen einen Leitfaden für die Offiziere der künftigen Militärregierung in Deutschland. »Er vermittelt den Eindruck«, schrieb Roosevelt, »daß Deutschland so wie die Niederlande oder Belgien wiederaufgebaut und das deutsche Volk so bald wie möglich auf seinen Vorkriegsstandard gebracht werden soll.«

Falls dies tatsächlich die Absicht sei, so handele es sich um einen gravierenden Irrtum, erklärte Roosevelt, denn: »Jeder Deutsche muß dieses Mal begreifen, daß Deutschland eine geschlagene Nation ist. Ich will nicht, daß sie verhungern, aber wenn sie zum Beispiel, um Körper und Seele zusammenzuhalten, mehr Nahrung brauchen als sie haben, dann können sie dreimal täglich Suppe aus den Feldküchen der Armee bekommen. Das wird sie vollkommen gesund halten, und sie werden diese Erfahrung ihr ganzes Leben nicht vergessen. Die Tatsache, daß sie eine geschlagene Nation sind, als Gemeinschaft und als Individuen, muß ihnen so eingeprägt werden, daß sie keinen neuen Krieg mehr anfangen.«

Der Präsident fügte hinzu: »Zu viele Leute bei uns und

in England sind der Ansicht, daß das deutsche Volk als Ganzes nicht verantwortlich ist für das, was geschehen ist – daß nur ein paar Naziführer verantwortlich sind. Dies entspricht unglücklicherweise nicht den Tatsachen. Es muß dem deutschen Volk eingebleut werden, daß die ganze Nation an einer gesetzlosen Verschwörung gegen die sittlichen Normen der modernen Zivilisation teilgenommen hat.«

Damit diese Richtlinien innerhalb der Regierung beachtet würden, setzte Roosevelt einen Kabinettsausschuß zur Deutschlandfrage ein. Er bestand aus den zuständigen Fachministern Hull und Stimson und aus Finanzminister Henry Morgenthau.

Damit betrat ein Mann die Arena, dessen Name den Nazis in der Endphase des Krieges als Hauptpropagandawaffe diente. Henry Morgenthau, ein scharfsinniger, konservativer Geist, gehörte wie Hull seit Roosevelts Amtsantritt zum Kabinett und war mit dem Präsidenten persönlich befreundet. Zum Kummer des Außenministers zeigte er aber von Anfang an die Neigung, sich in die Außenpolitik einzumischen, wozu ihm seine Kompetenzen über die Auslandshilfe-Gelder reichlich Gelegenheit boten. Mehr als einmal war es darüber zu Auseinandersetzungen gekommen, unter anderem über so abgelegene Themen wie das Verhältnis der USA zu Argentinien.

Diesmal sprengte der heraufziehende Konflikt das gewohnte Maß. Morgenthau war Jude und konnte unmöglich in gelassener Gemütsverfassung an die Deutschlandfrage herangehen. Die Befreiung Westeuropas machte zügige Fortschritte, und von Tag zu Tag wurde das Ausmaß der Judenverfolgung in den von Hitler besetzten Gebieten deutlicher. Obwohl die großen Vernichtungslager noch nicht entdeckt waren, bestand jetzt kaum noch ein Zweifel, daß sich während der deutschen Besetzung Dinge abgespielt haben mußten, die das normale menschliche Vorstellungsvermögen überstiegen.

Dies war der psychologische Hintergrund des sich anbahnenden Dramas. Roosevelt hatte den Kabinettsausschuß beauftragt, ihm für eine bevorstehende Konferenz mit Churchill ein Deutschland-Memorandum vorzubereiten, das seinen Bestrafungs-Richtlinien entsprach. Aber schon auf der ersten Sitzung zeigte sich, daß eine Einigung unter den Ministern unmöglich war.

Außenminister Hull beharrte auf seinem seit Moskau vorliegenden Plan, der längst offizielles Arbeitspapier der EAC war. Kriegsminister Stimson hielt selbst diesen Plan für zu hart (besonders die Herabsetzung des deutschen Industriestandards). Finanzminister Morgenthau nahm den entgegengesetzten Standpunkt ein. Er legte ein gänzlich neues Papier vor, einen Plan, der seinen beiden Kollegen die Sprache verschlug.

Der »Morgenthau-Plan« (als solcher sollte er bald weltweit und über die Front hinweg bekannt werden) war eine Kombination von Churchills und Roosevelts Ideen und enthielt darüber hinaus neue, äußerst radikale wirtschaftliche Strafbestimmungen. Im einzelnen sah das Programm folgendes vor:

1. Die östlichen, westlichen und nördlichen Grenzprovinzen Deutschlands werden abgetreten: die Ostgebiete an Polen (dies war bereits von den Großen Drei vereinbart), die Gebiete westlich des Rheins einschließlich der Saar an Frankreich, das Gebiet nördlich des Nord-Ostsee-Kanals an Dänemark.

2. Das Ruhrgebiet und das Gebiet um den Nord-Ostsee-Kanal werden internationale Zonen.

3. Der verbleibende Rest Deutschlands wird in einen Nord- und einen Südstaat geteilt.

4. Das Ruhrgebiet wird dem Erdboden gleichgemacht. Wörtlich: »Aus diesem Gebiet werden nicht nur alle zur Zeit existierenden Industrien entfernt, sondern es wird so geschwächt und kontrolliert, daß es auch in absehbarer Zukunft kein Industriegebiet mehr werden kann. Alle Industrieanlagen, die nicht durch Kriegseinwirkung zerstört sind, werden entweder vollständig demontiert und aus dem Gebiet entfernt oder vollständig zerstört. Aus den Bergwerken wird die gesamte Ausrüstung entfernt, die Bergwerke selbst werden sorgfältig unbrauchbar gemacht.«

In seinen Erinnerungen schreibt Außenminister Hull: »Dieser Plan hätte Deutschland praktisch keine Industrie gelassen und hätte die Bevölkerung gezwungen, ausschließlich von der Landwirtschaft zu leben, ungeachtet der Tatsache, daß es gar nicht genügend Land gab, von dem die Deutschen hätten leben können. Im Grunde war dies ein Plan blinder Rache. Er war blind, weil er nicht sah, daß er, indem er Deutschland schlug, ganz Europa schlug.«

Kriegsminister Stimson schloß sich dieser Meinung an. Doch weder er noch Hull konnten gegen Morgenthau etwas ausrichten. Nachdem alle drei Ausschußmitglieder ihre divergierenden Meinungen dem Präsidenten vorgetragen hatten, reiste Roosevelt, ohne eine Entscheidung getroffen zu haben, zur Konferenz mit Churchill nach Quebec in Kanada. Der 72jährige Hull, dessen Gesundheit schon angegriffen war, blieb abermals in Washington zurück.

Er war ebenso verblüfft wie Stimson, als bekannt wurde, daß Morgenthau in Quebec aufgetaucht war, daß er dort seinen Plan vorgelegt hatte und daß sowohl Roosevelt als auch Churchill eine entsprechende Erklärung abgezeichnet und damit zu einem amtlichen Papier gemacht hatten.

Es schien kaum glaublich, aber das Papier von Quebec war Wirklichkeit. Es lautete:

»Auf einer Konferenz zwischen dem Präsidenten und dem Premierminister über die geeigneten Maßnahmen zur Verhinderung einer neuerlichen Aufrüstung Deutschlands herrschte die Ansicht vor, daß die künftige Bestimmung von Ruhr- und Saargebiet eine Frage von wesentlicher Bedeutung ist. Die Leichtigkeit, mit der die metallurgischen, chemischen und elektrotechnischen Industrien in Deutschland von Friedens- zu Kriegszwecken umgestellt werden können, hat sich uns durch bittere Erfahrung eingeprägt . . . Die Industrien im Ruhr- und Saargebiet müssen deshalb notwendigerweise außer Betrieb gesetzt und geschlossen werden. Es besteht die Meinung, daß die beiden Gebiete einer Behörde der Weltorganisation unterstellt werden, die die Demontage dieser Industrien überwacht und sicherstellt, daß sie nicht wiedererrichtet werden. Dieses Programm . . . zielt darauf ab, Deutschland in ein Land zu verwandeln, dessen Hauptmerkmal Ackerbau und Viehzucht ist. Der Premierminister und der Präsident stimmten diesem Programm zu.«

Gezeichnet war die Erklärung mit einem »O.K.« und den Initialen »F.D.R.« und »W.S.C.«.

Das Bestürzende lag nicht in dem Plan an sich, sondern in dem Umstand, daß ihn die Regierungschefs unterzeichnet hatten: Es war der erste und einzige alliierte Deutschland-Plan, der die Paraphen Roosevelts und Churchills trug, aber es war der unvernünftigste, den sie je erörtert hatten. Offensichtlich waren sich weder Churchill noch Roosevelt über die Tragweite ihrer Unterschrift im klaren.

Es spricht für Henry Morgenthau, daß er noch vor Ende der Quebec-Konferenz nach Washington zurückkehrte und sich seinen empörten Kollegen stellte. Er gab offen zu, daß Churchill zuerst seine Unterschrift verweigerte, weil er »England nicht an eine Leiche ketten« wollte. Morgenthau zu Stimson: »Er war sogar noch wütender als Sie, Harry.« Dann habe sich Churchill aber doch überzeugen lassen.

Die Kabinettskollegen konnten sich vorstellen, auf welche Weise Morgenthau den Premier gewonnen hatte: Der Finanzminister der USA offerierte dem nahezu bankrotten Großbritannien auf der gleichen Konferenz Munitionslieferungen und andere Hilfsmaßnahmen im Wert von 6,5 Milliarden Dollar.

Stimson und Hull machten aus ihrer Empörung kein Hehl. »Ohne meine Worte zu mäßigen«, berichtet Hull, »sagte ich zu Morgenthau, daß ich äußerst schockiert sei über die Art, wie lebenswichtige Angelegenheiten ohne Konsultation mit den Fachleuten unserer Regierung und ohne Rücksicht auf die Politik, die wir in der Vergangenheit verfolgt hatten, geregelt worden seien.«

Als der Präsident endlich nach Washington zurückkehrte, stellte Hull ihn zur Rede. »Ich sagte dem Präsidenten ohne Umschweife, daß Morgenthaus Plan außerhalb jeder Vernunft lag.« Nach seiner, Hulls, Schätzung müßten nach dem Plan 40 Prozent der Deutschen verhungern. Außerdem sei es sehr unwahrscheinlich, daß die sowjetische und die britische Regierung diesem Plan zustimmen würden, womit die Voraussetzung für seine Durchführung nicht mehr gegeben sei.

Wenige Tage später trat ein, was Hull und Stimson befürchtet hatten: Die Presse hatte von dem Geheimplan erfahren. Ein Sturm der Entrüstung erhob sich. Aber niemand war für den Morgenthau-Plan dankbarer als Hitlers Propagandaminister Joseph Goebbels. In letzter Stunde servierte ihm Roosevelt ein Racheprogramm, das vorzüglich in die Ausrottungsthese paßte, die die Nazis dem Präsidenten seit je unterstellt hatten. Der von Stimson befürchtete Widerstandseffekt, den der Morgenthau-Plan bei den Deutschen auslösen könnte, blieb allerdings aus. Die Deutschen hatten ohnehin längst die individuellen und kollektiven Grenzen der Widerstandskraft erreicht, und gerade die engagierten Antinazis glaubten die Nachricht einfach nicht. Viele hielten sie tatsächlich für eine Erfindung von Goebbels.

Als Stimson mit Roosevelt über seine fatalen Initialen sprach, rückte der Präsident zum erstenmal vorsichtig von seinem Fehltritt ab: Er könne sich gar nicht mehr erklären, wie er das Papier unterzeichnen konnte, sagte er. Er müsse es wohl in Gedanken getan haben.

Zwei Wochen nach seiner Unterschrift schickte Roosevelt dem Außenminister schließlich eine Nachricht, mit der er den Morgenthau-Plan praktisch fallenließ: »Ich glaube, wir tun wohl gut daran, Vorbereitungen für die Behandlung Deutschlands zu treffen, aber es gibt in diesem Zusammenhang einige Dinge, die mich glauben lassen, daß Eile zur Zeit nicht notwendig ist. Vielleicht in einer Woche, in einem Monat, oder vielleicht in mehreren Monaten. Ich mache nicht gern detaillierte Pläne für ein Land, das wir noch gar nicht besetzt haben.«

Der andere Beteiligte, Winston Churchill, übergeht die peinliche Affäre mit wenigen lakonischen Sätzen: »Ich hatte keine Zeit, mich mit dem sogenannten Morgenthau-Plan eingehend zu befassen . . . Am Ende aber konnte sich, mit meinem ungeteilten Beifall, der Gedanke nicht durchsetzen, Deutschland zu einem Land der Schäfer und Hirten zu machen.«

So wurde der Morgenthau-Plan kurz nach seiner Geburt zu Grabe getragen. Nur in der Propaganda wirkte er noch jahrelang fort. Wann immer im besetzten Deutschland sich jemand von einem amerikanischen Offizier schikaniert oder beleidigt fühlte, machte er dafür den »Geist von Morgenthau« verantwortlich. Doch der Plan blieb letzten Endes nur eine Arabeske in einer von realen Unmenschlichkeiten geprägten Epoche.

4. DIE KONFLIKTE DER ZUKUNFT WERDEN GEZEUGT

Im September 1944 erreichten Eisenhowers Truppen die westliche Reichsgrenze, am 20. Oktober drangen sie in Aachen ein. Gleichzeitig überschritt die Rote Armee in Ostpreußen die Reichsgrenze. Aber noch immer hatten die Alliierten keinen verbindlichen Beschluß über ihre Nachkriegsziele in Deutschland gefaßt.

Die EAC, die Europäische Beratungs-Kommission in London, war indessen nicht müßig. Während Wernher von Brauns V1- und V2-Raketen auf die britische Hauptstadt niedergingen, zogen die Beamten der interalliierten Kommission in den ehrwürdigen Büros von Lancaster House auf großen Deutschlandkarten eine Grenzlinie, die östlich der Stadt Lübeck begann, sich durch Deutschlands Mitte nach Süden wand und bei der Ortschaft Tiefenbrunn die tschechische Grenze erreichte. Es war jene Grenze, die in gleicher Form heute noch besteht, geschützt durch ein Sicherheitssystem, das auf der ganzen Welt seinesgleichen sucht.

Die Kommission hatte dieser Grenzlinie weder eine Dauerfunktion noch welten-scheidenden Charakter zugedacht. Sie war Bestandteil des Dreimächte-Abkommens über die Errichtung der Besatzungszonen im eroberten Deutschland. Das Abkommen sah eine Ostzone für die Sowjets, eine Nordwestzone für die Briten, eine Südwestzone für die Amerikaner und die gemeinsame Besetzung Großberlins vor. Die Abgrenzungen hatten nichts mit der erörterten Aufteilung Deutschlands in verschiedene Staaten zu tun, sondern sollten lediglich den alliierten Truppen ihre jeweiligen Okkupationsgebiete zuweisen.

Außer dem Protokoll über die Besatzungszonen verabschiedete die EAC zwei weitere Vereinbarungen: den Text der Kapitulationsurkunde und ein Abkommen über die Errichtung der alliierten Verwaltung in Deutschland.

Die Kapitulationsurkunde war ein umfangreiches Dokument von 14 Artikeln. Artikel 12 enthielt die allgemeine Ermächtigungsklausel für die Alliierten: »Das Vereinigte Königreich, die USA und die UdSSR werden in Deutschland die höchste Regierungsgewalt besitzen. In Ausübung dieser Regierungsgewalt werden sie diejenigen Maßnahmen treffen, die sie . . . für erforderlich halten, darunter auch die vollständige Abrüstung und Entmilitarisierung Deutschlands.«

Das dritte Abkommen schließlich enthielt die Verfassung für den Alliierten Kontrollrat. Es umriß seine Organisation, seine Aufgaben und Befugnisse.

So lag das technische Instrumentarium für die Übernahme der Regierungsgewalt in Deutschland bereit. Doch die Frage, was die Verbündeten mit ihrer Macht anfangen wollten, war nach wie vor unbeantwortet.

Die Zeit drängte. Nur eine neue Konferenz der Großen Drei konnte die notwendigen Entscheidungen treffen. Aber Roosevelt war in Washington unabkömmlich. Er führte den Wahlkampf für seine vierte Amtsperiode. Unterdessen kam es zwischen der amerikanischen und britischen Regierung zu schweren Meinungsverschiedenheiten. Anlaß war die Eroberung der Balkanländer durch die Rote Armee.

Churchill reagierte auf den raschen Vormarsch der Russen mit dem Instinkt des Machtpolitikers alter Schule. Ohne sich lange mit den Amerikanern abzusprechen, nahm er Kontakt zu Stalin auf und schlug ihm die Aufteilung des Gebietes in Einflußzonen vor: Rumänien für die Russen, Griechenland für Großbritannien.

Als Cordell Hull über die US-Botschaft in Moskau davon erfuhr, reagierte er mit Empörung. Denn dies war der erste Sündenfall wider den Geist der Zusammenarbeit, ein glatter Rückfall in den alten Imperialismus.

»Ich war entschieden gegen jede Teilung Europas oder bestimmter Gebiete Europas in Einflußzonen«, schreibt Hull, der in diesem Punkt die volle Unterstützung Roosevelts genoß. »Ich hatte dagegen energisch auf der Moskauer (Außenminister-)Konferenz argumentiert. Ich war überzeugt, daß jede Bildung von Einflußzonen den Keim künftiger Konflikte säen würde. Ich glaubte und glaube nicht an das Gleichgewicht der Kräfte oder Einflußzonen als ein Mittel zur Friedenssicherung.«

Dies war das Credo der amerikanischen Außenpolitik unter Roosevelt. Es setzte freilich ein Minimum an grundsätzlicher politischer Übereinstimmung unter den Partnern voraus. Churchill ging davon aus, daß es solche Übereinstimmung mit der Sowjetunion niemals geben könne. Dagegen konnte man sich mit Stalin auf der Basis der realen Machtverhältnisse großzügig und, wie es schien, zuverlässig einigen. So reiste Churchill im Oktober 1944 nach Moskau, um die osteuropäischen Angelegenheiten direkt mit Stalin zu regeln. Es klappte fabelhaft.

Gleich am ersten Abend im Kreml nahm Churchill einen Zettel und schrieb folgende Formel auf:

»Rumänien: Rußland 90%, die anderen 10%
Griechenland: Großbritannien 90%, Rußland 10%
Jugoslawien: 50/50%
Ungarn: 50/50%
Bulgarien: Rußland 75%, die anderen 25%«

Churchill: »Ich schob den Zettel Stalin zu, der mittlerweile die Übersetzung gehört hatte. Eine kleine Pause trat ein. Dann ergriff er seinen Blaustift, machte einen großen Haken und schob uns das Blatt wieder zu. Die ganze Sache beanspruchte nicht mehr Zeit, als sie zu schildern.«

Später bekam Churchill eine Menge Ärger wegen seines Prozent-Handels. Er versuchte, die Angelegenheit zu bagatellisieren: Das Ganze sei nur für eine kurze Übergangszeit bis zur Friedensregelung gedacht gewesen. Doch Stalin faßte die Sache so auf wie das Beispiel mit den Streichhölzern in Teheran: als ein seriöses Handelsangebot, in das er einschlug und an das er sich zu halten gedachte.

Damals hatte Churchill auch keine Skrupel. »Es steht außer Zweifel«, schrieb er über jene Moskauer Tage, »daß wir im engsten Kreis mit einer Leichtigkeit, einem Freimut und einer Kollegialität sprachen, die es zwischen den beiden Ländern nie zuvor gegeben hatte. Mehrmals brachte Stalin seine persönliche Hochachtung für mich zum Ausdruck, von deren Aufrichtigkeit ich überzeugt bin.«

Auch über Deutschland sprachen die beiden so gegensätzlichen und doch so ähnlichen Männer noch einmal. Das Ergebnis teilte Churchill Präsident Roosevelt auf dem Heimflug per Funkspruch mit:

»Inoffiziell sprachen wir auch über die künftige Aufteilung Deutschlands. Onkel Joe (= Codename für Stalin) möchte aus Polen, der Tschechoslowakei und Ungarn einen Gürtel von unabhängigen, antinazistischen, prorussischen Staaten formen, wobei die erstgenannten sich vielleicht vereinigen könnten. Im Gegensatz zu seinem früheren Standpunkt würde er es begrüßen, Wien als die Hauptstadt eines süddeutschen, aus Österreich, Bayern, Württemberg und Baden bestehenden Staatenbundes zu sehen. Wie Sie wissen, hat mir der Gedanke immer schon gefallen, nur würde ich vorziehen, auch Ungarn einzubeziehen, was aber O. J. entschieden ablehnt.«

Es war klar, daß »Onkel Joe« wieder höflich genickt hatte, als Churchill seinen alten Donau-Plan noch einmal vortrug. Als sich aber ein Vierteljahr später die Großen Drei endlich zu ihrer entscheidenden Konferenz trafen, war davon nicht mehr die Rede. Churchill begann, sich von seinen eigenen Vorschlägen zu distanzieren.

In der Nacht vom 2. zum 3. Februar 1945 startete vom Flugplatz Luqa auf Malta eine alliierte Transport-Armada. Alle zehn Minuten verließ eine viermotorige Maschine die Mittelmeerinsel mit Kurs nach Osten. An Bord des Geschwaders befanden sich der Präsident der Vereinigten Staaten und der britische Premierminister mit ihren Stäben, insgesamt 700 amerikanische und britische Diplomaten, Militärs und Nachrichtentechniker. Nach einem 2000 Kilometer langen Flug landeten die alliierten Maschinen auf dem schneebedeckten sowjetischen Feld-Flugplatz Saki auf der Krim. Präsident Roosevelt wurde in seinem Rollstuhl mittels eines Lifts zu Boden gelassen. Auf der Landebahn stand Stalins Außenminister Molotow und begrüßte den Präsidenten. So begann die Konferenz von Jalta.

In den Augen mißtrauischer westlicher Beobachter hatte die Krim-Konferenz von Anfang an den Charakter einer Mafia-artigen Verschwörung zum Zwecke von Geheimabsprachen. Die äußeren Umstände sprachen allen westlichen Informationsusancen Hohn. Das Treffen fand auf sowjetischem Territorium statt und dementsprechend in noch größerer Abgeschiedenheit als 14 Monate zuvor die Konferenz von Teheran. Anfangs kannte die Öffentlichkeit nicht einmal den genauen Konferenzort, und so ist »Jalta« in der Berichterstattung umgeben von der düsteren Aura einer spiritistischen Séance.

Tatsächlich war Jalta de facto die Friedenskonferenz des Zweiten Weltkriegs. In achttägigen Beratungen wurden in den Zarenpalästen des russischen Schwarzmeerbades die Umrisse der Nachkriegslandschaft entworfen. Was in Jalta nicht geregelt werden konnte, erwies sich als Konfliktstoff für die nächsten Jahrzehnte.

Der Krieg in Europa war zu diesem Zeitpunkt entschieden. Alle Verbündeten Deutschlands hatten kapituliert. Der Widerstand der Wehrmacht war gebrochen. Die Westalliierten setzten zum Sprung über den Rhein an, die Russen zum Sturm über die Oder. Der endgültige Zusammenbruch Deutschlands stand unmittelbar bevor. Auf dem Tisch der Konferenz lagen die vorbereitete Kapitulationsurkunde und die anderen, von der EAC verabschiedeten Dokumente zur Besetzung und Verwaltung Deutschlands.

Die Großen Drei hatten nur noch die immer wieder herausgeschobene Frage der Teilung zu entscheiden. Seit der Moskauer Konferenz vom Oktober 1943 war darüber debattiert worden. Churchill hatte seinen Nord-Süd-Plan vorgelegt, Roosevelt später seinen Vorschlag, Deutschland zu

»atomisieren«, und beide zusammen hatten erst fünf Monate zuvor in Quebec den Morgenthau-Plan unterzeichnet.

Jetzt ergriff Stalin die Initiative. Seiner üblichen Taktik entsprechend machte er keinen eigenen Vorschlag, sondern forderte die anderen auf, sich zu entscheiden. »Was er (Stalin) hier zu erfahren wünsche«, notierte der US-Diplomat Charles Bohlen, »sei, ob die gemeinsame Absicht bestehe, Deutschland zu zergliedern oder nicht. Er glaubt, daß jetzt eine Entscheidung getroffen werden sollte.«

Roosevelt stimmte zu. Er sei im Prinzip nach wie vor für die Teilung. »Er erinnere sich, daß vor 40 Jahren, als er Deutschland besuchte, die Idee des Reiches noch nicht vorherrschend war. Zum Beispiel hatte man es in Bayern mit der bayerischen Regierung zu tun und in Hessen-Darmstadt mit der dortigen Regierung.«

Churchill, der als erster eine Teilungsidee entwickelt hatte, machte jetzt, da die Entscheidung anstand, Ausflüchte – mit noblen Argumenten. »Er sagte, es handle sich um 80 Millionen Menschen, und das erfordere eine längere Zeit als 80 Minuten zur Beratung. Er sagte, dies könne vielleicht erst einen Monat oder so nach der Besetzung Deutschlands festgesetzt werden.«

Stalin schlug einen Kompromiß vor: Man solle die Kapitulationsurkunde um eine Klausel erweitern, die die Aufteilung Deutschlands ermögliche, »ohne aber irgendwelche Details anzugeben«. Diese Details sollten von einem Sonderausschuß beraten werden.

Es war das Ei des Kolumbus. Die Konferenz stimmte zu. Ein Teilungsausschuß (Dismemberment Committee) sollte in London zusammentreten, und in die Kapitulationsurkunde wurde ein Artikel 12a eingefügt, der wie folgt lautete:

»Das Vereinigte Königreich, die USA und die UdSSR werden bezüglich Deutschlands die höchste Machtvollkommenheit haben. In Ausübung dieser Macht werden sie solche Maßnahmen einschließlich der völligen Entwaffnung, Entmilitarisierung und *Zerstückelung* (Dismemberment) Deutschlands treffen, als sie für den künftigen Frieden und die Sicherheit für notwendig halten.«

Erstmals hatten die Großen Drei damit in einem offiziellen Papier die Teilung Deutschlands als Möglichkeit festgeschrieben.

Daß vom deutschen Oberkommando drei Monate später ein gänzlich anderes Papier unterzeichnet wurde als jenes, das die alliierten Regierungschefs mühsam ausgehandelt hatten, gehört zu den grotesken Fehlschaltungen politischer Planung.

Die übrigen Deutschland-Entscheidungen in Jalta betrafen die Aufnahme Frankreichs in den Kontrollapparat, die Reparationen und die Frage der deutschen Ostgrenzen.

Die Aufnahme Frankreichs in den Kreis der »Großen« stand seit dem Einzug General Charles de Gaulles in Paris wie eine drohende Gewitterwolke am alliierten Siegeshimmel. Der entschiedenste Gegner des Generals war Franklin Roosevelt. Der Präsident und de Gaulle hegten eine tiefe menschliche Abneigung gegeneinander. Lange Zeit hatte Roosevelt den Rivalen de Gaulles in der Führung der »Freien Franzosen«, General Giroud, protegiert. Aber nachdem de Gaulle seinen Kameraden von der Macht verdrängt und sich selbst an die Spitze der »Provisorischen Regierung« gestellt hatte, war er nicht mehr zu ignorieren.

Churchill war immer ein glühender Freund Frankreichs und Förderer de Gaulles gewesen. Es war ihm allerdings nicht gelungen, de Gaulle nach Jalta zu bringen. Roosevelt hatte sein Veto eingelegt: »Ich bin immer noch der Auffassung, daß jeder Versuch, de Gaulle an unserer Dreierzusammenkunft teilnehmen zu lassen, lediglich eine unerwünschte Erschwerung mit sich bringen würde.«

Dafür kämpften Churchill und Eden dann am Konferenztisch »wie die Tiger für Frankreich« (Hopkins). Den Grund hatte ihnen Roosevelt geliefert mit der Ankündigung, die US-Truppen zwei Jahre nach Kriegsende aus Europa abzuziehen. Churchill nannte dies zu Recht »eine Erklärung von ungeheurer Tragweite«. Er schrieb: »Wenn die Amerikaner aus Europa abzögen, würde Großbritannien ganz Westdeutschland allein besetzen müssen. Eine solche Aufgabe überstieg unsere Kraft bei weitem. So drängte ich darauf, die Franzosen diese Last mittragen zu lassen. Ein starkes Frankreich war nicht nur für Europa, sondern auch für Großbritannien lebenswichtig.«

Stalins Zustimmung hatte sich de Gaulle schon selbst in Moskau geholt. Er hatte zwei Monate vor Jalta einen russisch-französischen Beistandspakt unterzeichnet und die Oder-Neiße-Linie anerkannt. Seine Hoffnung, dafür auch noch Stalins »Ja« zur Abtrennung des linken Rhein-Ufers zu gewinnen, zerschlug sich allerdings. Enttäuscht schrieb de Gaulle, Stalin habe sich in dieser Frage »wortkarg« gezeigt. »Dagegen erklärte er beharrlich, es sei notwendig, jede Frage mit den Vereinigten Staaten und Großbritannien zu prüfen.«

Widerstrebend stimmte Stalin in Jalta der Aufnahme Frankreichs in den Alliierten Kontrollrat zu. Auch eine eigene Besatzungszone könnten die Franzosen bekommen, vorausgesetzt, sie ginge nicht zu Lasten der Sowjets. Wenn die Franzosen eine Zone haben sollten, müßten ihnen die westlichen Alliierten etwas von ihren eigenen Zonen abtreten.

Schließlich willigte auch Roosevelt in die Aufnahme der Franzosen ein. »Er sagte, es wäre wahrscheinlich leichter, sich mit ihnen zu einigen, wenn sie Mitglied der Kontrollkommission seien, als wenn sie es nicht seien.« Dies war allerdings einer der folgenschwersten Irrtümer von Jalta.

Die meisten und hitzigsten Debatten in Jalta galten jedoch nicht Deutschland, sondern Polen. Polen war Anlaß und Hauptopfer des Krieges. Jetzt wurde es zum ersten Testfall alliierter Zusammenarbeit. Die Sowjets hatten nach der Befreiung des Landes eine kommunistische Regierung in Warschau eingesetzt und hinderten die von den Westmächten anerkannte Exil-Regierung in London an der Rückkehr in die Heimat. Die kommunistische Gleichschaltung Polens war in vollem Gange.

Polen war nicht nur für die Westmächte, es war auch für Stalin eine Kernfrage. General de Gaulle hatte dies als relativ Unbeteiligter bei seinem kürzlichen Besuch in Moskau erfahren: Als die Rede auf Polen kam, wurde der sonst so ruhige Stalin erregt. »Aus seiner Heftigkeit war herauszuhören, daß die polnische Angelegenheit Hauptgegenstand seiner Leidenschaft und Kernstück seiner Politik war. ›Polen‹, sagte er, ›hat den Deutschen stets als Durchgang bei ihren Angriffen gegen Rußland gedient. Dieser Durchgang muß geschlossen werden, und zwar von den Polen selbst.‹«

Was Stalin meinte, war dies: Man mußte Polen auf Kosten Deutschlands so weit nach Westen verlagern, daß es auf die Unterstützung der Sowjetunion angewiesen blieb. Konsequenterweise hatte Stalin der Warschauer Regierung bereits die Lausitzer Neiße als Westgrenze versprochen. Das war weit mehr, als Churchill in Teheran zugestanden hatte.

Nachdem Molotow in Jalta den neuen sowjetischen Grenzvorschlag erläutert hatte, erwiderte Churchill spitz, es wäre höchst bedauerlich, wenn man die polnische Gans dermaßen mit deutschem Futter mäste, daß sie an Verdauungsbeschwerden eingehe. Schon die von ihm zugestandene Abtretung Ostpreußens und Schlesiens bis zur Oder habe die Umsiedlung von sechs Millionen Deutschen zur Folge, ein Gedanke, von dem »ein großer Teil des britischen Volkes ganz offen entsetzt« sei. Stalin bemerkte darauf nur trocken, »in diesen Gebieten befänden sich ohnehin keine Deutschen mehr«.

Stalin war indessen nicht in der Lage, den Westmächten Bedingungen zu stellen. Die Situation war eher umgekehrt, denn die Sowjetunion, selbst ausgeblutet und durch den Krieg am Rande des wirtschaftlichen Zusammenbruchs, war auf die Hilfe der USA angewiesen.

So geriet Stalin, was Polen betraf, in Jalta unter den vollen Beschuß seiner Alliierten. Churchill erklärte sarkastisch, die britische Regierung wisse nicht, was in Polen vorgehe, es sei denn, sie setze »couragierte Männer per Fallschirm ab und bringe Mitglieder der Untergrundbewegung ins Ausland«. So wenig es den Briten gefalle, sich auf diese Art Informationen zu beschaffen, sei es doch der einzige Weg.

Stalin gab schließlich nach. Er willigte ein, die Warschauer Regierung um Mitglieder der Londoner Exilregierung zu erweitern und »so bald als möglich freie und unbeeinflußte Wahlen« abhalten zu lassen. Als die Vereinbarung fertig formuliert war, reichte Roosevelt das Papier seinem Stabschef Leahy. Der Admiral las es und sagte: »Herr Präsident, das ist so elastisch, daß die Russen es von hier bis Washington dehnen können, ohne es technisch zu verletzen.« Roosevelt erwiderte: »Ich weiß, Bill, ich weiß. Aber es ist das Beste, was ich jetzt für Polen erreichen kann.«

Technisch mußte Stalin auch in der Frage der polnischen Westgrenze nachgeben. Weder Churchill noch Roosevelt waren bereit, die westliche Neiße anzuerkennen. So einigte man sich auf die Formulierung, daß Polen als Entschädigung für die an Rußland abgetretenen Gebiete »einen ansehnlichen Gebietszuwachs im Norden und Westen bekommen muß«.

In der Schwebe blieb schließlich noch eine andere Frage, die später die Beziehungen der Alliierten in Deutschland wie keine andere vergiften sollte: die Frage der Reparationen. Im Prinzip war dies nie ein Streitpunkt gewesen. Die USA hatten der Sowjetunion von Anfang an das Recht auf Wiedergutmachung der Kriegsschäden durch Deutschland zugestanden. Schon das erste amerikanische Deutschland-Papier, das Cordell Hull 1943 der Außenministerkonferenz vorgelegt hatte, enthielt diesen Vorschlag. Einig war man sich auch, daß Deutschland nicht wie nach dem Ersten Weltkrieg Barentschädigungen als Reparationen zahlen sollte, die dann doch durch amerikanische Anleihen aufgebracht werden mußten. Die Wiedergutmachung sollte vielmehr durch Sachleistungen geschehen, und zwar durch Demontage ganzer Fabriken sowie durch Lieferungen aus der laufenden Produktion. Die Sowjetunion forderte außerdem Reparationen durch »Arbeitseinsatz« von Deutschen – was ihr in Jalta zugestanden wurde.

Zum Streit kam es erst, als die Russen Zahlen auf den Tisch legten. Sie bezifferten die Kriegsschäden auf rund 20 Milliarden Dollar und verlangten genau die Hälfte, also zehn Milliarden, an Reparationsleistungen für sich. »Churchill lehnte es glatt ab, irgendeine Bewertung dieser Art zu akzeptieren« (Leahy).

Es kam zur offenen Konfrontation zwischen Briten und Russen. Die Briten sollten die Besatzungszone mit dem Ruhrgebiet, das heißt, das industrielle Herz Deutschlands übernehmen. Woher sollten die zehn Milliarden Dollar für die Russen kommen, wenn nicht aus ihrer Zone? Der Plan war für die Engländer unannehmbar, und sie blieben eisenhart, selbst als Roosevelt, der an Reparationen völlig uninteressiert war, den Russen die zehn Milliarden zugestand.

Wie üblich wurde die Frage einer Sonderkommission übertragen. Aber Churchill bestand darauf, daß seine abweichende Meinung festgehalten werde. So wurde in das geheime Konferenz-Protokoll (das erst zwei Jahre später veröffentlicht wurde) folgende Formel aufgenommen:

»Die Reparationskommission soll als Diskussionsgrundlage den Vorschlag der Sowjetunion annehmen, daß die Gesamtsumme der Wiedergutmachungen 20 Milliarden Dollar sein sollte und daß davon 50 Prozent die UdSSR erhalten solle. Die britische Delegation war der Ansicht, daß keine Wiedergutmachungsziffern genannt werden sollten.«

So trugen alle Deutschland-Vereinbarungen von Jalta die Wurzel schwerer Zerwürfnisse in sich:

Mit Frankreich wurde eine vierte Macht in den Kontrollrat aufgenommen, die alles tat, um die Beschlüsse der drei anderen zu sabotieren.

Die Festlegung der deutschen Ostgrenze wurde zwar formal aufgeschoben, aber alle Beteiligten wußten, daß in eben diesen Tagen Polen von seinen neuen Westgebieten Besitz ergriff.

Roosevelt hatte zugelassen, daß in einem von ihm gebilligten Papier die ungeprüfte Zahl von 20 Milliarden Dollar stand. Die Sowjetunion sollte sich solange darauf berufen, bis sie ihren letzten Dollar aus Deutschland herausgeholt hatte.

Trotzdem reisten die westlichen Delegationen, zumal die Amerikaner, optimistisch aus Jalta ab. Stalin hatte sich in ihren Augen als konzilianter Verhandlungspartner erwiesen und in wichtigen Dingen Konzessionen gemacht: Er hatte endgültig »ja« zu den Vereinten Nationen gesagt, hatte »freie Wahlen« in Polen und den übrigen osteuropäischen Staaten zugesichert, hatte die Franzosen an der Deutschland-Besetzung beteiligt und hatte – last not least – den USA versprochen, nach der Niederwerfung Deutschlands am Krieg gegen Japan teilzunehmen.

»Wir glaubten wirklich zutiefst«, sagte Harry Hopkins, »daß dies der Anbruch eines neuen Tages war, für den wir so viele Jahre lang gebetet hatten. Wir waren absolut überzeugt, daß wir den ersten großen Sieg des Friedens gewonnen hatten.«

Nicht alle dachten so. Admiral Leahy schied, sofern man seinen Memoiren glauben will, mit gemischten Gefühlen von Jalta: »Das deutsche Volk tat mir leid. Wir planten – und wir hatten die Macht, unsere Pläne auszuführen – die Vernichtung einer einst mächtigen Nation. Ich hatte das unbehagliche Gefühl, daß diese 80 Millionen Deutsche auf die eine oder andere Art überleben würden, um wieder zu kämpfen.«

Auf dem Rückweg nach London besuchte Winston Churchill seinen Freund und Kampfgenossen Roosevelt an Bord des amerikanischen Kreuzers »Quincy« in Alexandrien. »Der Präsident schien gelassen und sehr erschöpft. Ich spürte, daß ihn nur noch lockere Bande mit dem Leben verknüpften. Wir nahmen bewegt und herzlich Abschied voneinander. Am Nachmittag stachen der Präsident und seine Gesellschaft zur Heimreise in See. Ich sollte ihn nie wiedersehen.«

Zwei Monate später, am 12. April 1945, starb Roosevelt an einer Gehirnblutung. Der Mann, der einen neuen Weltfrieden aufbauen wollte, war tot. Aus dem bombengeschüttelten Bunker der Berliner Reichskanzlei sandte ihm ein dem Wahnsinn naher Hitler einen letzten irren Aufruf nach: »Im Augenblick, in dem das Schicksal den größten Kriegsverbrecher aller Zeiten von dieser Erde genommen hat, wird sich die Wende dieses Krieges entscheiden!«

Es waren die letzten Worte, die das deutsche Volk von seinem »Führer« hörte. Am gleichen Tage trat die Sowjetarmee zum Großangriff auf Berlin an. 14 Tage später erschoß sich der Mann aus Braunau in seinem Bunker. Auf dem Reichstag hißten Stalins Soldaten die rote Fahne. Am 5. Mai signalisierte die Regierung Dönitz aus ihrer letzten Fluchtburg – im äußersten Norden Deutschlands – dem Hauptquartier General Eisenhowers, daß sie bereit sei, die bedingungslose Kapitulation zu vollziehen.

Der Krieg erlosch auf seltsame Weise, mit einem fast komödienhaften Element. Die Kapitulationsurkunde, über die sich die Außenministerien, die Londoner Europa-Kommission und die Regierungschefs selbst den Kopf zerbrochen hatten, war in Eisenhowers Hauptquartier in Reims nicht aufzufinden, als der Funkspruch aus Flensburg eintraf.

Eisenhowers Stabschef General Bedell Smith berichtet, er habe die Urkunde zwar irgendwann einmal erhalten, aber sie nur sehr oberflächlich durchgelesen: »Erstens hatten wir dringendere Probleme zu lösen, und zweitens kam mir das vor, als zähle man Küken, bevor die Eier ausgebrütet sind.« Als die Deutschen schließlich zur Kapitulation bereit waren, habe er die EAC-Dokumente »vollkommen vergessen«.

Der Stab im Obersten Alliierten Hauptquartier (SHAEF) verfaßte eine eigene Kapitulationsurkunde. Smith: »Wir arbeiteten drei Tage und Nächte und gaben die Kapitulationsbedingungen der russischen, amerikanischen und britischen Regierung zur Genehmigung durch.«

Professor Philip Mosely, der als amerikanisches EAC-Mitglied maßgeblich an der ursprünglichen Kapitulationsurkunde mitgearbeitet hatte, äußerte den Verdacht, daß diese Urkunde nicht ganz zufällig »vergessen« worden, sondern eigenmächtig von SHAEF mit Wissen Churchills durch ein neues Papier ersetzt worden sei: Der britische EAC-Vertreter im Foreign Office habe am Abend des 5. Mai erfahren, »daß SHAEF in wiederholten Telefonanrufen mit Churchill die Möglichkeit besprochen hatte, einen ganz neuen Text anstelle der EAC-Urkunde zu verwenden. Der neue Text sah nur die militärische Übergabe vor und ließ die Übernahme der obersten Gewalt in Deutschland durch die vier Alliierten ganz unerwähnt.«

Erst in letzter Minute sei es dem amerikanischen Botschafter in London und Chef der amerikanischen EAC-Delegation gelungen, in das Militärdokument eine politische Sicherung einzubauen, daß »dieser Akt . . . kein Vorgriff« sei auf »allgemeine Kapitulationsbestimmungen, die Deutschland als Ganzes betreffen«.

Wütend schließt Mosely: »Den führenden Persönlichkeiten bei SHAEF war es offenbar gleichgültig, daß die EAC-Urkunde von vier Regierungen genehmigt worden war und daß die Einführung des Begriffs der ›Zerstückelung‹ in Jalta Anlaß zu vielen Diskussionen gegeben hatte.«

Im Grunde war es auch gleichgültig. Als Generaloberst Jodl am 7. Mai 1945, morgens um 2 Uhr 41, in Eisenhowers Hauptquartier, einem kleinen französischen Schulhaus in Reims, den Federhalter aus der Hand legte, hatte das Deutsche Reich de facto aufgehört zu existieren.

Der alliierte Oberbefehlshaber war am Unterwerfungsakt des Feindes nicht mehr interessiert. Er lehnte es ab, der Kapitulation beizuwohnen und überließ General Bedell Smith die Unterzeichnung der historischen Urkunde.

Den Sowjets zuliebe wurde die ganze Zeremonie 24 Stunden später in Berlin-Karlshorst noch einmal wiederholt (mit dem gleichen SHAEF-Text), und nach 14 Tagen beseitigten die Alliierten auch den letzten Schatten deutscher Souveränität: Am 23. Mai verhaftete ein Kommando der britischen Armee Admiral Dönitz und seine »Reichsregierung«, die im Standortgebäude Flensburg-Mürwick noch ein gespenstisches Dasein geführt hatte. So wie vor ihm Millionen deutscher Soldaten mußte auch der Nachfolger des Führers die Hände hochnehmen.

II. KAPITEL
TERMINAL

»Unsere Politik besteht darin, den Deutschen Schwierigkeiten zu machen.«

Josef Stalin

1. DER HÄNDEDRUCK VON BERLIN

Die Alliierten waren am Ziel. Fast sechs Jahre, nachdem Hitlers Truppen im Morgengrauen die polnische Grenze überschritten hatten, war Deutschland vollständig geschlagen und besetzt. Es hatte aufgehört, ein Staat zu sein. Die Macht, die so lange das Schicksal Europas bestimmt hatte, war von der politischen Landkarte verschwunden.

Für die Deutschen war dieser Mai im Jahre 1945 eine Erfahrung ohne Beispiel in ihrer kollektiven Erinnerung. Er war das absolute Nichts – ein Augenblick, in dem das Pendel der Geschichte stillzustehen schien. Der Mechanismus, der das Volk wie Lemminge in den Abgrund getrieben hatte, war zerstört. Das Reich, für das sich eben noch 15jährige Hitlerjungen vor amerikanische Panzer geworfen hatten, war untergegangen. Jede staatliche Funktion hatte aufgehört. Es gab nur noch eine einzige Obrigkeit, neu und fremd, drohend und abweisend – die Sieger. Zum erstenmal waren die Deutschen in ihrer Gesamtheit fremdem Willen unterworfen. Vier Generationen lang hatten sie hochmütig, naiv und verbissen versucht, selbst Geschichte zu machen. Jetzt waren sie zum Objekt der Geschichte degradiert, totaler und dauerhafter als je zuvor in den letzten Jahrhunderten.

Die Sieger versäumten nicht, den Deutschen diese Lage in aller Form klarzumachen. Vier Wochen nach der Kapitulation, am 5. Juni 1945, proklamierten sie die Übernahme der Herrschaftsgewalt im ehemaligen Deutschen Reich.

Die »Erklärung in Anbetracht der Niederlage Deutschlands« bestand aus einer Präambel und 15 umfänglichen Artikeln. Der Kernsatz der Präambel begründet die Oberhoheit der vier Besatzungmächte für »Deutschland als Ganzes« bis auf den heutigen Tag:

»Die Regierungen des Vereinigten Königreichs, der Vereinigten Staaten von Amerika, der Union der Sozialistischen Sowjetrepubliken und die Provisorische Regierung der Französischen Republik übernehmen hiermit die oberste Regierungsgewalt in Deutschland, einschließlich aller Befugnisse der deutschen Regierung, des Oberkommandos der Wehrmacht und der Regierungen, Verwaltungen oder Behörden der Länder, Städte und Gemeinden.«

Über ihre politischen Absichten äußerten sich die Sieger in ihrer »Regierungserklärung« nur vage. Das Wort »Zerstückelung«, das in der ursprünglich vorgesehenen Kapitulationsurkunde noch vorkam, war verschwunden, wenngleich die Möglichkeit einer Teilung weiterhin offengelassen wurde: »Die (alliierten) Regierungen werden später die Grenzen Deutschlands oder *irgendeines Teiles* Deutschlands und die rechtliche Stellung Deutschlands oder *irgendeines Gebietes, das gegenwärtig einen Teil deutschen Gebietes bildet*, festlegen.«

Eine Generalklausel gab den Siegern freie Hand zur Festsetzung der Kriegsfolgelasten und zur allgemeinen Behandlung Deutschlands:

»Die alliierten Vertreter werden Deutschland zusätzliche politische, verwaltungsmäßige, wirtschaftliche, finanzielle, militärische und sonstige Forderungen auferlegen, die sich aus der vollständigen Niederlage Deutschlands ergeben.«

Die Erklärung endete mit einer Strafandrohung: »Im Fall einer Versäumnis seitens der deutschen Behörden oder des deutschen Volkes, ihre . . . Verpflichtungen pünktlich und vollständig zu erfüllen, werden die Alliierten Maßnahmen treffen, die sie für zweckmäßig halten.«

Diese Proklamation bildete die Grundlage der künftigen Viermächte-Verwaltung. Sie wurde in feierlicher Form von den vier alliierten Oberbefehlshabern im sowjetischen Hauptquartier in Berlin-Karlshorst unterzeichnet. Zum erstenmal trafen damit die verbündeten Heerführer zusammen, zum erstenmal sahen sich Dwight D. Eisenhower und Georgij Schukow, die den Hauptanteil am Sieg hatten.

Der sowjetische Marschall hatte die deutschen Panzerspitzen 1941 im Weichbild Moskaus zurückgeworfen, er hatte in Stalingrad die größte Schlacht der Kriegsgeschichte geschlagen, er hatte die deutsche Armee den 2500 Kilometer langen Weg von der Wolga bis zum Brandenburger Tor zurückgetrieben, seine Soldaten entdeckten die verkohlte Leiche Hitlers. Von allen Eroberern, die je in Berlin eingezogen waren, hatte Georgij Schukow den weitesten Weg zurückgelegt und den blutigsten Sieg erkämpft.

Eisenhower begegnete dem russischen Heerführer mit professioneller und menschlicher Hochachtung. »Er ergriff meine Hände«, schreibt Schukow, »sah mich lange an und sagte schließlich: ›Das sind Sie also!‹«

Auch Schukow empfand nicht nur Respekt vor der militärischen Leistung Eisenhowers. Der Sowjetmarschall mochte den asketischen Amerikaner mit dem offenen Lachen vom ersten Augenblick an. Als sie die Berliner Proklamation zusammen mit Marschall Bernard Montgomery und General de Lattre de Tassigny unterzeichnet hatten, trennten sich Eisenhower und Schukow als Kameraden, aus denen schnell Freunde wurden.

Von diesem Tage an sollten die alliierten Oberbefehlshaber das besetzte Territorium gemeinsam regieren. Die Hauptverantwortlichen waren voller Zuversicht. »Auf seiten Schukows und seiner Mitarbeiter«, schreibt Eisenhower, »war nur der starke Wunsch nach Freundschaft und Zusammenarbeit erkennbar. Im Rückblick schien jener Tag nichts als die Herstellung herzlicher und enger Beziehungen zu den Russen zu versprechen.«

Doch die soldatische Kameraderie zwischen den führenden Amerikanern und Russen reichte weder bis in alle Ränge hinunter, noch war sie typisch für alle vier Alliierten. Schon mit der ersten Berührung zwischen den verbündeten Armeen hatte sich ein Element der Entfremdung in die Siegesfreude gemischt. Viele westliche Offiziere und Zivilbeamte waren erschrocken über die Brutalität und Primitivität der Roten Armee. Was Deutsche und Russen von Anfang an wußten, daß der Krieg im Osten eine andere, unmenschliche Dimension hatte, daß es nicht einfach um Sieg oder Niederlage ging, sondern um Überleben oder Untergehen, das enthüllte sich jetzt bestürzten Briten und Amerikanern durch die Millionen Flüchtlinge, die ihren Linien entgegenströmten, und durch den direkten Kontakt mit den östlichen Verbündeten.

Der britische Feldmarschall Montgomery, dessen Truppen in Mecklenburg auf die Rote Armee gestoßen waren, besuchte die Russen auf Einladung seines »Gegenübers«, Marschall Rokossowski, unmittelbar nach der Kapitulation. Er war schockiert:

»Aus ihrem Verhalten merkte man sehr bald, daß die Russen, obschon gute Kämpfer, tatsächlich unzivilisierte Asiaten waren und noch nie eine Kultur gekannt hatten, die der des übrigen Europa vergleichbar war. Ihre Einstellung war in jeder Hinsicht völlig verschieden von unserer, und ihr Benehmen, besonders gegenüber Frauen, widerte uns an.«

Montgomerys arrogantes Wort von den »Asiaten« drückte nur aus, was viele seiner Kameraden empfanden: Engländer und Amerikaner machten die beunruhigende Entdeckung, dem Untergang einer Zivilisation beizuwohnen. Wenn sie selbst auch nicht davon betroffen waren, so wurden ihnen die Sieger auf der anderen Seite bei näherem Kontakt doch unheimlich.

Die Entfremdung war begleitet von einem Stimmungsumschwung gegenüber den Besiegten. Zwar breitete sich der Schock über die soeben befreiten Konzentrationslager weiter aus, doch gleichwohl machte sich ein gewisses Mitleid mit dem geschlagenen Feind bemerkbar, auch eine Überraschung, daß die Deutschen nicht hinterrücks Handgranaten warfen, sondern bejammernswert elend, hungrig und verzweifelt aussahen. Der Anblick der Totenlandschaft zwischen Köln und Dresden weckte eher Übelkeit als Stolz.

Die Ruinen von Berlin verstörten selbst altgediente Krieger. Eisenhowers Stellvertreter, General Lucius D. Clay, war zur Unterzeichnung der Protokolle am 5. Juni zum erstenmal in die einstige Reichshauptstadt gekommen: »Wie eine Stadt der Toten lag Berlin da. In Westdeutschland hatte ich nichts Vergleichbares gesehen, und ich muß zugeben, daß meine Freude über den Sieg gedämpft wurde, als ich diese menschliche Erniedrigung wahrnahm. Ich beschloß dort und damals, nie zu vergessen, daß wir für die Regierung menschlicher Wesen verantwortlich waren.«

Die Sowjets ihrerseits empfanden Vorwürfe gegen ihr Auftreten in den besetzten Gebieten als Herausforderung und Beleidigung. Hatten sie nicht die größte Last des Krieges getragen? Waren ihre Städte weniger zerstört? Waren nicht Millionen Sowjetbürger im Kampf gegen die deutschen Invasoren gefallen? Hatten die Nazis nicht zahllose Verbrechen in der Sowjetunion verübt? Wollte man es einem Sowjetsoldaten verdenken, wenn er nach den unsäglichen Leiden dieses Krieges hier und da seine Rache befriedigte oder sich nahm, was ihm als Sieger zustand?

Es war eine unpolitische, ideologiefreie Diskussion, die da hinter der Kulisse gemeinsamer Siegesfeiern geführt wurde. Doch sie kühlte das psychologische Klima zwischen den Verbündeten allmählich ab und förderte die Reizbarkeit bei den heraufziehenden Konflikten. Denn die politischen Beziehungen zwischen den alliierten Regierungen hatten sich seit Jalta, zunächst unbemerkt von der Öffentlichkeit, auf dramatische Weise verschlechtert.

2. DIE ALLIANZ ZERBRICHT

Die ersten Spannungen unter den Alliierten waren bereits zu Lebzeiten Roosevelts aufgetreten. In Jalta hatten die Großen Drei eine »Erklärung über das befreite Europa« verabschiedet, in der sie sich verpflichteten, in den befreiten Ländern »alle demokratischen Elemente« an vorläufigen Regierungen zu beteiligen und »baldestmöglich freie Wahlen« abhalten zu lassen. Aber kaum 14 Tage später hatten die Sowjets in Rumänien durch direkte Intervention des einstigen Chefanklägers bei den Moskauer Schauprozessen, Andrej Wyschinskij, die Absetzung des Allparteien-Kabinetts und die Einsetzung einer kommunistisch orientierten Regierung erzwungen.

Stalin konnte sich dabei auf Churchills famosen Teilungsvorschlag stützen, der ihm »90 Prozent« in Rumänien zugestand. Er selbst hatte sich peinlich an die Verpflichtung gehalten, den Engländern dafür Griechenland zu überlassen. Tatenlos sah Stalin zu, wie die Briten die kommunistischen Guerillas in sechswöchigen Kämpfen zusammenschossen. Churchill gestand sich selbst ein, daß er unter diesen Umständen nicht wegen Rumänien protestieren konnte: »Stalin konnte mir antworten: ›Ich habe mich in Griechenland auch nicht eingemischt; warum geben Sie mir also nicht die gleiche Handlungsfreiheit in Rumänien?‹«

Der große Konflikt entzündete sich dann auch nicht am Balkan, sondern an der polnischen Frage, die die alliierten Beziehungen seit Teheran belastete wie ein eiterndes Geschwür. In Jalta war Stalin eine unzweideutige schriftliche Verpflichtung eingegangen: Es sollte eine Koalition aus der von den Russen eingesetzten kommunistischen Regierung in Warschau und der Londoner Exilregierung gebildet werden. Eine Kommission der drei Großmächte sollte die beiden polnischen Parteien dabei »unterstützen«. Die neue Regierung der »Nationalen Einheit« sollte dann »freie und unbeeinflußte Wahlen auf der Grundlage allgemeinen Wahlrechts und geheimer Abstimmung« durchführen. Es war ein Text, an dem es nichts zu deuteln gab.

Aber die Wochen gingen dahin, ohne daß etwas geschah. Die Sowjetunion hatte im Gegenteil mit der von den Westmächten nicht anerkannten Warschauer Regierung einen »Freundschaftspakt« geschlossen und ihr dadurch einen völkerrechtlichen Status verliehen. Andererseits weigerte sich Molotow in der alliierten Dreier-Kommission, die von den Westmächten vorgeschlagenen Exil-Polen für die Koalitionsregierung zu akzeptieren. Dadurch kam die geplante »Regierung der nationalen Einheit« nicht zustande, und von freien Wahlen war infolgedessen keine Rede. Nach wie vor verweigerte die Warschauer Regierung den Westmächten die Entsendung von Beobachtern.

So kam es wenige Wochen nach dem euphorischen Ende der Krim-Konferenz zur ersten handfesten Konfrontation zwischen den Westmächten und Moskau. Auf Drängen Churchills schloß sich Roosevelt den Protesten der Engländer an. Am 29. März 1945 schrieb er einen Brief voll bitterer Enttäuschung an Stalin:

»Ich kann Ihnen nicht verhehlen, mit welcher Besorgnis ich die Entwicklung seit unserer ergebnisreichen Zusammenkunft in Jalta betrachte . . . Bis jetzt ist der von der Welt erwartete Fortschritt hinsichtlich Polens in entmutigender Weise ausgeblieben. Es ist mir, offen gesagt, rätselhaft, woher das kommt . . . Ich muß Ihnen in aller Deutlichkeit sagen, daß jede Lösung, die nichts als eine kaum verhüllte Fortsetzung des gegenwärtigen Warschauer Regimes ergäbe, unannehmbar wäre und das amerikanische Volk veranlassen würde, die Jalta-Vereinbarung als einen Fehlschlag zu betrachten.« Zwei Wochen später war Roosevelt tot. Sein Nachfolger Harry S. Truman erbte die polnische Frage als vordringliches Problem.

Der neue Präsident sah sich über Nacht auf die Kommandobrücke gestellt, ohne den genauen Kurs zu kennen. Er war erst 1944 als Vizepräsident für Roosevelts vierte Amtsperiode aufgestellt worden und gerade ein Vierteljahr im Amt, als der Präsident starb. Bis dahin hatte niemand im Weißen Haus von dem kleinen Mann mit der randlosen Brille Notiz genommen. Roosevelt selbst hatte seinen Vizepräsidenten überhaupt nur dreimal empfangen. Truman war über die außenpolitischen Fragen, über die Kriegslage, über die getroffenen Geheimabsprachen weniger informiert als die führenden Journalisten Washingtons.

Aber Harry S. Truman zuckte nicht zusammen unter

dem Schicksalsschlag. Alle, die nicht wußten, ob sie über den neuen Präsidenten lachen oder weinen sollten, täuschten sich. Der Mann aus Missouri besaß Selbstvertrauen, natürlichen Scharfsinn und Entschlußkraft. Sein Weltbild war das des amerikanischen Mittelwestens: Es gab nur gut oder schlecht, richtig oder falsch, Freund oder Feind.

Diese Mischung aus Naivität und Entschlußkraft ergab einen brisanten Führungsstil. Acht dramatische Jahre lang stellte Harry S. Truman die Weichen der Weltpolitik. Er ließ die Atombomben werfen, führte den Korea-Krieg und traf jene weitreichenden Entscheidungen, durch die Europa seine heutige politische Gestalt erhielt, einschließlich der Grenze, die durch Deutschland führt.

Der erste Ausländer, der den Stil des neuen Präsidenten erlebte, war Wjatscheslaw Molotow. Der sowjetische Außenminister war zur Gründungsversammlung der UNO nach Amerika gekommen und stand Truman zehn Tage nach dessen Amtsübernahme gegenüber.

Truman hatte sich für seine erste internationale Unterredung gut präpariert. Er rief den Außenminister, den Kriegsminister, die wichtigsten Militärs und den US-Botschafter in Moskau, Averell W. Harriman, ins Weiße Haus und bat sie um ihre Meinung zur sowjetischen Politik. Alle waren der Ansicht, daß die USA in der polnischen Frage nicht nachgeben dürften. Botschafter Harriman sagte, Europa stehe »vor einer Invasion der Barbaren« und es gehe darum, ob »wir zu einer Sowjetherrschaft über Polen die Hand bieten wollten«.

Truman kam zu dem Schluß, »daß sich unsere Abkommen mit der Sowjetunion als eine einseitige Sache erwiesen hätten und es so nicht weitergehen könne«.

Als Molotow dann das Weiße Haus betrat, wurde er von Truman abgefertigt wie ein Geschäftspartner in Missouri, der seine Zahlungsverpflichtungen nicht eingehalten hat: »Ich erwiderte scharf, daß man ein Abkommen über Polen geschlossen habe, und es gebe für Marschall Stalin nur eines: dieses Abkommen in Übereinstimmung mit seinen Worten einzuhalten.«

Die Unterredung endete frostig. »So hat in meinem Leben noch niemand mit mir gesprochen«, sagte Molotow dem Präsidenten. »Halten Sie Ihre Vereinbarungen ein, und man wird nicht so mit Ihnen reden«, entgegnete Harry Truman.

Stalin stellte sich sofort auf den hemdsärmeligen Stil des Roosevelt-Nachfolgers ein. Er schrieb Truman einen Brief, in dem er den russischen Standpunkt offen und rückhaltlos klarstellte: Er wolle das Abkommen von Jalta einhalten, aber die gegenwärtige Warschauer Regierung müsse »Hauptbestandteil« der neuen polnischen Regierung bleiben. Denn: »Die polnische Frage bedeutet für die Sicherheit der Sowjetunion ebensoviel wie Belgien und Griechenland für die Sicherheit Großbritanniens.« Im übrigen sei die Sowjetunion ja auch nicht gefragt worden, »als die dortigen Regierungen eingesetzt wurden«.

»Ich bin bereit«, schloß Stalin, »auf Ihren Wunsch einzugehen und alles zu tun, um eine harmonische Lösung zu finden. Aber Sie verlangen zuviel von mir. Sie verlangen, daß ich die Sicherheitsinteressen der Sowjetunion außer acht lasse, doch ich kann mich nicht gegen mein eigenes Land stellen.«

Das war, auf knappste Formel gebracht, der Kern der Stalinschen Außenpolitik. Sie unterschied sich nicht von der Außenpolitik des Zarenreiches. Rußland hatte Polen immer als seine »Sicherheitszone« betrachtet. Die Westmächte stellten dieses Sicherheitsbedürfnis jetzt auch nicht mehr in Frage; vielmehr bestand das Problem darin, daß Stalin – mit gutem Grund – nur eine kommunistische Regierung als »freundlich« betrachtete, während die Westmächte das Prinzip der parlamentarischen Demokratie nicht preisgeben konnten, ohne ihre proklamierten Kriegsziele zu verraten.

Churchill versuchte ein letztes Mal, dem Sowjetführer diesen Standpunkt klarzumachen. Am 29. April 1945, während in Berlin die letzten Straßenkämpfe tobten, schickte er Stalin ein beschwörendes Telegramm:

»Wir könnten uns nie mit einem Kriegsende abfinden, das Polen, unbeschadet einer echten Freundschaft mit Rußland, nicht volle Freiheit, Unabhängigkeit und Souveränität brächte. Und darauf, glaubte ich, hätten wir uns in Jalta geeinigt . . . Eine Zukunft, in der Sie und alle von Ihnen beherrschten Länder und dazu die kommunistischen Parteien in vielen Staaten auf einer Seite stehen und auf der anderen Seite die Nationen, die sich um die englisch sprechenden Völker scharen, gewährt keinen sehr erfreulichen Ausblick. Es ist ganz offenbar, daß ein solcher Gegensatz die Welt in Stücke reißen würde und daß wir Führenden auf beiden Seiten, wenn wir auch nur im geringsten dafür verantwortlich wären, schmachbeladen in die Geschichte eingehen würden.«

Es war die Vision einer geteilten Welt, aber Churchill selbst hatte dazu beigetragen, daß sie sich als Wirklichkeit am Horizont abzuzeichnen begann.

Stalin antwortete kühl. Er ignorierte den leidenschaftlichen Appell des Premierministers und erwähnte dagegen, daß der britische Geheimdienst die antikommunistische polnische »Heimatarmee« (AK), die den Untergrundkampf, den sie gegen die Deutschen geführt hatte, nun gegen die Sowjets fortsetzte, mit Waffen und Funkgerät versorgte. »Ich muß ganz offen sagen«, schloß Stalin, »daß eine solche Haltung die Möglichkeit einer gemeinsamen Lösung der polnischen Frage ausschließt.«

Stalins Anschuldigung entsprach weitgehend den Tatsachen. Auch er hatte Gründe, den Verbündeten zu mißtrauen. Schon in der letzten Kriegsphase fürchtete er ein Zusammengehen der Westmächte mit den Deutschen – ein Gedanke, der in der deutschen Wehrmachtsführung offen erörtert wurde.

So reagierte Moskau äußerst gereizt, als bekannt wurde, daß SS-General Karl Wolff in der Schweiz Kontakt mit dem alliierten Oberkommando in Italien aufgenommen hatte, um über eine Kapitulation der deutschen Südfront zu verhandeln. Auf einen wütenden Protest Stalins (»Warum war es nötig, das vor uns zu verbergen?«) hatte Roosevelt eine Woche vor seinem Tod elegisch geantwortet: »Es wäre eine der großen Tragödien der Weltgeschichte, wenn sich nach all den ungeheuren Opfern an Blut und Gut in eben dem Moment, da der Sieg greifbar vor uns liegt, ein solcher Mangel an Vertrauen und ein derartiger Argwohn einstellen und unser gewaltiges Unterfangen gefährden würde.«

Doch Stalins Argwohn fand neue Nahrung, als kurz darauf Himmler den Westmächten das unverhüllte Angebot machte, ihnen gegenüber zu kapitulieren und dafür gemeinsam den Kampf gegen die Russen fortzusetzen. Zwar verständigten die Westmächte den Kreml diesmal unverzüglich, aber Stalins Mißtrauen schwand nie mehr. Als die deutsche Nordwestfront am 5. Mai vor Feldmarschall Montgomery kapitulierte, meldete der deutsche Wehrmachtsbericht: »Diese Waffenruhe wurde . . . vereinbart, da der Krieg gegen die Westmächte seinen Sinn verloren hat. Der Widerstand gegen die Sowjets aber wird fortgesetzt, um möglichst viele deutsche Menschen vor dem bolschewistischen Terror zu bewahren.«

Für Stalin konnte das nur heißen: Die Deutschen geben den Westmächten den Weg nach Osten frei. Tatsächlich stießen Engländer und Amerikaner in den letzten Tagen des Krieges weit über die künftige Demarkationslinie in die sowjetische Besatzungszone vor. Als die Waffen am 9. Mai schwiegen, hatten sie auf breiter Front die obere Elbe erreicht. Ein Drittel des heutigen Staatsgebietes der DDR, darunter ganz Thüringen und Sachsen-Anhalt, waren von den Westalliierten besetzt. Im Süden hatten Eisenhowers Truppen die tschechische Grenze überschritten und waren bis Pilsen vorgestoßen.

Churchill sah in der vorteilhaften militärischen Lage ein glänzendes politisches Faustpfand gegenüber den Russen. Seit Stalins kühler Antwort auf seinen Polen-Appell steuerte der britische Premierminister einen harten Kollisionskurs. Er hatte für seine Person das Bündnis mit Moskau gelöst. Der gemeinsame Feind war geschlagen, nun war die Zeit gekommen, das Boot zu verlassen, in dem er und Stalin vier Jahre lang zusammen gesessen hatten. Aus dem Kriegskameraden Winston Churchill wurde in jenen Maitagen wieder der alte Gegner Rußlands.

In einem Memorandum an seinen Außenminister Eden schrieb er: »Ich fürchte, daß sich beim russischen Marsch quer durch Deutschland entsetzliche Dinge abgespielt haben. Der beabsichtigte Rückzug der amerikanischen Armee auf die festgelegten Zonengrenzen bedeutet, daß die Flut der russischen Vorherrschaft um 200 Kilometer vorgetragen würde. Kommt es wirklich dazu, wäre es eines der betrüblichsten Ereignisse der Weltgeschichte.«

»Bevor die Westmächte auf die vorgesehenen Zonengrenzen zurückfallen«, schrieb Churchill weiter, »müssen wir in folgenden Punkten bindende Zusicherungen haben: Polen, den temporären Charakter der russischen Besetzung Deutschlands, die in den russisch-kontrollierten Ländern einzuführende Ordnung mit besonderer Berücksichtigung Österreichs, der Tschechoslowakei und des Balkans.«

Diese Forderung wiederholte er in einem unablässigen Strom von Telegrammen an Truman, während er zugleich die verantwortlichen Militärs per Fernschreiben vor übereilter Entlassung der deutschen Kriegsgefangenen und der Zerstörung deutscher Beutewaffen warnte. In einer Unterredung mit Eisenhower verstieg sich Churchill gar zu der Idee, eine Art deutscher Militärregierung unter alliierter Aufsicht zu errichten. »Die Alliierten«, sagte er, »sollten nicht die volle Verantwortung für Deutschland übernehmen, sondern sie einigen, jetzt in unserer Hand befindlichen Generalen übertragen, denen das deutsche Volk Gehorsam leisten würde.«

Schließlich jagte er jenes berühmte Kabel über den Atlantik, in dem er das Schlagwort für eine ganze Epoche prägte: »Die Lage in Europa beunruhigt mich zutiefst . . . Was soll in bezug auf Rußland geschehen? Ein *eiserner Vorhang* ist vor ihrer Front niedergegangen. Was dahinter vorgeht, wissen wir nicht. Es ist kaum zu bezweifeln, daß der gesamte Raum östlich der Linie Lübeck–Triest–Korfu schon binnen kurzem völlig in ihrer Hand sein wird . . . Die Aufmerksamkeit unserer Völker aber wird sich mit der Bestrafung Deutschlands, das ohnehin ruiniert und ohnmächtig darniederliegt, beschäftigen, so daß die Russen, falls es ihnen beliebt, bis an die Küsten der Nordsee und des Atlantiks vormarschieren können.«

Churchill war entschlossen, die Gegensätze hier und jetzt

mit Stalin selbst auszufechten. Noch vor der deutschen Kapitulation, am 6. Mai, hatte er in seinem 34. Kabel an Truman (»persönlich und streng geheim«) eine neue Konferenz der Großen Drei vorgeschlagen: »Es scheint mir, daß die Dinge kaum noch auf dem Korrespondenzwege geregelt werden können und daß sich die drei Regierungschefs so schnell wie möglich treffen sollten. Bis dahin sollten wir die erreichten oder noch zu erreichenden Stellungen unserer Truppen halten. Wir werden in den nächsten Tagen eine Menge zu tun haben, um die Gefangenen einzusammeln, und wir können annehmen, daß die Siegesfeiern die öffentliche Meinung zu Hause beschäftigen werden. Aber ich glaube, danach müssen wir unsere Haltung gegenüber den Sowjets sehr ernsthaft überprüfen und ihnen zeigen, wieviel wir zu bieten oder zu behalten haben.«

Truman befürwortete die Konferenz-Idee, wenngleich er empfahl, Stalin den Vorschlag machen zu lassen und unter keinen Umständen gemeinsam an den Konferenzort zu fahren, »um jeden Anschein einer Konspiration zu vermeiden«.

Denn Truman war trotz allem entschlossen, Roosevelts Politik der Kooperation fortzusetzen. Polen war zweifellos eine äußerst ärgerliche Angelegenheit, aber absolute Bündnistreue schien dem Präsidenten doch die wichtigste Voraussetzung für eine Zusammenarbeit mit den Russen. Zudem befanden sich die Vereinigten Staaten noch in vollem Krieg mit Japan, und Stalin hatte ihnen Hilfe zugesagt. Truman wollte nicht darauf verzichten. Ende Mai schickte er Harry Hopkins, den alten Ratgeber Roosevelts, als seinen persönlichen Botschafter zu Stalin, um die Lage vor der geplanten Konferenz zu klären.

Harry Hopkins genoß das Vertrauen Stalins wie kein anderer Amerikaner. Er war im Juli 1941, unmittelbar nach Beginn des deutschen Angriffs, nach Moskau gekommen und hatte der Sowjetunion im Namen Roosevelts die Hilfe Amerikas angeboten. Seitdem hatte er an allen Gipfeltreffen teilgenommen. Er war einer der Konstrukteure der amerikanisch-sowjetischen Zusammenarbeit.

Diesmal kam Hopkins als Feuerwehr. Stalin empfing ihn

siebenmal hintereinander, und wahrscheinlich hat nie wieder ein Ausländer eine freimütigere Aussprache mit dem Kremlherrscher geführt. Hopkins sagte Stalin, er sei persönlich besorgt über den Stand der Dinge. Noch vor zwei Monaten habe es im amerikanischen Volk eine überwältigende Sympathie für die Sowjetunion und volle Unterstützung für die Politik der Zusammenarbeit gegeben. Aber in den letzten sechs Wochen habe sich die öffentliche Meinung so verschlechtert, daß dadurch die Beziehungen zwischen beiden Ländern gefährdet seien.

Der Hauptgrund für diese Entwicklung sei Polen. Im amerikanischen Volk bestehe, ob zu Recht oder Unrecht, der starke Eindruck, daß die Sowjetunion Polen beherrschen wolle. Er selbst, sagte Hopkins, sei auf Grund seiner intimen Kenntnis der Situation äußerst beunruhigt über »einige Dinge, die vor sich gehen«. Dabei sei Polen nur ein Symbol für die Lage in ganz Osteuropa, an der die USA insgesamt interessiert seien.

Stalin wich keiner Frage aus. Er sagte zunächst, er glaube nicht, daß Hitler tot sei, wahrscheinlich sei er mit einem U-Boot nach Japan entkommen. Dann antwortete er mit Gegenvorwürfen: Die Sowjetregierung habe den Eindruck, daß Washington seine Haltung zur Sowjetunion seit der Niederschlagung Deutschlands geändert habe. Es sei so, als ob die Amerikaner meinten, sie bräuchten die Russen nicht mehr.

Natürlich hätten die Vereinigten Staaten »mehr als irgendein anderer Staat das Recht, eine Weltmacht zu sein«, sagte Stalin. Ohne ihre Teilnahme wäre Deutschland weder im Ersten noch im Zweiten Weltkrieg geschlagen worden. Nun müsse Amerika, ob es wolle oder nicht, weltweite Interessen wahrnehmen, und er, Stalin, »erkenne voll und ganz das Recht der Weltmacht USA an, sich mit der polnischen Frage zu beschäftigen«.

Doch zur Sache selbst wiederholte Stalin, was er schon immer gesagt hatte: Daß die Sowjetunion ein »freundschaftliches« Polen als Nachbarn brauche, was England verhindern wolle. England wolle vielmehr, wie schon nach dem Ersten Weltkrieg, einen »Cordon sanitaire« um die

Sowjetunion legen. Aber man solle die Russen »nicht für Narren halten, wenn sie auch einfache Leute seien«. In 25 Jahren seien die Deutschen zweimal über Polen nach Rußland eingefallen. Weder England noch Amerika hätten so etwas erlebt. Jetzt habe die Sowjetunion Polen befreit, und wenn sie nicht gesiegt hätte, würde niemand von einem neuen Polen reden.

Aber nach sieben nächtelangen Gesprächen versprach der Kreml-Chef, die Exil-Polen, wie zugesagt, in die Warschauer Regierung aufzunehmen. Auch das »Ja« für eine neue Gipfelkonferenz brachte Hopkins aus Moskau mit. Das Treffen der Großen Drei sollte so schnell wie möglich »in der Gegend von Berlin« stattfinden. Der Weg schien frei für einen neuen Ansatz zur Friedensregelung.

Truman hatte nun keine Lust mehr, Churchills Faustpfand-Politik zu unterstützen. Denn inzwischen hatte Marschall Schukow in Berlin erklärt, solange sich die Westalliierten nicht aus der sowjetischen Besatzungszone zurückzögen, könne weder der Alliierte Kontrollrat seine Arbeit aufnehmen, noch könnten die Westalliierten in Berlin einrücken. Auch Eisenhower war für Rückzug. Sein Standpunkt war, so schreibt Churchill, »wir müßten das einmal gegebene Wort halten; andernfalls würden wir uns jeder Möglichkeit berauben, zu einer freundschaftlichen Zusammenarbeit mit den Russen zu gelangen«.

So kabelte Truman dem britischen Premier, daß er sich außerstande sehe, »den Rückzug der amerikanischen Truppen aus der Sowjetzone hinauszuzögern, um dadurch einen Druck zur Regelung anderer Probleme auszuüben«.

Churchill mußte nachgeben. »Wir sind ganz offensichtlich gezwungen, uns Ihnen anzuschließen«, knurrte er zurück.

Am 1. Juli 1945 zogen die amerikanischen und britischen Soldaten aus Leipzig, Halle, Erfurt, Magdeburg, Schwerin und Wismar ab. Am gleichen Tag rückten ihre ersten Vorhuten in Berlin ein. Zwei Wochen später landete die Maschine des amerikanischen Präsidenten auf dem Flugplatz Gatow bei Berlin.

Von seiner bislang weitesten Dienstreise schrieb Harry

S. Truman einen Brief an seine 92jährige Mutter und seine Schwester in Grandview, Missouri:

»Liebe Mama und Mary, bin gestern nachmittag ungefähr um 3 Uhr in Berlin gelandet und wurde von den Außenministern und höchsten Funktionären Großbritanniens und Rußlands und einem Kontingent amerikanischer Soldaten empfangen, das ich abschreiten mußte. Dann wurden wir in ein schönes Haus an einem See bei Potsdam geführt. Es gehörte früher dem Direktor einer Filmgesellschaft, der, wie man sagt, nach Rußland geschickt worden ist – warum, weiß ich nicht . . .«

Am nächsten Tag begann die Konferenz von Potsdam.

3. »WO SIND DIE NEUN MILLIONEN DEUTSCHE?«

Die Konferenz von Potsdam war nicht in erster Linie das Strafgericht der Sieger über Deutschland. Sie war vielmehr der letzte Versuch der USA, eine Neuordnung der Welt durch globale Zusammenarbeit mit der Sowjetunion zu versuchen. Teheran war der Anfang, Jalta der Gipfel gewesen. Potsdam sollte eine Brücke in die Zukunft sein, aber Churchill hatte der dritten Konferenz der Verbündeten einen auf Moll gestimmten Codenamen gegeben: »Terminal« (Endstation). Die Chiffre sollte das Ende des Krieges in Europa signalisieren, aber sie stand auch für das Ende der Dreier-Allianz und für das Ende des Kriegspremiers Winston Churchill. Die Stunde des Siegers läutete für ihn den Abschied von der Macht ein.

In dieser letzten Szene seiner großen Amtsperiode verwandelte sich Churchill in eine tragische Figur. Vor nicht allzu langer Zeit hatte er mit der Frivolität des 19. Jahrhunderts Nationen und Grenzen mit leichter Hand als politische Trümpfe ausgespielt, dann hatte er wütend versucht, das Verlorene durch militärische Faustpfänder zurückzugewinnen, jetzt stand er ohnmächtig vor Tatsachen, die er nicht mehr ändern konnte.

Auf dem Gipfel seines Lebens empfand er keinen Triumph mehr. Bevor die Potsdamer Konferenz begann, fuhr er durch die Trümmer Berlins. »Als ich aus dem Auto stieg und mich unter die Menschenmenge mischte, ließen sie mich mit Ausnahme eines alten Mannes, der mißbilligend den Kopf schüttelte, hochleben. Seit Deutschland den Kampf aufgegeben hatte, war mein Haß verflogen, und diese Demonstration bewegte mich ebensosehr wie die abgezehrten Züge und die abgetragene Kleidung der Bevölkerung.«

Auch Präsident Truman besichtigte, was von der Hauptstadt des Feindes übriggeblieben war. Auch er war bewegt vom Anblick »der nie endenden Kette alter Männer, Frauen und Kinder, die den Rest ihrer Habe vor sich herschoben oder nachschleppten«. Aber er erlebte auch den bisher stolzesten Tag seiner Amtszeit, die Schaustellung des amerikanischen Triumphes in Europa.

Zu Ehren des Präsidenten war die komplette 1. Panzerdivision auf der Avus aufgefahren. Sechs Kilometer lang standen die Panzer nebeneinander, Rohr an Rohr. Nie wieder waren so viele US-Truppen in Berlin stationiert. Stabschef Admiral Leahy bemerkte zum Kommandierenden General Collier: »Das ist die stärkste Landstreitmacht, die ich je gesehen habe. Ich weiß nicht, wie jemand sie aufhalten könnte, wenn sie irgendwohin marschieren wollte.«

»Es hat sie auch noch keiner aufgehalten«, erwiderte der Panzergeneral.

In Anwesenheit des Präsidenten hißte die US-Armee das Sternenbanner über ihrem Berliner Hauptquartier. Es war nicht irgendeine Fahne. Es war die Fahne, die am Tag von Pearl Harbor auf dem Capitol in Washington geweht hatte. Mit dem ungebrochenen Traditionsbewußtsein der ewigen Sieger ergriffen die Vereinigten Staaten formell Besitz von »ihrem« Stück Mitteleuropa. Sie befanden sich auf dem Höhepunkt ihrer Macht: Am Eröffnungstag der Potsdamer Konferenz wurde die erste Atombombe in der Wüste von Nevada gezündet.

Doch die Potsdamer Konferenz war nicht der politische Auftakt des Atomzeitalters. Sie war das Ergebnis der voratomaren Ära: Wieder, wie schon in Teheran und Jalta, empfing Stalin die Führer der Westmächte als Gastgeber, diesmal im Herzen Preußens. Die Grenzen der russischen Macht waren weiter nach Westen vorgerückt als je zuvor in der Geschichte, und Stalin war entschlossen, sich nicht zurückdrängen zu lassen.

Die Schlacht um Polen hatte Churchill verloren. Zwei Wochen vor Konferenzbeginn mußte er sich den amerikanischen Wünschen fügen und die neue polnische Regierung der »Nationalen Einheit« anerkennen. Zwar war der einstige Chef der Londoner Exilregierung und Führer der polnischen Bauernpartei, Stanislaw Mikolajczyk, als stellvertretender Ministerpräsident in das Kabinett aufgenommen worden, aber an der Sowjetisierung des Landes änderte dies nichts. Die in Jalta vereinbarten freien Wahlen fanden nie statt, und Mikolajczyk selbst floh zwei Jahre später in den Westen. Englands Versuch, den Vorkriegs-Status in Osteuropa wiederherzustellen, war gescheitert.

In Potsdam ging es nur noch darum, wie weit Polen nach Westen reichen sollte. Es war die zentrale Frage der Konferenz, über nichts wurde so erbittert und so lange debattiert. In Jalta hatten die Westmächte der Aufteilung Ostpreußens und der Verlagerung der polnischen Grenze »bis zur Oder« zugestimmt. Jetzt stellte Stalin die Konferenz vor vollendete Tatsachen: Polen war bis zur Lausitzer Neiße vorgerückt. Die Rote Armee hatte alle Gebiete östlich der Linie Swinemünde–Görlitz bereits der polnischen Regierung übergeben. Damit war ganz Schlesien an Polen gefallen, einschließlich der Gebiete westlich der Oder.

Stalin betrachtete die Frage als abgeschlossen. »Auf dem Papier«, erklärte er gleich zu Beginn der Verhandlungen, »ist es ehemaliges deutsches Gebiet, aber tatsächlich ist es polnisches Territorium. Es gibt keine Deutschen mehr dort.«

»Wo sind die neun Millionen Deutschen geblieben?« fragte Truman.

»Sie sind geflohen«, antwortete Stalin.

Nicht alle waren geflohen. Wie eine polnische Regierungsdelegation, die später zugezogen wurde, erklärte, befanden sich noch immer »ein bis anderthalb Millionen« in ihrer Heimat. In Wirklichkeit waren es doppelt soviel.

Doch das änderte wenig an den Machtverhältnissen. Stalin ließ keinen Zweifel, daß es ihm um eine definitive Lösung ging: »Es muß eine Grenze vereinbart werden und keine vorläufige Linie.«

Churchill lieferte seinem alten Widerpart das letzte Gefecht: Niemand habe einem so großen polnischen Gebietszuwachs zugestimmt, ein Bevölkerungsaustausch dieser Größenordnung werde einen Schock in England auslösen. Wenn die Deutschen tatsächlich geflohen seien, müsse man sie zur Rückkehr ermutigen. Polen, das alles den Großmächten verdanke, habe kein Recht, eine Katastrophe auszulösen. »Wir möchten nicht dastehen mit der Masse der deutschen Bevölkerung in unserer Hand, aber ohne ihre Ernährungsbasis.« Falls nicht genügend Nahrungsmittel zur Verfügung stünden, könnten in Restdeutschland »Zustände wie in den deutschen Konzentrationslagern eintreten, sogar in einem noch größeren Maßstab«. Außerdem sei es grotesk, daß Polen Kohle aus den erbeuteten oberschlesischen Gruben nach Schweden verkaufe, während England einer bitteren Kohleknappheit entgegensehe.

Die Diskussion zog sich über vier Tage hin. Stalin erwiderte kühl, er fürchte, die Polen würden die Deutschen aufhängen, falls sie zurückkehrten. Was die Ernährungslage angehe, so habe Deutschland schon immer Lebensmittel importieren müssen, und was Oberschlesien betreffe, so verstehe er erstens nicht, warum England keine Kohle habe, denn es habe doch früher stets Kohle exportiert, und zweitens könne Berlin durch die sächsische Braunkohle versorgt werden.

Seinen Standpunkt zur Grenzfrage faßte Stalin mit den Worten zusammen: Es sei besser, den Deutschen das Leben schwerzumachen als den Polen. »Unsere Politik besteht darin, den Deutschen Schwierigkeiten zu machen, damit sie ihre Macht nicht so leicht wieder aufrichten können.«

Wenn es einen Schlüsselsatz für Stalins Deutschlandpolitik gibt, dann diesen – ein holzgeschnitztes Konzept, das die Normen russischer Innenpolitik auf das komplizierte Geflecht europäischer Interdependenzen übertrug. Ein zutiefst unpolitisches Konzept, das die sowjetische Deutschlandpolitik schließlich in die Sackgasse führte.

Gegen dieses Konzept kämpfte Churchill in Potsdam mit dem Rücken zur Wand, denn Truman unterstützte ihn nur bedingt. Zuerst versuchte es der amerikanische Präsident bei Stalin mit der Drohung: »Wir können keinen Reparationen zustimmen, wenn Teile von Deutschland weggegeben werden.« Darauf Stalin: »Wir sind zwar an Reparationen interessiert, aber wir können auch darauf verzichten.«

Im Verlauf der Diskussion zog sich Truman auf die juristische Linie zurück: Nach den getroffenen Vereinbarungen sei das ganze Reichsgebiet in den Grenzen von 1937 dem Alliierten Kontrollrat unterstellt. Die Sowjetunion könne nicht einen Teil ihrer Besatzungszone den Polen überlassen und damit einem Friedensvertrag vorgreifen: »Behalten wir die Besatzungszonen bis zum Frieden oder geben wir Deutschland stückchenweise weg?«

Doch schließlich waren es die Vereinigten Staaten, die der Oder-Neiße-Linie zustimmten: Außenminister James F. Byrnes bot den Polen »die Verwaltung des von ihnen beanspruchten Gebietes« unter zwei Bedingungen an: 1. Die Sowjets lassen ihre Zehn-Milliarden-Dollar-Reparationsrechnung fallen, 2. die Sowjets stimmen der Aufnahme Italiens in die UNO zu. Der Außenminister wies ausdrücklich darauf hin, daß dieser Vorschlag die »Opferung des Standpunktes bedeutet, den die Vereinigten Staaten in dieser Frage (bisher) eingenommen und vertreten haben«.

Das amerikanische Alibi für die Zustimmung zur Oder-Neiße-Grenze war die formale Einschränkung, daß die »endgültige Festlegung der Grenze der Friedensregelung vorbehalten bleiben soll«. Zwanzig Jahre lang klammerten sich westdeutsche Regierungen an diese Klausel wie an einen rettenden Anker, aber sie war schon damals weniger wert als ein Strohhalm. Denn die Westmächte stimmten mit der Grenzvereinbarung auch der Ausweisung der deutschen Bevölkerung zu. Niemand in Potsdam hegte die Illusion, die größte ethnische Verschiebung in Europa seit der Völkerwanderung könne durch eine Friedenskonferenz rückgängig gemacht werden.

Der Handel war nach Churchills Abreise zustande gekommen. Der Premier hatte Potsdam verlassen, um die Resultate der britischen Unterhauswahlen in London abzuwarten. Das Ergebnis war ein hoher Labour-Sieg. Noch am gleichen Abend trat Churchill zurück und übergab die Geschäfte an Clement Attlee.

Später schrieb Churchill, »nie hätte eine Regierung, deren Chef ich war, sich damit einverstanden erklärt, die Grenze bis zur westlichen Neiße zu ziehen«. Doch es ist höchst fraglich, ob er sich dem amerikanisch-sowjetischen Arrangement erfolgreicher hätte widersetzen können als die Labour-Regierung, die es versuchte.

Truman urteilt in seinen Memoiren hart über Churchills Haltung in Potsdam: Während der langen Exkurse des Premiers »pflegte sich Stalin auf den Ellenbogen zu stützen, an seinem Schnurrbart zu zupfen und zu sagen: ›Die Amerikaner sagen ja, und wir sagen ja. Sie werden am Ende auch ja sagen, weshalb tun Sie's nicht gleich?‹ Churchill sagte dann am Ende gleichfalls ja.«

4. OFFENE UND GEHEIME PLÄNE

Die Oder-Neiße-Grenze verkleinerte Deutschland um ein Viertel. Sie war das bedeutsamste Ergebnis der Potsdamer Konferenz. Doch die Grenzregelung wurde nicht als Teil der deutschen, sondern der polnischen Frage erörtert. Zum Tagesordnungspunkt »Deutschland« gab es im Gegensatz zu den hitzigen Auseinandersetzungen um die Grenzfrage keine großen Debatten.

Erstaunlicherweise fand nicht einmal ein unverbindlicher Gedankenaustausch darüber statt, was eigentlich, wenn auch in ungewisser Zukunft, mit dem Kadaver des Deutschen Reiches geschehen solle. Nur in einem Punkt waren die Großen Drei schon vor Konferenzbeginn zu einem stillschweigenden Übereinkommen gelangt: Alle hatten die Idee der Teilung aufgegeben.

Noch in Jalta, ein halbes Jahr vor Potsdam, war ein

»Zerstückelungsausschuß« ins Leben gerufen worden. Er konstituierte sich in London, doch keine der drei Mächte stellte in diesem Ausschuß einen Teilungsplan zur Diskussion, obwohl es so viele gegeben hatte. Die einzigen, die das Komitee zweifellos aktiviert hätten, wären die Franzosen gewesen. Aber die Sowjets legten ihr Veto gegen die Teilnahme Frankreichs ein. Der russische Vertreter Fedor Gusew erklärte, seine Regierung verstehe die Frage der Zerstückelung »nicht als obligatorischen Plan, sondern als eine Möglichkeit, Deutschland unter Druck zu setzen, falls andere Mittel zu seiner Unschädlichmachung versagten« – so jedenfalls berichtet Philip Mosely, Mitglied der amerikanischen Delegation.

Auch Roosevelt, lange Zeit der entschiedenste Verfechter einer Teilung, gab der US-Delegation kurz vor seinem Tode Anweisung, auf der Stelle zu treten: »Ich finde, unser Verhalten sollte sich auf das Studium der Frage und einen Aufschub der endgültigen Entscheidung beschränken.«

So blieb der »Zerstückelungsausschuß« ein Phantom. Er trat nur zweimal zusammen – einmal, um sich zu konstituieren, das nächste Mal, um die hinhaltenden Antworten der Regierungen entgegenzunehmen.

Nach dem Tode Roosevelts setzte sich in Washington die Anti-Teilungs-Linie des State Department als offizielle Richtschnur der amerikanischen Deutschlandpolitik durch. Damit war der jahrelange Dualismus zwischen Weißem Haus und Außenministerium beendet. Zur Potsdamer Konferenz faßte das State Department in einem Memorandum noch einmal alle Argumente gegen eine Teilung zusammen:

»Die Deutschen werden eine Teilung als endgültiges Schicksal nicht freiwillig akzeptieren.«

»Die historischen Unterschiede zwischen den deutschen Ländern sind im gegenwärtigen Deutschland praktisch bedeutungslos.«

»Eine Teilung müßte, unabhängig von der Anzahl der Teilstaaten und ihrer Grenzen, auf unabsehbare Zeit gewaltsam aufrechterhalten werden.«

»Eine Teilung könnte dazu führen, daß die Deutschen die Alliierten gegeneinander ausspielen.«

»Eine Teilung aus Sicherheitsgründen ist unnötig, da Deutschland, ob geteilt oder nicht, der striktesten Überwachung unterliegen muß.«

»Eine Teilung ist schädlich für die wirtschaftliche Erholung Europas und würde eine Quelle der Unruhe und Friedensgefährdung darstellen.«

Alle Argumente erwiesen sich in der Folgezeit als richtig – bis auf das letzte. Schon ein Jahr später erhoben die Amerikaner das Gegenteil zum politischen Glaubenssatz: Die wirtschaftliche Erholung (West-)Europas erfordere geradezu die Teilung Deutschlands.

In Potsdam stand die Teilung jedoch gar nicht zur Debatte, und so konnte das amerikanische Papier in der Schublade bleiben. Erst am vorletzten Tag der Konferenz erwähnte Stalin die Frage in einem beiläufigen Satz: »Seit damals (Jalta) haben sich die Ansichten der Alliierten geändert. Sie halten (heute) die Zerstückelung nicht mehr für ratsam.«

Stalin schloß sich in diese Erklärung offensichtlich selbst mit ein, und er fand auch keinen Widerspruch bei Briten und Amerikanern. So trat die paradoxe Lage ein, daß die Teilung Deutschlands, die die Diskussion der Alliierten während des ganzen Krieges beherrscht hatte, in dem Augenblick aufgegeben wurde, als Deutschland besiegt war und faktisch nach Belieben der Alliierten teilbar gewesen wäre.

Dennoch hinterließ die langjährige Erörterung der Teilung ihre Spuren in der Politik der Siegermächte. Sie alle hatten zeitweise die Absicht, Deutschland in mehrere Staaten zu zergliedern, weil es der einfachste Weg schien, den unruhigen und bedrohlichen Koloß in der Mitte Europas auszuschalten. Politische Vernunftgründe hatten diese Idee schließlich überlagert. Doch es war nicht schwer, zu ihr zurückzukehren, als die Teilung wieder opportun erschien – wenn auch aus ganz anderen Gründen und in ganz anderen Grenzen als zur Zeit der Kriegspläne.

Da die Teilung in Potsdam kein Thema mehr war, blieb den Großen Drei im Grunde nur noch die Aufgabe, dem Alliierten Kontrollrat in Berlin Richtlinien für seine Arbeit zu geben. Die vagen Formulierungen der Machtergreifungsproklamation mußten mit einem Programm ausgefüllt werden. Dieses Programm legten die Amerikaner in Potsdam auf den Tisch. Es war das einzige, das zur Debatte stand, denn weder Briten noch Russen hatten einen Deutschlandplan mitgebracht.

Das amerikanische Programm trug den bürokratischen Titel »Politische und wirtschaftliche Grundsätze zur Behandlung Deutschlands in der ersten Kontrollphase«. Es entsprach dem Plan, den Außenminister Cordell Hull vor zwei Jahren in Moskau vorgelegt hatte, und wies dem Kontrollrat vier Hauptaufgaben zu:

1. »Vollständige Abrüstung und Entmilitarisierung Deutschlands sowie Eliminierung der oder Kontrollen über die gesamte deutsche Industrie, die für die Kriegsproduktion genutzt werden kann.«

2. »Das deutsche Volk überzeugen, daß es eine totale militärische Niederlage erlitten hat und daß es sich nicht der Verantwortung entziehen kann für das, was es selbst auf sich geladen hat, da seine eigene erbarmungslose Kriegführung und der fanatische Widerstand der Nazis die deutsche Wirtschaft zerstört und Chaos und Leiden unvermeidlich gemacht haben.«

3. »Die nationalsozialistische Partei zerstören . . . und jede nazistische und militaristische Betätigung verhindern.«

4. »Bedingungen schaffen für eine eventuelle Erneuerung des deutschen politischen Lebens auf demokratischer Grundlage und für eine eventuelle friedliche Mitarbeit Deutschlands am internationalen Leben.«

Im einzelnen sah der amerikanische Entwurf die strikte politische Dezentralisierung Deutschlands vor. Der wichtigste Satz des politischen Teils lautete: »Vorerst wird keine deutsche Zentralregierung errichtet.« Lediglich »einige notwendige zentrale Verwaltungsbehörden« sollten »unter Leitung des Kontrollrats« arbeiten.

Die wirtschaftlichen Grundsätze zielten auf eine drakonische Senkung des deutschen Industriepotentials ab. Die gesamte Produktionskapazität, die über einem noch festzusetzenden Niveau lag, sollte entweder als Reparationsleistung »entfernt oder, falls sie nicht entfernt werden kann, vernichtet werden«. Eine sorgfältige alliierte Kontrolle sollte darauf achten, daß der Lebensstandard der Deutschen den »durchschnittlichen Lebensstandard der europäischen Länder (ausgenommen Großbritannien und die UdSSR) nicht übersteigt«.

Der amerikanische Entwurf wurde nahezu diskussionslos und zum größten Teil wörtlich in das Potsdamer Abkommen übernommen. Damit war die Planung des State Department zum »Regierungsprogramm« der künftigen Viermächte-Verwaltung geworden. Es hätte bei Kooperationsbereitschaft aller vier Mächte eine harte, aber praktikable Besatzungspolitik ermöglicht. Es ließ nur eines außer acht – die politischen Eigeninteressen der Besatzungsmächte, einschließlich der amerikanischen.

Die Sowjets erhoben gegen das amerikanische Programm nur zwei Einwände. Beide zeigten bereits die Richtung künftiger sowjetischer Vorstöße an, und mit beiden kam die sowjetische Delegation nicht durch.

Der erste Punkt betraf die geplanten deutschen Zentralverwaltungen. Molotow wollte ihnen Weisungsbefugnis über die deutschen Regionalverwaltungen einräumen, »um die Erfüllung der Direktiven des Kontrollrats zu sichern und Probleme gesamtdeutschen Charakters zu lösen«. Dies hätte einem kommunistischen Verwaltungsdirektor Einfluß in Bayern verschafft, aber auch umgekehrt einem Konservativen Aufsichtsmöglichkeiten in Sachsen. Doch der Vorschlag lief der amerikanischen Dezentralisierungsabsicht zuwider. Er wurde glatt abgelehnt.

Der zweite sowjetische Vorstoß betraf das Ruhrgebiet. Molotow legte einen Entwurf vor, der das Ruhrgebiet aus der britischen Zone ausklammerte und einer Sonderverwaltung der vier Besatzungsmächte unterstellte. Ein »provisorischer Rat« sollte »innerhalb eines Monats die vorläufige Kontrolle des Ruhrgebietes übernehmen«, womit die Russen eine eigene Kontrollkommission im Revier gehabt hätten.

Diese Vorstellung aber war bereits zur Zeit der Potsdamer Konferenz ein Alptraum für die Amerikaner. Das State Department hatte zur Ruhrfrage ein umfangreiches internes Arbeitspapier verfaßt, das eine Abkehr von allen früheren Ruhrplänen darstellte. Der erste Satz lautete: »Es wird empfohlen, daß sich die Regierung der Trennung des Ruhrgebietes von Deutschland, sei es durch Internationalisierung, durch Schaffung eines Separatstaates oder durch Annexion seitens eines oder mehrerer Nachbarstaaten, widersetzt.«

Zur Begründung hieß es unter anderem: »Unter den gegenwärtigen Umständen würde eine Ausdehnung des sowjetischen Einflusses bis ins Herz Westeuropas auf dem Wege der Treuhandschaft offensichtlich auf ernste Bedenken stoßen. Andererseits wäre die Übergabe der Ruhr an Frankreich gleichermaßen fragwürdig . . .« Die beste Lösung »im Interesse des europäischen Wiederaufbaus« bestehe darin, »die organische Verflechtung mit der deutschen Wirtschaft zu erhalten«, wobei das Ruhrgebiet allerdings »entmilitarisiert und durch eine Wirtschaftsreform in freiere und engere Beziehungen zur Weltwirtschaft gebracht werden muß«.

Dieses geheime Papier stand fraglos im Widerspruch zu den rigorosen Zielen des allgemeinen amerikanischen Wirtschaftsprogramms. Als Molotow seinen Ruhr-Vorschlag in Potsdam vorbrachte, stieß er auf eine eisige Ablehnung. Truman erklärte knapp: »Die Ruhr ist ein Teil Deutschlands unter Jurisdiktion des Kontrollrats.« Die Russen ließen den Punkt in Potsdam fallen, aber sie kamen sehr bald darauf zurück.

5. FREIGABE ZUR PLÜNDERUNG

Die einzigen harten Kontroversen in der Deutschlandfrage gab es in Potsdam um die Reparationen. In Jalta war, ähnlich wie beim Teilungskomplex, ein Reparationsausschuß gezeugt worden. Er tagte seither in Moskau, ohne Fortschritte zu machen. Der Grund war das 20-Milliarden-Dollar-Mißverständnis. Roosevelt hatte eingewilligt, diese Summe (von der die Hälfte an die Sowjetunion gehen sollte) »als Diskussionsgrundlage« für die Gesamtreparationen zu betrachten. Der amerikanische Verhandlungsleiter in Moskau, Edwin Pauley, versuchte seither verzweifelt, von den 20 Milliarden herunterzukommen.

Die Summe war offensichtlich zu hoch, wenn Deutschland genügend Industrie behalten sollte, um »sich selbst ohne fremde Hilfe zu erhalten« – eine Conditio sine qua non des amerikanischen Deutschlandplans. Washingtons Rechnung war einfach: Deutschland mußte Nahrungsmittel und andere Waren des lebensnotwendigen Bedarfs importieren. Diese Importe mußte Deutschland selbst durch Exporte von Industrieerzeugnissen bezahlen. Nur was dann unter dem Strich übrigblieb, konnte für Reparationen in Frage kommen.

»Nicht weil wir glauben, daß Importe wichtiger sind als Reparationen«, schrieb Pauley seinem Sowjet-Kollegen Iwan M. Maiskij, »wir sagen nur, daß man die Kuh, die man melken will, auch füttern muß. Das Futter ist nicht wichtiger, aber es kommt zuerst. Und es muß mit einem Teil der Milch bezahlt werden. Letztes Mal haben wir das Futter bezahlt.«

Pauley war mit nach Potsdam gekommen und inspizierte den amerikanischen Sektor von Berlin während der Konferenz. Dabei entdeckte er, daß die Russen schon eifrig dabei waren, die Kuh zu melken, ohne sie zu füttern, ja sogar, ohne den Verbündeten etwas von der Milch abzugeben: In der sowjetischen Besatzungszone waren die Demontagen bereits in vollem Gange. Sie erreichten schnell das Ausmaß einer gigantischen Plünderung. Die Russen transportierten als erstes alles ab, was sich schnell ausbauen und verschikken ließ, darunter das zweite Gleis aller doppelgleisigen Eisenbahn-Strecken in ihrer Zone und zum Teil sogar komplette eingleisige Strecken.

Die sowjetische Regierung betrachtete ihre Besatzungszone nicht anders als der einfache russische Soldat seine deutsche Umwelt, nämlich schlicht als Kriegsbeute. Beide – die Sowjetregierung und ihre Armee – benahmen sich nicht außergewöhnlich brutal. Sie benahmen sich so, wie sich arme Sieger in einem reicheren Land immer benommen hatten. Die Frage war nur, ob ihr Verhalten politisch opportun war. Die Amerikaner jedenfalls waren empört, als sie feststellten, daß die russischen Demontagetrupps auch über den US-Sektor von Berlin hergefallen waren. Reparations-Inspektor Pauley erstattete Außenminister Byrnes diesen Bericht:

»Gestern habe ich fünf Fabriken in Zehlendorf und Tempelhof besucht. Sie stellen Zellstoff, Elektrogeräte, Radios, Telefone etc. her (Spinnstoffabrik Zehlendorf AG, Zeiss Ikon, Sendlinger Optische Glaswerke und zwei ITT-Werke). Diese Fabriken waren ausgesprochene Friedensproduktions-Werke. Wir machten folgende Beobachtungen:

1. Die Werke waren nur geringfügig durch Bomben und Artilleriefeuer beschädigt.

2. Unmittelbar nach dem Waffenstillstand wurden buchstäblich alle Maschinen von den Russen abtransportiert. Die Maschinen wurden numeriert und aus unserem Sektor entfernt. Die technischen Informationen, Produktionspläne und Unterlagen wurden ebenfalls mitgenommen.

3. In allen Fällen wurden einige Vorarbeiter und Abteilungsleiter von den Russen ›überredet‹, die Maschinen in die Sowjetunion zu begleiten.

4. Zwei der besichtigten Werke gehörten der ›International Telephone and Telegraph‹ und befanden sich zu 94 Prozent und 100 Prozent in amerikanischem Besitz. Sie wurden bis zum Handwerkszeug geplündert.

Was ich gesehen habe, kommt organisiertem Vandalismus nahe, der sich nicht nur gegen Deutschland richtet, sondern auch gegen die US-Besatzungsstreitkräfte. Sie können daraus selbst Ihre Schlüsse ziehen.«

Außenminister Byrnes zog sie: Er nahm die Zwanzig-Milliarden-Zusage ohne lange Umschweife zurück. Er erklärte Molotow: »Wenn Sie zwanzig Milliarden haben wollen und ich sage, ich werde darüber diskutieren, heißt das nicht, daß ich darüber einen Scheck ausstelle.«

Molotow zeigte sich konziliant: »Das gilt auch für uns. Die sowjetische Delegation ist bereit, den Betrag zu reduzieren. Vielleicht macht die amerikanische Delegation einen neuen Vorschlag?«

Der neue Vorschlag war auf den ersten Blick verblüffend einfach, auf den zweiten verhängnisvoll. Die Kernpunkte waren:

1. Auf eine feste Summe wird verzichtet. Die Reparationskommission wird feststellen, welche Industrieanlagen nach den Kriterien der »wirtschaftlichen Entwaffnung« zur Demontage freigegeben werden.
2. Jede Besatzungsmacht befriedigt ihre Ansprüche aus ihrer eigenen Zone. Die Russen beliefern aus ihrem Anteil auch Polen mit Reparationen.
3. Da die Ostzone die Ansprüche der Sowjetunion und Polens nicht allein decken kann, treten die Westmächte 25 Prozent ihrer eigenen Reparationsentnahmen an die Sowjets ab. Von diesen 25 Prozent müssen 15 Prozent mit Gegenlieferungen an Lebensmitteln und Rohstoffen aus der Sowjetzone »bezahlt« werden. Die restlichen 10 Prozent sind gratis.
4. Solange die Reparationskommission noch keinen Plan über die abzuwrackende Industrie verabschiedet hat, sind »Vorauslieferungen« (die später verrechnet werden) möglich.

Stalin akzeptierte den Vorschlag schnell, denn die USA stellten als Gegenleistung die Anerkennung der Oder-Neiße-Linie in Aussicht. Das Reparationsabkommen bot beiden Seiten Vorteile: Die Westmächte waren die Zehn-Milliarden-Forderung der Russen los, und die Russen bekamen freie Hand für ihre Zone. Außerdem konnten sie noch mit Lieferungen aus dem Westen rechnen.

Für die Viermächte-Verwaltung war das Reparationsabkommen jedoch ein Sprengsatz mit Zeitzünder. Es verstieß in eklatanter Weise gegen das Postulat, »Deutschland als eine wirtschaftliche Einheit zu betrachten«. Denn es schuf zwei unterschiedliche Reparationsgebiete. Während die Amerikaner für sich selbst auf Reparationen verzichteten und die Ruhrindustrie erhalten wollten, gaben sie die Ostzone praktisch zur Plünderung frei. Es war unschwer vorauszusehen, daß das sowjetische Besatzungsgebiet unter diesen Umständen rasch verelenden und noch unter das Niveau sinken würde, das die Reparationskommission ganz Deutschland zubilligte.

Mit dem Reparationsabkommen siegte erstmals das Konzept der »Abgrenzung« über das Prinzip der interalliierten Kontrolle. Im Klartext bedeutete es: »Laßt die Russen mit ihrer Zone machen, was sie wollen – vorausgesetzt, sie mischen sich nicht in unsere Zonen ein.« Dieser Grundsatz wurde bald zur allgemeinen Richtschnur der westlichen Deutschlandpolitik.

Der zweite Grundwiderspruch des Potsdamer Abkommens betraf den Friedensschluß mit Deutschland. Die Frage wurde dem »Rat der Außenminister« übertragen, einer neugegründeten ständigen Institution der Siegermächte. Von einem Friedens-»Vertrag« oder von »Verhandlungen« mit den Deutschen war freilich nicht die Rede. Wörtlich hieß es: »Der Rat wird eine Friedens*regelung* für Deutschland vorbereiten, die von einer für diesen Zweck geeigneten deutschen Regierung *angenommen* werden soll.«

Ein Termin war im Text jedoch nicht genannt. Da das gleiche Potsdamer Abkommen zudem vorschrieb, daß »vorerst« keine deutsche Regierung errichtet werden sollte, war auch die Friedensregelung auf unbestimmte Zeit vertagt.

So öffnete das Potsdamer Abkommen allen Betroffenen Spielraum zu beliebiger Auslegung – den Sowjets, den Westmächten und sogar den Deutschen. Alle beriefen sich noch Jahrzehnte später auf ein Papier, in das die Unterzeichner schon am Tag der Verkündung kein großes Vertrauen setzten.

Es war nachts drei Uhr am 2. August 1945, als die Potsdamer Konferenz zu Ende ging. 16 Tage lang hatten die Alliierten im »Cecilienhof«, dem einstigen Kronprinzenpalais, getagt – ein ungebrochener Rekord der modernen Gipfeldiplomatie. Stalin war als einziger der ursprünglichen Großen Drei noch dabei. In der Abschiedsstunde sagte er: »Ich glaube, wir können diese Konferenz erfolgreich nennen.« Dann unterschrieb er als erster das Abkommen, das eigentlich nur ein Konferenz-Kommuniqué war.

Truman verließ Potsdam mit gemischten Gefühlen. »Das von den Russen mitunterzeichnete Dokument eröffnete die Aussicht auf eine friedliche Zusammenarbeit in Europa. Trotzdem hatte ich einsehen müssen, daß die Russen rücksichtslose, einzig und allein auf ihren Vorteil erpichte Verhandlungspartner waren. So sehr mir an Rußlands Beteiligung am fernöstlichen Krieg lag, war ich jetzt doch auf Grund meiner Potsdamer Erfahrungen entschlossen, die Russen unter keinen Umständen an der Besetzung Japans zu beteiligen.«

Ebenso skeptisch kehrte Englands sozialistischer Premierminister Clement Attlee nach London zurück: »Die Russen hatten sich als noch schwieriger erwiesen, als irgend jemand erwartet hatte. Nach Potsdam konnte man nicht mehr sehr hoffnungsvoll sein. Es war ziemlich klar, daß sie Ärger machen würden. Der Krieg hatte ihre Stellungen weit nach Europa vorgeschoben, viel zu weit. Ich hatte keinen Zweifel, daß sie die Absicht hatten, sie auszunutzen.«

Von diesen Zweifeln und Stimmungen, von den erbitterten Auseinandersetzungen, erfuhren die Deutschen allerdings nichts. Ihnen hatten die Regierungschefs der Siegermächte ein Papier zurückgelassen, dessen Tragweite erst nach und nach ins Bewußtsein der Nation tröpfelte. Reduziert auf die im August 1945 relevanten und jedermann verständlichen Konsequenzen, sagte das Potsdamer Abkommen den Deutschen folgendes:

Ostpreußen, Pommern, Schlesien und ein gut Teil von

Brandenburg sind für immer verloren, eine deutsche Regierung wird es vorläufig nicht geben, ein Friedensvertrag ist nicht verbindlich in Aussicht gestellt, im übrigen wird das Leben noch härter werden, als es ohnehin schon ist.

Der Fortbestand des Landes als einheitliches politisches Gebilde hing nach dem Potsdamer Abkommen an zwei dünnen Fäden. Der eine war der Satz von der »wirtschaftlichen Einheit Deutschlands«, der andere war die geplante Einrichtung »zentraler deutscher Verwaltungsbehörden«.

Die Wirtschaftseinheit wurde durch das Reparationsabkommen praktisch aufgehoben. Den zweiten Faden zerriß Frankreich – die vierte Besatzungsmacht, die in Potsdam gar nicht dabei war.

6. DAS NEIN AUS PARIS

Charles de Gaulle, obwohl offiziell aufgenommen in den Kreis der Deutschland-Kontrolleure, war von der Potsdamer Konferenz ausgeschlossen worden wie ein Mann mit schlechtem Leumund aus einem Herrenclub. Die Großen Drei waren in diesem Punkt einer Meinung – eine Situation, die Frankreichs Chef sich selbst zuzuschreiben hatte. Er hatte es innerhalb weniger Monate nach seinem Einzug in Paris mit allen verdorben.

Mit den USA, besonders mit Roosevelt, stand de Gaulle schon immer auf schlechtem Fuß. Die Abneigung gegen den eigensinnigen Franzosen setzte sich bei Truman fort, als de Gaulle Privatfeldzüge mit seiner neuen Armee führte, die mit amerikanischen Waffen, Uniformen und Geld ausgestattet war. So weigerte er sich hartnäckig, Stuttgart zu räumen, obwohl die württembergische Hauptstadt zur amerikanischen Zone gehörte. Erst als die Amerikaner den Nachschub für die Franzosen sperrten, zogen sie ab.

Ernster war der Einfall der französischen Truppen ins italienische Aosta-Tal mit der unverhüllten Absicht, dieses Gebiet zu annektieren. Präsident Truman mußte sich persönlich einschalten, um zu verhüten, daß die Franzosen »amerikanische Munition auf amerikanische Soldaten verschießen«. Er drohte mit der Einstellung aller Munitionslieferungen, falls de Gaulle seine Truppen nicht aus Italien zurückzöge. De Gaulle mußte nachgeben.

Inzwischen hatte sich der General auch die Freundschaft Winston Churchills verscherzt, dem er alles verdankte: Im Mai 1945 waren französische Truppen im Libanon gelandet, um die Kolonialherrschaft in den Treuhandgebieten Libanon und Syrien wieder zu errichten, obwohl Frankreich und England den beiden arabischen Staaten die Unabhängigkeit versprochen hatten. Als die Syrer Widerstand leisteten, setzten die Franzosen Artillerie und Flugzeuge ein.

Die Syrer baten die im Lande stationierten britischen Truppen um Hilfe. Churchill kabelte an de Gaulle: »Um Zusammenstöße zwischen britischen und französischen Truppen zu vermeiden, ersuchen wir Sie, unverzüglich den Befehl zur Feuereinstellung zu geben.« Die direkte Drohung mit der Waffengewalt wirkte. Die Franzosen räumten Damaskus, die Briten zogen ein.

Als kurz darauf die Potsdamer Konferenz vorbereitet wurde, hatte Churchill keine Lust mehr, sich für de Gaulles Teilnahme einzusetzen. Über Churchills Haltung berichtete der amerikanische Sonderbotschafter Davies an Truman: »Er war völlig fertig mit de Gaulle und hatte die Geduld mit ihm verloren. Man solle ihn ›zusammenstauchen‹ und ihm klarmachen, daß er nicht willkürlich handeln kann.«

Nachdem de Gaulle die Unterstützung Englands verspielt hatte, konnte er nicht mehr hoffen, nach Potsdam eingeladen zu werden, denn Stalin hatte ihn nie als vollwertigen Partner anerkannt. Nur unter dem Druck der Westmächte hatte er Frankreichs Teilnahme an der Deutschland-Kontrolle akzeptiert. In seinem Gespräch mit Harry Hopkins, kurz vor Potsdam, war Stalin fast explodiert, als die Rede auf Frankreichs Reparationsforderungen kam. Er sagte, dies sei »eine Beleidigung für die Sowjetunion«. Frankreich habe vor Hitler kapituliert und ihm die Tore geöffnet. Zwar sei das die Regierung Pétain gewesen, aber »trotzdem Frankreich«. Die Absicht, Frankreich und die

Sowjetunion auf eine Ebene zu stellen, sei eine »Demütigung« für die Sowjets. (Erst in Potsdam gab Stalin nach und stimmte der Mitgliedschaft Frankreichs im Reparationsausschuß zu.)

So blieb Frankreich von den Deutschland-Verhandlungen ausgeschlossen. Es wurde zwar von den Westmächten auf dem laufenden gehalten, aber schon während der Konferenz von Jalta hatte de Gaulle öffentlich erklärt, »daß Frankreich sich in keiner Weise an etwas gebunden halten wird, was es nicht miterörtert und auf gleicher Ebene mit den anderen gebilligt hat«.

Kaum war die Potsdamer Konferenz zu Ende, erhob Paris in formellen Noten an die drei übrigen Besatzungsmächte Widerspruch gegen die Deutschland-Vereinbarungen: »Die französische Regierung bedauert, daß ein die wichtigsten Seiten des Problems betreffender Text ohne ihre Mitwirkung aufgestellt worden ist.« Insbesondere könne sie »nicht a priori die Wiederherstellung einer Zentralregierung in Deutschland akzeptieren, die für einen unbestimmten Zeitpunkt in Aussicht genommen zu sein scheint«. Andere »Vorbehalte« betrafen die »Wiederherstellung der politischen Parteien für ganz Deutschland« und »die Schaffung zentraler Verwaltungsstellen, deren Amtsbereich sich auf die Gesamtheit des deutschen Territoriums erstrecken würde«.

Kurz darauf reisten de Gaulle und sein Außenminister Bidault nach Washington und erläuterten den Amerikanern ihre Deutschlandpläne. Dabei zeigte sich, daß die Franzosen als einzige Besatzungsmacht weiter die Teilung verfolgten und weder bereit waren, einen Nachfolgestaat des Deutschen Reiches zu akzeptieren noch irgendwelche alliierten Maßnahmen, die als Vorstufe dazu angesehen werden könnten.

Konkret verlangten die Franzosen: wirtschaftliche Angliederung des Saargebietes an Frankreich, Abtrennung der linksrheinischen Gebiete und deren Aufteilung in autonome Staaten sowie Internationalisierung des Ruhrgebietes.

De Gaulle erklärte dem amerikanischen Präsidenten:

»Wir brauchen Garantien (gegen Deutschland). Wenn sich später herausstellt, daß sich die Neigungen unseres Nachbarn gewandelt haben, wird man die anfänglichen Vorsichtsmaßnahmen revidieren können. Aber zur Zeit muß Deutschland eine Struktur erhalten, die es zum Frieden zwingt. Zur Zeit geht es darum, das vom Feuer des Himmels formbar gemachte Eisen zu schmieden.«

Der General versuchte, Truman das Konzept mit einem bestechenden Argument schmackhaft zu machen: Die osteuropäischen Staaten seien »mit Einwilligung Amerikas und Großbritanniens gezwungen worden, Satelliten der Sowjetunion zu werden«. Die Furcht vor einem wiedererstarkten Deutschland werde sie nur noch fester an Moskau binden. »Wenn sie dagegen feststellen, daß keine deutsche Gefahr mehr besteht, dann werden sich ganz von selbst ihre nationalen Interessen wieder rühren. Daraus werden sich zwischen ihnen und ihrem Lehnsherrn Mißhelligkeiten ergeben, die den Kreml von kriegerischen Unternehmungen abhalten werden.«

Georges Bidault führte im Gespräch mit seinem Kollegen Byrnes noch ein anderes Argument gegen die Einheit Deutschlands an – die Oder-Neiße-Linie. Zwar hatten die Franzosen der Grenze schon in direkten Gesprächen mit Stalin zugestimmt, aber jetzt beklagten sie sich bitter: Durch die Abtretung der Ostgebiete habe sich das Schwergewicht Deutschlands nach Westen verlagert, was »ein Unglück für Frankreich« sei. Im Osten sei etwas »abgeschnitten« worden, während »im Westen nichts dergleichen geschehen« sei. Mit anderen Worten: Wenn die Sowjetunion sich ein Stück Deutschland im Osten nehme, müsse Frankreich das gleiche Recht im Westen haben.

»Die Weggabe einer Stadt wie Königsberg, die nie russisch gewesen sei«, stelle einen Präzedenzfall dar, sagte Bidault. Es sei eine »unmögliche Situation, daß Saarbrücken weiter als Teil Deutschlands gelte und von Deutschen verwaltet werden solle, während dies nicht für Königsberg und Danzig gelte«. Falls die »Westdrift« Deutschlands anhalte, werde sich Frankreich möglicherweise gezwungen sehen, »zu anderen Maßnahmen zu greifen«.

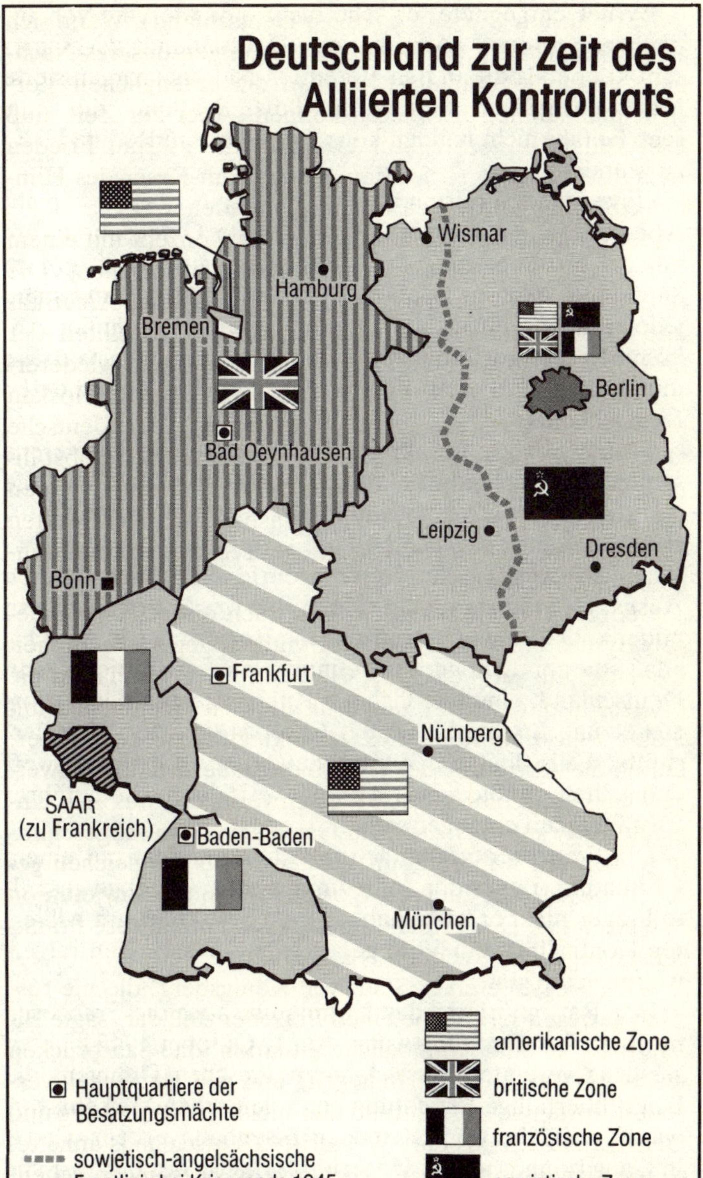
Deutschland zur Zeit des Alliierten Kontrollrats
Wismar
Hamburg
Bremen
Bad Oeynhausen
Berlin
Leipzig
Dresden
Bonn
Frankfurt
Nürnberg
SAAR
(zu Frankreich)
Baden-Baden
München
amerikanische Zone
britische Zone
französische Zone
sowjetische Zone
Hauptquartiere der Besatzungsmächte
sowjetisch-angelsächsische Frontlinie bei Kriegsende 1945

Byrnes entgegnete, er sehe nicht ein, wie eine von Bidault empfohlene »Amputation« Deutschlands wirksamer sein könne als die in den Vereinten Nationen organisierte Macht der ganzen Welt. Wenn fünfzig Nationen die deutsche Gefahr nicht bannen könnten, sei es sinnlos, die UNO zu gründen.

Unverstanden reisten die Franzosen aus Washington ab. Aber sie gaben nicht auf. Ihre nächste Gelegenheit kam mit der ersten Sitzung des »Rates der Außenminister« im September 1945 in London. Auf der Tagesordnung stand jedoch nicht Deutschland, sondern die im Potsdamer Abkommen als vordringlich bezeichneten Friedensverträge mit Italien und den übrigen ehemaligen Verbündeten Deutschlands.

Trotzdem legte Frankreich bereits auf dieser Konferenz seinen Deutschlandplan vor. Es erklärte darin, daß die »Aufteilung Deutschlands in mehrere Staaten für die Aufrechterhaltung der Sicherheit in Europa günstig wäre«. Das »rheinisch-westfälische Gebiet« dürfe nicht mehr »einen Ausgangspunkt zum Angriff auf seine westlichen Nachbarn bilden«. Daher sei die französische Regierung der Ansicht, »daß die endgültige Abtrennung dieses Gebietes von Deutschland, einschließlich der Ruhr, die wesentliche Voraussetzung für die Sicherheit Europas und der Welt darstellt«. Falls deutsche Zentralverwaltungen errichtet werden sollten, müßte »das rheinisch-westfälische Gebiet ihrer Zuständigkeit entzogen sein«.

Die Franzosen verbanden ihr Memorandum mit einem Ultimatum: Bevor der Außenministerrat »die oben gestellte Frage« nicht erörtert habe, werde Frankreich im Alliierten Kontrollrat sein Veto gegen jede deutsche Zentralverwaltung einlegen.

Der Rat ignorierte das Ultimatum, aber die Franzosen machten ihre Drohung wahr: Am 1. Oktober 1945 lehnten sie trotz vereinten russisch-amerikanischen Drängens die längst überfällige Errichtung einer deutschen Verkehrsverwaltung ab, die wenigstens den Eisenbahnverkehr wieder in Gang bringen sollte. Ungerührt erklärte der französische Vertreter im Kontrollrat, General Louis Marie Koeltz:

»Ich sehe mich gemäß den Weisungen meiner Regierung genötigt, darum zu ersuchen, von der Prüfung der Entwürfe abzusehen.«

Diese diplomatische Formulierung war das Veto. Es lenkte die deutschen Geschicke in eine ungewisse Zukunft. Denn Frankreich blieb auch in der Folgezeit hartnäckig bei seinem »Non« gegen die Zentralverwaltungen. Systematisch zerstörte es die ohnehin schwache Plattform, auf der die Deutschen selbst eine Administration hätten aufbauen können, die über die Zonengrenzen hinausreichte und möglicherweise zum Vorläufer einer Regierung geworden wäre.

So zerriß zwei Monate nach Potsdam das einzige gesamtdeutsche Band, das die Großen Drei ausdrücklich zugelassen hatten. General de Gaulle sah es mit Genugtuung. Noch zehn Jahre später, als er sich längst nach Colombey-les-deux-Églises zurückgezogen hatte, grollte er den Westmächten wegen der Errichtung des westdeutschen Staates: »Die Angelsachsen«, schrieb er, »sollten uns späterhin bedrängen, die von uns besetzten Territorien den Gebieten anzugliedern, in denen sie wieder das Reich aufbauten. Ich hätte nie darin eingewilligt.«

III. KAPITEL

DER MARSCH NACH WESTEN

»Wir entscheiden nicht. Wir sind nur Zuschauer unseres Schicksals.«
Theodor Heuss

1. VIERMAL STUNDE NULL

Frankreichs Veto gegen die deutschen Zentralverwaltungen erzielte rasch den gewünschten Doppeleffekt: Es schwächte den Alliierten Kontrollrat, indem es ihm den technischen deutschen Unterbau entzog, und es isolierte die Deutschen in den vier Zonen. So entwickelten die getrennten Okkupationsgebiete in erstaunlich kurzer Zeit ein Eigenleben, das von den Architekten der Besatzungsregimes niemals vorgesehen war.

Der Alliierte Kontrollrat als kollektive Regierung der Sieger bestimmte zwar laut Potsdamer Abkommen die Richtlinien der Besatzungspolitik, doch er hatte auf die reale Situation in den einzelnen Zonen nur geringen Einfluß. Die oberste Autorität in jedem Besatzungsgebiet war die jeweilige Militärregierung: die britische »Control Commission for Germany/British Element« (CCG/BE) mit ihrem Hauptquartier in Bad Oeynhausen, das amerikanische »Office of Military Government, United States« (OMGUS) in Frankfurt, der französische »Conseil de Control de la France pour l'Allemagne« in Baden-Baden, und die »Sowjetische Militäradministration« (SMA) in Berlin-Karlshorst.

An der Spitze jeder Militärregierung stand der Militärgouverneur der Zone, ein für gewöhnliche Sterbliche unerreichbarer Halbgott, höher thronend fast als die fernen Regierungen, deren Weisungen er unterstand. Die Halbgötter führten ein politisches Doppelleben: Sie waren erstens Oberbefehlshaber ihres Okkupationsgebietes und zweitens Mitglieder des Alliierten Kontrollrats und in dieser Eigenschaft verantwortlich für Gesamtdeutschland. Doch es lag in der Natur der Sache und der Personen, daß sie zunächst die Interessen »ihrer« Zone und dann erst, wenn überhaupt, die Interessen des Kontrollrats im Auge hatten. Als Soldat wollte jeder Militärgouverneur seine Zone möglichst reibungslos auf Trab bringen und in Ordnung halten – wenn es nicht anders ging, auf Kosten der anderen Zonen.

Die Militärgouverneure regierten durch Befehle. Die Leute, die die Befehle auszuführen hatten, waren deutsche Antifaschisten. In allen vier Zonen schwärmten Offiziere mit Namenslisten aus, um die kleine Schar bekannter Nazigegner zusammenzutrommeln, die nach zwölf Jahren Terror und Krieg noch aufzutreiben waren. Sie sollten die ersten Lokal- und Regionalverwaltungen aufbauen. In Bremen holte ein amerikanischer Oberst den ehemaligen sozialdemokratischen Senator Wilhelm Kaisen buchstäblich von seinem Acker weg ins Rathaus, und in Klein-Machnow bei Berlin klopfte ein Sowjetoffizier an die Tür Ernst Lemmers, des einstigen Reichstagsabgeordneten der Demokratischen Partei, und sagte: »Du Bürgermeister!«

Die legendären »Männer der ersten Stunde« schickten sich an, den Schutt wegzuräumen, den die Nazis hinterlassen hatten. Es waren Sozialdemokraten und Liberale, Kommunisten und Katholiken. Viele kamen aus den Konzentrationslagern und Zuchthäusern. Sie hatten die Alliierten als persönliche Befreier, vielfach als Lebensretter erlebt. Jetzt standen sie plötzlich den gleichen Alliierten als Befehlsempfänger gegenüber. Den britischen, amerikanischen, russischen oder französischen Ortskommandanten war es egal, ob der neue Bürgermeister eben noch in einer

Nazizelle gesessen hatte. Er hatte Befehle auszuführen, und wenn er nicht parierte, wurde er gefeuert.

Auf der anderen Seite stand dem Häuflein der »neuen Männer« eine apathische Bevölkerung gegenüber. Die Masse der Deutschen lag in tiefer politischer Narkose. Für den Zustand der Nation bürgerte sich schnell ein zutreffendes Wort ein: Zusammenbruch. Es war ein vielschichtiger Begriff. Er enthielt tränenreiches Selbstmitleid, das blind war gegen die Ursachen des Unglücks, aber er traf die Situation. Zusammengebrochen waren nicht nur der Nationalsozialismus und das »Reich«, nicht nur Millionen Familien, Besitztümer, individuelle Lebenshoffnungen. Zusammengebrochen war die kollektive Moral der Deutschen, ihr Urteilsvermögen, ihr Rechtsempfinden.

Vor zwölf Jahren waren sie der Versuchung erlegen, sich selbst aufzugeben, ihr Schicksal einem Führer anzuvertrauen. Sie spürten dumpf, daß der Mann ein Krimineller gewesen war. Aber sie waren ihm bis zur letzten Minute gefolgt und wie hypnotisiert in den Abgrund gesprungen. Jetzt erlebten sie die Urerfahrung der Horde, die nach einem Kampf auf Leben und Tod von ihren Feinden überwältigt wird.

Sie ergaben sich in ihr Los, mit einem gehörigen Schuß Zynismus. Sie hatten die »Schnauze voll«, sie wollten »nichts mehr von Politik wissen«, die »anderen sollten sehen, wie sie weiterkommen«. Außerdem hatten fast alle Hunger. Der Hunger nahm ihre ganze Lebensenergie in Anspruch.

Karl Jaspers schrieb 1946: »Man will einfach aufhören zu leiden, will heraus aus dem Elend, will leben, aber nicht nachdenken. Es ist eher eine Stimmung, als ob man nach so furchtbarem Leid gleichsam belohnt, jedenfalls getröstet werden müßte, aber nicht noch mit Schuld beladen werden dürfte.«

Das millionenfache Bedürfnis, dem Elend und der Schuld zu entfliehen, wurde der stärkste Antrieb zur Spaltung Deutschlands durch die Deutschen. Zunächst jedoch war nirgendwo ein Fluchtweg in Sicht. Es gab nur vier gleich elende, scharf voneinander getrennte Zonen (es war verboten, von einer Zone in die andere zu reisen, ja sogar, sich innerhalb einer Zone länger als drei Tage von seinem Wohnsitz zu entfernen), und in jeder Zone herrschte die Besatzungsmacht als strenger Zuchtmeister. Die Masse der Bevölkerung und die kleine Minderheit, die sich an den Aufbau demokratischer Strukturen machte, sahen sich gleichermaßen eingesperrt und isoliert.

Die engagiertesten Demokraten empfanden ihre Ohnmacht besonders bitter. Auf dem ersten Treffen der schwäbischen Liberalen im Januar 1946, sagte Theodor Heuss: »Die Alliierten schenken uns nichts. Darüber sind wir uns ganz klar. Wir sind Konkursverwalter des schmählichsten, betrügerischsten Bankrotts der Geschichte.« Und in einer Rede in Berlin erklärte er kurz darauf: »Hier sind wir in der Hand derer, die den militärischen Sieg mit allen seinen Konsequenzen an ihre Fahnen geheftet haben. Wir entscheiden nicht, wir sind schier nur Zuschauer unseres Schicksals.«

Zur Einflußlosigkeit der Deutschen kam ihre Uninformiertheit. Sie wußten nicht nur nicht, was in den übrigen Zonen vor sich ging, sie hatten auch keine Ahnung von der Entwicklung in der Welt. Selbst ein Mann wie Reinhold Maier, Ministerpräsident des Landes Württemberg-Baden in der amerikanischen Zone, war von der Unkenntnis nicht ausgenommen: »Wir tappten über die internationale Lage im dunkeln. Es standen im wesentlichen nur die spärlichen Berichte der deutschen, noch keineswegs völlig freien Presse zur Verfügung. Hie und da schnappte man Gesprächsfetzen aus dem Munde der Leute auf, die an dem, was unter den Besatzungsmächten vor sich ging, teilhatten.«

Vielleicht hätten deutsche Zentralverwaltungen, wie sie im Potsdamer Abkommen vorgesehen waren, die Isolierung der Zonen nicht verhindern können. Vielleicht hätten sie gar nicht funktioniert. Vielleicht hätte sich Bayern gegen kommunistische und Sachsen gegen liberaldemokratische Zentralbeamte gewehrt. Doch das völlige Fehlen einer gesamtdeutschen Klammer förderte das Auseinanderdriften der Zonen.

In der ersten Phase der Besatzung verlief die Reorganisation des politischen Lebens noch weitgehend parallel: Überall wurden antinazistische Parteien zugelassen und neue Verwaltungseinheiten gemäß interalliierter Vereinbarung geschaffen. Was deutsche Parlamente vermutlich in Jahrzehnten nicht geschafft hätten, regelten die Alliierten per Befehl: die Bereinigung der politischen Landkarte Deutschlands und die Gründung annähernd gleichgewichtiger Länder. Preußen wurde zwar formell erst 1947 durch Kontrollratsbeschluß aufgelöst, aber schon lange vorher wurden die preußischen Provinzen in der sowjetischen und britischen Zone in den Rang von Ländern erhoben und mit ehemaligen Kleinstaaten wie Oldenburg, Braunschweig, Lippe, Anhalt verschmolzen.

In allen Zonen, mit Ausnahme der französischen, wurden auch zonale deutsche Zentralstellen gegründet: in der britischen der »Zonenbeirat«, in der amerikanischen der »Länderrat«, in der sowjetischen elf »Zentralverwaltungen«.

Dennoch machten sich bald Unterschiede in der Besatzungspolitik der Alliierten bemerkbar. Die Franzosen riegelten ihr Okkupationsgebiet politisch am stärksten gegen die übrigen Zonen ab. Als letzte Besatzungsmacht ließen sie die Parteien zu und untersagten ihnen anfangs, das Wort »Deutschland« im Namen zu führen, so daß die Sozialdemokraten sich nur »SP« nennen konnten.

Auch innerhalb ihrer Zone förderten die Franzosen die Zersplitterung. Obwohl die alten Länder Baden und Württemberg durch die französisch-amerikanische Zonengrenze zerschnitten wurden, legte Frankreich die Bruchstücke in seinem Besatzungsgebiet nicht zusammen, sondern stattete sie im Gegenteil mit den Attributen selbständiger Staaten aus. So wurden die Regierungschefs der Miniaturländer in den Rang von »Staatspräsidenten« erhoben.

Noch 1947 erinnerte die Militärregierung den badischen »Präsidenten« Leo Wohleb schriftlich daran, daß es nach wie vor verboten sei, »in öffentlichen Versammlungen die Fragen der deutschen Einheit und der künftigen Regierung zu behandeln«.

Das Saarland wurde aus der französischen Zone verwaltungsmäßig ausgegliedert und schon Ende 1946 an das französische Wirtschafts- und Währungssystem angeschlossen. Seitdem war es durch eine Zollschranke von der übrigen Zone getrennt und damit de facto von Frankreich annektiert.

Die britische Besatzungsmacht griff dagegen am behutsamsten in die Verwaltungsstruktur ihrer Zone ein. Die Engländer hatten den bevölkerungsreichsten, industriell stärksten, aber auch problematischsten Teil Deutschlands übernommen: Zerstörungen, Elend und Hunger waren in den Industriegebieten an Rhein und Ruhr am größten, die Ernährungsbasis am schmalsten. Dazu kamen die Flüchtlingsmassen aus den Ostgebieten.

Mit dem Instinkt und der Erfahrung einer alten Kolonialmacht übertrugen die Briten die Verantwortung für die Lösung der Probleme weitgehend der deutschen Verwaltung – so wie sie komplette Besatzungen deutscher Minenräumboote unter ihren alten Kommandanten zur Freimachung der Schiffahrtswege in der Nordsee einsetzten. Im großen und ganzen behandelte Britannien »seine« Deutschen wie einen aufsässigen indischen Bergstamm, den man mit Strenge zur Räson bringen, aber gleichzeitig als künftigen loyalen Vasallen gewinnen mußte. Um dieses Ziel zu erreichen, durfte man seine Stammesstrukturen nicht gänzlich zerschlagen.

»Wenn wir von den Deutschen verlangten«, schrieb Feldmarschall Montgomery, »daß sie alle am Wiederaufbau ihres Landes mitarbeiteten, mußten wir aufhören, sie als Feinde zu behandeln. Der Krieg war vorüber. Wir mußten ihnen klar umrissene Befehle geben und dafür sorgen, daß sie befolgt wurden. Wir mußten ihnen gegenüber fest sein, aber gerecht . . . Es wäre sinnlos gewesen, aus ihnen eine Art Engländer machen zu wollen, wie manche Leute das vorhatten. Viel richtiger war es, gute und rechtlich denkende Deutsche aus ihnen zu machen.«

Den USA war dies zu wenig. Sie hätten am liebsten lauter Amerikaner aus den Deutschen gemacht. Von allen Besatzungsmächten besaßen sie den ausgeprägtesten Missionierungsdrang. Sie hatten vor, die Deutschen endlich zu

Demokraten zu erziehen – und wenn die Deutschen letzten Endes tatsächlich Demokraten geworden sind, so ist es zum großen Teil der Vehemenz und Durchschlagskraft der amerikanischen Besatzungspolitik zu danken.

Die Amerikaner kamen zunächst keineswegs als Freunde. Im Gegenteil: Verbindliche Richtlinie war lange Zeit jene Direktive JCS 1067 des Generalstabs, die den Angehörigen der Armee und der Militärregierung ausdrücklich jede »Fraternisierung« mit den Deutschen verbot: »Deutschland wird nicht besetzt zum Zwecke seiner Befreiung, sondern als ein besiegter Feindstaat. Bei der Durchführung der Besetzung und Verwaltung«, hieß es in der Anordnung, »müssen Sie gerecht, aber fest und unnahbar sein. Die Verbrüderung mit deutschen Beamten und der Bevölkerung ist streng zu unterbinden.«

Am konsequentesten, freilich auch am bürokratischsten von allen Besatzungsmächten, führten die Amerikaner die Entnazifizierung durch. Sie erfanden jenen Fragebogen mit 131 Rubriken, den jeder Deutsche über 18 Jahre ausfüllen mußte. Sie säuberten die öffentliche Verwaltung anfangs bis zum letzten Briefträger von Mitgliedern der NSDAP, und nicht nur die öffentliche Verwaltung: Sie entließen unter anderem 25 000 Bankangestellte und verhafteten 22 Direktionsmitglieder der deutschen Großbanken. Sie zögerten nicht, den von ihnen selbst ernannten bayerischen Ministerpräsidenten Fritz Schäffer, Mitbegründer der CSU und später Bundesfinanzminister, vier Monate nach seinem Amtsantritt brüsk zu feuern, weil er zu lax im Umgang mit ehemaligen Nazibeamten war. Der Regierungschef wurde abends um acht Uhr zur Münchner Militärregierung zitiert und hatte sein Entlassungsschreiben stehend aus der Hand eines Obersten entgegenzunehmen.

Von allen Siegermächten waren die Amerikaner diejenigen, die zu Beginn der Besatzungszeit die Auflagen des Potsdamer Abkommens nach Geist und Buchstaben am getreuesten erfüllten. Das war nicht erstaunlich, denn sie selbst hatten diese Auflagen formuliert.

Es waren harte Zeiten in der amerikanischen Zone. Dennoch beugten sich die Deutschen dieser Siegermacht am willigsten, denn sie war umstrahlt von der Aura des Reichtums und der Großmut. Irgendwann, das hoffte jeder, würde Amerika den Deutschen aus der Patsche helfen. Wenigstens den Deutschen in den Westzonen.

2. DER OSTEN IST NOCH NICHT ROT

Was die sowjetische Besatzungsmacht ursprünglich vorhatte – ob und bis zu welchem Grad sie eine »volksdemokratische« Ordnung in Deutschland errichten wollte –, wird niemand mit letzter Gewißheit sagen können. Vielleicht wußte es Stalin selbst nicht genau. Einen Deutschlandplan hatten die Russen jedenfalls weder während des Krieges noch in Potsdam vorgelegt. Ihre Haltung erschien schwankend und opportunistisch, immer zögernd, immer die Aktionen der Westmächte abwartend. Nur eines läßt sich mit an Sicherheit grenzender Wahrscheinlichkeit feststellen: Die Teilung Deutschlands wollte Stalin nicht.

Wenn die Teilung Stalins Ziel gewesen wäre, hätte er sie bis 1945 auf dem Verhandlungswege haben können. Er brauchte nur zuzugreifen, als Roosevelt und Churchill ihre Teilungspläne auf den Tisch legten. Er konnte noch nach Jalta den Londoner Teilungsausschuß als Plattform benutzen, statt ihn zu blockieren. Er hätte nur die Franzosen dazuzuholen brauchen und hätte in ihnen glühende Verbündete gefunden. Er tat das alles nicht.

Stalins Deutschlandpolitik war wie im Fall Polen von Sicherheitserwägungen bestimmt. Doch im Unterschied zu Polen konnte er nicht daran denken, Deutschland voll zu unterwerfen, denn er besaß es nicht einmal zur Hälfte. Er hatte knapp ein Drittel von dem unter Kontrolle, was nach Abzug der Ostgebiete von Deutschland übriggeblieben war. Es wäre unsinnig gewesen, aus diesem Drittel einen Staat zu machen. Denn es hätte bedeutet, auf die Mitkontrolle über die restlichen zwei Drittel zu verzichten.

Dieses Kontrollrecht aber war das erklärte Ziel der Sowjets, und es war ihnen garantiert durch Teilnahme an der Viermächte-Verwaltung. Die Sowjets wollten Reparationen aus Gesamtdeutschland, sie wollten Mitsprache an der Ruhr, und sie wollten zweifellos in ganz Deutschland ausgeführt sehen, was das Potsdamer Abkommen über die wirtschaftliche Entwaffnung vorschrieb: »Vernichtung der bestehenden übermäßigen Konzentration der Wirtschaftsmacht, die sich insbesondere durch Kartelle, Syndikate, Trusts und andere monopolkapitalistische Gebilde ergibt.« Das war keine sozialistische Zielsetzung, sondern eine amerikanische Urforderung zur Vernichtung des deutschen Kriegspotentials.

All dies war aber nur zu erreichen, wenn die Einheit Deutschlands und die gesamtalliierte Verwaltung erhalten blieb. Dieser Schluß zwang die Sowjets andererseits dazu, auf eine radikale Bolschewisierung ihrer Zone zu verzichten. Wenn sie die Viermächte-Kontrolle nicht selbst zerstören wollten, mußten sie auch die westlichen »essentials« des Potsdamer Abkommens erfüllen: »Dezentralisierung der politischen Struktur«, »alle demokratischen Parteien erlauben«, »Wahlvertretung in Gemeinde-, Kreis-, Provinzial- und Landesverwaltungen«, »Freiheit der Rede, der Presse und der Religion« und »freie Gewerkschaften«.

Hier lag das Dilemma, an dem die sowjetische Deutschlandpolitik schließlich scheiterte. Die russische Besatzungsmacht konnte das freie Spiel der politischen Kräfte in ihrer Zone nicht zulassen, ohne sich selbst aufzugeben. Denn keine Besatzungsmacht hatte geringeren Rückhalt in der Bevölkerung. »Die Russen« – das war für die Mehrheit der Deutschen das absolut Fremde, absolut Feindliche, das Zügellose, Wilde und Unberechenbare. Keine andere Besatzungsmacht verbreitete diese lähmende Angst, die primär nichts mit Ideologie, aber viel mit Plünderungen und Vergewaltigungen, mit nächtlichen Verhören, Verschleppungen und Trunkenheit zu tun hatte.

Die Angst und die Feindseligkeit hatten allerdings auch eine ideologische Dimension. Denn diese Besatzungsmacht stellte im Unterschied zu den drei anderen das Fundament der deutschen Gesellschaft in Frage: die bürgerlich-kapitalistische Ordnung, die bislang alle Systeme, Umbrüche und Kriege teils hervorgebracht, teils heil überstanden hatte.

Die Deutschen waren vielleicht zu Abstrichen und Korrekturen bereit, doch sie wollten zu dieser Stunde und zu allem Unglück ganz sicher keine Revolution, und schon gar keine russische.

Die Sowjets wußten das selbstverständlich. Sie machten sich keine Illusionen über die Haltung der Deutschen. Sie brauchten eine »sichere« Zone, und wenn es nicht anders ging, mußten sie eben nachhelfen. So lavierte ihre Besatzungspolitik ständig zwischen dem Bedürfnis, eine zuverlässige, sowjetfreundliche Administration aufzubauen, und der Verpflichtung, die Demokratie-Auflagen des Potsdamer Abkommens einzuhalten. Marschall Schukow brachte zunächst das Kunststück fertig, beide Erfordernisse gleichzeitig zu erfüllen.

Die Kernmannschaft für die deutsche Administration kam direkt aus Moskau. Es war das Zentralkomitee der KPD, das sich während der Hitlerzeit in der Sowjetunion gesammelt hatte. Als Vorauskommando wurden noch in den letzten Kriegstagen drei Gruppen nach Deutschland eingeflogen, je eine für den Norden, das Zentrum und den Süden der Besatzungszone. Die Mittelgruppe mit Standort Berlin wurde von dem ehemaligen Reichstagsabgeordneten Walter Ulbricht geleitet. Der Rest des Zentralkomitees mit dem Vorsitzenden Wilhelm Pieck kam später nach.

Die zurückkehrenden Emigranten standen in enger Wechselbeziehung zur Besatzungsmacht. Einerseits waren sie ihren Weisungen unterstellt, andererseits erfüllten sie eine beratende Funktion. Keine andere Partei in Deutschland hatte intimere Kontakte zu einer Militärregierung, keine Militärregierung einen direkteren Draht »nach unten«. So konnten die Sowjets alle Maßnahmen stets auf kurzgeschaltetem Weg durchsetzen. Der KPD brachte das enge Verhältnis zur Besatzungsmacht freilich nicht nur politische Privilegien, sondern auch ein schweres Handikap ein: Sie war in der Bevölkerung vom ersten Augenblick an als »Russenpartei« abgestempelt und wurde dieses Odium nie los.

Die Sowjets beeilten sich, ihren deutschen Genossen eine legale Arbeitsgrundlage zu schaffen. Schon einen Monat nach der Kapitulation, noch vor der Potsdamer Konferenz und lange vor den Westmächten, gab Marschall Schukow mit seinem »Befehl Nr. 2« grünes Licht zur Bildung politischer Parteien, und schon am nächsten Tag, dem 11. Juni 1945, erließ die Kommunistische Partei Deutschlands ihren ersten Aufruf.

Dieser Aufruf hätte ebensogut von einer liberalen Partei verfaßt sein können. Das Wort »Sozialismus«, geschweige denn »Kommunismus«, kam überhaupt nicht vor. Statt dessen erklärte die KPD wörtlich: »Wir sind der Auffassung, daß der Weg, Deutschland das Sowjetsystem aufzuzwingen, falsch wäre, denn dieser Weg entspricht nicht den gegenwärtigen Entwicklungsbedingungen in Deutschland.« Der richtige Weg sei dagegen die »Aufrichtung einer parlamentarisch-demokratischen Republik mit allen demokratischen Rechten und Freiheiten für das Volk«. Einziger Anklang an sozialistische Ideen war die Forderung, den Großgrundbesitz zu liquidieren und »Betriebe, die von ihren Besitzern verlassen wurden« in Gemeineigentum zu überführen.

Der Aufruf entsprach der im Exil ausgearbeiteten Parteilinie, die KPD vom Ruch der Bolschewiki zu befreien und im Unterschied zur Weimarer Zeit mit anderen Parteien zusammenzuarbeiten.

Schon wenige Tage später traten auch die Sozialdemokraten nach zwölfjähriger Illegalität wieder an die Öffentlichkeit. Eine Gruppe ehemaliger Parlamentarier und Funktionäre konstituierte sich in Berlin als vorläufiger »Zentralausschuß« der SPD. Seine wichtigsten Mitglieder waren Max Fechner, ehemaliges SPD-Vorstandsmitglied und preußischer Landtagsabgeordneter, Erich Gniffke, einst Landtagsabgeordneter in Braunschweig, Gustav Dahrendorf, Mitverschwörer des 20. Juli, von der Roten Armee aus dem Zuchthaus befreit, und Otto Grotewohl, der Sprecher der Gruppe.

Grotewohl, ein Mann von bürgerlichem Habitus, hatte die längste parlamentarische Erfahrung. Er war seit seinem 18. Lebensjahr SPD-Mitglied, seit 1920 braunschweigischer Landtagsabgeordneter und seit 1925 Mitglied des Reichstags. Mehrmals hatten ihn die Nazis verhaftet, zuletzt schlug er sich als Buchhalter durch.

Als der Zentralausschuß die überlebenden Berliner Genossen in der verwüsteten Stadt zur ersten Versammlung rief, kamen 2000 alte Sozialdemokraten zusammen. Es war einer der bewegendsten Augenblicke in der langen Geschichte der Partei. Viele sahen sich zum erstenmal seit 1933 wieder. Max Fechner verlas die Totenliste. »Aller Augen wurden feucht. Frauen und Männer schluchzten. Keiner schämte sich der Tränen«, berichtet Erich Gniffke.

Trotz zwölfjähriger Verfolgung besaßen die Sozialdemokraten jedoch ein ungebrochenes Selbstvertrauen. Sie waren sicher, daß sie im neuen Deutschland die stärkste Partei sein würden. Ihr Gründungsaufruf war entschieden kämpferischer und sozialistischer als die Proklamation der KPD.

Die Sozialdemokraten forderten »Verstaatlichung der Banken, Versicherungsunternehmen und der Bodenschätze, der Bergwerke und der Energiewirtschaft, Verpflichtung der Unternehmer zur treuhänderischen Leitung der ihnen von der deutschen Volkswirtschaft anvertrauten Betriebe, Beschränkung des Erbrechts auf die unmittelbaren Verwandten«.

Deutlicher als die Kommunisten forderten die Sozialdemokraten die Zusammenarbeit der Antifaschisten: »Jedes eigensüchtige Parteiengezänk, wie es das politische Schlachtfeld der Weimarer Republik erfüllte, muß im Keime erstickt werden . . . Wir wollen den Kampf auf dem Boden der organisierten Einheit der deutschen Arbeiterklasse führen. Wir sehen darin eine moralische Wiedergutmachung politischer Fehler der Vergangenheit.«

Der Wille zur Wiederherstellung einer einheitlichen Arbeiterpartei war bei den alten Sozialdemokraten durchaus echt. In den zwölf Jahren der Verfolgung hatten sie mit Kommunisten zusammen in Zuchthäusern und Lagern gesessen, und beide Seiten hatten nachträglich eingesehen, daß ihr gegenseitiges Bekämpfen Hitler den Weg geebnet hatte.

Als die Sozialdemokraten jetzt aus den Katakomben auftauchten, waren sie entschlossen, den Kommunisten die Vereinigung anzutragen. Gniffke, der später in den Westen ging: »In allen Versammlungen der Mitglieder wurde diese Frage begeistert bejaht.«

Doch die Sozialdemokraten erlebten eine arge Enttäuschung: Sie holten sich bei den Kommunisten eine Abfuhr. Die Besatzungsmacht war gegen jede spontane, unkontrollierte Bewegung, gegen jede Initiative, die nicht von ihr ausging.

Als die Leitungen beider Parteien zur ersten Besprechung zusammentrafen, erklärte Ulbricht knapp, die KPD lehne eine sofortige Verschmelzung mit der SPD ab. Erst müßten die »ideologischen Fragen« geklärt werden. Statt dessen bot er der SPD eine »Aktionsgemeinschaft« an. Beide Parteien sollten ihre Politik koordinieren und sich gegenseitig über alle Schritte und Pläne unterrichten. Die Kommunisten legten den fertigen Entwurf dafür auf den Tisch. Die Sozialdemokraten unterschrieben nach einigen Korrekturen.

Gleichzeitig mit den beiden traditionellen Parteien der deutschen Linken bildete sich in Berlin eine ganz neue politische Gruppe, die Christlich-Demokratische Union. Sie sammelte die Anhänger des alten Zentrums, aber auch Liberale und Konservative. Zu den Unterzeichnern des Gründungsaufrufs gehörten drei spätere westdeutsche Bundesminister: Jakob Kaiser, ehemals christlicher Gewerkschafter, Heinrich Krone, bis 1933 Zentrumsabgeordneter im Reichstag, und der Liberal-Demokrat Ernst Lemmer. Vorsitzender der neuen Partei wurde Andreas Hermes, früherer Zentrums-Mann, Reichsernährungs- und Reichsfinanzminister, Teilnehmer an der 20.-Juli-Bewegung, von Hitlers »Volksgerichtshof« zum Tode verurteilt und von den Russen aus dem Zuchthaus Plötzensee befreit.

Wie die sozialistischen Parteien forderte die CDU die Ausmerzung von Nazismus und Militarismus, bekannte sich jedoch zu christlichen Grundsätzen und bejahte ausdrücklich das Privateigentum.

Die neue Partei überraschte die Russen, denn sie hatten mit der Wiedergeburt des alten Zentrums gerechnet und daneben eine liberaldemokratische Partei eingeplant. Um ihr Konzept von zwei sozialistischen und zwei bürgerlichen Parteien zu retten, ermunterten sie einige Liberale, die der CDU zögernd gegenüberstanden, eine eigene Partei zu gründen. So entstand die »Liberal-Demokratische Partei Deutschlands« (LDPD) unter Führung des Buchprüfers Waldemar Koch und des einstigen demokratischen Reichsministers Wilhelm Külz.

Mit weitem Vorsprung vor den Westzonen hatten sich damit in der Ostzone die politischen Parteien der Nachkriegszeit etabliert. Alle vier verstanden sich als »Reichsparteien«, das heißt als Vorhut und Kernzelle gesamtdeutscher Parteiorganisationen. Auch die Sowjets gingen von dieser Annahme aus. Die Parteizentralen befanden sich in Berlin, und weder die Deutschen noch die Russen zweifelten daran, daß Berlin seine Hauptstadtfunktion weiter erfüllen werde.

Noch Jahrzehnte später, als sie längst im Westen waren, verteidigten die Berliner CDU-Gründer ihr Erstgeburtsrecht gegenüber den Rheinländern. So der Berliner Bürgermeister Ferdinand Friedensburg: »Die gelegentliche Deutung, es habe sich um eine Gründung für Berlin und die sowjetische Besatzungszone gehandelt, entspricht nicht der geschichtlichen Wahrheit.« Und Ernst Lemmer: »Die CDU ist in Berlin geboren worden und konnte auch nur dort geboren werden. Aus dem riesigen Trümmerfeld dieses letzten Kriegsschauplatzes erwuchsen die Kraft und der Schwung zur Schaffung von etwas Neuem.«

Doch sowohl die CDU-Gründer wie die Berliner Sozialdemokraten wurden bitter enttäuscht. In den Westzonen bildeten sich noch vor der amtlichen Lizenzierung Parallel-Parteien, die auf ihre Autonomie pochten. In Hannover bereitete der Sozialdemokrat Kurt Schumacher den Aufbau einer West-SPD vor, und am Rhein sammelte sich eine West-CDU um den ehemaligen Kölner Oberbürgermeister Konrad Adenauer, und weder bei der Hannoverschen SPD noch bei der Kölner CDU dachte man daran, Berlin als Zentrale anzuerkennen. Berlin hatte seine Hauptstadtfunktion im Bewußtsein der Westzonen fast über Nacht eingebüßt, Berlin war »russisch«, obwohl die Westalliierten inzwischen ihre Sektoren übernommen hatten und der Alliierte Kontrollrat in Funktion getreten war.

Die Entfremdung der Deutschen ging der Spaltung voraus. Das Wort »Osten« erhielt rasch den düsteren Klang von Pest und Aussatz. Leute, die »drüben« Politik machten, waren potentielle Infektionsträger, man mußte Obacht geben und Distanz halten, man wußte nicht, wie krank sie schon waren. Nur wenige im Westen kamen auf die Idee, daß den Bedrängten am besten mit engstem Kontakt zu helfen wäre.

3. DIE SPALTUNG BEGINNT IN HANNOVER

Als erste zerriß die Sozialdemokratische Partei. Bevor sie in der russischen Zone ihre Unabhängigkeit verlor, wurde sie von den Genossen im Westen aufgegeben. Der Fall ist exemplarisch für alles, was sich später ereignete.

Kurt Schumacher war mit dem brennenden Ehrgeiz aus dem KZ gekommen, die Führung der SPD zu übernehmen und sie zur stärksten Partei Deutschlands zu machen. Er war ein glühender Verfechter der deutschen Einheit, doch sein vehementer Antikommunismus hinderte ihn, der Realität ins Auge zu sehen, daß die Einheit Deutschlands wie die Einheit der SPD nur *mit* der sowjetischen Besatzungsmacht und nicht gegen sie bewahrt werden konnte.

Vom ersten Tage an betrieb der gebürtige Westpreuße nicht nur die Abgrenzung gegen die Sowjets, sondern eine Politik der offenen Herausforderung. Schon im August 1945 verschickte er ein Rundschreiben, in dem es hieß: »Die russische Besatzungszone ist zu weit nach Westen gerückt . . . Gegenüber gewissen Umständen, die sich dort ergeben haben, verlangen wir zwar nicht ein politisches Eingreifen der angelsächsischen Staaten, wohl aber die moralische Intervention der Öffentlichkeit in den Ländern der europäisch-amerikanischen Kultur.«

Am 14. September wurden die politischen Parteien auch in der britischen Zone offiziell zugelassen. Damit stellte sich die Frage nach der zentralen Parteileitung. Schon am nächsten Tag sandte das »Büro Schumacher« – wie sich die De-facto-Parteileitung der britischen Zone nannte – ein neues Rundschreiben an die Bezirksleitungen aller Westzonen. Darin wurde Berlin als Parteizentrale schroff abgelehnt: »Diesen Anspruch erkennen wir nicht an. Es ist eigentlich selbstverständlich, daß der ›Zentralausschuß‹ nur für das russisch besetzte Gebiet kompetent sein kann. Wir wissen dabei freilich nicht, inwieweit die Geltendmachung dieses zentralen Anspruchs unserer Berliner Genossen sich aus dem Zwange ihrer besonderen Verhältnisse ergibt. In jedem Fall müssen wir ihn abwehren und evtl. Emissären der Berliner Linie das sachlich eindeutig zu verstehen geben.«

Die Emissäre trafen drei Wochen später ein. Das »Büro Schumacher« hatte Delegierte aller Zonen zur ersten gesamtdeutschen Konferenz nach Wennigsen bei Hannover geladen (die Konferenz mußte in kleinem Kreise und in Etappen stattfinden, da die Bildung überzonaler Parteien offiziell noch nicht gestattet war). Aus Berlin kamen Otto Grotewohl, Max Fechner und Gustav Dahrendorf.

Zum erstenmal trafen damit die beiden Rivalen Schumacher und Grotewohl zusammen. Sie waren gleichaltrig, gleich lange in der Partei, hatten vor 1933 gemeinsam in der Reichstagsfraktion gesessen. Jetzt gab es einen Unterschied: In der britischen Zone genoß die SPD die volle Unterstützung der Besatzungsmacht, denn in England regierte die Labour-Partei, und in London saß der alte Exil-Vorstand der SPD. In der sowjetischen Zone dagegen war die SPD in die ersten Sturmböen gelaufen.

Als Grotewohl nach Hannover kam, hatte sich sein Verhältnis zur KPD bereits spürbar abgekühlt. Die Vereinigungseuphorie vom Sommer war verflogen, die Stimmung umgeschlagen. Überall in der russischen Zone erlebten die Sozialdemokraten, daß die KPD am längeren Hebel saß, daß die Besatzungsmacht sie bevorzugte, während die SPD mehr und mehr unter Druck gesetzt wurde. Selbst Grotewohl mußte es sich gefallen lassen, daß die sowjetische Zensur seine Reden verstümmelte.

Der Zentralausschuß, so Führungsmitglied Erich Gniffke, kam im Herbst »übereinstimmend zu der Überzeugung, daß zum gegenwärtigen Zeitpunkt die Voraussetzung für eine Vereinigung der Arbeiterparteien weit weniger gegeben sei als zu Beginn der politischen Arbeit im Juni 1945«.

Dagegen war es jetzt die KPD, die auf Vereinigung drängte. Die Sowjets spürten die wachsende Unlust unter den Sozialdemokraten und fürchteten die Abdrift der Partei nach »rechts«. Sie wollte die SPD unter Kontrolle bringen, bevor die im Potsdamer Abkommen vorgesehenen Wahlen fällig waren.

Unter diesen Vorzeichen fand die erste Begegnung zwischen Schumacher und Grotewohl statt. Nichts hätten die Berliner Sozialdemokraten jetzt nötiger gehabt als die Unterstützung der westdeutschen Genossen, und zwar nicht durch leere Bekenntnisse, sondern durch eine langfristige politische Strategie. Sie schlugen Schumacher die Erweiterung des Zentralausschusses durch Aufnahme westdeutscher Delegierter vor, um der Partei gegenüber den Russen größeres Gewicht zu verschaffen. Aber Schumacher blieb kühl und ablehnend. Statt der organisatorischen Zusammenfassung schlug er Grotewohl die Trennung vor.

Obwohl erst fünf Monate seit Kriegsende vergangen waren und zu diesem Zeitpunkt außer den Franzosen keine Besatzungsmacht die Einheit Deutschlands in Frage stellte, obwohl der Alliierte Kontrollrat voll in Funktion war und damit immerhin eine zentrale Verwaltung für Gesamtdeutschland existierte, ging Kurt Schumacher von der Teilung Deutschlands aus. Er machte keinen ernsthaften Versuch, die gefährdete Einheit zu retten. Er war beherrscht von dem einzigen Ziel, die Kommunistische Partei und die Russen aus den Westzonen fernzuhalten.

In seiner programmatischen Rede auf diesem ersten interzonalen Treffen sagte er: »Im Sinne der deutschen Politik ist die Kommunistische Partei überflüssig. Ihr Lehrgebäude ist zertrümmert, ihre Linie durch die Geschichte widerlegt. Nachdem ihre Hoffnung, sich als führende Arbeiterpartei zu etablieren, von den Tatsachen so völlig unmöglich gemacht wird, muß sie nach dem großen Blutspender suchen. Das Rezept ist die Einheitspartei.«

Dem widersprachen auch die Genossen aus Berlin nicht. Sie waren ja gekommen, um die SPD in der Ostzone zu retten, um sich der Unterstützung der westdeutschen Sozialdemokraten zu versichern. Aber sie stießen auf taube Ohren. Schumachers Nein gipfelte in dem Satz: »Wir können nicht die Verfügung über die Sozialdemokratische Partei und ihre Anhängerschaft von den besonderen Bedingungen einer einzelnen Besatzungszone abhängig machen.«

Wenn Schumacher »westdeutsche Sozialdemokratische Partei« gesagt hätte, wäre der Satz richtig gewesen. Aber wer die Einheit der Partei wie die des Landes wollte, mußte sehr wohl »die besonderen Bedingungen einer einzelnen Besatzungszone« in Rechnung stellen.

Grotewohl und Schumacher trennten sich mit einem signifikanten Abkommen. Es sah zwar die weitere Zusammenarbeit vor, besiegelte aber zugleich die organisatorische Trennung: »Bis zur Verwirklichung der Reichseinheit und damit der Parteieinheit wird der Zentralausschuß in Berlin als die Führung der Sozialdemokratischen Partei in der östlichen Besatzungszone angesehen. Der politische Beauftragte der drei westlichen Besatzungszonen ist der Genosse Dr. Schumacher-Hannover.«

Das Abkommen war der erste deutsche Teilungsvertrag. Er sonderte die russische Zone ab und vereinigte die drei Westzonen. Er bedeutete den Verzicht, über die Zonengrenzen hinweg eine einheitliche Politik zu betreiben oder wenigstens den Versuch zu unternehmen. Die Abgrenzung gegen den »Osten« hatte begonnen. Die potentiell stärkste politische Kraft Nachkriegsdeutschlands nahm die Spaltung des Landes vorweg. Die Sozialdemokraten in der russischen Zone spürten bald, daß sie auf sich allein gestellt waren. Und die Russen sahen es auch.

Als Grotewohl aus Hannover zurückkehrte, nahm er gleichwohl den Kampf um die Unabhängigkeit der SPD auf. In Anwesenheit Piecks sagte er auf der bis dahin größten Kundgebung »nein« zur Verschmelzung mit der KPD:

»Die Einheit der Arbeiterbewegung kann nicht durch einen Beschluß zentraler Instanzen herbeigeführt werden, sie muß auf dem Willen der Mitglieder beruhen. Sie muß ein Akt der Selbstbestimmung sein, niemals das Ergebnis eines Drucks, eines Zwanges.«

Die Sowjets verboten die Veröffentlichung der Rede und verstärkten den Druck auf die Sozialdemokraten. Franz Neumann, SPD-Vorsitzender des Westberliner Bezirks Reinickendorf, berichtet: »Am 11. November (dem Tag der Rede) war Grotewohl noch das Idol der Sozialdemokraten Berlins. In der Nacht vom Dienstag zum Mittwoch (zwei Tage später) wurde er mit Max Fechner zu den Sowjets nach Karlshorst eingeladen, und niemand weiß, was dort passierte. Grotewohl und Fechner haben nie darüber gesprochen. Von dieser Zeit an erlebten wir einen anderen Grotewohl, dem man das Rückgrat gebrochen hatte.«

Auch in der Provinz wurden die SPD-Funktionäre unter massiven Druck gesetzt. Manche Sozialdemokraten, die eben noch in Hitlers Lagern gesessen hatten, wurden erneut verhaftet. Angesichts dieser Lage fuhr Vorstandsmitglied Gniffke abermals nach Hannover zu Schumacher: »Ich wies darauf hin, daß die Sowjets sehr empfindlich seien und daß es für uns schon eine Entlastung bedeuten würde, wenn Kurt Schumacher sich in seinen Äußerungen ein wenig zurückhalten würde . . . Aber was ich auch vorbrachte, es weckte kein Interesse. Punkt 1 Uhr erhob sich Kurt Schumacher. Er müsse nun zu Tisch. Ich verabschiedete mich, ohne daß Schumacher versucht hätte, mich zum Bleiben zu bewegen.«

Die Berliner SPD-Führung versuchte trotzdem, weiter standzuhalten. Auf einer von der KPD anberaumten gemeinsamen Sitzung nannte Grotewohl die Dinge beim Namen. Er stellte fest, daß die KPD von der Besatzungsmacht überall bevorzugt werde und überall stärker vertreten sei als die SPD, daß sich »die Zeugnisse eines undemokratischen Drucks auf Sozialdemokraten mehren« und daß in großen Teilen der SPD »ein zunehmender Zweifel an der Ehrlichkeit des Bekenntnisses der KPD zur Demokratie« herrsche.

Dennoch stimmten die SPD-Führer grundsätzlich einer Einheitspartei zu, aber unter zwei Bedingungen: Keine Vereinigung auf lokaler oder Zonenebene, sondern nur auf »Reichsebene« und nur auf Beschluß eines »Reichsparteitages«. Außerdem lehnte der Zentralausschuß Gemeinschaftslisten für die kommenden Wahlen ab.

Doch Grotewohl besaß keine Handlungsfreiheit mehr. Die Sowjetische Militäradministration zitierte den SPD-Vorstand abermals nach Karlshorst und gab ihm zu verstehen, daß ihm gar keine andere Wahl bliebe als die Verschmelzung mit der KPD. In der Provinz organisierten die russischen Stadtkommandanten schon lokale »Einheitsbeschlüsse«. Die Genossen konnten dem Druck nicht mehr standhalten. Gniffke: »Überall mußte ich hören: Beschließt in der Zentrale endlich die Vereinigung, sonst machen wir sie örtlich. Wir wollen endlich Ruhe haben.«

Grotewohl, der sich bis zuletzt loyal an die hannoversche Vereinbarung hielt, alle Schritte mit den westdeutschen Genossen abzusprechen, reiste ein zweites Mal zu Schumacher. Er bat ihn, zusammen mit dem Berliner Zentralausschuß einen gesamtdeutschen Parteitag einzuberufen, um der Berliner Parteiführung Rückendeckung zu geben. Schumacher lehnte mit der Begründung ab, ein »Reichsparteitag« sei von den Alliierten gar nicht erlaubt. Sein letzter Rat an Grotewohl war, die SPD in der russischen Zone »aufzulösen«, um dadurch aller Welt zu demonstrieren, daß die Vereinigung nur unter Druck zustande gekommen sei.

Diese Forderung hätte bedeutet, daß Tausende Sozialdemokraten, die gerade den Hitler-Terror hinter sich hatten, abermals die Freiheit hätten riskieren müssen. Grotewohl lehnte die Idee ab. Es war zu spät dazu. Als er nach Berlin zurückkehrte, stimmte der Zentralausschuß der Vereinigung zu. Nur Gustav Dahrendorf machte nicht mit. Er ging in den Westen.

Der letzte Akt des Dramas lief anders ab, als die Regie geplant hatte: Die Westberliner Sozialdemokraten rebellierten gegen den Parteivorstand. Sie waren als einzige nicht dem Druck der Sowjets ausgeliefert und verlangten eine Urabstimmung im Bezirk Groß-Berlin. Die westlichen Besatzungsmächte garantierten ihnen in ihren Sektoren freie Wahlen. Zum erstenmal seit Kriegsende ergab sich damit eine Koalition zwischen Deutschen und Westmächten. Zum erstenmal machten sie gemeinsam Front gegen die vierte Besatzungsmacht.

In diesen Tagen kam auch Kurt Schumacher zum erstenmal nach Berlin. Britische Offiziere begleiteten ihn auf Schritt und Tritt. Er machte den Rebellen Mut. Franz Neumann: »Schumacher sagte, wir müßten selbst entscheiden, da wir ja unsere eigene Haut zu Markte tragen müßten. Wenn wir uns aber für den Widerstand, für die Durchführung der Urabstimmung entscheiden und uns durchsetzen würden, dann könne er uns versprechen, daß die ganze materielle Macht der westdeutschen Sozialdemokratie uns zur Verfügung gestellt werde.«

Am 1. März 1946 versammelten sich die Berliner Sozialdemokraten im »Admiralspalast« im sowjetischen Sektor, dem einzigen stehengebliebenen Theaterbau im Zentrum. Auf der Straße stand russisches Militär mit aufgepflanztem Bajonett, im Saal saßen russische Polit-Offiziere, aber auch Briten und Amerikaner. Als Grotewohl sprechen wollte, wurde er ausgepfiffen und niedergeschrien. Zehn Monate nach der Wiedergeburt der Partei erlebte er vor den Augen der Besatzungsmacht seine tiefste Demütigung durch die eigenen Genossen. Mit überwältigender Mehrheit beschloß der Bezirk Groß-Berlin eine Urabstimmung. Es war die kühnste Herausforderung, die die sowjetische Besatzungsmacht bisher erlebt hatte.

Die Urabstimmung fand vier Wochen später statt. Sie war so formuliert, daß sie auch der sowjetische Vertreter in der Alliierten Kommandantur zulassen mußte, und bestand aus zwei Fragen: 1.) »Bist Du für den sofortigen Zusammenschluß beider Arbeiterparteien?« Und 2.) »Bist Du für ein Bündnis beider Parteien, welches gemeinsame Arbeit sichert und den Bruderkampf ausschließt?«

Für die KPD und die Sowjets war es der erste Test über ihren Rückhalt in der Arbeiterschaft. Das Ergebnis war für sie niederschmetternd, wenn auch für die West-SPD nicht ganz so triumphal, wie die Legende behauptet. Von den 33 247 stimmberechtigten SPD-Mitgliedern der West-Sektoren gingen nur 71 Prozent zur Wahl. Von diesen stimmten 82 Prozent (das sind 59 Prozent der Mitglieder) gegen die »sofortige« Verschmelzung, aber nur 25 Prozent (das sind 17 Prozent der Mitglieder) gegen das prinzipielle Bündnis mit den Kommunisten.

Im Ostsektor wurden die Wahllokale eine halbe Stunde nach Öffnung von den sowjetischen Behörden geschlossen, weil »nicht alle technischen Voraussetzungen« erfüllt waren. Dennoch hielten sich die Russen an die einheitliche Verwaltung Berlins und ließen die unabhängige SPD auch in ihrem Sektor weiter zu.

Drei Wochen nach der Urabstimmung fand im gleichen »Admiralspalast«, in dem Grotewohl seine Niederlage erlitten hatte, die pompöse Gründung der Sozialistischen Einheitspartei Deutschlands statt. Wilhelm Pieck und Otto Grotewohl vollzogen unter »Fidelio«-Klängen jenen Händedruck, der zur heraldischen Marke des neuen Parteiabzeichens wurde.

Die Sowjets hatten ihr Ziel erreicht: Die SPD war unter Kontrolle, und die neue Massenpartei würde nun wohl in der Lage sein, die Wünsche der Besatzungsmacht durchzusetzen. Aber die Russen hatten einen hohen Preis bezahlt: die Weiterexistenz einer unabhängigen, stark antisowjetischen SPD in Berlin und die erbitterte Feindschaft der westdeutschen Sozialdemokratie.

Die Russen hatten zudem jeden Kredit für die SED verspielt. Zwar forderte die neue Partei in ihrem Gründungsprogramm die »Herstellung der Einheit Deutschlands als antifaschistische, parlamentarisch-demokratische Republik«, aber sie hatte es durch ihren Geburtsfehler schwer, Glauben zu finden.

Drei Wochen nach der SED-Gründung fand in Hannover der erste SPD-Parteitag der drei Westzonen statt. Auch Kurt Schumacher war am Ziel. Er wurde zum ersten Vorsitzenden gewählt. Wer nur die Parteitags-Resolution las, mochte sich wohl fragen, was Schumachers SPD eigentlich von der SED trennte, denn die Proklamation von Hannover forderte das gleiche wie das Programm von Pieck und Grotewohl, nur in radikalerer Sprache.

Schumachers SPD erklärte: »Das heutige Deutschland ist nicht mehr in der Lage, eine privatkapitalistische Unternehmerwirtschaft zu ertragen.« Sie forderte die »Vergesellschaftung der Produktionsmittel«, die »sofortige Einleitung einer grundlegenden Agrar- und Bodenreform unter Enteignung des Großgrundbesitzes«, und sie proklamierte als Endziel »ein sozialistisches Deutschland in einem sozialistischen Europa«.

Auch Schumachers SPD forderte die »Erhaltung Deutschlands als eines nationalen, staatlichen und wirtschaftlichen Ganzen«. Aber sie sagte nicht, wie das zu erreichen sei, ohne mit jenen Genossen von gestern zu reden, die einem übermächtigen Druck erlegen waren und von nun an im Westen als »Verräter« galten.

4. WER KONTROLLIERT DEN KONTROLLRAT?

Die Entscheidungen über Deutschland fielen jedoch nicht in Hannover oder Berlin. Sie fielen in Moskau und Washington. Präsident Truman bereute schon ein halbes Jahr nach dem Potsdamer Abkommen seine Unterschrift. Er beschuldigte Außenminister Byrnes, die amerikanische Außenpolitik »aus eigener Machtvollkommenheit in eine Richtung gesteuert zu haben, der ich weder zustimmen wollte noch konnte«. Am 5. Januar 1946 zitierte er Byrnes ins Weiße Haus und las ihm ein eigenhändig verfaßtes Memorandum vor:

»In Potsdam sahen wir uns fertigen Tatsachen gegenüber und waren durch die Umstände geradezu gezwungen, die Besetzung Ostpolens durch die Russen und die Besetzung Schlesiens durch Polen gutzuheißen. Es war ein glatter Gewaltakt. Damals lag uns noch an der russischen Kriegsbeteiligung gegen Japan. Erst nachher stellten wir fest, daß wir Rußland gar nicht gebraucht hätten.«

Der Präsident zählte die neuen Schwierigkeiten mit Moskau in Persien und in der Türkei auf und erklärte: »Wenn man ihm nicht die Faust zeigt, werden wir einen neuen Krieg erleben. Es gibt nur eine Sprache, die die Russen verstehen, nämlich: Wie viele Divisionen habt ihr? Ich glaube, wir sollten uns jetzt auf keine Kompromisse mehr einlassen. Ich habe es satt, die Sowjets in Watte zu pakken.«

Das Memorandum war die Abkehr von Roosevelts »Großem Entwurf« der Zusammenarbeit mit der anderen Weltmacht. Es war die Geburtsstunde der »Politik der Stärke«. Außenminister Byrnes hatte die Wahl, zurückzutreten oder die neue Richtlinie zu befolgen. »Byrnes fügte sich«, schreibt Truman.

In Deutschland hatte der Außenminister einen hervorragenden Mann für die neue Politik: General Lucius D. Clay, zu dieser Zeit stellvertretender Militärgouverneur der amerikanischen Zone und US-Repräsentant im Alliierten Kontrollrat in Berlin. Er war gelernter Pionieroffizier und hatte bis Kriegsende ein anonymes Dasein in der Heeresverwaltung geführt. Sein Spezialfach war die Nachschuborganisation. In Washington hatte er schon einmal als Stellvertreter unter James Byrnes gearbeitet, der damals Chef des »Amtes für Kriegsmobilisierung« war.

Als General Eisenhower einen tüchtigen Verwaltungsfachmann für die Militärregierung in Deutschland brauchte, schickte man ihm Lucius Clay. Der hagere Pioniergeneral war vom ersten Tage an die graue Eminenz der Besatzungsmacht. »Obwohl die oberste Gewalt zunächst von Eisenhower und dann von McNarney ausgeübt wurde«, schreibt Clays politischer Berater Robert Murphy, »delegierte der eine wie der andere die meisten politischen und wirtschaftlichen Angelegenheiten an Clay.« 1947 wurde Clay schließlich selbst Militärgouverneur. So erhielt der »Bürogeneral« eine politische Schlüsselstellung am neuralgischsten Punkt der Ost-West-Beziehungen.

Lucius Clay, der einer alten Politikerfamilie entstammte, war nicht der Mann, vor dieser Aufgabe zurückzuschrekken. Seine vier Jahre in Deutschland wurden zum dramatischen Höhepunkt seines Lebens, und sie hinterließen eine eindrucksvolle Spur: die Gründung des westdeutschen

Staates. General Clay wurde der Stammvater der Bundesrepublik.

Als er im Sommer 1945 in den Alliierten Kontrollrat einzog, herrschte noch die Kriegskameradschaft unter den verbündeten Heerführern. Die Viermächte-Verwaltung ließ sich erfolgversprechend an. Marschall Schukow lobte seine westlichen Kollegen: »Ich muß sagen, daß das amerikanische und britische Personal auf die Arbeit im Kontrollrat sehr gründlich vorbereitet war.«

Die alliierte Regierung war ein komplizierter Mechanismus. Das oberste Organ, der eigentliche Kontrollrat, bestand aus den vier Militärgouverneuren. Er tagte dreimal monatlich. Beschlüsse konnten nur einstimmig gefaßt werden. Die Hauptarbeit machte der Koordinierungsausschuß, bestehend aus den stellvertretenden Militärgouverneuren. Sie residierten ständig in Berlin und tagten zweimal wöchentlich. Ihnen unterstand die Kontrollkommission, die wiederum in zwölf Direktorate (Ministerien) mit Ausschüssen und Unterausschüssen gegliedert war. Diesen Direktoraten sollten ursprünglich die geplanten deutschen Zentralverwaltungen beigegeben werden.

Amtssitz des Kontrollrats war das alte Berliner Kammergericht im amerikanischen Sektor, wo bis Kriegsende der »Volksgerichtshof« unter seinem berüchtigten Vorsitzenden Roland Freisler getagt hatte. Im gleichen Gebäude, in dem jetzt die Alliierten Deutschland regierten, waren die Männer des 20. Juli zum Tode verurteilt worden.

Die Aufgabe des Kontrollrats bestand darin, die »Vier D's« des Potsdamer Abkommens durchzuführen: Demilitarisierung, Denazifizierung, Dezentralisierung und Demokratisierung. Dazu erließ der Kontrollrat Ausführungsbestimmungen, und zwar je nach Bedeutung »Proklamationen«, »Gesetze«, »Befehle« und »Direktiven«.

Fast alle Kontrollratserlasse betrafen die Aufhebung von Nazigesetzen. Sie regelten aber auch Belangloses wie die Erhöhung von Telefongebühren, Historisches wie die »Auflösung des Staates Preußen« und Skurriles wie die Schaffung einer Erkennungsflagge für deutsche Fischkutter: Es war die internationale Signalflagge »C«, aus der ein

Dreieck herausgeschnitten war, so daß ein Wimpel entstand. Im Gesetz hieß es: »Dieser Flagge sind keine Ehrenbezeigungen zu erweisen, und sie ist nicht zum Gruß von Kriegs- oder Handelsschiffen irgendeiner Nation zu dippen.« Es war eine Art Erkennungsmarke für politisch Aussätzige.

Theoretisch war der Kontrollrat die Zentralregierung für ganz Deutschland. Seine Verordnungen sollten von den vier Militärregierungen »gleichmäßig« in den Zonen durchgeführt werden. Obwohl dieses Konzept von Anfang an illusorisch war, weil jede Besatzungsmacht in ihrer Zone Sonderinteressen verfolgte, war die Zusammenarbeit in Berlin zunächst gut.

Die Freundschaft zwischen Eisenhower und Schukow übertrug sich auf General Clay und seinen sowjetischen Partner Wassili D. Sokolowski, der später ebenfalls Militärgouverneur wurde und zum Marschall aufrückte. Clay über den Mann, mit dem er 1948 das Duell der Berliner Blockade durchkämpfte: »Sokolowski war ein vielschichtigerer Charakter als Schukow. Ruhig, bescheiden und würdevoll, konnte er in der Auseinandersetzung – die er mit erfreulichem Sinn für Humor und der häufigen Einflechtung russischer Sprichwörter würzte – doch recht schlagfertig sein. Meine Frau und ich freundeten uns mit ihm und Frau Sokolowski richtig an . . . Ab und zu speisten der Marschall und seine Frau bei uns, und wir freuten uns über die Besuche trotz aller Sprachschwierigkeiten.«

Noch beim französischen Veto gegen die deutschen Zentralverwaltungen bildeten Clay und Sokolowski eine Einheitsfront gegen General Louis Marie Koeltz. Sokolowski zu Koeltz: »Unsere Regierung hat diesem Punkt auf der Potsdamer Konferenz zugestimmt . . . Wir müssen diese Transportabteilung gründen.« Clay zu Koeltz: »Wenn der Kontrollrat keinen deutschen Verwaltungsapparat schafft, kann er als Regierungsstelle einpacken und eine Verhandlungsstelle werden.« Koeltz unerschüttert: »Ich kann nicht zustimmen, daß die Deutschen etwas damit zu tun haben.«

Frankreich blockierte nicht nur die Zentralverwaltungen, sondern auch die Bildung gesamtdeutscher Parteiorganisationen. Auch in diesem Punkt waren sich die Russen und die Amerikaner einig, wenngleich aus unterschiedlichen Gründen. Sokolowski: »Wir sollten den deutschen demokratischen Parteien keine Hindernisse in den Weg legen, wenn sie sich innerhalb ganz Deutschlands zusammenschließen wollen.« Clay: »Solange wir getrennte Parteien in jeder Zone haben, werden die deutschen Politiker versuchen, Unterschiede in der Zonenverwaltung für sich zu nutzen« – eine Anspielung auf die Vereinigungskampagne der KPD in der Sowjetzone.

Zum ersten schweren Konflikt zwischen den befreundeten Prokonsuln kam es ein Jahr nach Gründung des Kontrollrats, bald nachdem Truman beschlossen hatte, die Russen »nicht mehr in Watte zu packen«. Ursache des Streits waren die Reparationen, das verhängnisvolle Erbe Roosevelts.

Im März 1946 hatte der Kontrollrat nach mühseligen Verhandlungen den vom Potsdamer Abkommen aufgegebenen »Industrieplan« verabschiedet. Er legte fest, welche Industrien Deutschland behalten dürfte und welche abgewrackt und in die Reparationsliste aufgenommen werden sollten. Wäre der Plan je in vollem Umfang durchgeführt und aufrechterhalten worden, befänden sich beide deutsche Staaten heute etwa auf dem Wirtschaftsniveau Paraguays.

Das Programm hieß amtlich »Plan für die Reparationen und für den Stand der deutschen Nachkriegswirtschaft«. Es sah vor, »das Industrieniveau insgesamt auf 50 bis 55 Prozent des Standes von 1938 herabzusetzen«. Der für die Kriegsproduktion geeignete Sektor der Industrie sollte völlig eliminiert, ein anderer Teil auf bestimmte Produktionsquoten begrenzt werden.

Völlig verboten wurde nicht nur die Herstellung von Waffen jeder Art, sondern auch von Schiffen, Flugzeugen, Funkgeräten, schweren Traktoren, Kugellagern, bestimmten Werkzeugmaschinen, von synthetischen Treibstoffen, synthetischem Gummi und radioaktiven Stoffen sowie die Verarbeitung strategisch wichtiger Rohstoffe wie Vanadium, Magnesium und Rohaluminium.

Begrenzt wurde die Produktion von zwölf Branchen, darunter Stahl (auf 39 Prozent der Vorkriegsproduktion), alle Nichteisenmetalle, chemische Grundstoffe und Zement, ferner der Bau von Werkzeugmaschinen (11,4 Prozent der Vorkriegsproduktion), Lastwagen, Elektromaschinen, landwirtschaftliche Maschinen, Präzisions- und optische Instrumente. Von den Rohstoffen war nur die Kohleproduktion nicht begrenzt, da sie für die westlichen Nachbarstaaten unentbehrlich war.

Alle Industrieanlagen, die unter das Verbot oder die Beschränkung fielen, sollten demontiert und über einen Verteilerschlüssel als Reparationen an die Empfängerländer geliefert werden. Die Reparationskommission mußte zu diesem Zweck zunächst ein Inventarverzeichnis aller deutschen Industriebetriebe anlegen und dann exakte Demontagelisten aufstellen.

Der Plan ging von der wirtschaftlichen Einheit Deutschlands aus und schrieb vor, daß dem Land nach Zahlung der Reparationen »ausreichende Hilfsmittel verblieben, um ohne Hilfe von außen zu existieren«. Dies setzte zweierlei voraus: Reparationen konnten nicht willkürlich entnommen werden, und die Entnahmen mußten entsprechend dem Industrieplan abgerechnet werden.

An diesem Punkt entzündete sich der Konflikt unter den Besatzungsmächten. Denn die Sowjets hielten sich an keine der beiden Bedingungen. Sie hatten das Reparationsabkommen von Potsdam, wie nicht anders zu erwarten, als Freibrief für ihre Zone ausgelegt und praktisch alles demontiert, was ihnen begehrenswert erschien, zum Teil wider jede technische Vernunft. Ganze Güterzüge mit wertvollen Maschinen verrotteten auf Abstellgleisen, weil entweder ihr neuer Standort nicht auszumachen war oder weil sie infolge fehlender Infrastruktur in der Sowjetunion gar nicht verwendet werden konnten. Wütend schrieb Englands Militärgouverneur Montgomery: »Die Russen waren auf dem besten Wege, ihre Zone in eine Wüste zu verwandeln. Dabei waren die Lebensbedingungen in ihrem Gebiet schon jetzt entsetzlich.«

Im Mai 1946 stoppte Sokolowski die Demontagen, verlagerte jedoch die Reparationsleistungen auf Entnahmen aus der »laufenden Produktion«. Das heißt, deutsche Industrieerzeugnisse und Rohprodukte wurden auf Reparationskonto an die Sowjetunion geliefert. Diesem Verfahren hatten die Westmächte in Jalta zugestimmt. Das Potsdamer Abkommen enthielt zwar kein Wort darüber, untersagte es aber auch nicht ausdrücklich.

Um die Reparationslieferungen aus der laufenden Produktion sicherzustellen, griffen die Sowjets zu einem ebenso einfachen wie rigorosen Mittel: Sie beschlagnahmten 213 Großbetriebe der Ostzone, was etwa einem Viertel der verbliebenen Kapazität entsprach, und verwandelten sie in »Sowjetische Aktiengesellschaften« (SAG). Dazu zählten die bedeutendsten Betriebe der Chemie (Leuna), der Braunkohlen-, Elektro- und Automobilindustrie. Sie arbeiteten fortan unter russischer Regie für russische Rechnung.

Die systematische Plünderung hatte ihren Grund: Der Kreml war stillschweigend zu seiner Zehn-Milliarden-Forderung zurückgekehrt, obwohl Stalin in Potsdam darauf verzichtet hatte. Da die Sowjets kaum hoffen konnten, daß die Westmächte dieser Rechnung je zustimmen würden, versuchten sie, soviel wie möglich aus ihrer eigenen Zone herauszupumpen.

Dies wiederum veranlaßte sie, ihre Zone wirtschaftlich abzuschließen, denn eine Beteiligung an der gesamtdeutschen Wirtschaftspolitik der »Selbsterhaltung« hätte eine drastische Reduzierung ihrer Reparationsentnahmen erfordert. Andererseits bezogen die Russen weiterhin die vereinbarten zusätzlichen Reparationslieferungen aus dem Westen, ohne je eine Abrechnung über ihre eigenen Reparationen vorzulegen.

Clay: »Das konnte so nicht weitergehen. Das sowjetische Verfahren bedeutete praktisch, daß die Lieferungen an Rußland indirekt durch die Vereinigten Staaten und Großbritannien beglichen wurden. Ich stellte daher im Frühjahr 1946, als wiederholte Warnungen fruchtlos geblieben waren, die Reparationslieferungen aus unserer Zone ein. Es blieb mir keine andere Wahl.«

5. DER ERSTE SCHRITT ZUR TEILUNG

Clay war sich über die Tragweite seines Schrittes im klaren. Er selbst bezeichnete seine Erklärung im Kontrollrat über die Einstellung der Reparationslieferungen als »den Beginn der Spaltung«. Die Viermächte-Verwaltung war in einem entscheidenden Punkt zerbrochen. Clay nannte die Beendigung der Demontagelieferungen in der Kontrollratssitzung zwar eine vorläufige Maßnahme, »bis die ganze Angelegenheit bereinigt ist«, aber er wußte selbst, daß dieser Entschluß endgültig war, denn er entsprach seiner politischen Grundüberzeugung.

Der Reparationsplan war zwar eine amerikanische Erfindung, wie fast alle Fallstricke in den alliierten Abkommen, aber es hatte in Washington immer starke Gegner der »industriellen Entwaffnung« Deutschlands gegeben. Auch Clay und sein politischer Berater Robert Murphy, also die Spitze der US-Militärregierung, gehörten dazu. Mit Unbehagen verfolgten sie die Potsdamer Konferenz: »Wir befürchteten beide, daß der wirtschaftliche und finanzielle Status Deutschlands beschränkt und dadurch sein Wiederaufbau, den wir schon damals als wesentlich für ein gesundes Europa ansahen, behindert würde.«

Clay besaß einen mächtigen Verbündeten in Washington, seinen direkten Vorgesetzten, Kriegsminister Stimson. Der Minister, ein Soldat und Diplomat alter Schule, der mit Schaudern die Entartung des Krieges erlebte, hatte sich erfolgreich dem Morgenthau-Plan widersetzt, und er widersprach auch in Potsdam der offiziellen Regierungslinie. Noch während der Konferenz forderte er in einem Memorandum an Präsident Truman, »Deutschland eine Gelegenheit zu geben, zu leben und zu arbeiten«. Die Wirtschaftskontrolle sollte auf ein Minimum beschränkt werden. »Die russische Beutepolitik in Ostdeutschland zwingt uns, die Wirtschaft in Westdeutschland in enger Zusammenarbeit mit den Briten zu erhalten, um in unserem Gebiet Zustände zu verhüten, die letztlich weder die britische noch die amerikanische öffentliche Meinung dulden würden.«

Vor seinem Rücktritt im Herbst 1945 vergatterte der

78jährige Stimson noch einmal seine beiden Deutschland-Gouverneure Eisenhower und Clay in einem Privatgespräch. Clay: »Mit einer Politik der Rache wollte er nichts zu tun haben. Er konnte keinen vernünftigen Sinn in willkürlicher Zerstörung der deutschen Wirtschaft sehen.«

Ein Jahr später gab die russische Demontagepolitik Clay die willkommene Gelegenheit, das Steuer herumzuwerfen. Zu dieser Zeit hatte sich die Lage der Deutschen nicht nur in der Ostzone, sondern auch in allen Westzonen rapide verschlechtert. Die Produktion lag brach, die Lebensmittelrationen waren unter das Existenzminimum gesunken, der schwarze Markt ersetzte den Wirtschaftskreislauf, die Zigarette das Geld. Wer nichts zu tauschen und keinen Freund auf dem Lande oder bei den Besatzungsmächten hatte, konnte zwischen Kriminalität oder langsamem Hungertod wählen.

Im Mai 1946 faßte Clay die Situation in einem Lagebericht für Außenminister Byrnes zusammen: »Nach einem Jahr Besatzung bilden die Zonen hermetisch abgeschlossene Gebiete mit fast keinerlei freiem Austausch an Gütern, Personen und Ideen. Falls in naher Zukunft keine Übereinkunft erzielbar ist, stehen wir einer sich verschlechternden deutschen Wirtschaft gegenüber, die einen Zustand politischer Unruhe heraufbeschwören wird, der die Entwicklung des Kommunismus in Deutschland begünstigt und die Demokratisierung behindert . . . Der nächste Winter wird auf alle Fälle kritisch werden, und wenn es nicht gelingt, die wirtschaftliche Einigung vor seinem Anbruch durchzusetzen, wird er fast unerträglich werden.«

Clay beließ es nicht bei der dramatischen Schilderung. Er schlug einen Ausweg vor: »Die britische und amerikanische Zone würden vereint binnen weniger Jahre dazu gelangen, sich selbst zu erhalten. In klarer Erkenntnis der politischen Folgen einer solchen Verschmelzung glauben wir, daß diese Folgen weniger schlimm wären als das Weiterbestehen der jetzigen hermetisch abgeschlossenen Zonen.«

Damit gab Clay den Anstoß zu einer separaten westdeutschen Entwicklung. Sein Vorschlag erreichte Byrnes während einer langwierigen Außenministerkonferenz in Paris, auf der erstmals das Thema Deutschland auf der Tagesordnung stand.

Keiner der vier Siegermächte war inzwischen etwas Neues eingefallen. Frankreich präsentierte abermals seinen Zerstückelungsplan. Darin hieß es: »Es ist wesentlich, daß die Ruhr aufhört, integrierender Bestandteil Deutschlands zu sein«, »das Rheinland müßte politisch und wirtschaftlich vom übrigen Deutschland getrennt werden«, »die Saar würde bereits jetzt aus der Zuständigkeit des Berliner Kontrollrats ausscheiden« (was sie dann auch tat). Außenminister Bidault weigerte sich, über eine deutsche Zentralverwaltung auch nur zu reden, solange über seine Forderungen nicht entschieden sei.

Molotow wies Frankreichs Pläne scharf zurück, forderte statt dessen eine Viermächte-Kontrolle des Ruhrgebiets (ohne es aus Deutschland zu lösen) und eine deutsche Zentralregierung. Vor allem aber prangerte er General Clay und seinen Reparationsstopp an. Zum erstenmal erklärte Stalins Außenminister öffentlich: »Die Sowjetregierung besteht darauf, daß die Reparationen seitens Deutschlands in Höhe von zehn Milliarden Dollar unbedingt geleistet werden.«

England lehnte – wie schon in Jalta – die Zehn-Milliarden-Forderung der Russen radikal ab. Das Foreign Office bestritt den Sowjets überhaupt das Recht, irgendwelche Reparationen aus ihrer Zone zu entnehmen, solange »die Exporte ganz Deutschlands um ungefähr 100 Millionen Pfund jährlich unter der Summe bleiben, die zur Bezahlung der notwendigen Importe erforderlich ist – eine Last, die gegenwärtig von den anderen Besatzungsmächten getragen wird.«

Man trennte sich ohne Ergebnis, und so gab Washington grünes Licht zur Verschmelzung der angelsächsischen Zonen. Großbritannien stimmte zu. Englands erster Militärgouverneur Montgomery hatte schon 1945, bald nach dem Sieg, die Idee der Viermächte-Verwaltung aufgegeben und Premierminister Attlee in einer Denkschrift unverblümt die Teilung Deutschlands vorgeschlagen. In seinen Memoiren schreibt Montgomery:

»Ich sei mir darüber klar, daß sich die Westmächte auf einen langjährigen Kampf mit dem kommunistischen Osten gefaßt machen müßten, denn im Grunde ginge der Streit um die deutsche ›Seele‹. Wir hätten halb Deutschland bekommen, und wir müßten daran festhalten. Wünschte England wirklich angesichts der drohenden Schwierigkeiten gerade jetzt ein geeintes Deutschland? Wenn Deutschland zu rasch geeint würde, müßte die englische Zone auch noch die verwüstete russische Zone ernähren, und alle Deutschen, die jetzt noch in der russischen Zone wohnten, würden in die englische Zone kommen wollen, aus der wir doch einmal ein vorwärtsstrebendes, blühendes Land machen wollten.«

Als Montgomery 1946 Deutschland verließ, faßte er seine Meinung in einem abschließenden Bericht zusammen: »Vor allem müssen wir den deutschen Menschen sagen, was aus ihnen und ihrem Lande werden soll. Wenn wir das nicht tun, werden wir mit großer Wahrscheinlichkeit Schiffbruch erleiden. Dieser wird sich dadurch ankündigen, daß die Bevölkerung uns gegenüber zunehmend feindseliger wird und schließlich den Blick nach Osten wendet. Ein Deutschland, das sich dem Osten zuwendet, wäre aber eine Bedrohung der Sicherheit des englischen Empire.«

Wenig später, am 20. Juli 1946, unterbreiteten die USA dem Kontrollrat offiziell den Vorschlag, ihre Zone mit jeder anderen Zone, die es wünsche, wirtschaftlich zu vereinigen. Nur die Briten akzeptierten. Frankreich sagte nein, weil es prinzipiell gegen die Wiedererrichtung eines größeren deutschen Territoriums war, und die Sowjetunion schwieg, weil sie mit einem Beitritt ihre Reparationsentnahmen drastisch hätte zurückschrauben müssen. Es war eine der folgenschwersten Fehlentscheidungen der russischen Politik. Die Sowjetunion selbst schlug die Tür zu, durch die sie Zutritt zu Gesamtdeutschland hätte haben können. Alle späteren Versuche, sie wieder zu öffnen, sind gescheitert.

Am 5. September 1946 unterzeichneten die beiden westlichen Militärgouverneure das Gründungsabkommen der »Bizone«. Damit fiel die erste Zonengrenze in Deutschland. Zwischen Hamburg und München sollte über ein Jahr nach Kriegsende wieder nach einheitlichen Grundsätzen regiert werden. Ein Anfang war gemacht – der Anfang der deutschen Teilung und der Anfang für den Aufstieg der westlichen Hälfte.

Die erste Etappe der Bizone war bescheiden. Es wurden fünf technische deutsche »Verwaltungsämter« geschaffen (Ernährung, Verkehr, Wirtschaft, Post, Finanzen), die nur geringe Kompetenzen hatten und von britisch-amerikanischen Parallel-Ausschüssen streng überwacht wurden. Um den Anschein einer »Regierung« zu vermeiden, wurden die Ämter auf fünf verschiedene Orte in den beiden Zonen verteilt. Der Außenhandel war den Deutschen noch entzogen und wurde über eine alliierte Agentur abgewickelt. Aber der entscheidende Satz des Abkommens lautete: »Das Ziel der beiden Regierungen ist es, die wirtschaftliche Selbständigkeit des Gebietes bis Ende 1949 zu erreichen.«

Dies war das Signal an die Deutschen, das Montgomery gemeint hatte. Amerikas Außenminister Byrnes kam selbst nach Deutschland, um der Halb-Nation der Bizone den Kurswechsel klarzumachen. Am Tag nach Unterzeichnung des Bizonen-Abkommens hielt er im Stuttgarter Staatstheater den Ministerpräsidenten der amerikanischen Zone und ausgewählten deutschen Parlamentariern inmitten eines alliierten Auditoriums die erste »Kopfhoch«-Rede seit Kriegsende. Clay: »Ich nahm direkt hinter den Reihen der Deutschen Platz, damit ich ihre Reaktion beobachten konnte.«

Der Stuttgarter Ministerpräsident Reinhold Maier, ein Hausherr ohne Hausherrenrecht, hatte Lampenfieber: »Man kleidete sich so dunkel, als die keineswegs vollständige Garderobe es erlaubte, und setzte einen in der Zwischenzeit von der Evakuierung zurückgekehrten Homburg auf. In einem Meer von Uniformierten war man nicht gerade ›unter Larven die einzige fühlende (deutsche) Brust‹, aber doch absolut vereinsamt zu einer Stunde, in der es um uns Deutsche und um Deutschland ging.«

Byrnes las den Deutschen noch einmal die Leviten. Aber dann machte er ihnen Mut. Er sagte, die USA seien gegen die Abtretung der Ruhr und des Rheinlands, gegen Reparationen aus der laufenden Produktion, für »die baldige Bildung einer vorläufigen deutschen Regierung«, für den »Entwurf einer Bundesverfassung«, für wirtschaftliche Erholung. »Das amerikanische Volk wünscht, dem deutschen Volk die Regierung Deutschlands zurückzugeben. Das amerikanische Volk will dem deutschen Volk helfen, seinen Weg zurückzufinden zu einem ehrenvollen Platz unter den freien und friedliebenden Nationen.«

Die Rede war wie ein warmer Regen auf die verdorrten Gemüter der Deutschen. Der zweitmächtigste Mann war aus Washington gekommen und hatte wie ein Vater zu ihnen gesprochen. Clay: »Nach der Rede hatte Dr. Karl Geiler, der Ministerpräsident von Hessen, Tränen in den Augen, als er seinen Dank aussprach.«

Die Rede wurde über alle Rundfunksender verbreitet. Sie legte das Fundament der deutsch-amerikanischen Allianz, auch wenn die Deutschen noch für viele Jahre im Stande der Unterworfenen bleiben sollten. Die Vereinigten Staaten boten der Doppelzone die Chance, auszusteigen aus dem gesamtdeutschen Schicksal der Misere. Da mochte niemand zurückbleiben. Der bayerische Wirtschaftsminister Ludwig Erhard schrieb nach dem Tag von Stuttgart in der »Neuen Zeitung«: »Seit dem Zusammenbruch wurde keine Tat so befreiend empfunden wie der durch die Rede des amerikanischen Außenministers proklamierte Wille, dem deutschen Volk die Möglichkeit zu eröffnen, sein eigenes Schicksal zu gestalten.«

Im Norden notierte Bremens Bürgermeister Kaisen weniger pathetisch, aber ehrlicher: »Die Gegensätze unter den Alliierten hatten auch für uns ihre positiven Seiten. Sie hoben uns wieder hoch und ließen uns vergessen, zu klagen und zu jammern oder uns über die moralische Verworfenheit aufzuregen, die aus den Plänen der Siegermächte sprach.«

6. IST DIE EINHEIT ZEHN MILLIARDEN DOLLAR WERT?

Im Sommer 1945 verfaßte der stellvertretende amerikanische Botschafter in Moskau einige Privatnotizen zur politischen Lage. Er schrieb: »Die Idee, Deutschland gemeinsam mit den Russen regieren zu wollen, ist ein Wahn. Ein ebensolcher Wahn ist es zu glauben, die Russen und wir könnten uns eines schönen Tages höflich zurückziehen und aus dem Vakuum werde ein gesundes und friedliches, stabiles und freundliches Deutschland steigen. Wir haben keine andere Wahl, als unseren Teil von Deutschland zu einer Form von Unabhängigkeit zu führen, die so überlegen ist, daß der Osten sie nicht gefährden kann . . . Zugegeben, daß das Zerstückelung bedeutet. Besser ein zerstückeltes Deutschland, von dem wenigstens der westliche Teil als Prellbock für die Kräfte des Totalitarismus wirkt, als ein geeintes Deutschland, das diese Kräfte wieder bis an die Nordsee vorläßt.«

Der Verfasser hieß George F. Kennan. Was er damals in Moskau zu Papier brachte, war der Kern der »Containment«-Theorie, der These von der »Eindämmung« der russischen Expansion. Anderthalb Jahre später wurde Kennan Chef der Planungsabteilung im State Department und seine Theorie die Leitlinie amerikanischer Außenpolitik.

George Kennan war einer der brillantesten Köpfe, die je im State Department saßen. Er kannte Deutschland so gut wie die Sowjetunion. Er verstand Russisch und sprach Deutsch wie seine Muttersprache. Er haßte weder das eine noch das andere Land, vermutlich liebte er Deutschland sogar. Er war überzeugt, Rußland besser zu verstehen als irgend jemand in Washington, aber er meinte resignierend, daß ein amerikanischer Rußland-Kenner nichts anderes erwarten könne »als das einsame Vergnügen dessen, der endlich einen kalten und ungemütlichen Berggipfel erklommen hat, auf dem wenige vor ihm gestanden haben, auf den ihm wenige folgen können und von dem wenige glauben werden, daß er oben gewesen sei«.

Von der Höhe seines Berggipfels aus unterschied Kennan zwischen der Sowjetunion und dem »Weltkommunismus«. Die Sowjetunion, sagte er, sei »nicht auf Abenteuer aus. Sie geht keine unnötigen Risiken ein. Der Logik der Vernunft unzugänglich, ist sie der Logik der Macht in hohem Maße zugänglich. Daher kann sie sich ohne weiteres zurückziehen, wenn sie irgendwo auf Widerstand stößt.«

Der »Weltkommunismus« dagegen sei »wie ein bösartiger Parasit, der sich nur von erkranktem Gewebe nährt«. Der Kampf müsse also an der inneren wie an der äußeren Front geführt werden. »Jede mutige Maßnahme zur Lösung der inneren Probleme unserer eigenen Gesellschaft ist ein diplomatischer Sieg über Moskau.«

Von der Zusammenarbeit mit Moskau hielt Kennan gar nichts: »Die Russen haben es in ihrer ganzen Geschichte mit feindseligen Nachbarn zu tun gehabt. Sie können sich deshalb freundschaftliche Beziehungen zwischen den Staaten nicht vorstellen. Für sie sind alle Fremden Feinde.« Konsequenterweise befürwortete Kennan »die sofortige und klare Anerkennung der Aufteilung Europas in Einflußsphären und eine darauf aufbauende Politik«.

Kennans Stunde kam, als Präsident Truman seinen laschen Außenminister Byrnes gegen einen Soldaten austauschte: Anfang 1947 übernahm General George Marshall, Ex-Stabschef der US-Armee, das State Department. Kennan lehrte damals an der Kriegsakademie. Seine Theorien entsprachen dem militärischen Frontdenken Marshalls. Der General berief den Professor und Ex-Diplomaten zum Chefplaner des State Department. Damit erhielt Amerikas Außenpolitik jene globale Dynamik, die zwanzig Jahre später mit dem Vietnam-Krieg ihren Scheitelpunkt erreichte.

Die Ära Marshall-Kennan begann mit einem Paukenschlag. Es kriselte gerade im östlichen Mittelmeer. In Griechenland war der Bürgerkrieg wieder aufgeflammt, und England beschloß, seine Truppen aus dem Land endgültig abzuziehen. Außerdem forderte die Sowjetunion von der Türkei die Kontrolle über die Dardanellen. In dieser Situation verkündete der Präsident die sogenannte »Truman-Doktrin«. Er versprach nicht nur den Regierungen Griechenlands und der Türkei amerikanische Waffenhilfe, er gab das Signal zum weltweiten Engagement Amerikas: »Es muß der außenpolitische Grundsatz der Vereinigten Staaten werden, *allen* Völkern, deren Freiheit von militanten Minderheiten oder durch einen von außen ausgeübten Druck bedroht wird, unseren Beistand zu leihen.«

Das war die Kampfansage an die Sowjetunion und alle kommunistischen Parteien, der Beginn der Kennanschen Doppelstrategie, der Startschuß für den kalten Krieg. Als erste Maßnahme beorderte Truman ein Flottengeschwader ins östliche Mittelmeer.

Der Startschuß fiel zu einem diplomatisch delikaten Zeitpunkt: Zwei Tage vor Trumans Kongreß-Rede vom 12. März 1947 hatte sich in Moskau der Rat der Außenminister zu seiner entscheidenden Konferenz über Deutschland versammelt. Fast zwei Jahre waren seit Kriegsende vergangen, und noch immer war die brennendste Frage der Weltpolitik ungelöst. Alle Beteiligten wußten, daß sie sich auf dieser Konferenz wenigstens in den Grundsätzen einigen mußten oder für immer scheitern würden.

Die Sowjets sahen sich zum erstenmal einer völlig veränderten amerikanischen Haltung gegenüber. Erst vier Jahre war es her, daß Cordell Hull als erster amerikanischer Außenminister nach Moskau gekommen war und jenen Deutschlandplan auf den Tisch gelegt hatte, der Stalin so begeistert hatte und letztlich die Grundlage des Potsdamer Abkommens bildete. Ein ganzes Zeitalter schien dazwischen zu liegen. Aus den großzügigen Verbündeten waren harte Gegner geworden. Auch das Personal hatte gewechselt. Nicht nur Amerikas Außenminister war Soldat, sondern auch sein Botschafter in Moskau: General Bedell Smith, einst Eisenhowers Stabschef und Unterzeichner der Kapitulationsurkunde von Reims.

Die Amerikaner kamen in der festen Absicht nach Moskau, den Russen nicht mehr die geringste Konzession zu machen. Diese Haltung schloß von vornherein jeden Kompromiß aus. Die Würfel waren im Grunde schon gefallen, bevor die Konferenz begann. »Wir waren darauf vorbereitet«, schreibt Bedell Smith, »eher die zeitweilige Trennung der Ostzone von den Westzonen zu akzeptieren als einer hohlen Vereinigung zuzustimmen, die es den Sowjets nur erleichtert hätte, ihre Ziele in ganz Deutschland zu erreichen.«

Die Beratungen dauerten anderthalb Monate. Es war die längste Außenministerkonferenz, die je stattfand. Die Sowjets holten nach, was sie jahrelang versäumt hatten: Sie legten einen detaillierten Deutschlandplan auf den Tisch. Molotow schlug die »sofortige« Wiederherstellung der wirtschaftlichen Einheit Deutschlands, einen Stufenplan zur Errichtung einer deutschen Regierung und einen Verfassungsentwurf für Deutschland vor.

Der Stufenplan bestand aus folgenden Etappen: sofortige Errichtung deutscher Zentralverwaltungen, Bildung eines deutschen Konsultativ-Ausschusses, Ausarbeitung der Verfassung, Wahlen, Bildung der deutschen Regierung. Der Verfassungsentwurf lehnte sich an die Weimarer Verfassung an, räumte aber den Ländern größere Rechte ein.

Das ganze Konzept kam den westlichen Vorstellungen weit entgegen und deckte sich in den Hauptpunkten mit dem Plan, den der britische Außenminister Ernest Bevin auf der gleichen Konferenz vorlegte und den Molotow als »annehmbar« bezeichnete. Eine Einigung schien in greifbare Nähe zu rücken, zumal Russen wie Angelsachsen nach wie vor gemeinsam Front gegen Frankreichs Rhein-Ruhr-Pläne machten, die Außenminister Bidault mit monotoner Hartnäckigkeit vertrat.

Die Einigung scheiterte jedoch an jenen zwei Bedingungen, auf die Moskau nicht verzichten wollte: Viermächte-Kontrolle des Ruhrgebietes und zehn Milliarden Dollar Reparationen, lieferbar in zwanzig Jahren aus der laufenden Produktion, soweit sie nicht durch Demontagen abgegolten waren. Ohne Anerkennung der Reparationsforderung wollte Molotow der Wirtschaftseinheit nicht zustimmen: »Das Wichtigste für uns ist, bei der Beschlußfassung über die Wirtschaftseinheit Deutschlands auch die Reparationsfrage zu entscheiden.«

Da die Wirtschaftseinheit aber von allen Beteiligten als Voraussetzung für die Wiederherstellung eines deutschen

Staates betrachtet wurde, reduzierte sich die ganze Debatte auf die Frage, ob die Einheit Deutschlands zehn Milliarden Dollar wert war.

Über die Berechtigung der sowjetischen Forderung gab es keinen Streit. Mochten Molotows Angaben über die sowjetischen Kriegsschäden (128 Milliarden Dollar) auch übertrieben sein, so bezweifelte niemand ernstlich, daß zehn Milliarden Dollar die Verwüstungen kaum wiedergutmachen konnten.

Der Streit ging darum, ob die Summe für die deutsche Wirtschaft tragbar sei. Molotow hatte dazu zwei Argumente: Erstens hätte Deutschland im Kriege jährlich 120 Milliarden an Rüstungsproduktion aufgebracht, und zweitens sei Moskau bereit, das soeben erst verabschiedete Industrieniveau für Deutschland zu erhöhen, darunter die Stahlquote auf das Doppelte.

Fraglos hätte Deutschland die zehn Milliarden in zwanzig Jahren abarbeiten können, denn die DDR mußte es schließlich in kürzerer Zeit allein tun. Aber die Westmächte ließen sich auf gar keine Diskussion mehr ein. Marshall erklärte auf alle Argumente: »Im Potsdamer Abkommen war die Entnahme von Reparationsleistungen aus der laufenden Produktion nicht vorgesehen. Die Vereinigten Staaten lehnen eine solche Bedingung kategorisch ab.« Als Molotow erwiderte, in Jalta hätten dies die USA aber zugestanden, antwortete der General: »Wir werden Herrn Molotow auf seinem Rückzug von Potsdam nach Jalta nicht folgen.«

Es ging den Westmächten in Moskau gar nicht mehr um die Sache, die zur Diskussion stand. Es ging ihnen darum, die westdeutsche Industrie möglichst rasch in Schwung zu bringen – nicht aus Liebe zu den Deutschen, sondern aus der Einsicht, daß sie für die wirtschaftliche Erholung ganz Westeuropas lebensnotwendig war. »Wenn wir dort zu lange mit der Schaffung angemessener Lebensbedingungen warten«, sagte Kennan, »würden wir nur den westlichen kommunistischen Parteien in die Hände arbeiten.«

Das neue Dogma des »Containment« schloß die beiden sowjetischen Grundforderungen aus: Westdeutsche Reparationslieferungen in östliche Richtung würden das westliche Wirtschaftspotential schwächen, und sowjetische Kontrolleure an der Ruhr würden den russischen Einfluß im Westen vergrößern. Amerikaner und Briten waren nicht bereit, diesen Preis für die deutsche Einheit zu bezahlen, die ihnen ohnehin schon riskant genug erschien.

Als die Moskauer Konferenz nach 45 Tagen auseinanderging, glaubte Stalin immer noch an eine künftige Einigung. Beim Abschiedsempfang sagte er zu General Marshall, die Konferenz sei sicher nur ein »Vorgeplänkel der Aufklärungskräfte« gewesen, er glaube, daß »in allen grundlegenden Fragen ein Kompromiß möglich« sei, man müsse nur Geduld haben.

Stalin täuschte sich, wie schon so oft in seiner Außenpolitik. Er hatte die Schlacht um Deutschland verloren. Es gab keinen Kompromiß mehr. Zu spät merkte er, daß die Sowjetunion unwiderruflich zurückgedrängt war auf ihre Besatzungszone, die jetzt jener ausgemolkenen Kuh glich, vor der Amerikas Reparations-Unterhändler Pauley gewarnt hatte. Die Westmächte waren an dieser Zone nicht mehr interessiert, jedenfalls nicht um den Preis von zehn Milliarden Dollar. Die Westmächte wollten ein gesundes, starkes Westdeutschland, ohne Russen und möglichst ohne Kommunisten. Sie wollten ein Bollwerk gegen den Osten.

Das Ende der Moskauer Konferenz war der Beginn des kalten Krieges. Stalin, der seine Partner jahrelang vor vollendete Tatsachen gestellt hatte, wurde jetzt durch die Westmächte mit der gleichen Methode konfrontiert. Seine plumpe Unterdrückungspolitik in Osteuropa führte die Sowjetunion in die Isolierung zurück, aus der Roosevelt sie befreit hatte. Mit dem Zusammenbruch der Allianz ließ Washington jede Rücksichtnahme auf den Verbündeten von gestern fallen. Von nun an gewann die amerikanische Außenpolitik eine Zielstrebigkeit und ein Tempo, dem die Sowjetunion nichts entgegenzusetzen hatte. Für die nächsten zehn Jahre bestimmte Washington den Gang der Dinge.

Der erste Schritt war der Marshall-Plan. Sechs Wochen nach der Moskauer Konferenz boten die Vereinigten Staaten allen europäischen Staaten Dollar-Hilfe zum Aufbau ihrer darniederliegenden Wirtschaft an. Die Sowjetunion und ihre »Satelliten«, wie die kommunistischen Länder nun in der Sprache des kalten Krieges hießen, lehnten erwartungsgemäß ab. Übrig blieben 16 europäische Staaten sowie ein Territorium, das in keine völkerrechtliche Kategorie einzuordnen war: die vereinigte britisch-amerikanische Besatzungszone Deutschlands. Statt zu Reparationen verurteilt zu werden wie ihre Landsleute in der Ostzone, wurden die Westdeutschen aufgenommen in den Klub der Wohlfahrtsempfänger.

Das amerikanische Hilfsprogramm war ebenso einfach wie wirkungsvoll. Es sah vor, innerhalb von zwei Jahren die europäische Vorkriegsproduktion mindestens zu erreichen, in bestimmten Branchen jedoch erheblich zu übertreffen. Oberster Grundsatz war die Selbsthilfe der Europäer. Die Dollarspritzen wurden nur gezielt und nach sorgfältiger Prüfung vergeben. Kennan, der das Prinzip entworfen hatte, beschrieb es so: »Wir fordern die Leute eben auf, einen Plan für den Wiederaufbau ihres Landes zu entwerfen und ihn uns vorzulegen, und dann werden wir ja sehen, ob wir ihn unterstützen können oder nicht.«

Nach diesem außerordentlich effizienten System pumpten die USA in vier Jahren 12,4 Milliarden Dollar in die kollabierende europäische Wirtschaft. Das reichte aus, um Westeuropa wieder auf die Beine zu bringen und ihm soviel Schub zu verleihen, daß es die nächste Etappe zum »Wirtschaftswunder« aus eigener Kraft schaffte. Der politische Preis für diesen Erfolg war hoch: Die Grenze zwischen den Interessensphären wurde zu einem unüberbrückbaren Graben.

Die Bildung des westlichen Wirtschaftsblocks und die Übernahme der politischen Führungsrolle durch die USA veranlaßte Stalin seinerseits zur Wiedererrichtung einer Kommandozentrale für alle kommunistischen Parteien. Im Herbst 1947 wurde das »Kominform« in Moskau gegründet. Auf seiner ersten Tagung formulierte Andrej Schdanow, der zweitmächtigste Mann der Sowjetunion, die These von der »Teilung der Weltarena in zwei Hauptlager: das imperialistische und antidemokratische Lager einerseits und das antiimperialistische und demokratische Lager andererseits«. Dem »imperialistischen Lager« unterstellte Schdanow die »Vorbereitung eines neuen imperialistischen Krieges« und die Unterstützung »seiner militärischen Gegner von gestern gegen seine militärischen Verbündeten«.

In den Augen des Kreml mochte die Bedrohung durchaus real sein, denn die Sowjetunion war vom Kriege ebenso ruiniert wie Mitteleuropa, während die Vereinigten Staaten über ein Wirtschaftspotential bisher nicht gekannter Stärke verfügten. Die Teilung Deutschlands konnte dieses Ungleichgewicht nur verstärken: Die Westmächte entzogen das westdeutsche Wirtschaftspotential sowjetischen Reparationsansprüchen und integrierten es statt dessen in das Wiederaufbauprogramm des Marshall-Plans. »Das ist der Grund«, sagte Schdanow, »weshalb die Deutschlandfrage und insbesondere das Problem des Ruhrgebietes als potentielle rüstungsindustrielle Basis eines der UdSSR feindlichen Blocks die wichtigste Frage der internationalen Politik ist.«

So wurde das Land, das eben erst aus der Hypnose des Faschismus und aus dem Schock des Zusammenbruchs erwachte, zur Hauptarena des kalten Krieges. Noch gab es den Alliierten Kontrollrat in Berlin. Noch trafen sich Marschall Sokolowski und General Clay alle zehn Tage. Aber sie hatten sich nicht mehr viel zu sagen. »Im Laufe des Jahres 1947«, schreibt Clay, »wurden unsere freundschaftlichen Beziehungen immer schwächer, und die gesellschaftlichen Zusammenkünfte hörten nach und nach auf.« Es war nur eine Frage der Zeit, wie lange die Viermächte-Klammer noch halten würde.

Der kalte Krieg griff rasch von den Besatzern auf die Besetzten über. Obwohl ein Kontrollratsbeschluß den Deutschen jede Kritik an den Alliierten verbot, beteiligte sich die deutsche Publizistik längst an der Kampagne der jeweiligen Besatzungsmacht gegen die andere Seite. Schließlich gab General Clay offiziell »Feuer frei« zur propagandistischen Großoffensive: »Am 25. Oktober (1947) bevollmächtigte ich Oberst Textor (Chef der Informationsabteilung), den Kommunismus in jeder Form, wo immer er vorkam, anzugreifen und jedes verbürgte Beispiel seines täglichen Wirkens festzunageln.«

Eilig besetzten die Deutschen die angebotenen Schützengräben. Unverhofft bot sich ihnen die Chance, aus Verfemten zu Verbündeten zu werden. Alle, die schon 1945 den verlorenen Krieg gegen die Russen an der Seite der Westmächte fortsetzen wollten, witterten nun Morgenluft. Auf der anderen Seite gaben die Kommunisten ihre Zurückhaltung im gleichen Maße auf, wie ihre Hoffnung auf Wiederherstellung des gesamtdeutschen Staates schwand. Zwischen den Fronten stand ein verlorener Haufe, der vergeblich versuchte, die deutsche Einheit trotz der Fehde der Siegermächte zu retten.

7. DER WESTEN BRICHT DIE BRÜCKEN AB

Wenn es eine letzte Chance innerdeutscher Verständigung vor der staatlichen Teilung gab, dann wurde sie im Juli 1947 in München verspielt. Damals fand die erste und einzige Konferenz aller deutschen Länderchefs statt. Sie scheiterte wie die vorangegangene Konferenz der Besatzungsmächte. Doch im Unterschied zu den Besatzungsmächten kam es nicht einmal zu einem Dialog zwischen den Deutschen. Sie waren schon päpstlicher als ihre Päpste.

Die Initiative zu dem Treffen ging von Bayerns Ministerpräsident Hans Ehard am zweiten Jahrestag der Kapitulation aus. Er lud seine Kollegen aus allen vier Zonen nach München ein, »um ein weiteres Abgleiten des deutschen Volkes in ein rettungsloses wirtschaftliches und politisches Chaos zu verhindern«. Die Konferenz begann am 5. Juni, sechs Wochen nach der Moskauer Außenministertagung, zufällig am gleichen Tag, an dem General Marshall sein Wiederaufbauprogramm für Europa verkündete.

Es hatte schon zuvor zwei Konferenzen zwischen den Regierungschefs der britischen und amerikanischen Zone in Bremen gegeben. An der letzten nahm der Ministerpräsident von Thüringen, Dr. Rudolf Paul, als Beobachter teil. Es wurde ein unverbindliches Programm beschlossen, das einen »Deutschen Volksrat« als Vertretung aller Parlamente und einen gesamtdeutschen Länderrat als Vertretung der Regierungen vorsah.

Zur Münchner Konferenz kamen erstmals die Vertreter der französischen Zone und alle fünf Regierungschefs der Sowjetzone. Den Magistrat von Groß-Berlin, der keiner Landesverwaltung unterstand, hatten die Bayern zunächst vergessen und erst nach einer Beschwerde der Berliner eingeladen. So waren zum erstenmal seit Kriegsende die obersten deutschen Instanzen versammelt, insgesamt 17 Ministerpräsidenten und Bürgermeister von Stadt-Staaten (nur die Saar-Regierung hatte kühl abgesagt). Es war ein sensationelles Ereignis, über 200 Reporter aus aller Welt kamen nach München. Aber das gesamtdeutsche Gespräch fand nicht statt. Die Konferenz platzte schon am Vorabend ihrer offiziellen Eröffnung.

Fast alle westlichen Konferenzteilnehmer behaupteten später, die Ostzonen-Vertreter hätten das Treffen vorsätzlich scheitern lassen. Wenn dem so war, so haben es ihnen die Vertreter der Westzonen sehr leicht gemacht: Sie weigerten sich, die Leute von »drüben« anzuhören.

Die SED trommelte wie ihre Besatzungsmacht eifrig für die deutsche Einheit. Schon im September 1946, kurz nach ihrer Gründung, hatte sie einen Verfassungsentwurf vorgelegt, der mit den Worten begann: »Deutschland ist eine unteilbare demokratische Republik. Das Gebiet der Republik besteht aus den Gebieten der deutschen Länder. Es gibt nur eine Staatsangehörigkeit der deutschen Republik.«

Zum Auftakt der Moskauer Konferenz beschuldigte die SED die Westdeutschen, »eine Regierung für die amerikanische und englische Besatzungszone vorzubereiten, um damit die Zerreißung Deutschlands endgültig zu besiegeln«. Sie erklärte – zweifellos in Abstimmung mit der Besatzungsmacht –, »ohne politische Einheit gibt es keine wirtschaftliche Einheit«, und forderte einen »Volksentscheid über die Bildung des Einheitsstaates mit demokratischer Selbstverwaltung der Länder und Gemeinden«.

Im Westen hatte bis dahin keine Partei konkrete Vorschläge zur Wiederherstellung des deutschen Staates unterbreitet. Der bayerische Ministerpräsident deutete jedoch in seiner Einladung an die Regierungschefs die Möglichkeit politischer Gespräche auf der Münchner Konferenz an: Die Tagung solle »den Weg für eine Zusammenarbeit aller Teile Deutschlands im Sinne wirtschaftlicher Einheit und künftiger politischer Zusammenfassung ebnen«.

Als die Konferenz zusammentrat, hatte sich die Lage jedoch geändert. Die französische Militärregierung verbot »ihren« Regierungschefs rundweg jedes politische Gespräch, und auch die Briten und Amerikaner »empfahlen« den Ministerpräsidenten ihrer Zonen, sich auf die wirtschaftliche Notlage zu beschränken. Ebenso hatte Kurt Schumacher die sozialdemokratischen Vertreter auf einer Vorkonferenz in Frankfurt verpflichtet, sich auf keine Diskussion mit den Leuten der Ostzone einzulassen. So beschränkte Gastgeber Ehard die Tagesordnung auf wirtschaftliche Fragen. Die Ministerpräsidenten der Ostzone verlangten dagegen, die »Bildung einer deutschen zentralen Verwaltung« als ersten Punkt auf die Tagesordnung zu setzen.

Vier von den fünf Ostzonen-Vertretern waren keine Kommunisten: Dr. Karl Steinhoff (Brandenburg) und Dr. Wilhelm Höcker (Mecklenburg) waren vor Gründung der SED Sozialdemokraten, Dr. Rudolf Paul (Thüringen), Sprecher der Delegation, war parteilos, Dr. Erhard Hübener (Sachsen-Anhalt) Liberal-Demokrat. Nur der Stellvertreter des erkrankten sächsischen Regierungschefs, Dr. Kurt Fischer, war alter KPD-Mann. Der thüringische Ministerpräsident sagte bei der Begrüßung im »Bayerischen Hof«, er freue sich, daß er am Morgen von Deutschland abgereist und jetzt in Deutschland eingetroffen sei. Es war die gleiche Formel, mit der später westdeutsche Besucher in der DDR ihre Ansprachen begannen.

Jedermann wußte, daß die Leute von »drüben« Anweisungen der Sowjetischen Militäradministration folgten. Es wäre für die Westdeutschen ein leichtes gewesen, dem Tagesordnungsantrag der Ostzone stattzugeben, zumal sie ja schon in Bremen die gesamtdeutsche Frage behandelt hatten. Aber nur drei Männer aus den Westzonen waren so frei, sich eine eigene Meinung zu erlauben: Bremens Bürgermeister Wilhelm Kaisen (SPD), Württembergs Ministerpräsident Reinhold Maier (FDP) und Berlins stellvertretender Oberbürgermeister Ferdinand Friedensburg (CDU) – eine kleine gesamtdeutsche Allparteien-Koalition, die freilich der Mehrheit in ihren eigenen Parteien hoffnungslos unterlegen war. Maier: »Ich hatte schon in der Vorkonferenz empfohlen, auf jeden Fall, gleichviel mit welcher Tagesordnung, die Hauptkonferenz zu ermöglichen, ein Vorschlag, der mir übelgenommen worden war.«

Thüringens Regierungschef Paul beklagte sich später bei Friedensburg, Ministerpräsident Ehard habe die Aussprache über den Antrag der Ostzone »wie ein Gerichtsvorsitzender« geführt. Tatsächlich erinnerte das Votum der Westzonen-Vertreter an den Spruch eines Schwurgerichts. Einer nach dem anderen sprach sein »Nein« gegen die Behandlung der gesamtdeutschen Frage. Es mußte in den Ohren der fünf Männer aus der Sowjetzone wie ein Schuldspruch klingen – sie waren mit dem Makel behaftet, mit Russen und Kommunisten zusammenzuarbeiten oder gar selbst »Rote« zu sein.

Den nüchternsten Bericht über die Ansprache gibt Bayerns stellvertretender Ministerpräsident Wilhelm Hoegner (SPD), selbst engagierter Verfechter eines föderativen Staates: »Dr. Ehard erklärte, die Tagung dürfe nicht in eine politische Demonstration ausarten. Lüdemann (Schleswig-Holstein) äußerte, das Zustandekommen dieser Konferenz sei bereits ein Bekenntnis zur deutschen Einheit. Für Rheinland-Pfalz erklärte Dr. Boden, die Vertreter aus der französischen Besatzungszone hätten nur die Erlaubnis, wirtschaftliche Fragen zu erörtern. Brauer (Hamburg) meinte, wenn jeder Redner zur deutschen Einheit rede, werde sie zerredet. Leo Wohleb (Baden) erklärte, über den Begriff der deutschen Einheit müsse man sich erst einigen.«

Verzweifelt bemühte sich der liberale Rudolf Paul aus

Weimar, seinen westdeutschen Kollegen eine Brücke zu bauen. Hoegner: »Dr. Paul drängte, man wolle doch nur eine Empfehlung, daß die Parteien sich zwecks Bildung einer zentralen Verwaltung zusammensetzen sollten. Über die äußere Form der deutschen Einheit, Staatenbund oder Bundesstaat nach der Weimarer Verfassung, brauche man sich nicht zu äußern.«

Er redete gegen eine Wand. Das Nein der Westdeutschen zwang die Vertreter der Sowjetischen Besatzungszone, ihre für diesen Fall vorgesehene Haltung einzunehmen, nämlich die Konferenz zu verlassen. Es war inzwischen spät nach Mitternacht.

Am nächsten Morgen bemühte sich Friedensburg, die Ostdeutschen wieder an den Verhandlungstisch zu bringen. Er ging zu ihnen ins Hotel. »Ich traf Ministerpräsident Dr. Paul in seinem Zimmer, auf dem Bettrand sitzend und offensichtlich sehr niedergeschlagen.« Der Mann aus Weimar war bestürzt, daß selbst Kaisens Vermittlungsvorschlag abgelehnt worden war, wenigstens einen Vertreter aus jeder Zone nach Belieben reden zu lassen. Eine Rückkehr der Ostzonen-Vertreter sei nur möglich, wenn die Konferenzmehrheit »irgendein Entgegenkommen« zeige.

Friedensburg eilte zurück in die Bayerische Staatskanzlei, wo die Rumpfkonferenz inzwischen unter dem Scheinwerferlicht der Wochenschauen in vollem Gange war. Nur mit Mühe gelang es ihm, Ehard zur Unterbrechung der Reden zu bewegen, um über eine Rückkehr der Kollegen aus der Sowjetzone zu beraten. Friedensburg: »Es entspann sich eine Aussprache, wobei sich die ablehnende Haltung zusehends verschärfte.« Hamburgs Bürgermeister Max Brauer (SPD) erklärte, Ehard dürfe die geplante Rede von Dr. Paul nicht dulden, sondern müsse sie unterbrechen, »selbst wenn sie als Diskussionsrede stattfinde«. Der rheinland-pfälzische Regierungschef Boden sagte, es sei schon ein Entgegenkommen, wenn man dem ostdeutschen Verhandlungspartner überhaupt die Rückkehr zur Konferenz gestatte.

Die Regierungschefs der Sowjetzone reisten am gleichen Tage zurück. Was die Nicht-Kommunisten unter ihnen erhofft hatten, erfüllte sich nicht: »der Wunsch, den sie umklammernden eisernen Druck der östlichen Besatzungsmacht durch Eingliederung in einen deutschen Gesamtstaat zu lockern, vielleicht sogar ihn loszuwerden« (Friedensburg).

Zwanzig Jahre später wäre jede westdeutsche Bundesregierung glücklich gewesen, mit einer ostdeutschen Delegation in München über die Wiedervereinigung zu sprechen. 1947 war die Mehrheit froh über den Bruch. Ministerpräsident Maier: »Nicht wenige aus dem Kreis der westdeutschen Delegationen atmeten auf. ›Gottlob‹, so hörte man, ›daß wir die Kommunisten los sind.‹ In diesem Sinn wurde auch von Münchner Kreisen, die gar nicht zur Konferenz gehörten, Stimmung gemacht.«

Es dauerte genau 23 Jahre, bis sich wieder zwei deutsche Regierungschefs aus Ost und West an einen Tisch setzten. Von einer gesamtdeutschen Regierung und einem gesamtdeutschen Staat war dann allerdings nicht mehr die Rede.

8. VERRATEN UND VERKAUFT

Das Scheitern der Münchner Konferenz machte den Weg frei zur Gleichschaltung der bürgerlichen Parteien in der Ostzone. Sie hatten sich bis dahin im Gegensatz zur SPD einen relativ großen Spielraum bewahren können, denn die Sowjets sahen insbesondere die CDU als Brücke zum »bürgerlichen Lager« in Westdeutschland an. Zwar hatte die russische Militärregierung den ersten CDU-Vorsitzenden Andreas Hermes schon im Dezember 1945 abgesetzt, weil er sich weigerte, die Bodenreform zu unterstützen (damals handelte es sich um die Enteignung des Großgrundbesitzes über 400 Morgen), doch Anlaß und Form der »Entlassung« unterschieden sich nicht von der Amtsenthebung des bayerischen Ministerpräsidenten Schäffer durch die amerikanische Militärregierung.

Die neuen CDU-Vorsitzenden Jakob Kaiser und Ernst Lemmer genossen den persönlichen Respekt Marschall Sokolowskis und seines einflußreichen Polit-Leiters Oberst

Tulpanow. Doch die Bürgerlichen waren zum gleichen Zweifrontenkrieg verurteilt wie zuvor die Sozialdemokraten der Ostzone: Sie mußten sich nach innen gegen die SED wehren und nach außen um das Verständnis ihrer westlichen Parteifreunde kämpfen. Und wie die Sozialdemokraten wurden sie zuerst vom Westen im Stich gelassen und dann von den Sowjets entmündigt.

Bei den Landtagswahlen im Oktober 1946, den letzten Wahlen mit getrennten Listen und geheimer Abstimmung, hatten die beiden bürgerlichen Parteien trotz vielfacher Wahlbehinderung beachtliche Erfolge erzielt. Insgesamt waren CDU und LDPD mit 48,7 Prozent stärker als die SED, die im Zonendurchschnitt nur auf 47,5 Prozent kam. In Groß-Berlin erlebte sie mit knapp 20 Prozent eine demütigende Niederlage. Dort wurde ihr Todfeind, die SPD, sogar im sowjetischen Sektor stärkste Partei.

Die Wahlen zeigten den Russen, daß es »ihrer« Partei trotz massiver Unterstützung durch die Militärregierung nicht gelungen war, das Vertrauen der Massen zu gewinnen. Doch die Besatzungsmacht ließ die Dinge vorerst in der Schwebe. Noch hoffte sie, mit den Westmächten zu einer gesamtdeutschen Regelung zu kommen. Die CDU-Führer wußten, daß in dieser russischen Hoffnung die einzige Überlebenschance für ihre Partei lag. Jakob Kaiser und Ernst Lemmer bemühten sich vergeblich, den Westdeutschen klarzumachen, was Marschall Sokolowski ihnen gegenüber so ausdrückte: »Es gibt keine Lösung der deutschen Frage ohne Rußland; es gibt kein Auseinanderbrechen Deutschlands ohne das deutsche Volk.«

Kaiser, der vor 1933 christlicher Gewerkschaftsführer war, ergänzte diese naheliegende Erkenntnis durch sein eigenes Credo: »Deutschland wird nicht dadurch gesund, daß man der marxistischen Gefahr ein liberales System entgegenstellt und dann zwischen beiden eine Mauer errichtet. Östliche und westliche Besatzungsmächte müssen den Weg freigeben zur eigenen Auseinandersetzung im deutschen Volke selbst.«

Sein Unglück war, daß nicht nur die westlichen Besatzungsmächte, sondern auch die Westdeutschen selbst sich der Auseinandersetzung versperrten. Nach zahllosen entmutigenden Kontakten mit westlichen Parteifreunden erlebten die Berliner CDU-Führer ihre tiefste Enttäuschung auf der ersten Gemeinschaftstagung aller CDU-Zonenverbände in Königstein bei Frankfurt im Februar 1947.

Da Parteien im gesamtdeutschen Rahmen nicht erlaubt waren, beschlossen die Christdemokraten die Bildung einer »Arbeitsgemeinschaft« als Dachorganisation. Jede Zone sollte mit mehreren Delegierten in der Spitzenorganisation vertreten sein. Der Konflikt brach über der Frage aus, wo das ständige Sekretariat etabliert werden sollte. Lemmer: »Wir Mitteldeutschen traten selbstverständlich für Berlin ein. Dabei stießen wir jedoch auf unerwartet starken Widerspruch. Besonders Adenauer widersetzte sich unserem Vorschlag ganz entschieden.«

Konrad Adenauer war CDU-Vorsitzender der britischen Zone, ein alter Herr von damals 71 Jahren. Die Amerikaner hatten ihn noch vor Kriegsende in sein früheres Amt als Oberbürgermeister von Köln eingesetzt, die nachfolgenden Engländer setzten ihn wieder ab. Er hielt sich seitdem im Hintergrund und konzentrierte sich auf den Aufbau einer straffen Parteiorganisation. In Königstein kam seine erste große Stunde: Er blockierte den Berlin-Vorschlag seiner Parteikollegen aus der Ostzone mit diffamierenden Argumenten. Lemmer: »In ungeniertem Plauderton erzählte er der Runde, ein Oberbürgermeister im nördlichen Rheinland (Namen dürfe er nicht nennen), habe ihm recht interessante Mitteilungen über Begegnungen Kaisers mit hohen Offizieren der ehemaligen deutschen Wehrmacht, mit Sowjetrussen und anderen Leuten zugetragen – Begegnungen, die doch sehr beunruhigend seien.«

Kaiser war zutiefst in seiner Ehre und seiner Würde verletzt. Er donnerte die westdeutschen Christdemokraten an: »Wer von Ihnen weiß denn etwas von dem Kampf, den Berlin mitten in der russischen Zone führen muß, und von den unendlichen Anstrengungen, die dieser Kampf täglich für Deutschland fordert? Kommen Sie einmal nach Berlin, dann werden Sie sehen, daß die Weltenuhr anders steht, als es in Königstein aussieht.«

Lemmer sekundierte ihm. Kein Deutscher, sagte er, habe sich die Besatzungsmacht nach seinem Geschmack aussuchen können: »Verstehen Sie denn nicht, wie niederreißend für uns jedes Mißtrauen gegen Personen ist, die aus der östlichen Zone stammen? Und wir wissen, daß Mißtrauen am Werk ist, Mißtrauen, Vorwürfe, Anschuldigungen.«

Doch es erging den Berliner CDU-Führern in Königstein nicht anders als Grotewohl ein Jahr zuvor in Hannover. Man ließ die lästigen und zudem verdächtigen Quertreiber links liegen und ging zur Tagesordnung über. Statt Berlin wurde Frankfurt zum Sitz des CDU-Sekretariats bestimmt. Die Gründer der Partei waren fortan Außenseiter. Lemmer: »Das Verhalten unserer westdeutschen Freunde enttäuschte uns sehr. Von Anfang an hatten wir alles versucht, der CDU einen gesamtdeutschen Charakter zu geben. Um so bedrückender wirkte auf uns die Erkenntnis, daß wir allein standen, daß wir isoliert waren, daß der Einfluß Adenauers in einer solchen entscheidenden Frage derart dominierend war.«

Immerhin erklärten sich die westdeutschen CDU-Führer bereit, die Arbeitsgemeinschaft turnusmäßig in jeder Zone tagen zu lassen. Auf der ersten Sitzung in Berlin, im März 1947, ergab sich unerwartete Einigkeit, denn Adenauer hatte wegen Grippe abgesagt. Zur gleichen Zeit hatte in Moskau die Außenministerkonferenz begonnen. Kaiser schlug deshalb die Bildung einer »Nationalen Repräsentation« aus allen deutschen Parteien vor, denn sowohl der britische wie der sowjetische Deutschlandplan enthielten eine ähnliche Idee.

Vorsichtshalber hatte Kaiser zuvor den SED-Vorsitzenden Pieck gefragt, ob er sich eventuell mit Adenauer und Schumacher an einen Tisch setzen würde. Pieck sagte zu: »Wenn es notwendig ist, rede ich auch mit dem Teufel.«

Darauf stimmten auch die Vertreter der West-CDU zu. Nachdem Theodor Heuss für die FDP ebenfalls »ja« gesagt hatte, blieb Schumacher als Schlüsselfigur übrig. An seinem »Nein« scheiterte das Unternehmen.

Schumacher griff wie Adenauer zum Mittel der Diffamierung. Auf dem ersten Kongreß der Jungsozialisten in Buer bei Gelsenkirchen denunzierte er die Idee der gesamtdeutschen Repräsentation als eine Erfindung des sowjetischen Geheimdienstchefs Berija, der Inkarnation des Stalinismus. Dennoch pilgerten Kaiser und Lemmer nach Hannover, um den SPD-Vorsitzenden für die Allparteien-Vertretung zu gewinnen.

»Das Ergebnis war niederschmetternd«, schreibt Lemmer. Schumacher kleidete sein Nein in irreale Vorbedingungen: Erst müßten die Zonengrenzen aufgehoben, die Verschmelzung der SPD in der Sowjetzone annulliert und alle Parteien überall zugelassen werden. Sein Haß gegen die SED und die Sowjets verbaute ihm den Blick für die politischen Möglichkeiten. Was das Endziel sein sollte, wollte er an den Anfang stellen.

»Tief bedrückt kehrten wir nach Berlin zurück«, berichtet Ernst Lemmer. »Resignierend mußten wir feststellen, daß dieser erste Versuch einer maßvollen Repräsentanz unseres Volkes gegenüber den Besatzungsmächten erfolglos geblieben war.«

Ein halbes Jahr später, nach der gescheiterten Konferenz von München, torpedierte der SPD-Führer einen ähnlichen Versuch, der von Ferdinand Friedensburg ausging.

Ende 1947 stand eine neue Außenministertagung in London an, auf der abermals die deutsche Frage erörtert werden sollte. Friedensburg wollte keine Repräsentanz mehr, sondern nur noch eine gesamtdeutsche, überparteiliche Resolution zustande bringen. Er gewann einige namhafte Leute aus West und Ost als Initiatoren, darunter den parteilosen Ministerpräsidenten von Hessen, Dr. Geiler, den Soziologen Alfred Weber, Propst Heinrich Grüber, den späteren Bonner Staatssekretär Otto Lenz und den ehemaligen Reichstagspräsidenten und Senior der SPD, Paul Löbe. (Nachträglich gaben ihre Zustimmung der spätere EWG-Präsident Walter Hallstein, der spätere Bonner Pressechef Felix von Eckhardt und der spätere Präsident des Bundesverfassungsgerichts, Dr. Gebhard Müller.)

Die Resolution war nichts weiter als ein deklamatorisches Bekenntnis zur deutschen Einheit. Aber es hatte in

Schumachers Augen den Makel, daß es auch die Unterschriften des kommunistischen Dichters Johannes R. Becher und des einst zur SPD gehörenden Ministerpräsidenten des Landes Brandenburg, Karl Steinhoff, trug. Es waren die einzigen SED-Unterzeichner. Der SPD-Vorstand gab zu Friedensburgs Luftballon eine Kriegserklärung ab, in der es hieß: »Die Sozialdemokratische Partei Deutschlands hat mit diesem neuen Versuch der Satellitenpolitik nichts zu tun. Sie sieht in allen solchen Bestrebungen keine Förderung, sondern eine Gefährdung des Ziels der nationalen Einheit.« Der greise Paul Löbe wurde zur Strafe für seine Beteiligung aus dem Auswärtigen Ausschuß der SPD ausgeschlossen.

Damit waren ohne Zutun der Besatzungsmächte die politischen Beziehungen zwischen den Westzonen und der Ostzone praktisch abgebrochen. Die SED brauchte auf niemanden mehr Rücksicht zu nehmen. Zur Londoner Konferenz trommelte sie in einer Massenkampagne den ersten »Deutschen Volkskongreß für Einheit und gerechten Frieden« zusammen. Die Teilnehmer wurden nicht gewählt, sondern erstmals nach Blocklisten delegiert. Die CDU-Führer wußten, was die Stunde geschlagen hatte: Der »Volkskongreß« war der Auftakt zur Gleichschaltung, zur Errichtung der »volksdemokratischen Ordnung«. Die Bürgerlichen hatten die Wahl, mit wehender Flagge unterzugehen oder zu kapitulieren. Kaiser und Lemmer sagten »nein« zum Volkskongreß. Die Russen warteten mit ihrer Antwort bis zum Ende der Londoner Konferenz.

Die Londoner Konferenz war das letzte Viermächte-Treffen vor der Teilung Deutschlands. Sie war schon vor Beginn von der Erwartung des endgültigen Bruchs umdüstert. Der Entschluß der Westmächte, einen westdeutschen Staat zu gründen, stand längst fest. Kurz vor der Konferenz, am 7. November, hatte Averell Harriman, damals US-Handelsminister und enger Vertrauter Trumans, dem Präsidenten nach einer Deutschlandreise die sofortige Bildung einer westdeutschen Regierung empfohlen: »Alle Beobachter haben festgestellt, daß Deutschland nicht weiterleben kann, wenn nicht in irgendeiner Form eine deutsche Regierung errichtet wird . . . Vor zwei Jahren wäre es noch höchst wünschenswert gewesen, die Bildung einer föderativen Regierung anzustreben, die die russische sowie die britische, französische und amerikanische Zone umfaßte. Im Augenblick erscheint das fast unmöglich. Die Verzögerung ist kostspielig. Wir müssen mit dem, was wir haben, einen Anfang machen.«

Mit dieser Direktive ging General Marshall in sein letztes Gefecht mit Molotow. Stalins Außenminister wiederholte noch einmal seinen Preis für die wirtschaftliche und politische Einheit Deutschlands – Reparationen und Ruhrkontrolle. Um den Westmächten entgegenzukommen, stimmte er der Erhöhung der deutschen Stahlquote auf 11,5 Millionen Tonnen (das Doppelte der ursprünglich vorgesehenen Produktion) und des Industrieindex auf 70 Prozent von 1938 zu. (Die tatsächliche Produktion im Jahre 1947 betrug 40 Prozent von 1938.) Aber Marshall blieb unnachgiebig: »Ich wünsche, daß man sich genau darüber klar ist, daß die Vereinigten Staaten nicht bereit sind, einem Programm für Reparationen aus der laufenden Produktion als Preis für die Einheit Deutschlands zuzustimmen.«

Das war das amerikanische Schlußwort zur Deutschlandfrage. Am 15. Dezember 1947 brach der amerikanische Außenminister die Konferenz brüsk ab. Der Rat der Außenminister wurde »auf unbestimmte Zeit vertagt«. Das Instrument der vier Siegermächte zur Regelung der deutschen Frage war damit zerbrochen.

Für die CDU in der Ostzone schlug nun die letzte Stunde als selbständige Partei. Ab sofort konnte die sowjetische Besatzungsmacht keine Opposition mehr gebrauchen. Wenige Tage nach der Londoner Konferenz erschien auf einer Vorstandssitzung der CDU, an der auch Gustav Heinemann von der West-CDU teilnahm, ein russischer Hauptmann und erklärte die Vorsitzenden Kaiser und Lemmer im Auftrag des Marschalls Sokolowski für abgesetzt. Sie hätten das Haus in Kürze zu verlassen und seien nicht mehr befugt, im Namen der CDU Erklärungen abzugeben.

Damit fiel der Vorhang. Der Versuch der Demokraten,

mit Hilfe der Russen die deutsche Einheit und mit Hilfe der Einheit die Demokratie in der russischen Zone zu retten, war gescheitert.

Im Westen rüstete General Clay für den Ernstfall: »Sicherlich sah jeder von uns, der in London dabei war, daß mit der Vertagung des Rates ein Kampf begonnen hatte, der zwar nicht mit Waffen, wohl aber mit wirtschaftlichen Mitteln, mit Ideen und Idealen ausgetragen werden mußte. Es war nicht möglich, diesem Kampf auszuweichen. Wir konnten nur mit einiger Sicherheit hoffen, daß er nicht zur Anwendung kriegerischer Gewalt führen werde. Wie lange er dauern und welche Richtung er nehmen würde, wußten wir nicht.«

IV. KAPITEL

DIE TEILUNG

»Ist der Kopf erst abgetrennt, kannst du nicht um die Haare trauern.«

Russisches Sprichwort

1. DIE WÜRFEL FALLEN

Der Entschluß, aus den drei westlichen Besatzungszonen Deutschlands einen Staat zu bilden, war ein politisches Abenteuer. Es gab, von Napoleons kurzlebigem Rheinbund abgesehen, kein historisches Vorbild für diesen Staat. Er war ein Gebilde aus der Retorte des kalten Krieges. Er erstreckte sich in grotesker geographischer Form über fast tausend Kilometer von Nord nach Süd, während er in der durchschnittlichen Breite knapp dreihundert Kilometer maß. Er ignorierte nicht nur die landsmannschaftlichen und historischen Bindungen in Nord- und Mitteldeutschland, sondern er zerschnitt auch die traditionellen, auf Berlin ausgerichteten Ost-West-Achsen in Wirtschaft und Verkehr.

Eine Nord-Süd-Achse westlich der Elbe existierte nicht, weder politisch noch wirtschaftlich (erst Jahrzehnte später wurden Nord-Süd-Strecken für Auto und Eisenbahn gebaut). Friesen und Oberbayern hatten weniger gemeinsam als Holsteiner und Mecklenburger, zwischen denen jetzt eine Grenze gezogen wurde. Ein natürliches Zentrum, auf das sich der westdeutsche Staat hätte ausrichten können, gab es nicht. Frankfurt lag zwar in der geographischen Mitte, aber die Metropolen an den Rändern hatten größeres Gewicht: im Norden Hamburg, im Süden München, im Westen Köln und Düsseldorf. So besaß die gedachte Republik im Grunde nichts, was sie aus eigener Kraft zusammenhalten und zum Staat hätte machen können.

Doch mit solchen Überlegungen hielten sich die alliierten Gründerväter nicht auf. Sie hatten im übrigen gar nicht vor, ihr Kind allzu schnell zu Kräften kommen zu lassen und zur Selbständigkeit zu erziehen. Sie rechneten im Gegenteil mit einer jahrzehntelangen Kontroll- und Aufsichtsperiode.

Der Zeugungsakt fand kurz nach Neujahr 1948 im Anschluß an die gescheiterte Viermächte-Konferenz in der amerikanischen Botschaft in London statt. Es war ein inoffizielles Diner, zu dem die Außenminister Marshall und Bevin ihre Militärgouverneure in Deutschland, die Generäle Clay und Sir Brian H. Robertson, geladen hatten. Auf dieser Geheimkonferenz erhielten die beiden Prokonsuln Order, unverzüglich mit dem Aufbau einer Staatsorganisation in der Doppelzone zu beginnen.

Die Minister erklärten den Gouverneuren, daß nun auch Frankreich bereit sei, über eine Verschmelzung seiner Zone mit der Bizone zu verhandeln – vorausgesetzt, daß die Ruhrfrage in befriedigender Form geklärt werde. Doch darauf wolle man nicht warten. Die Militärgouverneure sollten vielmehr schon jetzt alle notwendigen Schritte einleiten.

Clay: »Die Minister beauftragten uns ausdrücklich, die politische Struktur der Doppelzone ohne Zögern auszubauen. Die Einzelheiten und das Verfahren stellten sie in unser Ermessen. Die Bahn war nun frei, den letzten Schritt in der Organisation der Doppelzone zu tun.«

Vergessen war die Denkschrift des amerikanischen Außenministeriums von 1945, die vor einer Teilung Deutschlands gewarnt hatte. Kennans Strategie der »Interessensphären« und der »Eindämmung« hatte alle anderen Argumente vom Tisch gewischt. Nichts konnte die Westmächte mehr von diesem Ziel abbringen, auch nicht das Risiko eines neuen Weltkrieges. Die Sprengung des Alliierten Kontrollrats und die Blockade Berlins waren von vornherein einkalkuliert. Clay und Robertson verließen London wie Armeeführer, die mit detaillierten Offensivplänen in der Tasche ihre Kommandozentralen beziehen.

Clay: »Als wir nach Berlin zurückkehrten, wußten wir, daß das Ende des Kontrollrats in Sicht war . . . Wir sahen voraus, daß es in Berlin Schwierigkeiten geben werde, und wir waren dafür, ohne Rücksicht auf sowjetischen Druck dort zu bleiben.«

Damit waren die Positionen zur größten politischen Schachpartie seit Ende des Krieges bezogen. Die Züge folgten jetzt Schlag auf Schlag: Innerhalb eines halben Jahres stampften die beiden Militärgouverneure die Strukturen eines neuen deutschen Staates aus dem Boden. Der erste Schritt war der Ausbau der Bizonen-Verwaltung zu einem vollwertigen Parlament mit einer Art Regierung auf Probe, wenn auch beschränkt auf die wirtschaftlichen Ressorts.

Die ursprüngliche Zweizonen-Verwaltung war schon im Sommer 1947 reorganisiert worden. Damals wurden die auf fünf verschiedene Städte verteilten Verwaltungsräte in Frankfurt konzentriert und durch ein Mini-Parlament von 52 Mitgliedern ergänzt. Aber auch diese Konstruktion erwies sich als wenig wirksam: Die wirtschaftliche Situation in Westdeutschland erreichte 1947 den absoluten Tiefpunkt seit Kriegsende. Hunger, Streiks, Produktionsstillstand und totaler Währungsverfall bildeten den Kreislauf des Elends.

Herbert Hoover, Ex-Präsident und Leiter eines privaten amerikanischen Hilfsprogramms, berichtete nach Washington: »Die Masse des deutschen Volkes ist, was Ernährung, Heizung und Wohnung angeht, auf den niedrigsten Stand gekommen, den man seit hundert Jahren in der westlichen Zivilisation kennt.« Die Lebensmittelrationen betrugen in der 100. Zuteilungsperiode (April 1947) in der Stadt Essen pro Woche: 2,4 Kilo Brot, 45 Gramm Fett, 100 Gramm Fleisch, 40 Gramm Käse, 580 Gramm Nährmittel. Kartoffeln waren nicht vorgesehen.

Der deutsche »Wirtschaftsrat« war angesichts seiner geringen Kompetenzen machtlos gegen die Zustände. Erbitterung gegen die Alliierten machte sich nicht nur in der Bevölkerung, sondern auch in der Verwaltung bemerkbar. Zur gleichen Zeit, als auf der Londoner Geheimkonferenz die Schaffung einer deutschen Regierung beschlossen wurde, hielt der Frankfurter Verwaltungsdirektor Johannes Semler eine aggressive Rede gegen die Besatzungsmächte: »Was hat man für uns getan? Man hat uns Mais geschickt und Hühnerfutter, und wir zahlen es teuer. Bezahlen es in Dollar aus deutscher Arbeit und deutschen Exporten. Und sollen uns noch dafür bedanken. Es wird Zeit, daß deutsche Politiker darauf verzichten, sich für diese Ernährungszuschüsse zu bedanken.«

Die westlichen Militärgouverneure waren ebensowenig wie Marschall Sokolowski gewillt, sich Derartiges von Deutschen bieten zu lassen: Semler wurde kurzerhand gefeuert. In seinem Entlassungsschreiben wurde ihm »in Anbetracht des Rechts der freien Meinungsäußerung« mitgeteilt, »daß außer Ihrer Amtsenthebung keine weiteren Schritte gegen Sie unternommen werden«.

Die demonstrative Entlassung des obersten Wirtschaftsverwalters war ein wohlberechneter Warnschuß der Alliierten. Er zeigte den Deutschen, wer der Herr im Hause war, auch wenn ihnen jetzt größere Befugnisse eingeräumt werden sollten.

Unmittelbar nach dem Eklat beorderten Clay und Robertson die Ministerpräsidenten ihrer Zonen sowie die Spitzenfunktionäre des alten Wirtschaftsrats nach Frankfurt. Sie teilten ihnen mit, daß die Wirtschaftsverwaltung ab sofort in den Rang einer De-facto-Regierung erhoben werde und ein erweitertes Parlament mit vollen Haushaltsrechten bekomme. Gleichzeitig solle eine Zentralbank, die »Bank Deutscher Länder«, gegründet und die Doppelzone in die neue Marshallplan-Organisation OEEC, die die Dollars verteilte, aufgenommen werden. Dort wurde das »Vereinigte Wirtschaftsgebiet«, wie es amtlich hieß, allerdings nicht durch Deutsche, sondern durch die Militärregierung vertreten.

Clay und Robertson machten aus der Frankfurter Konferenz eine Art nachträgliche Weihnachtsbescherung für die Deutschen. Zur Feier des Tages gaben sie ihnen in Clays Residenz, Schloß Kronberg bei Frankfurt, ein opulentes Essen. Ministerpräsident Maier: »Für uns Normalverbraucher boten Menü und Getränke des Guten fast zuviel. Die Tischrede hielt General Clay. Er sprach aus einer gehobenen und versöhnlichen Stimmung heraus, wie sie Weihnachten und Neujahr zu schaffen vermögen.«

Das neue Parlament, der »Wirtschaftsrat«, trat am 24. Februar 1948 zu seiner konstituierenden Sitzung zusammen. Es bestand aus 104 Mitgliedern, die allerdings nicht direkt gewählt, sondern von den Landtagen delegiert waren. CDU/CSU und SPD waren mit je 40 Abgeordneten vertreten, doch der Frankfurter Wirtschaftsrat nahm bereits die spätere Bonner Koalition vorweg, und so wurde mit den Stimmen der FDP und Christdemokraten Erich Köhler zum Präsidenten gewählt. Ein Jahr darauf wurde er auch Präsident des ersten Bundestages.

Viele Namen aus den Bundestagen der fünfziger und sechziger Jahre waren schon im Frankfurter Wirtschaftsrat vertreten. Einer der jüngsten Abgeordneten war der 33jährige Landrat von Schongau, Franz Josef Strauß. Auch die prominentesten Ostflüchtlinge der ersten Stunde waren in Frankfurt dabei: der Berliner CDU-Gründer Andreas Hermes und der Sozialdemokrat Gustav Dahrendorf, Grotewohls Weggefährte bis zur Zwangsvereinigung mit der KPD.

Nur die beiden gewichtigsten Politiker der britisch-amerikanischen Zone, Adenauer und Schumacher, gehörten dem Frankfurter Parlament nicht an. Sie lenkten ihre Fraktionen aus der Ferne. Schumacher beging dabei einen Fehler, der die innenpolitischen Weichen in Westdeutschland für zwei Jahrzehnte stellte: Er manövrierte die SPD in Frankfurt in die Opposition.

Der Frankfurter »Verwaltungsrat« (Regierung) bestand aus sechs Direktoren (Ministern) für die Ressorts Ernährung und Landwirtschaft, Wirtschaft, Verkehr, Post, Finanzen und Arbeit. Die Militärgouverneure, von denen der britische Partner eine sozialistische Regierung vertrat, hätten ein Zweiparteien-Kabinett bevorzugt. Doch die Idee scheiterte an der Alles-oder-nichts-Haltung Kurt Schumachers: Die SPD forderte das Wirtschaftsressort, andernfalls wolle sie ganz auf die Regierungsbeteiligung verzichten. Da die bürgerliche Mehrheit die Wirtschaft nicht der SPD überlassen wollte, blieben die Sozialdemokraten auf Anweisung Schumachers ganz draußen, und die CDU besetzte sämtliche sechs Ministerien. Im folgenden Jahr konnte sie dann mit dem Startvorteil der »Regierungspartei« in den ersten Bundestagswahlkampf gehen.

Das umstrittene Frankfurter Wirtschaftsressort erhielt der ehemalige bayerische Wirtschaftsminister und Münchner Professor Ludwig Erhard, ein harter Gegner der Planwirtschaft. Vorsitzender des Verwaltungsrats (Regierungschef) wurde ebenfalls ein CDU-Mann: Der Kölner Oberbürgermeister Hermann Pünder, in der Weimarer Zeit Chef der Reichskanzlei, später 20.-Juli-Mann und KZ-Häftling.

In seiner Antrittsrede vor den Parlamentariern sagte Pünder: »Niemand in diesem Saal denkt daran, uns Deutschen hier in den Westzonen einen eigenen Villenbau zu errichten. Uns allen liegt nur die Wiederherstellung unseres gemeinsamen deutschen Hauses am Herzen.« Es war eine rituelle Formel der Selbstbeschwichtigung, die den Aufbau des westdeutschen Staates von Institution zu Institution begleitete, bis schließlich nicht nur ein Villenbau, sondern eine weltweit beneidete komfortable Festung daraus geworden war.

Die Alliierten hatten von Anfang an nichts anderes im Sinn als Kennans Bollwerk, einen westdeutschen Staat mit einer sauberen Grenze nach Osten. Streng achteten sie darauf, daß ihr Kind nicht vom rechten Weg abwich. Jede Woche mußte der Frankfurter Verwaltungsrat am Sitz der amerikanischen Militärregierung, im IG-Farben-Haus, vor Clay und Robertson Rapport erstatten. Pünder: »Hier wurde sozusagen festgelegt: Jawohl, auf dieser Linie können Sie weiterarbeiten.« Jedes Gesetz (insgesamt waren es 171) mußte den Alliierten zur Genehmigung vorgelegt werden.

Die Amerikaner und Briten ihrerseits zogen eine Art Zweimächte-Kontrollrat auf und führten die Konferenzen mit den Deutschen wie wohlwollende Väter. Clay: »Robertson und ich teilten die Angelegenheiten unter uns auf. Die Zusammenarbeit war so gut, daß ein paar geflüsterte Worte genügten.«

Während die neuen Institutionen gerade anliefen, wurde der nächste Schritt schon vorbereitet. Die drei westlichen Besatzungsmächte veranstalteten in London zum erstenmal eine eigene Deutschland-Konferenz ohne die Sowjetunion. Statt der Russen luden sie die drei Benelux-Länder dazu. Auf dieser Konferenz wurde grundsätzliches Einverständnis über eine Verschmelzung der französischen Zone mit dem »Vereinigten Wirtschaftsgebiet« und den Aufbau einer »föderativen Regierungsform« erzielt.

Außerdem schlossen die fünf europäischen West-Staaten in Brüssel einen Militärpakt ab, der dem Namen nach gegen eine neue Aggression Deutschlands, nach Lage der Dinge aber eindeutig gegen die Sowjetunion gerichtet war.

Damit war die Grenze der Belastbarkeit für die Viermächte-Verwaltung Deutschlands erreicht. Drei Tage nach dem Brüsseler Pakt brach der Alliierte Kontrollrat in Berlin auseinander.

Das oberste alliierte Verwaltungsorgan hatte seit Monaten nur noch ein Schattendasein geführt. Die einstigen Freunde Clay und Sokolowski waren zu erbitterten Gegnern geworden. Der Kreml hatte die Hoffnung auf Reparationen und Ruhrkontrolle seit der letzten Viermächte-Konferenz aufgegeben. Außerstande, die Entwicklung im Westen aufzuhalten, bereiteten die Sowjets nun ihrerseits Gegenzüge vor. Clay: »Irgendwie fühlte ich instinktiv, daß sich in der Haltung der Russen eine entscheidende Wendung vollzogen hatte. Von Sokolowski angefangen bis in die unteren Ränge war eine neue Haltung zu spüren: leicht verächtlich, etwas arrogant und jedenfalls sehr sicher.«

Am 20. März 1948 fand das letzte Duell der beiden Gegenspieler statt. Der Kontrollrat trat zu seiner 82. ordentlichen Sitzung zusammen. Sokolowski führte turnusgemäß den Vorsitz. Er beklagte, daß die Londoner Sechs-Mächte-Konferenz »ohne Wissen des Kontrollrats« einberufen und der Kontrollrat nicht über ihre Ergebnisse unterrichtet worden sei. »Im Hinblick darauf erachtet es das sowjetische Oberkommando für angebracht, daß die amerikanischen, britischen und französischen Mitglieder vor dem Kontrollrat über die Direktiven, die sie auf der Londoner Konferenz erhalten haben, Bericht erstatten.«

Dies war ein durchaus legitimer Antrag, denn hier war der Ort, Beschlüsse über Deutschland zu erörtern. Doch die drei westlichen Gouverneure verweigerten ihrem russischen Kollegen den Bericht. Frankreichs General Pierre Koenig erklärte knapp, er werde die Instruktionen seiner Regierung anfordern. General Robertson sagte, er sehe zwar die Berechtigung des sowjetischen Wunsches ein, doch hätte die Londoner Konferenz noch keine verbindlichen Beschlüsse gefaßt, und so könne er auch keinen Bericht erstatten.

Die kälteste Antwort gab General Clay: Er habe schon einmal erklärt, keine Direktiven von dem Londoner Treffen erhalten zu haben. Seine Darstellung müsse genügen, »und wenn sie Marschall Sokolowski nicht passe, bekäme er trotzdem keine andere« (Protokoll).

Sokolowski war auf diese Antworten gefaßt. Er verlas eine vorbereitete Erklärung, in der es hieß: »Mit dieser Handlungsweise bestätigen die drei Delegationen noch einmal, daß der Kontrollrat in Wirklichkeit nicht mehr als Organ der höchsten Gewalt in Deutschland besteht. Da die britischen und amerikanischen Mitglieder sich weigerten, über die Dinge zu berichten, die auf der Londoner Konferenz erörtert wurden, sehe ich keine Veranlassung, die heutige Sitzung weiterzuführen und vertage sie hiermit.«

Es waren die letzten russischen Worte im Alliierten Kontrollrat. Der Marschall erhob sich und verließ, von seiner Delegation begleitet, ohne ein weiteres Wort den Raum.

Die zurückbleibenden Westalliierten wußten, was das hieß: Noch nie war eine Sitzung einseitig vom Vorsitzenden vertagt worden, noch nie war man, selbst nach hitzigen Wortgefechten, ohne eine letzte Erfrischung und ein Grußwort auseinandergegangen. Dies war der Zusammenbruch, das Ende der Viermächte-Verwaltung. Sie hatte keine drei Jahre gehalten.

Die Konstruktion, zur Zeit des Krieges von gutwilligen Delegierten in London entworfen, stand von vornherein auf schwachen Füßen. Die Intransigenz von Ost und West versetzte ihr den Todesstoß. Jetzt schoben sich Russen und Amerikaner gegenseitig die Schuld zu, an der sie beide teilhatten: Stalin durch seine brutale Beutepolitik, die Westmächte durch ihren Entschluß, lieber ihr Stück Deutschland in den Westblock zu integrieren, als ganz Deutschland mit den Russen zu verwalten. Im übrigen weinte keiner der Alliierten der zerstörten Gemeinsamkeit eine Träne nach. Der Tag, an dem General Eisenhower mit ausgestreckten Händen auf Marschall Schukow zugegangen war, schien eine ferne Sage zu sein.

Für Deutschland bedeutete dies die Spaltung. Von nun an zerfiel die Nation in zwei Klassen. Die eine war noch einmal davongekommen, die andere hatte Pech gehabt. Im Westen begann der Aufstieg aus dem Dreck, im Osten der lange Marsch in Stalins düsteren Sozialismus. Das Schicksal der »Brüder und Schwestern« wurde schon jetzt im Westen bejammert, doch von denen, die am lautesten klagten, hatte sich niemand gerührt, als es noch Zeit gewesen war, die Teilung zu verhindern.

2. LOHN DER TEILUNG

Unbeirrt vom Zusammenbruch des Kontrollrats ließen die Westmächte die zweite Stufe des westdeutschen Staatsaufbaus anlaufen. Nach der wirtschaftlichen Selbstverwaltung sollten jetzt die politischen Institutionen geschaffen werden. Die letzte Entscheidung fiel auf einer zweiten Konferenz der Sechs-Mächte-Gruppe. Am 7. Juni 1948 verabschiedete sie die »Londoner Empfehlungen«, das offizielle Startsignal zur Gründung einer westdeutschen Republik.

»Das deutsche Volk«, so hieß es in der Entschließung,

solle jetzt »die Freiheit erhalten, eine Regierungsverantwortung so weit zu übernehmen, wie es mit der Besetzung und Kontrolle vereinbar ist.« Die Ministerpräsidenten der westlichen Besatzungszonen wurden beauftragt, »eine verfassunggebende Versammlung einzuberufen«. Die Verfassung solle so beschaffen sein, daß »die augenblickliche Teilung Deutschlands« wieder aufgehoben werden könne, »allerdings nicht durch die Wiedererrichtung eines zentralistischen Reiches, sondern durch eine föderative Regierungsform«.

Frankreichs Zustimmung erkauften die Amerikaner und Briten mit der Anerkennung der Saar-Annexion und der Bildung einer Ruhrbehörde, die noch vor Errichtung des westdeutschen Staates ihre Arbeit aufnehmen sollte. Diese Behörde, in der neben den sechs Ländern auch für die Deutschen Sitz und Stimme vorgesehen war, sollte Produktion und Export von Kohle und Stahl regeln und überwachen.

Die »Londoner Empfehlungen« stellten nicht nur die Weichen für die Gründung der Bundesrepublik, sondern auch für ihre Eingliederung in eine künftige europäische Wirtschaftsgemeinschaft. Ausdrücklich hieß es, »daß das wirtschaftliche Leben der Länder Westeuropas und eines demokratischen Deutschlands eng miteinander verbunden werden muß«. Die Westintegration, von Adenauer so sehr als sein Verdienst gefeiert, war die Vorbedingung der Alliierten für die Gewährung der Teilsouveränität.

Die effektive Teilung Deutschlands wurde allerdings schon vor der Staatsgründung, wenige Wochen nach der Londoner Konferenz, vollzogen, und zwar durch ein Ereignis, das im Bewußtsein der Deutschen alle politischen Entwicklungen verdrängte – die Währungsreform.

Die Währungsreform war kein plötzlicher Entschluß und keine westliche Erfindung. Sie war eine Notwendigkeit, die von allen Besatzungsmächten, einschließlich der Sowjets, und von allen deutschen Zonenbehörden seit Jahr und Tag erörtert wurde. Sie war sogar einer der wenigen Beschlüsse, auf die sich der Rat der Außenminister hatte einigen können: Der Alliierte Kontrollrat in Berlin wurde beauftragt, die technischen Einzelheiten für eine Währungsreform auszuarbeiten.

Das Finanzdirektorium des Kontrollrats nahm die Viermächte-Beratungen im Februar 1948 auf. Sie ließen sich erfolgversprechend an. Nach anfänglichem Sträuben stimmten die Sowjets dem amerikanischen Vorschlag zu, das neue Geld in der ehemaligen Reichsdruckerei im US-Sektor Berlins zu drucken. Die Verhandlungen ähnelten freilich einem Schattenboxen, denn schon am 1. März 1948 wurde in Frankfurt die »Bank Deutscher Länder« gegründet, deutlichstes Anzeichen für eine separate Währungsreform im Westen. Sokolowskis Auszug aus dem Kontrollrat bot den Westmächten schließlich den Vorwand, die Sitzungen des Finanzdirektoriums zu boykottieren.

Die Vorbereitungen für die westliche Währungsreform liefen zu dieser Zeit bereits auf Hochtouren. Die neugegründete Frankfurter Wirtschaftsregierung hatte darauf jedoch so gut wie keinen Einfluß. Die Währungsreform, so wie sie durchgeführt wurde, war nahezu ausschließlich eine amerikanische Angelegenheit. Oberdirektor Hermann Pünder: »Es ist vieles nicht so gelaufen, wie wir es uns dachten. Es war etwas robust, was schließlich als alliierte Währungsreform herauskam.«

Obwohl in der Öffentlichkeit seit Monaten über nichts so viel geredet wurde wie über die Währungsreform, war ihre Durchführung eines der bestgehüteten Geheimnisse. Nur acht deutsche Sachverständige waren mit den Einzelheiten vertraut. Sie wurden am 20. April in Frankfurt in einen Bus mit Milchglasscheiben gesetzt und auf einen amerikanischen Luftwaffenstützpunkt bei Kassel verfrachtet. Dort blieben sie zusammen mit der alliierten Expertenkommission 18 Tage eingesperrt. Selbst der Postverkehr mit der Außenwelt war untersagt.

Inzwischen wurden 500 Tonnen des neuen Geldes in der amerikanischen Bundesdruckerei in Washington gedruckt, unter dem Codewort »Operation Bird Dog« nach Deutschland verfrachtet und dort unmittelbar vor dem Stichtag mit Militärtransporten in die Zweigstellen der Landeszentralbanken gebracht.

Stichtag der Währungsreform war der 20. Juni, ein Sonntag. Am Freitag gaben die Besatzungsmächte die Entscheidung bekannt. Clays Finanzberater Jack Bennett erklärte in einer Rundfunkrede: »Mit dem kommenden Sonntag werden diese drei Zonen, also der größte Teil Deutschlands, eine neue Währung haben. Die neue Währung heißt Deutsche Mark.« Bennett prophezeite: »Mit der Beseitigung des alten Geldes, das die Wirtschaft vergiftet hat, beginnt Deutschlands wirtschaftliche Gesundung.«

Das war zu diesem Zeitpunkt ein kühnes Wort, aber es erwies sich als wahr. Kein Ereignis der Nachkriegszeit hat sich tiefer in die kollektive Erinnerung der Nation gegraben als die Währungsreform. Sie veränderte alles. Sie hatte nicht nur ökonomische Bedeutung, sie war ein Urerlebnis wie der Zusammenbruch, nur mit umgekehrten Vorzeichen. Sie war der große Schnitt, die Erlösung aus dem Elend, der Anfang eines »neuen Lebens«. Eine ganze Generation teilte die Nachkriegsjahre später in die Zeit »vor der Währung« und die Zeit »nach der Währung«.

Es war freilich nicht das neue Geld allein, das die große Veränderung hervorbrachte. Das Mysterium lag vielmehr darin, daß man mit dem neuen Geld plötzlich fast alles kaufen konnte, was es vorher »nicht gegeben« hatte. Am Montag, nach Ausgabe der ersten vierzig Mark »Kopfgeld«, waren die Schaufenster voll mit unglaublichen Dingen, zum Beispiel Fahrradschläuchen oder Kochtöpfen.

Dieses Wunder kam auf das Konto des deutschen Wirtschaftsrates. In der Nacht vor der Verkündung der Währungsreform beschloß das Frankfurter Parlament gegen die Stimmen der SPD und KPD die Aufhebung der »Bewirtschaftung«, das heißt der Rationierung aller Waren. Wirtschaftsdirektor Erhard wurde vom Parlament ermächtigt, nach eigenem Ermessen die »erforderlichen Maßnahmen« zu treffen. Erhard: »Dies bedeutete für mich, so schnell wie möglich so viele Bewirtschaftungs- und Preisvorschriften wie möglich zu beseitigen.« Es waren auf den ersten Schlag vierhundert. Die von Industrie und Handel gehorteten Waren strömten auf den Markt.

Die Koppelung von harter Währung und radikalem Freihandel hatten den Effekt eines Dammbruchs: Sie ließ die aufgestaute Energie von vierzig Millionen hungrigen Deutschen los, die nur noch ein Ziel kannten – aufbauen und leben. Das »Wirtschaftswunder« nahm seinen Anfang, die westdeutsche Leistungsgesellschaft formierte sich. Ihre Kennzeichen waren phantastische Wirtschaftserfolge und eine fast grenzenlose politische Indolenz.

Am Sonntag, dem 20. Juni 1948, nahm die Bevölkerung der westlichen Besatzungszonen frohen Herzens Abschied von der Vergangenheit, von der gesamtdeutschen Gegenwart, von der Politik überhaupt. An diesem Tag erschien die von der amerikanischen Militärregierung herausgegebene »Neue Zeitung« mit zwei Schlagzeilen. Die eine war vier Spalten breit und hieß: »Erste positive Wirkung der Geldreform«. Die zweite Schlagzeile ging nur über zwei Spalten und lautete: »Ostzone vom Westen völlig abgeriegelt.« Die Berliner Blockade hatte begonnen.

3. DAS ERSTE OPFER WIRD BERLIN

Von allen Fehlern, die Stalin in seiner dilettantischen Außenpolitik beging, war die Berliner Blockade der größte. Nachdem ihm nichts eingefallen war, um die Eingliederung Westdeutschlands in den entstehenden Westblock zu verhindern, griff er zum alten russischen Hausmittel der Gewalt. Die Geiselnahme der Stadt Berlin war sein letzter Versuch, die Gründung des westdeutschen Staates zu vereiteln. Er endete mit einer verheerenden Niederlage.

Stalin unterschätzte die doppelte Entschlossenheit der Westmächte, sich erstens durch die Blockade nicht von ihren Deutschlandplänen abbringen zu lassen und zweitens West-Berlin zu halten. Er unterschätzte ferner den Widerstandsgeist der Berliner, die plötzlich eine Chance sahen, den Russen entgegenzutreten. Die Blockade machte aus Amerikanern und Deutschen erstmals wirkliche Verbündete, und sie kostete die Sowjetunion die letzten Sympathien, die sie außerhalb der Kommunistischen Partei noch in

Deutschland besaß. Die Blockade belastete die sowjetische Politik mit dem Brandmal unverhüllter Erpressung und zerstörte für Jahrzehnte alle Ansätze zu einer Verständigung.

Zu alledem erreichten die Sowjets nicht, was sie wollten. Am Ende der Blockade standen sie vor der Bundesrepublik Deutschland und vor einer geteilten Stadt Berlin, in deren Westteil sie jeden Einfluß verloren hatten. Verloren war mit der Teilung Berlins allerdings auch das letzte Stück deutscher Einheit.

Die Blockade überraschte weder die Alliierten noch den Berliner Magistrat. General Clay hatte schon damit gerechnet, als in London die Gründung des Weststaates beschlossen wurde, und die ersten Verkehrsschikanen begannen bereits kurz nach Sokolowskis Auszug aus dem Kontrollrat. Die Russen machten klar, daß sie nach dem Zusammenbruch der Viermächte-Verwaltung Deutschlands keinen Grund mehr für den Viermächte-Status Berlins sahen. Am 16. Juni verließen sie auch die Alliierte »Komendatura« Berlins, das verkleinerte Spiegelbild des Kontrollrats.

Den technischen Vorwand zur Verhängung der Blockade bot den Russen die westliche Währungsreform. Magistrat und Stadtverordnetenversammlung von Groß-Berlin hatten diese Entwicklung kommen sehen und in ihrer Mehrheit befürchtet. Im Mai 1948, einen Monat vor der Währungsreform, verabschiedete das Parlament der Viersektoren-Stadt eine Resolution, in der es hieß: »Die Stadtverordnetenversammlung von Groß-Berlin bittet die alliierten Besatzungsmächte um unbedingte Aufrechterhaltung der deutschen Wirtschafts- und Verkehrseinheit . . . Die entscheidende Voraussetzung ist eine einheitliche Durchführung der Geldreform in allen Zonen und in Berlin.«

Der amtierende Bürgermeister Friedensburg schrieb am 9. Juni an den französischen Militärgouverneur Koenig, der turnusgemäß Vorsitzender des Kontrollrats war: »Die Berliner Stadtverwaltung ist ernsthaft und tief beunruhigt über die möglichen Wirkungen, die sich aus einer nur in

Westdeutschland durchgeführten Währungsreform für Berlin ergeben würden.« Der Kontrollrat möge die Währungsreform aufschieben, bis eine gesamtdeutsche Lösung gefunden werde.

Doch das westliche Schwungrad war nicht mehr aufzuhalten. Die Alliierten waren entschlossen, die Deutsche Mark auch in den Westsektoren Berlins einzuführen. Bestärkt wurden sie darin durch den ungekrönten König Berlins, den »gewählten, aber nicht bestätigten« Oberbürgermeister Ernst Reuter.

Laut Verfassung war der Magistrat von Groß-Berlin eine Allparteien-Koalition. Die SPD als stärkste Partei stellte den Oberbürgermeister. Er bedurfte jedoch der einstimmigen Bestätigung durch die Alliierte Kommandantur. Als die SPD 1947 ihren Stadtrat für Verkehr, Ernst Reuter, als Oberbürgermeister nominierte, legten die Sowjets ihr Veto ein.

Ernst Reuter war für die sowjetische Besatzungsmacht eine Provokation, ein exemplarischer Renegat. Im Ersten Weltkrieg hatte er als deutscher Kriegsgefangener an der russischen Oktoberrevolution teilgenommen und war zum Volkskommissar in der Wolgadeutschen Sowjetrepublik avanciert. Nach Deutschland zurückgekehrt, stieg er in die Führungsspitze der KPD auf, bis er sich 1921 wieder seiner alten Partei, der SPD, anschloß. Während der Nazizeit arbeitete Reuter als Hochschullehrer in der Türkei. Als er 1946 nach Berlin zurückkehrte, wurde er sehr schnell der Wortführer des antikommunistischen und antisowjetischen Flügels der SPD. Er war noch radikaler als Schumacher und damit ein Mann, der für die Sowjets ebenso untragbar war wie der »Hühnerfutter«-Semler für die Amerikaner.

Da Reuter nicht Oberbürgermeister werden konnte, schickten die Sozialdemokraten Louise Schroeder als »Platzhalterin« auf den Posten, eine politisch schwache und zudem kränkliche Frau, die das Amt aus gesundheitlichen Gründen monatelang nicht ausüben konnte. Die eigentliche Arbeit des Oberbürgermeisters machte Ferdinand Friedensburg, CDU-Stellvertreter des Oberbürgermeisters.

Friedensburg gehörte mit Kaiser und Lemmer zu den Berliner CDU-Gründern und »gesamtdeutschen« Gegnern Adenauers. Er war sich darüber klar, daß gesamtdeutsche Politik nicht gegen die östliche Besatzungsmacht getrieben werden konnte, und befürchtete von einer westlichen Währungsreform nicht nur die Spaltung Deutschlands, sondern auch Berlins.

Doch der »heimliche« Bürgermeister Reuter hatte den längeren Arm. Schon vor Verkündung der Währungsreform warb er bei Ludwig Erhard in Frankfurt um die Einbeziehung West-Berlins. Für Reuter war die Währung keine ökonomische Frage. Sie war für ihn eine Waffe im Kampf gegen die Sowjets. »Wer die Währung hat, hat die Macht«, erklärte er. Erhard zögerte zunächst, weil er den Abfluß des neuen Geldes durch das (damals noch offene) Loch Berlin befürchtete. Doch Reuter überzeugte schließlich Clay, zu dem er rasch ein Vertrauensverhältnis gewann. Man wollte mit der Einführung der Westmark in Berlin nur warten, bis die Russen ihrerseits eine östliche Währungsreform durchführten.

Am 18. Juni wurde die Währungsreform im Westen verkündet. Wenige Stunden später befahl die Sowjetische Militäradministration die Einstellung des gesamten Personenverkehrs zwischen West- und Ostdeutschland. Der Güterverkehr war zunächst noch nicht betroffen. Marschall Sokolowski erklärte in einem Aufruf an die »Bürger und Bürgerinnen Deutschlands«, eine gesamtdeutsche Währungsreform sei »eine durchaus mögliche und notwendige Angelegenheit« gewesen, die separate Währungsreform in den Westzonen bedeute jedoch »die Vollendung der Spaltung Deutschlands«. Gleichzeitig verbot der Marschall die Einfuhr der neuen Westmark »in die sowjetische Besatzungszone und in das Gebiet von Groß-Berlin«.

Jede andere Besatzungsmacht hätte in dieser Situation vorübergehend ähnliche Maßnahmen treffen müssen, um ihre eigene Währung und Wirtschaft nicht zerrütten zu lassen. Der Unterschied war, daß Sokolowski die Währungssperre zum Anlaß für eine Dauerblockade nahm.

Drei Tage blieb das Schicksal Berlins noch in der Schwebe: Drei Tage brauchten die Russen, um auch in ihrer Zone eine Währungsreform aufzubauen (sie bestand darin, daß die alten Geldscheine mit Coupons überklebt und wie im Westen eins zu zehn abgewertet wurden). In diesen drei Tagen führten die Westmächte ein letztes Scheingefecht um die Einheit Berlins. Sie nahmen die Viermächte-Verhandlungen im Finanzdirektorium des Kontrollrats, die sie bis dahin selbst boykottiert hatten, wieder auf und schlugen eine Sonderwährung für Berlin vor.

Englands Vertreter Sir Eric Coates erklärte in der Sitzung vom 22. Juni: »Ich gebe zu, daß im Augenblick die russische Zone und Berlin von der alten Währung überschwemmt werden.« Er sei bereit, eine Lösung für Berlin »innerhalb von Stunden und nicht erst Tagen zu erreichen«. Aber es war wie auf der letzten Kontrollratssitzung: Der Zeitpunkt für eine Einigung war verpaßt, und im Grunde wollten die Westmächte keine Einigung, die eine russische Mitsprache einschloß.

Der sowjetische Währungsdelegierte Sitnin sagte: »Alles, was von meinen Kollegen erwartet wurde, ist, daß sie keine getrennte Währung in den Westzonen einführten. Wenn man diese Frage erörtern will, nachdem die endgültige Teilung Deutschlands schon stattgefunden hat, so möchte ich das ›jesuitisch‹ nennen.« Es gebe ein altes russisches Sprichwort, sagte Sitnin: »Ist der Kopf erst abgetrennt, kannst du nicht um die Haare trauern.« Für Berlin komme nur eine Lösung in Frage – die Währung der Sowjetzone. Eine dritte Währung sei »eine Albernheit, wie sie kein zweites Mal in der Geschichte vorkommt«.

Damit war die Konferenz zu Ende. In der gleichen Nacht schrieb Sokolowski einen Brief an seinen Kollegen Clay, daß am kommenden Tage mit Befehl Nr. 111 der SMA eine Währungsreform »in der Sowjetzone und in Groß-Berlin« angeordnet werde. »Ich hoffe, daß Sie keine übermäßigen Schwierigkeiten machen werden«, schloß der Marschall. Gleichzeitig befahl die Sowjetische Militäradministration dem Magistrat, die Währungsreform ab 23. Juni, 6 Uhr, »im gesamten Gebiet von Groß-Berlin unverzüglich in Kraft zu setzen«.

Clay antwortete seinem vertrauten Gegner Sokolowski mit wenigen Zeilen: »Ich bedauere, daß ich gemeinsam mit meinen Amtsgenossen die jetzt in den Westzonen gebräuchliche Währung auch in Berlin einführen muß.« Dem Magistrat schickten die drei West-Kommandanten Gegenbefehle, mit denen sie die Befehle Sokolowskis für »null und nichtig« bezeichneten und die Durchführung der östlichen Währungsreform in den Westsektoren verboten.

Damit begann der offene Kampf der Sieger um die ehemalige Hauptstadt des Feindes. Er führte Europa drei Jahre nach der deutschen Kapitulation an den Rand eines neuen Krieges. Berlin wurde »Frontstadt«.

Bei Einführung der Westmark in West-Berlin verhängten die Sowjets die totale Blockade. Sie ließen »infolge einer technischen Störung« den gesamten Personen- und Güterverkehr auf der Straßen- und Eisenbahnstrecke Berlin–Helmstedt (der einzigen damals bestehenden Verbindung mit dem Westen) einstellen. Es folgten die Sperrung der Wasserstraßen, die Einschränkung der Gas- und Stromlieferungen an die Berliner Westsektoren, die Stillegung von 19 Wasserpumpwerken.

Damit war West-Berlin mit 2,5 Millionen Einwohnern vom Westen abgeschnitten und seiner Versorgung aus dem Osten beraubt. Es blieb nur noch ein Weg offen – der Luftverkehr. Einen Tag nach Blockadebeginn landeten die ersten Transportmaschinen der US Air Force mit Lebensmitteln auf dem Tempelhofer Feld. Ein neues Wort machte die Runde um die Welt – die »Luftbrücke«.

Die Blockade Berlins stellte den einstigen Pionieroffizier und Nachschubstrategen Clay vor die Aufgabe seines Lebens. Die nächsten elf Monate wurden der Höhepunkt seiner Laufbahn. Sie machten ihn zum Helden der Stadt.

Clay »zeigte Flagge« zunächst auf der Straße: Er organisierte Verkehrsstreifen im US-Sektor und ließ alle Russen anhalten, die zu schnell fuhren. Am zweiten Tag der Blokkade machten seine Jeeps einen großen Fang: Sie erwischten Marschall Sokolowski auf der Fahrt zu seiner Babelsberger Residenz. Clay: »Seine Leibwachen begingen den

Fehler, mit der Waffe in der Hand herauszuspringen. Unsere Streife setzte Sokolowski unverzüglich ein Gewehr auf die Magengrube. Beinahe eine Stunde lang wurde er festgehalten, bevor ein amerikanischer Offizier eintraf, der ihn auf freien Fuß setzte.«

Eine Woche später stand Clay dem Marschall in Babelsberg gegenüber. Die drei westlichen Militärgouverneure sollten im Auftrag ihrer Regierungen Kontakt mit dem sowjetischen Oberbefehlshaber aufnehmen. Sokolowski empfing sie eisig, besonders den Mann, dessen Soldaten ihn gedemütigt hatten.

Die westlichen Gouverneure fragten, wie lange die Blokkade dauern würde. Sokolowski gab darauf keine Antwort, aber er erklärte seinen Kollegen, daß es nicht nur um die Währungsreform, sondern um den westdeutschen Staat ginge: »Ehe man selbständige Beschlüsse in London faßte, hätte man sich fragen müssen, was in Berlin geschehen würde . . . Ich glaube, es wäre richtiger, erst die Elementarfrage zu bereinigen, dann wird sich die besondere Frage des Verkehrs von selbst regeln.«

Nach genau dreißig Minuten verabschiedeten sich die Besucher aus dem Westen. Sie wußten nun, woran sie waren: Bedingung für die Aufhebung der Blockade war der Verzicht auf den westdeutschen Staat. Dazu war jedoch keine der drei Regierungen bereit. Präsident Truman beorderte Clay und seinen politischen Berater Murphy zur Lagebesprechung nach Washington.

Murphy: »Als Clay und ich nach Washington flogen, hatten wir noch gehofft, die Erlaubnis zu bekommen, die Blockade der Land- und Wasserwege zu durchbrechen.« Doch die beiden Berlin-Verteidiger wurden enttäuscht. Ein »Durchbruch« hätte nach Meinung der Stabschefs in Washington Krieg bedeutet, und der Präsident wollte keinen Krieg. Truman war dafür, die Luftbrücke so weit auszubauen, daß Berlin die Blockade aushalten könne.

Murphy war über die Ablehnung des militärischen Durchbruchs verbittert: »Alle meine Überredungskünste waren umsonst gewesen. Die Berliner Blockade war die einzige Situation in meiner Laufbahn, von der ich glaube, ich hätte aus Protest zurücktreten sollen.« Aber er gehorchte ebenso wie General Clay.

Nach Berlin zurückgekehrt, rief Clay den Chef des amerikanischen Luftwaffenkommandos in Frankfurt, General Curtis LeMay, an. Laut Murphy entspann sich folgender Dialog:

Clay: »Haben Sie Maschinen, die Kohlen transportieren können?«

LeMay: »Was transportieren?«

Clay: »Kohlen.«

LeMay: »Ich kann so schlecht verstehen, es klingt immer, als ob Sie nach Flugzeugen fragen, die Kohlen transportieren können.«

Clay: »Genau das meine ich.«

LeMay: »Die Luftwaffe transportiert alles.«

Von diesem Tage an steigerten Amerikaner und Engländer die Leistung der Luftbrücke auf ein Maß, das bis dahin nicht für möglich gehalten worden war. Der Rekord wurde im April 1949 mit 13 000 Tonnen Fracht an einem einzigen Tag erreicht: Alle 63 Sekunden landete eine Maschine auf den drei Westberliner Flugplätzen.

Dennoch konnte die Luftbrücke nicht mehr als das Existenzminimum der Berliner sichern. Die noch in Trümmern liegende Stadt sank erneut in Agonie. Aus Mangel an Energie mußten zahlreiche Betriebe schließen, 150 000 Menschen waren arbeitslos. Das Leben war grau und bitter. Es gab kaum Kohle für den Hausbrand und nur vier Stunden Strom am Tag. Man ging bei Kerzenschein zu Bett. Es waren diese endlosen grauen Monate, die die Erbitterung der Berliner gegen die Russen zu einem Gebirge auftürmten, das eine ganze Generation überdauerte.

Reuter fachte den Durchhaltewillen an: »In Berlin ist es kalt, aber in Sibirien ist es noch kälter.« Damals boten die Sowjets allen Westberlinern an, über die Lebensmittelstellen im Ostsektor die höheren Ostrationen zu beziehen. Von 2,5 Millionen Westberlinern machten 85 000 von dem Angebot Gebrauch. Das waren noch nicht einmal vier Prozent der Bevölkerung.

Die Blockade war ein Pokerspiel, das in erster Linie mit

den Nerven der Berliner als Einsatz ausgetragen wurde. Weder die Russen noch die Amerikaner wollten das Spiel überreizen. Nach einem ergebnislosen Notenwechsel klopften die Westmächte beim Kreml an und ließen ihre Botschafter um ein Gespräch mit Stalin bitten.

Am 2. August 1948, abends um 9 Uhr, empfing der Georgier die drei Diplomaten. Er war bester Laune und hörte geduldig zu, als General Bedell Smith, der US-Botschafter, erklärte, eine Blockade sei doch wohl nicht der geeignete Weg, Meinungsverschiedenheiten zu klären.

Stalin war höchst erstaunt. Es sei nicht seine Absicht, die Westalliierten aus Berlin zu vertreiben: »Schließlich sind wir trotz allem noch Verbündete.«

»Stalin«, schreibt Bedell Smith, »lehnte sich in seinen Sessel zurück, zündete sich eine Zigarette an, lächelte mir zu und sagte: ›Wollen wir die Sache heute abend noch regeln?‹«

Natürlich wollte der Amerikaner. Stalin schlug vor, die Ostmark als alleiniges Zahlungsmittel in Berlin einzuführen, die Blockade aufzuheben und den Verzicht auf eine westdeutsche Regierung »nicht mehr zur Bedingung« zu machen.

Das war ein sensationelles Angebot. Bedell Smith: »Wir waren außerordentlich ermutigt und hatten den Eindruck, daß eine Regelung der Berlin-Krise sofort erreicht werden könne.« Aber wie schon in früheren Konferenzen korrigierte Molotow die konziliante Haltung Stalins. In den nachfolgenden Verhandlungen bestand der Außenminister wieder auf einer Vertagung der westdeutschen Regierungsbildung, und als die Botschafter drei Wochen später abermals um eine Audienz bei Stalin baten, holte auch der Chef des Kreml die ursprüngliche Bedingung wieder hervor. Bedell Smith: »Wir hätten in 15 Minuten zu einer Vereinbarung kommen können, wenn wir den Verzicht auf die Londoner Empfehlungen angeboten hätten. Aber dies war natürlich für uns unmöglich.«

Das Gespräch verschaffte Stalin Gewißheit, daß die Westmächte den geforderten Preis nicht zahlen würden. So versuchte er noch einmal, wenigstens die Währungskontrolle über Berlin zu gewinnen, und kam auf seinen ersten Vorschlag zurück: Abzug der Westmark gegen Aufhebung der Blockade.

Die Westmächte waren im Prinzip einverstanden, zumal die Ostmark bis dahin auch in West-Berlin parallel zur Westmark vollgültiges Zahlungsmittel war. So beauftragten die vier Besatzungsmächte ihre Militärgouverneure, eine entsprechende Vereinbarung auszuarbeiten. Zum ersten- und letztenmal seit Ende des Kontrollrats traten die vier Gouverneure wieder zu Verhandlungen zusammen. Aber die Vereinbarung scheiterte an unannehmbaren Detailbedingungen beider Seiten: Die Westmächte verlangten ein Kontrollrecht über die ostzonale Notenbank, und Sokolowski verlangte ein Kontrollrecht über Luftverkehr und Außenhandel Berlins.

Den Ausschlag für das Scheitern der Verhandlungen aber gab Ernst Reuter. Er organisierte die größte Massenkundgebung seit Kriegsende in Deutschland: 350 000 Berliner versammelten sich vor der Ruine des Reichstags. Der große Demagoge hielt seine aufpeitschendste Rede: »Wir wissen, worum es heute geht bei den Verhandlungen im Kontrollratsgebäude. In allem diesem Handeln und Verhandeln wollen wir Berliner kein Tauschobjekt sein. Uns kann man nicht eintauschen. Uns kann man nicht verhandeln, uns kann man auch nicht verkaufen. Es ist unmöglich, auf dem Rücken eines solchen tapferen, standhaften Volkes einen faulen Kompromiß zu schließen . . .«

Was dann geschah, hat Ernst Reuter vermutlich nicht gewollt. Die aufgeputschte Menge holte die rote Fahne, das Wahrzeichen des Sowjetsektors vom Brandenburger Tor und versuchte, in den Ostsektor einzudringen. Es kam zu schweren Zusammenstößen mit der Polizei und sowjetischen Soldaten, die schließlich zur Schußwaffe griffen. Ein 15jähriger Junge wurde getötet.

Mit diesem Tage endeten die Verhandlungen zwischen West und Ost über die Einstellung der Blockade. Reuter hatte sich durchgesetzt. Die Westmark blieb, die Blockade ging weiter. Aber zur Blockade kam jetzt die Spaltung der Stadt. Als Stalin sah, daß weder die Westmächte noch die

Berliner irgendeinen Preis zahlen wollten, beschloß er, wenigstens den Ostteil der Stadt fest in sein Imperium einzugliedern.

4. STALIN SIEGT AM ALEXANDERPLATZ

Das Zentrum Berlins war bei der Sektoreneinteilung den Russen zugefallen. Damit lag auch das Neue Stadthaus, Sitz von Magistrat und Stadtverordnetenversammlung, im sowjetischen Kontrollbereich. Die Berliner Stadtverwaltung unterstand jedoch als einzige in Deutschland einer unmittelbaren Viermächte-Aufsicht, der Alliierten Kommandantur. Das Neue Stadthaus in der Parochialstraße, unweit vom Alexanderplatz, war somit die letzte Insel in Marschall Sokolowskis Machtbereich, wo öffentlich und ungestraft antisowjetische Reden geführt wurden. Diese Insel konnte nur durch physische Gewalt beseitigt werden. Die Sowjets scheuten sich nicht, dieses Mittel anzuwenden.

Die Spaltung Berlins begann jedoch schon vor der Blokkade mit der Erosion der Magistratshoheit im Ostsektor. Der entscheidende erste Schritt war die Spaltung der Polizei. Die Russen hatten sich ihren Polizeichef bei der Eroberung Berlins gleich mitgebracht. Es war Oberst Paul Markgraf, einst Regimentskommandeur der Deutschen Wehrmacht, Stalingradkämpfer und Ritterkreuzträger, der in der Gefangenschaft zum »Nationalkomitee Freies Deutschland« gestoßen war. Er führte die Berliner Polizei stramm nach sowjetischen Richtlinien. Befehle der westlichen Stadtkommandanten ignorierte er.

Berlin war zu jener Zeit offener Kriegsschauplatz aller westlichen und östlichen Geheimdienste. Keine Seite scheute vor Verbrechen zurück. Fast täglich wurden Entführungen und Verschleppungen gemeldet. Markgrafs Polizei erwies sich nicht nur als machtlos, sie war selbst an Entführungen in russischem Auftrag beteiligt. Die Mehrheit des Stadtparlaments sprach deshalb Markgraf schon im November 1947 ihr Mißtrauen aus, aber der Polizeichef blieb weiter im Amt und begann zudem, die Polizei von oppositionellen Beamten zu säubern. Seitdem reichte die Macht des Magistrats im Ostsektor nicht über die Schwelle seines Amtssitzes hinaus, und bald war er selbst nicht mehr Herr im eigenen Hause.

Am Vorabend der Westmark-Einführung stürmten »Demonstranten«, die aus den Betrieben des Ostsektors herangeführt wurden, zum erstenmal den Sitzungssaal des Stadtparlaments. Die Polizei sah tatenlos zu. Drei Tage später wiederholte sich der Vorgang, das Parlament mußte die Sitzung abbrechen. Der Magistrat konnte den Polizeichef zwar nicht ohne Genehmigung des sowjetischen Kommandanten absetzen, aber er suspendierte ihn vom Dienst und ernannte seinen SPD-Stellvertreter Johannes Stumm zum Nachfolger. Der sowjetische Stadtkommandant, General Kotikow, erkannte Stumm nicht an. Die Befehlsgewalt des neuen Polizeichefs blieb auf die Westsektoren beschränkt, wo nun umgekehrt Markgraf nichts mehr zu sagen hatte. Seitdem besaß Berlin zwei Polizeien.

Gleichzeitig gingen die Sowjets dazu über, die Bezirksverwaltungen in ihrem Sektor gleichzuschalten. Exemplarisch ist der Fall des SPD-Bürgermeisters von Pankow, Erich Ryneck. In seinem Rücktrittsschreiben erklärte er: »In den ersten Tagen meines Urlaubs sind die Bezirksräte Meyer und Nest verhaftet worden. Ein gleiches Schicksal ereilte die beiden ehemaligen Mitarbeiter Burkhardt (Amtsleiter des Hochbauamts) und Dr. Wildebrand (Amtsleiter des Kriegsschädenamts). Während meines Urlaubs sind von einer Stellvertreterin unter Berufung auf einen Kommandanturbefehl 229 Angestellte entlassen worden.«

Die Zustände in Berlin nahmen surrealistische Züge an. Die Stadt war blockiert, hatte zwei parallel laufende Währungen, zwei getrennte Polizeien, vier Besatzungsmächte, aber noch immer eine zentrale Stadtverwaltung. Um die Sitzungen des Parlaments im Neuen Stadthaus vor Störungen zu schützen, stellte der Magistrat eine hauseigene, ordnungsgemäß angemeldete Ordnertruppe auf. Doch sie konnte das Ende nicht abwenden.

Die Russen hatten jetzt nichts mehr zu verlieren, denn in eben diesen Tagen vollzog sich nach der wirtschaftlichen auch die politische Spaltung Deutschlands: Unberührt von dem Berliner Drama trat am 1. September 1948 in Bonn am Rhein der Parlamentarische Rat zusammen, um die Bundesrepublik zu gründen. Die Blockade hatte ihr Hauptziel verfehlt.

Fünf Tage später, am 6. September, ließ Marschall Sokolowski das Parlament von Groß-Berlin auseinanderjagen. Auf der Tagesordnung der Sitzung standen die fälligen Neuwahlen zur Stadtverordnetenversammlung. Sie sollten in zwei Monaten stattfinden. Es war abzusehen, daß sie mit einer vernichtenden Niederlage für die SED enden würden. Die SED konnte sich diese Wahlen nicht leisten. Abermals holte sie ihre Rollkommandos heran, um die Sitzung zu sprengen. Diesmal drangen nicht nur zivile »Demonstranten« in den Saal, sondern auch uniformierte und bewaffnete Polizisten des Ostsektors. Sie verhafteten alle Ordner, die sie fassen konnten.

Einige Ordner flüchteten in die Büros der westalliierten Verbindungsoffiziere, doch die Amerikaner und Briten sahen tatenlos zu, wie sie abgeführt wurden. Friedensburg: »Einzig der französische Verbindungsoffizier, Capitaine Ziegelmeyer, zog seine Schußwaffe und verhinderte damit die Festnahme von etwa 20 jungen Leuten. Sie wurden aber belagert, so daß sie die Nacht in dem Dienstzimmer verbleiben mußten.«

Auf Intervention des französischen Stadtkommandanten versprach General Alexander Kotikow den freien Abzug der Deutschen. Die Franzosen schickten einen Lastwagen, um ihre Schützlinge abzuholen. Aber nach wenigen hundert Metern stoppte eine russische Streife den Wagen und führte die Deutschen ab. Der französische Kommandant ließ aus Rache die Funkmasten des (Ost-)Berliner Rundfunks in seinem Sektor sprengen. Die verhafteten Ordner wurden anderthalb Monate später freigelassen.

Das Stadtparlament war damit aus dem Ostsektor vertrieben und bezog im britischen Sektor ein Notquartier in der Technischen Universität. Die SED boykottierte die Sitzungen. Die Volksvertretung für Groß-Berlin war nur noch ein Rumpfparlament in einem Rumpfgebiet.

Nie zuvor hatten die Sowjets so unverhüllt zur nackten Gewalt gegriffen. Eine Woge der Wut schlug ihnen aus dem Westen der Stadt entgegen. Dennoch versuchte Ferdinand Friedensburg auch jetzt noch, wenigstens den einheitlichen Magistrat zu retten. Robert Murphy, Clays politischer Berater, empfahl den nichtkommunistischen Mitgliedern der Stadtverwaltung den Umzug nach West-Berlin. Doch Friedensburg lehnte ab: »Man sollte wissen, daß wir über dem letzten Platz deutscher Einheit nicht die weiße Fahne hissen würden.«

Ernst Reuter war anderer Meinung. Er hatte von vornherein die »Westlösung« vertreten. Er war bereit, den Ostsektor aufzugeben, wenn er dafür ein Russen-freies West-Berlin bekommen konnte. Er sah keinen Sinn mehr darin, im Neuen Stadthaus eine Gespensterregierung zu führen: »Wenn dieses Haus allein von den Russen beherrscht werden soll, haben die Deutschen dort nichts mehr zu suchen.«

So zog der Stadtrat für Verkehr mit seiner Abteilung freiwillig in den Westen. Friedensburg und die Mehrheit des Magistrats blieben, bis sie mit Gewalt an der Amtsausübung gehindert wurden. Am 30. November 1948 war es soweit: Im Admiralspalast, der in jenen Jahren die Funktion des Sportpalasts aus der Hitlerzeit übernahm, versammelten sich 1100 »Delegierte« aus Ostberliner Betrieben und erklärten den Magistrat für abgesetzt. Gleichzeitig wählten sie per Akklamation eine neue Stadtverwaltung aus Vertretern des »Demokratischen Blocks«, in dem die Parteien der Ostzone zusammengeschlossen waren. Zum neuen Oberbürgermeister wurde Friedrich Ebert bestellt, Sohn des ersten Reichspräsidenten, einst Sozialdemokrat und nach Kriegsende Präsident des brandenburgischen Landtags. Das Drama endete mit einer preußischen Groteske. Bürgermeister Friedensburg wollte gewaltsam an seiner Amtsausübung gehindert werden: »So setzte ich mich morgens zur gewohnten Stunde in den Wagen und fuhr durch das Brandenburger Tor den vertrauten Weg in die Innenstadt.« Vor seinem Amtssitz wurde der Bürgermeister von einem Dutzend Polizisten erwartet. Sie versperrten ihm den Weg. Friedensburg: »Ich erwiderte ein wenig scharf, daß ich hier der Hausherr sei und mir von niemandem vorschreiben lasse, ob ich hineingehen dürfe.« Doch der Chef des Polizeikommandos erklärte lakonisch: »Hier bestehen jetzt andere Bestimmungen.« Es war ein klassischer deutscher Satz. Er setzte die Schlußpointe unter die Spaltung Berlins.

So wurde die Hauptstadt geteilt, noch ehe die staatliche Teilung Deutschlands vollzogen war. Anders als die Gründung der Teilstaaten in West und Ost, die sich auf bestehende Ordnungen stützte, bestand die Spaltung Berlins in der Beseitigung einer bestehenden Ordnung. Sie war ein Staatsstreich, konzipiert und gedeckt durch die sowjetische Besatzungsmacht. Das Stigma der Illegalität haftete dem Ostmagistrat an wie ein Geburtsfehler, den er nie los wurde, und übertrug sich von ihm auf die neue Staatsmacht, die ein Jahr später in Ost-Berlin etabliert wurde.

Ernst Reuter konnte sich kein besseres Wahlgeschenk wünschen. Von nun an war er von allen Hemmungen befreit und wurde zum populärsten Träger der »Frontstadt-Ideologie«. Die Masse der Berliner fand in ihm ihren authentischen Sprecher. Die »Westlösung« war für Reuter wie für die Westberliner kein Selbstzweck, sondern Ausgangsbasis für die »Befreiung« des Ostens. Reuters Kernsätze waren eine Kriegserklärung an die Russen:

»Berlin ist keine russische Garnisonsstadt, Berlin ist das Stalingrad der deutschen Freiheit.«

»Wir sind im Bereich der sowjetischen Besatzungsmacht die Insel, das Schaufenster der Freiheit.«

»Wir werden den Tag begrüßen, an dem alle vier Mächte abziehen, am meisten den Tag aber, an dem die Herrschaften abziehen, die zusammen mit der russischen Besatzungsmacht als unsere Kommandanten gekommen sind.«

Mit Einbruch des Blockadewinters, des schlimmsten seit dem Kriege, fanden die Wahlen in West-Berlin statt. Sie brachten der SPD 64,5 Prozent aller Stimmen und Reuter den Triumph seines Lebens. Jetzt konnte er offiziell sein Amt als Stadtoberhaupt antreten, wenn er auch nur noch zwei Drittel Berlins regierte.

Stalin sah, daß er die Partie endgültig verloren hatte. Die Blockade hatte ihm nichts anderes eingebracht als die Unterwerfung des Ostsektors. Er hatte dafür einen immensen Preis an Prestige und politischem Kapital bezahlt. Doch dies waren Imponderabilien, die in Stalins Koordinatensystem nicht vorkamen. Als klar wurde, daß mehr nicht zu erreichen war, blies Stalin die Blockade ab, als sei nichts gewesen. Seine einzige Bedingung: die vier Außenminister sollten noch einmal über die deutsche Frage reden.

Am 12. Mai 1949 um 0.00 Uhr hoben sich die Schranken zwischen Berlin und dem Westen. Nach 322 Tagen war die Blockade beendet. Ein unbeschreiblicher Freudentaumel erfaßte Berlin. Die ganze Not, Angst und Demütigung seit Kriegsende entluden sich in einem Siegesrausch, der alle Skepsis, alles Augenmaß fortriß. Es war, als rächte sich Berlin für die Eroberung von 1945: Zum erstenmal seit ihrem Vormarsch an die Elbe hatte die Sowjetunion vor aller Augen eine Niederlage erlitten.

Ernst Reuter und die Masse der Berliner sahen im Zusammenbruch der Blockade das Signal zum Gegenangriff. In seinem Aufruf am 12. Mai sagte Reuter: »Der Versuch, uns auf die Knie zu zwingen, ist gescheitert . . . Im Osten Berlins muß die Freiheit genauso hergestellt werden wie im Westen. Die Agenten einer fremden Macht, die dort unser Volk mit fremder Unterstützung sich unterworfen haben, werden wir dahin schicken, woher sie gekommen sind . . . Niemand und nichts wird uns hindern können, diesem ersten Sieg den zweiten folgen zu lassen, der unseren Brüdern im Osten die Freiheit bringt und damit Berlin endlich zu einer wirklich freien Stadt macht!«

Hier lag Reuters fundamentaler Irrtum: Die Westmächte, denen er den Sieg verdankte, dachten niemals daran, ihm auf dem Weg nach Osten zu folgen. Sie hatten ihre Interessensphäre abgrenzen wollen. Das war ihnen gelungen. Sie hatten nicht die Absicht, sich mit ihren ehemaligen Verbündeten wegen der deutschen Einheit zu schlagen.

Am Ziel stand an jenem 12. Mai ein einziger Mann: General Lucius Clay. Während der ganzen Blockade war er zwischen Berlin und Frankfurt hin- und hergependelt, um die Geburt des westdeutschen Staates zu überwachen. An diesem Tag erfüllte sich seine doppelte Aufgabe – der Ring um Berlin war gesprengt und die Bundesrepublik Deutschland aus der Taufe gehoben:

»Eine Minute nach Mitternacht kreuzten unsere Züge und Lastwagen, mit Lebensmitteln und Kohle beladen, auf dem Wege nach Berlin die Zonengrenze. Das ständige Dröhnen der Luftbrückenmaschinen war noch zu hören. Am gleichen Morgen flog ich nach Frankfurt, um das Grundgesetz zu genehmigen, das den westdeutschen Bundesstaat entstehen lassen sollte.«

5. STAATSGRÜNDUNG AUF BEFEHL

Die Bundesrepublik war der erste deutsche Staat, der nicht von Deutschen, sondern von Ausländern entworfen und gegründet wurde. Sein Ursprung war eine amerikanisch-britische Idee, der sich Frankreich nach langem Zögern und mit großem Widerwillen anschloß. Durch die »Londoner Empfehlungen« wurde die Bundesrepublik bei den drei Militärgouverneuren »in Auftrag« gegeben. Ihre Gründung erfolgte auf alliierten Befehl, nach alliierten Richtlinien und unter alliierter Aufsicht. Vielleicht war dies der Grund, warum die Bundesrepublik der vernünftigste Staat wurde, den die Deutschen in diesem Jahrhundert gehabt haben.

Der Gründungsbefehl erging sechs Tage nach Beginn der Berliner Blockade. Am 1. Juli 1948 zitierten die Generäle Clay, Robertson und Koenig die Ministerpräsidenten ihrer Zonen ins amerikanische Hauptquartier nach Frankfurt. Im großen Sitzungssaal des IG-Farben-Hauses lasen sie ihnen, jeder abwechselnd, drei Dokumente vor, die Ausführungsbestimmungen der »Londoner Empfehlungen«.

Dokument Nr. 1 ordnete die Einberufung einer »Verfassunggebenden Versammlung« innerhalb von zwei Monaten an. Sie sollte eine Verfassung »föderalistischen Typs« schaffen, »die am besten geeignet ist, die gegenwärtig zerrissene deutsche Einheit schließlich wiederherzustellen«. Die Verfassung sollte die Rechte der Länder schützen, eine »angemessene Zentralinstanz« schaffen und die demokratischen Bürgerrechte garantieren. Sie sollte durch eine Volksabstimmung ratifiziert werden.

Dokument Nr. 2 ordnete die Neugliederung der durch die französisch-amerikanische Zonengrenze zerrissenen Länder im Südwesten an. Dadurch sollte das Ungleichgewicht zwischen den großen und kleinen Bundesländern beseitigt werden.

Dokument Nr. 3 kündigte den Deutschen ein Besatzungsstatut an und machte ihnen klar, daß der neue Staat nur eine sehr beschränkte Souveränität genießen werde. Die Besatzungsmächte behielten sich weiterhin alle Zuständigkeiten vor, »die nötig sind, um den grundsätzlichen Zweck der Besatzung sicherzustellen«. Darunter fielen: die Auswärtigen Beziehungen, der Außenhandel, die Reparationen an die Westmächte, Abrüstung und Entmilitarisierung.

Zum Schluß ersuchten die drei Generäle die Ministerpräsidenten, sich »zu den vorstehenden Grundsätzen zu äußern«, und teilten ihnen mit, daß bis zum Abschluß der Staatsgründung alliierte Verbindungsoffiziere Kontakt mit der Verfassunggebenden Versammlung halten würden, um sie »zu beraten und zu unterstützen«. Damit waren die Chefs der elf Länder und Hansestädte entlassen.

Die Ministerpräsidenten brachen keineswegs in Jubel aus. Sie waren eher bestürzt, besonders über den Stil des Gründungsauftrags. Betroffen versammelten sie sich in einem heruntergekommenen Luxushotel bei Koblenz, dem »Rittersturz«, um über die Ratschläge der unerreichbar fernen Regierungen nachzudenken. Auch die Chefs der großen Parteien, Adenauer und Erich Ollenhauer, in Vertretung des schwerkranken Schumacher, stießen dazu.

Zwei Dinge waren allen Versammelten klar: Diese Staatsgründung war ihrer Form nach peinlich, und sie vollzog die Teilung Deutschlands. Bremens Senatspräsident Wilhelm Kaisen schrieb später: »Jeder, der damals mit diesem Fragenkomplex näher in Berührung kam, weiß zur Genüge, welche Bedenken die Errichtung eines Weststaates in jedem einzelnen hervorrief . . . Ging es doch um die schicksalschwere Frage, ob wir das Angebot der Alliierten ablehnen sollten, weil nicht das ganze Deutschland dabei zum Zuge käme, oder ob wir zugreifen sollten, um erst einmal das Gebiet der drei Zonen wieder zu festigen und damit gleichzeitig eine Ausgangsbasis für neue Bemühungen um das Ganze zu gewinnen, in dem auch Berlin wieder seine alte Stellung als Hauptstadt einnehmen müßte. Nach nächtelangen Beratungen faßten wir einhellig den Beschluß, im Grundsatz zuzustimmen.«

Vor allem Ernst Reuter, der aus dem blockierten Berlin an den Rhein gekommen war, redete den zögernden Westdeutschen die Skrupel aus: »Wir können eines in Berlin und im Osten nicht ertragen – das Verbleiben des Westens in seinem bisherigen unentschiedenen Status. Wir sind der Meinung, daß die politische und ökonomische Konsolidierung des Westens eine elementare Voraussetzung für die Gesundung auch unserer Verhältnisse und für die Rückkehr des Ostens zum gemeinsamen Mutterland ist . . . Deshalb bin ich der Auffassung, daß eine schnelle Entscheidung im Sinne einer positiven Regelung gefunden werden muß.«

Wenn der Held Berlins die Spaltung nicht fürchtete, konnten die Westdeutschen nicht mehr viel dagegen sagen. Dennoch scheuten sie vor dem Begriff »Staat« zurück. Dieses Attribut, das die Bundesrepublik später eifersüchtig vor der DDR verteidigte, wollten die westdeutschen Ministerpräsidenten damals nicht geschenkt haben. Sie fanden aus dem Dilemma einen Ausweg, der typisch werden sollte für die Bonner Politik: Man tat etwas Unwiderrufliches, aber man gab ihm einen harmlosen Namen.

Die passenden Vokabeln stellten sich rasch ein. Reinhold Maier: »Da kam irgend jemand mit dem Wort ›Grundgesetz‹ anstelle von Verfassung. Heute geht dieses Wort jedermann absolut selbstverständlich von den Lippen. Damals war es vielleicht in engsten Fachkreisen bekannt, aber sonst ungebräuchlich. Wie vom Himmel gefallen stand das Wort vor uns und bemächtigte sich unserer Köpfe und Sinne, gewiß nicht der Herzen. Das neue jungfräuliche Wort vermochte so schön trügerisch von der Realität jener Tage wegzuführen.«

Auch für »Verfassunggebende Versammlung« fand sich ein leichtgewichtiges Ersatzwort: »Parlamentarischer Rat«. Diese Bezeichnung trug schon die Ländervertretung der amerikanischen Zone. Sie wurde nun für das neue Gremium übernommen.

Mit einem langen Schriftsatz traten die Deutschen wieder vor die Militärgouverneure. Sie erklärten sich bereit, »an der Lösung der gestellten Probleme schöpferisch mitzuarbeiten«, aber unter gewissen Bedingungen: Es müsse »alles vermieden werden, was dem zu schaffenden Gebilde den Charakter eines Staates verleihen würde«. Es müsse »zum Ausdruck kommen, daß es sich lediglich um ein Provisorium handelt«. Deshalb lehnten die Ministerpräsidenten auch die von den Besatzungsmächten geforderte Volksabstimmung ab: »Ein Volksentscheid würde dem Grundgesetz ein Gewicht verleihen, das nur einer endgültigen Verfassung zukommen sollte.«

Außerdem hatten die Chefs der westdeutschen Länder erhebliche Einwände gegen das angekündigte Besatzungsstatut. Sie wollten mit ihrer Arbeit nicht eher anfangen, bis das Statut auf dem Tisch lag. Es sollte eine Klausel enthalten, die den Gründern des »Gebildes« Rückendeckung vor der Geschichte gab. Im Besatzungsstatut, so forderten die Ministerpräsidenten, solle »deutlich zum Ausdruck kommen, daß auch die nunmehr geplanten organisatorischen Änderungen letztlich auf den Willen der Besatzungsmächte zurückgehen«.

Die Militärgouverneure waren ziemlich enttäuscht über das Verhalten der Deutschen. Sie wollten ihnen endlich einen Staat geben, und die Deutschen machten Schwierigkeiten. Besonders General Clay war gekränkt. »Er beklagte sich, was er bisher nie getan hatte, ernstlich über unsere mangelnde Unterstützung«, erinnert sich Ministerpräsident

Maier. »Was solle aus uns werden, wenn er nicht mehr da sei, sagte er.«

Nach Rückfragen bei ihren Regierungen gaben die Militärgouverneure den Deutschen am 26. Juli Bescheid: Die Ersatzworte »Grundgesetz« und »Parlamentarischer Rat« waren genehmigt, der Verzicht auf die Volksabstimmung ebenfalls, das »Grundgesetz« könne durch die Landtage ratifiziert werden. Nicht genehmigt waren dagegen die Einwände gegen das Besatzungsstatut, vor allem nicht der Wunsch, bis zu seiner Vorlage mit dem Grundgesetz zu warten. Die Alliierten bestanden auf Eile: Am 1. September sollte die Arbeit beginnen, das hieß in fünf Wochen. In fliegender Hast trafen nun die Deutschen ihre Vorbereitungen. Vorab versammelte sich ein Ausschuß aus je einem Vertreter jedes Landes auf Schloß Herrenchiemsee in Oberbayern, um die Grundzüge der Verfassung auszuarbeiten. Den Vorsitz führte der Staatsrechtler Carlo Schmid (SPD), stellvertretender »Staatspräsident« und Justizminister von Württemberg-Hohenzollern (französische Zone).

Er wurde der Architekt des Grundgesetzes. Seine Maxime war: »So wenig Staat wie möglich.« In knapp zwei Wochen arbeiteten die elf Mann des »Verfassungskonvents« den Grundriß der neuen Republik aus. Ihr Papier wurde die Arbeitsgrundlage des Parlamentarischen Rats.

Die Frage, wo die konstituierende Versammlung tagen sollte, wurde handstreichartig gelöst. Alle waren sich einig, daß man in einiger Entfernung vom Frankfurter IG-Farben-Haus beraten wolle. Der Ministerpräsident von Nordrhein-Westfalen, Karl Arnold (CDU), schlug Bonn vor. Es sprach nichts dafür, aber es sprach auch nichts dagegen, denn es ging ja nur um den Tagungsort des Parlamentarischen Rats und nicht um die künftige Bundeshauptstadt. Karl Arnold fragte seine Kollegen telefonisch ab, die Mehrheit hatte nichts gegen Bonn. Erst später entdeckten die meisten, daß Karl Arnold seinem Parteivorsitzenden Konrad Adenauer einen Gefallen getan hatte: Bonn war die nächste Stadt von Adenauers Wohnsitz Rhöndorf.

So traten denn pünktlich am 1. September 1948 die 65 Mitglieder des Parlamentarischen Rats und fünf Berliner

Beobachter in Bonn zusammen. Es war eine denkwürdige Versammlung – der dritte deutsche Versuch, einen demokratischen Staat zu gründen. Der erste Versuch war genau hundert Jahre zuvor von den Fürsten zerschlagen worden, der zweite scheiterte 1933 aus Mangel an Demokraten. Dieser dritte Anlauf war von den Siegern angeordnet worden. Die Delegierten waren nicht gewählt, sondern von den Landtagen nach alliierten Richtlinien entsandt.

Keine Verfassunggebende Versammlung ist je unfeierlicher eröffnet worden. Die erste Sitzung fand mangels geeigneter Räumlichkeiten in der Halle des zoologischen Alexander-König-Museums in Bonn statt. Zur parlamentarischen Arbeit zogen die Delegierten in ein Schulgebäude, die Pädagogische Akademie. Keiner von ihnen ließ sich träumen, daß in dem gleichen Haus am Rhein noch ganze Generationen von Bundestagsabgeordneten sitzen sollten.

Jede der beiden großen Parteien war mit 27 Abgeordneten im Parlamentarischen Rat vertreten, aber in Bonn wiederholte sich die Mitte-Rechts-Koalition des Frankfurter Wirtschaftsrats: Der CDU-Vorsitzende Konrad Adenauer wurde zum Präsidenten des Parlaments gewählt.

Die Alliierten konnten sich keinen besseren Partner wünschen als den alten Herrn aus Rhöndorf. Ihr Konzept von der Struktur des neuen Staates und seiner Rolle in Europa hätte von ihm stammen können. Adenauer war gleichermaßen frei von der gesamtdeutschen Leidenschaft seiner Parteifreunde Kaiser, Lemmer und Friedensburg wie von der Befreiungsideologie seiner sozialdemokratischen Widersacher Schumacher und Reuter. Er war, was Deutschland und Berlin betraf, kühl bis ans Herz.

Adenauer nahm die Teilung Deutschlands und Europas hin als ein historisches Naturereignis, das ihm im übrigen in mancher Beziehung entgegenkam. Schon kurz nach Kriegsende, am 31. Oktober 1945, schrieb er dem Oberbürgermeister von Duisburg, Heinrich Weitz: »In den von Rußland beherrschten Ländern herrschen schon jetzt ganz andere wirtschaftliche und politische Grundsätze als im übrigen Teil Europas. Damit ist die Trennung in Osteuropa, das russische Gebiet, und Westeuropa eine Tatsache . . . Dem Verlangen Frankreichs und Belgiens nach Sicherheit kann auf die Dauer nur durch wirtschaftliche Verflechtung von Westdeutschland, Frankreich, Belgien, Luxemburg, Holland wirklich Genüge geschehen . . . Zum staatsrechtlichen Gefüge des nicht von Rußland besetzten Teiles Deutschlands: Die Schaffung eines zentralisierten Einheitsstaates wird nicht möglich, auch nicht wünschenswert sein, der staatsrechtliche Zusammenhang kann lockerer sein als früher, etwa in der Form eines bundesstaatlichen Verhältnisses.«

Das war im Grunde Adenauers ganzes politisches Programm. Es entsprach bis zur Deckungsgleichheit den Zielen der Westalliierten. Ein historischer Zufall führte den Mann, den ein britischer Brigadier als Oberbürgermeister von Köln abgesetzt hatte, im entscheidenden Augenblick an die entscheidende Stelle. In einem Alter, in dem andere von der Politik Abschied nehmen, entfaltete Konrad Adenauer seine Herrscher-Begabung. Sie war gekennzeichnet durch zwei hervorstechende Eigenschaften – einen untrüglichen Instinkt für die Macht, und einen skrupellosen Umgang mit dem Wort. Er war jederzeit bereit, seine Überzeugung zu verleugnen, wenn er dafür seine Ziele erreichen konnte.

In seiner Antrittsrede vor dem Parlamentarischen Rat erklärte Adenauer unbewegten Gesichts: »Meine Damen und Herren, einmal muß Schluß sein mit dem ewigen Weiterwursteln und Auseinanderfallen. Wir gehen an unsere Arbeit in der festen und unerschütterlichen Absicht, auf diesem Wege wieder zur Einheit von ganz Deutschland zu gelangen.«

Es ist äußerst fraglich, ob Adenauer selbst an diesen Satz geglaubt hat. Doch er wiederholte ihn bis zu seinem Tode mit monotoner Beharrlichkeit. Der Satz sollte die Gründer der Republik freisprechen vom Vorwurf der Spaltung, und er blieb zwanzig Jahre lang das Glaubensbekenntnis, auf dem die Existenz des neuen Staates ruhte.

Carlo Schmid, Vorsitzender des Hauptausschusses, schloß seine Eröffnungsansprache dagegen in Moll: »Mögen die Besatzungsmächte sich der Verantwortung bewußt sein, die sie übernommen haben, als sie sich zu Herren unseres Schicksals aufwarfen.«

6. EINE STIMME MEHRHEIT FÜR ADENAUER

Die Ausarbeitung der westdeutschen Verfassung entwikkelte sich wider Erwarten zu einem langwierigen und verwirrenden Vorgang. Grund dafür waren schwere Meinungsverschiedenheiten zwischen den Besatzungsmächten und den Deutschen sowie unter den Besatzungsmächten und den Deutschen selbst. Alle Beteiligten waren zeitweise nahe daran, die Geduld zu verlieren und alles aufzugeben. Nur zwei Männer nicht: General Clay und Konrad Adenauer.

Die kreuz und quer verlaufenden Auseinandersetzungen galten stets der gleichen Frage: Wie stark soll die künftige Bundesregierung sein? Die Franzosen wollten sie so schwach wie möglich machen, die Amerikaner so stark wie die amerikanische Bundesregierung, nur den Engländern war die Frage ziemlich gleichgültig. Im Parlamentarischen Rat kämpfte die SPD für eine starke Zentralregierung, während die CDU gespalten war. Die nord- und westdeutschen Christdemokraten neigten dem amerikanischen Konzept zu, die süddeutschen dem französischen.

Mehrfach wurden die Parlamentarier nach Frankfurt zitiert, mehrfach wurden sie schriftlich ermahnt, die alliierten Richtlinien einzuhalten. Das Jahr 1948 verstrich, ohne daß das Grundgesetz fertig geworden war. Die Amerikaner drängten auf Tempo, denn am UN-Sitz in New York waren Geheimverhandlungen mit den Russen zur Aufhebung der Blockade im Gange. Eine neue Viermächte-Konferenz wurde anvisiert, bis dahin sollte der westdeutsche Staat das Licht der Welt erblickt haben und die Sowjetunion vor eine vollendete Tatsache stellen.

Endlich, am 11. Februar 1949, legten die Deutschen den Militärgouverneuren ihre Verfassung vor. Die Alliierten trauten ihren Augen nicht: Was der Parlamentarische Rat ausgearbeitet hatte, verletzte die gesteckten Grenzen bei weitem. In einer barschen Antwortnote reichten die Militärgouverneure den Deutschen das Grundgesetz wie eine mangelhafte Examensarbeit zurück, da zahlreiche Bestimmungen »in bedauerlichem Maße« vom Gebot des Föderalismus abwichen.

Der Parlamentarische Rat stand vor der Frage, die alliierten Auflagen anzunehmen oder abzulehnen. Adenauer war für annehmen, die SPD für ablehnen. Die SPD blieb Sieger, denn die Militärgouverneure mußten schließlich auf Anweisung ihrer Außenminister nachgeben. Auf einer letzten Marathonsitzung in Frankfurt billigten sie den vorliegenden Entwurf ohne wesentliche Änderungen.

Adenauer, dem Schumacher ein halbes Jahr später im Bundestag das Wort vom »Kanzler der Alliierten« entgegenschleuderte, hat diese Schmach nie verwunden. Noch in seinen Memoiren behauptet er, die SPD haben mit ihrer harten Haltung gar nichts riskiert, denn sie habe »durch einen britischen Offizier« vorzeitig erfahren, daß die Alliierten zum Nachgeben bereit waren.

Genau vier Jahre nach der Kapitulation des Deutschen Reiches, am 8. Mai 1949, verabschiedete der Parlamentarische Rat die Verfassung, die er nicht Verfassung nennen wollte. In ihrer Präambel hieß es genierlich, sie wolle »dem staatlichen Leben für eine Übergangszeit eine neue Ordnung geben«. Gegen das Grundgesetz stimmten nur die nationalistische Deutsche Partei, die KPD und sechs von acht CSU-Abgeordneten, denen die »neue Ordnung« zu zentralistisch war.

Vier Tage später wurde die Berliner Blockade aufgehoben. General Clay kam nach Frankfurt, um zusammen mit seinen beiden Kollegen das amtliche alliierte Placet für die Verfassung zu geben. Es war seine letzte Amtshandlung vor seinem Abschied von Deutschland. Man hatte sich mit den Formalitäten beeilt, um dem General das Grundgesetz noch persönlich vorlegen zu können. »Ich muß zugeben, daß ich für diese Geste dankbar war«, gestand Clay später.

Dies war sein stolzester Tag. Vor vier Jahren war er in

ein geschlagenes, bis auf die Grundmauern verwüstetes Feindland einmarschiert. Er hatte sich daran gemacht, die Deutschen zunächst in seiner Zone »umzuerziehen« und dann in ganz Westdeutschland einen Staat nach dem Muster angelsächsischer Demokratie aufzubauen. 1945 hätte er das wohl selbst nicht für möglich gehalten. Jetzt war es geschafft.

Mit den Militärgouverneuren Robertson und Koenig feierte Clay das Ergebnis: »Als die Sitzung beendet war, stießen wir mit den Deutschen auf den Erfolg der neuen Regierung an. Nun war der Bau des westdeutschen Staates fertig geworden. Es war das Ende der kommunistischen Expansion.« Es war auch das Ende der deutschen Einheit, aber darüber sprach in dieser Stunde niemand.

Als letzte Hürde mußte das Grundgesetz die Landtage der Bundesländer passieren. Nur Bayern verweigerte die Zustimmung, aus demselben Grund wie die CSU-Abgeordneten in Bonn. Zur Ratifizierung genügten jedoch zwei Drittel der Bundesländer. Am 23. Mai wurde das Grundgesetz verkündet: Mit Ausnahme der kommunistischen Abgeordneten Max Reimann und Heinz Renner (»Ich unterschreibe nicht die Spaltung Deutschlands«) unterzeichneten die Mitglieder des Parlamentarischen Rats, die Ministerpräsidenten der Länder und die Präsidenten der Landtage (einschließlich der Bayern) die Geburtsurkunde des neuen Staates. Am Tag darauf trat das Grundgesetz in Kraft. Die Bundesrepublik Deutschland war konstituiert.

Im Bewußtsein des Staatsvolks ist dieser Tag spurlos vorübergegangen. Es erinnert sich an die Daten des Kriegsendes, der Währungsreform, des späteren Aufstandes im Osten, aber es weiß heute noch nicht, warum jedes Jahr am 23. Mai die Rathäuser und Postämter beflaggt sind. Das Volk war an der Gründung der Bundesrepublik nicht beteiligt. Es war weder gefragt worden, ob es einen Teilstaat wolle, noch, wie er aussehen sollte. Als er schließlich da war, stand ihm die Teilnation gleichgültig gegenüber. Es dauerte lange, bis die Bundesrepublik in das Bewußtsein ihrer Bürger drang, und es dauerte noch länger, bis die

Bürger begriffen, daß mit der Staatsgründung die Teilung Deutschlands besiegelt worden war.

Am gleichen 24. Mai, an dem das Grundgesetz in Kraft trat, wurde die Bundesrepublik als diplomatische Waffe gegen die Sowjets eingesetzt. An diesem Tag traten in Paris die Außenminister der vier Besatzungsmächte erstmals seit anderthalb Jahren wieder zusammen. Die Konferenz war Stalins einzige Bedingung zur Aufhebung der Berliner Blockade gewesen. Zwei neue Männer saßen sich am Verhandlungstisch gegenüber: für die USA Außenminister Dean Acheson, für die Sowjetunion Andrej Wyschinskij.

Nachdem Molotow die Russen in eine ausweglose Sackgasse geführt hatte, sollte Wyschinskij einen neuen Anfang suchen und die alten Fehler wettmachen. Er schlug vor, »die Tätigkeit des Kontrollrats auf der früheren Basis wiederaufzunehmen«, »die Alliierte Kommandantur in Berlin wiedereinzusetzen«, »einen gesamtdeutschen Staatsrat auf der Grundlage der jetzt in der Ostzone und in den Westzonen bestehenden deutschen Wirtschaftsorgane zu errichten«, »die Stadtverwaltung für ganz Berlin wiederherzustellen« und »Wahlen für die Stadtverordnetenversammlung von ganz Berlin durchzuführen.

Der Vorschlag wurde nicht ernsthaft erwogen. Die Westmächte traten erstmals in einer Vierer-Konferenz als geschlossener Block auf und präsentierten den Russen einen gemeinsamen Gegenplan, der die bedingungslose Kapitulation forderte: »Zur Wiederherstellung der Einheit Deutschlands« verlangten die Westmächte den »Beitritt der in der Ostzone liegenden Länder« zur Bundesrepublik. Die Viermächte-Kontrolle solle nach westlichem Vorbild durch eine Hohe Kommission erfolgen, in der es kein Vetorecht mehr geben würde. Außerdem sollten die Sowjets alle beschlagnahmten Industriewerke, die sogenannten »Sowjetischen Aktiengesellschaften«, in deutsche Hand zurückgeben.

Niemand sah diese irrealen Forderungen mit größerem Unbehagen als der Urheber des Dogmas vom »Containment«, George F. Kennan. Noch immer war er Planungschef im amerikanischen Außenministerium, aber niemand hörte mehr auf ihn. Es erging ihm wie dem Erfinder einer Maschine, der mit Entsetzen sieht, was die Leute damit anstellen.

Kennans Unglück bestand darin, daß er seiner Zeit immer um mehrere Jahre voraus war. Er war für die Eindämmung, als seine Regierung noch für die Allianz mit Moskau war. Als die Regierung die Eindämmung dann mit Vehemenz betrieb, hatte Kennan diese Phase schon hinter sich und war für das »Disengagement«, die Entspannung. Er fürchtete das Einfrieren der Interessengrenzen und damit der Spaltung Europas: »Zweck der ›Eindämmung‹ sollte nicht sein, den Status quo zu verewigen; ihr Zweck war vielmehr, eine für uns schwierige Zeit zu überbrücken und uns so weit zu bringen, daß wir mit den Russen die Vorteile und Gefahren dieses Status quo erörtern und uns mit ihnen auf eine Ablösung durch einen gesünderen Zustand einigen könnten . . . Nicht die ›Eindämmung‹ selbst versagte, sondern ihre beabsichtigte Ergänzung, die niemals kam.«

Die Ergänzung war für Kennan: »Große bündnisfreie Räume zwischen den beiden Welten zu bilden – ein entmilitarisiertes vereinigtes Deutschland, ein vereintes Europa, ein entmilitarisiertes Japan . . . Ich sah keinen anderen Weg, um die Zurücknahme der vorgeschobenen russischen Stellungen zu erreichen.«

Sein Stab hatte dementsprechend schon Ende 1947 einen Alternativplan zur Deutschlandfrage ausgearbeitet. Er sah statt der »Westlösung« ein Abkommen mit den Russen über die Errichtung einer gesamtdeutschen Regierung vor. Der Plan wurde jedoch nie in Erwägung gezogen. Sarkastisch bemerkt Kennan: »Die tatsächlichen Vorschläge des Westens auf dem Pariser Treffen der Außenminister im Mai 1949 blieben auf das widerwillige Zugeständnis beschränkt, daß wir, falls die Länder der sowjetischen Zone bereit seien, der westdeutschen Föderation beizutreten, und falls die sowjetischen Herren der Region geneigt seien, ihnen das zu gestatten, gnädigst davon absehen würden, dem im Wege zu stehen.«

Das war durchaus nach Adenauers Sinn. Im Parlamentarischen Rat hatte er in der historischen Nachtsitzung vom

8. Mai, unmittelbar nach Verabschiedung der Verfassung, erklärt: »Das, was bei uns, und das, was in der Ostzone geschieht, ist ebensowenig zu vergleichen, wie Feuer und Wasser zu vergleichen sind. Feuer und Wasser kann man nicht mischen.« Auch für ihn kam stets nur der »Beitritt« der Ostzone zur Bundesrepublik in Betracht.

Nachdem die Pariser Konferenz gescheitert war, zog Konrad Adenauer in den ersten Bundestagswahlkampf. »Wir müssen jetzt an die Macht kommen«, sagte er, »und wir müssen wenigstens acht Jahre lang an der Macht bleiben. Dann haben wir Deutschland auf den Weg gebracht, auf dem es weitergehen kann.«

Der Wahlkampf wurde zu einem erbitterten Duell zwischen Adenauer und Schumacher. Der SPD-Führer, schwer behindert durch die frische Amputation seines linken Beines, stand seinem Gegner an Demagogie nicht nach. Er warf Adenauer Verrat an den Interessen Deutschlands vor: »Wäre es nach den Machtwünschen der Alliierten und ihrer deutschen Helfer gegangen, dann wäre ein lebensfähiger deutscher Staat unmöglich gemacht worden.« Adenauer wiederum versuchte, die SPD mit dem Hinweis zu diffamieren, daß »von den SED-Ministerpräsidenten der Sowjetzone fünf frühere Sozialdemokraten waren«. Aber den Ausschlag gab nicht der Streit um den Patriotismus. Den Ausschlag gab die Sehnsucht der Deutschen nach der »guten alten Zeit«. Sie hatten nach der Überdosis der letzten Jahrzehnte genug von Politik. Sie wollten eine Wirtschaftsgemeinschaft und kein Staatsvolk mehr sein. Sie wollten Geld verdienen und Ruhe haben, und gerade fing das Leben an, wieder ein bißchen Spaß zu machen.

Kurt Schumacher predigte den Deutschen nicht nur Patriotismus, sondern auch Sozialismus, und zwar einen sehr entschiedenen Sozialismus. Adenauer predigte den Deutschen nicht so viel Patriotismus und das Gegenteil von Sozialismus. Er war ein sehr alter Mann und erinnerte die Deutschen an das bürgerliche Zeitalter. Er gewann die Wahl mit einem knappen Vorsprung vor der SPD. Beide Parteien hatten je nur rund ein Drittel der Sitze im Bundestag errungen, denn das erste Parlament der Bundesrepublik besaß noch zehn Fraktionen. Aber Adenauer hatte nie gezweifelt, daß er die erste Bundesregierung führen würde. Die Entscheidung fiel in seinem Haus in Rhöndorf. Eine Woche nach der Wahl lud er seine wichtigsten Parteifreunde ein und verteilte die Ämter: »Ich ging von der gleichsam beschlossenen Tatsache aus, daß eine Regierung mit der FDP und der DP gebildet würde.«

Die Parteifreunde trugen Adenauer das Amt des Bundeskanzlers an: »Ich sah mir die Gesichter an und meinte dann: Wenn die Anwesenden alle dieser Meinung sind, nehme ich an . . . Keiner erhob Widerspruch. Damit war die Sache beschlossen.«

Blieb noch das Amt des Staatsoberhauptes. Adenauer schlug den FDP-Vorsitzenden Theodor Heuss vor. Jemand fragte, ob Heuss denn etwas davon wisse. Adenauer: »Ich mußte ihm erwidern, daß ich leider bisher noch keine Gelegenheit gehabt hätte, mit Professor Heuss zu sprechen.« Es kam noch der Einwand, der Liberale Heuss sei nicht kirchenfreundlich genug. Adenauer: »Er hat eine sehr christlich denkende Frau, das genügt.«

Am 7. September trat der erste Deutsche Bundestag zusammen – in Bonn am Rhein. Die Wahl der Bundeshauptstadt war Adenauers letzter Streich im Parlamentarischen Rat gewesen. Für Bonn als Regierungssitz gab es keine stichhaltigen Argumente. Es lag auf dem linken Rheinufer, abseits der großen Verkehrswege, es hatte keine Räumlichkeiten für Parlament und Ministerien, und es stand in keinerlei symbolischer Beziehung zu den demokratischen Strömungen der deutschen Geschichte. Es war nur von Rhöndorf aus sehr bequem zu erreichen.

In dem gleichen Schulgebäude, in dem er als Präsident des Parlamentarischen Rats amtiert hatte, wurde Konrad Adenauer nun zum Bundeskanzler gewählt. Er erhielt die geringstmögliche Stimmenzahl – eine mehr als die Hälfte. Die ausschlaggebende Stimme war, wie er selbst bestätigte, seine eigene.

Am nächsten Tag begann Adenauer zu regieren. Er regierte 14 Jahre und einen Monat. Vom ersten Augenblick an war er entschlossen, sich durch nichts irritieren zu lassen, was im »Osten« geschah, und aus dem »Provisorium« Bundesrepublik den dauerhaftesten Staat der deutschen Geschichte seit Bismarcks Reichsgründung zu machen.

8. SCHWARZ-ROT-GOLD IM OSTEN

Drei Wochen nach Adenauers Regierungsantritt wurde der ostdeutsche Staat gegründet. Er war die logische Konsequenz der »Westlösung«, niemand konnte überrascht sein. Dennoch war die Deutsche Demokratische Republik eine Herausforderung an den gesunden Menschenverstand, von welchem politischen Standort man sie auch betrachtete.

Die Ostzone war nicht halb so groß wie die drei Westzonen und besaß nur ein knappes Drittel ihrer Bevölkerung. Sie konnte sich noch weniger als die Westzonen auf autarke Strukturen stützen, sie hätte sich auch unter einem milderen Besatzungsregime kaum aus eigener Kraft als Staat stabilisieren können. Nach vierjähriger russischer Besatzung aber war sie nichts als ein ausgebluteter Torso.

Die Ostzone war einst Deutschlands Mitte gewesen, Schnittpunkt der Wirtschafts- und Verkehrsstränge, die von Breslau nach Hamburg, von Königsberg über Berlin nach Köln liefen. Jetzt waren die Stränge gekappt, die Mitte war zum Osten geworden, ein isoliertes Gebiet, abgeschnitten vom schlesischen Hinterland, von den pommerschen und ostpreußischen Kornkammern, von der Rohstoff- und Energieversorgung aus dem Westen.

Zudem hatte Stalin seiner Besatzungszone das volle Joch der Zehn-Milliarden-Dollar-Reparationen auferlegt, die ursprünglich Gesamtdeutschland zugedacht waren. (Erst 1950 reduzierte Stalin die Summe »auf Bitten der Regierung der DDR« um drei Milliarden, und 1954 erließ er ihr den »Rest«, wobei nach Schätzungen westlicher Wirtschaftler die zehn Milliarden voll, wenn nicht sogar überzahlt waren.)

So traf die Ostzone die ganze Wucht der sowjetischen

Demontagen und Produktionsentnahmen. Vor dem Krieg waren Berlin und Sachsen die bedeutendsten deutschen Industriezentren nach dem Ruhrrevier. Im Gebiet der Ostzone wurde fast die Hälfte aller Werkzeugmaschinen, ein Drittel aller Automobile und der Großteil der optischen und feinmechanischen Geräte hergestellt. Nach Kriegszerstörungen und Demontagen war die Ostzone teilweise auf den Stand des 19. Jahrhunderts zurückgefallen. Vom Werkzeugmaschinenbau verblieben 15 Prozent, vom Automobil- und Motorenbau 10 Prozent der Kapazität. Nichtdemontierbare Großanlagen, wie Bergwerke und chemische Anlagen, wurden in »Sowjetische Aktiengesellschaften« (SAG) verwandelt und arbeiteten auf russische Rechnung. Sie machten über ein Viertel der verbliebenen Industriekapazität aus und wurden erst 1953 an die DDR zurückgegeben.

Unter diesen Verhältnissen war die Ostzone auch politisch zur Wüste geworden. Die Russen konnten nicht mehr hoffen, die Bevölkerung für sich zu gewinnen, falls sie das je beabsichtigt hatten. Nach vierjähriger Besatzung hatten sie das letzte politische Kapital verspielt. Es gab außer dem Moskauer Kern der SED-Führung kaum noch jemanden, auf den sie sich verlassen konnten. Es schien ein aussichtsloses Unternehmen, aus dieser ausgepowerten, feindseligen Besatzungszone einen Staat machen zu wollen.

Auch für die SED konnte ein ostdeutscher Pufferstaat unter russischer Vormundschaft kein verlockendes Ziel sein. Zumindest die ehemaligen Sozialdemokraten, aber auch viele Altkommunisten verfolgten die Entwicklung im Westen mit Sorge. Nach der Errichtung der Frankfurter Wirtschaftsregierung erörterte der Parteivorstand der SED die Lage. »Otto Grotewohl stellte fest, daß die Gefahr einer Spaltung Deutschlands aufs höchste gestiegen sei«, berichtet Vorstandsmitglied Erich Gniffke, der ein Jahr später selbst in den Westen floh. »Sollte die Spaltung tatsächlich vollzogen werden, so wäre das ein nationales Unglück.« Die früheren Sozialdemokraten wußten, daß die Spaltung auch die volle Stalinisierung der Partei und der Zone bedeutete.

Der Umschwung kam Mitte 1948. Als in London die Entscheidung für die Westlösung gefallen war, blieb den Sowjets keine andere Wahl, als gleichzuziehen und die Staatsgründung vorzubereiten. Freilich konnte dieser Staat, der kaum lebensfähig erschien, nur einen Sinn haben – Faustpfand und Tauschobjekt zu sein gegen Konzessionen des Westens. So fuhr die sowjetische Besatzungspolitik ab jetzt zweigleisig: Sie betrieb einerseits die politische und wirtschaftliche Stabilisierung ihrer Zone und startete andererseits eine gesamtdeutsche Kampagne zur Wiedervereinigung.

Zur Hundertjahrfeier der Revolution von 1848 wurde der »Zweite Deutsche Volkskongreß« in Ost-Berlin veranstaltet. Er wählte eine Art Parlament, den »Deutschen Volksrat«. Er sollte in ganz Deutschland Unterschriften für ein »Volksbegehren über die Einheit Deutschlands« sammeln (es wurde in Westdeutschland verboten).

Parallel dazu lief die Gleichschaltung der Partei an. Aus der SED, die inzwischen großen Zulauf an Opportunisten aller Art hatte, sollte eine »Partei neuen Typus« werden. Diese Formel hatte Lenin für die Bolschewiki zur Unterscheidung von den »revisionistischen« Parteien geprägt. In der kabbalistischen Sprache der Stalinisten bedeutete die neue Parole: Säuberung der Partei von allen nichtstalinistischen Elementen, straffe Ausrichtung auf die zentrale Führung und vor allem bedingungslose Unterordnung unter die Führung der KPdSU.

Der Mann, der aus der SED die »Partei neuen Typus« machen sollte, war Walter Ulbricht. Er besaß keine Freunde im Zentralkomitee, dafür aber um so mehr in der Sowjetischen Militäradministration. Er war der einzige in der SED-Führung, dem die Russen die Aufgabe zutrauten, die deutschen Genossen auf Vordermann zu bringen.

Es war die Zeit, in der Titos Jugoslawien mit dem Moskauer Bannfluch belegt und aus dem Kominform ausgestoßen wurde. Jetzt war auch der »deutsche Weg zum Sozialismus« tabu, den Altkommunist Anton Ackermann in der SED propagiert hatte. Im September 1948 übte er im »Neuen Deutschland« Selbstkritik: »Von Anfang an war es

Verwaltungsgliederung der DDR

grundfalsch, von einem besonderen deutschen Weg zu sprechen. Im Kampf um die Partei neuen Typus muß deshalb vor allem diese ernste theoretische Entgleisung liquidiert und bis auf den letzten Rest ausgemerzt werden.«

Die Ausmerzung betraf vor allem die einstigen SPD-Mitglieder. Seit der Verschmelzung von SPD und KPD waren alle Führungspositionen der Einheitspartei paritätisch von ehemaligen Sozialdemokraten und Kommunisten besetzt. Ulbricht hatte das immer für Unfug gehalten, jetzt machte er aus dem 1:1-Verhältnis ein 7:2. Wo widerspenstige SPD-Leute nicht von vornherein als »Schumacher-Agenten« ausgestoßen und verhaftet werden konnten, wurden sie auf einflußlose Posten abgeschoben.

Neben der politischen Gleichschaltung liefen 1948 erste Maßnahmen zur wirtschaftlichen Stabilisierung der Ostzone an. Nach der westlichen Währungsreform sahen sich die Sowjets gezwungen, die rücksichtslose Ausbeutung ihrer Zone einzuschränken und wenigstens den Niedergang aufzuhalten. Auf russische Unterstützung konnte die Ostzone dabei nicht rechnen. Sie mußte sich an den eigenen Haaren aus dem Sumpf ziehen.

Die SED beschloß einen ersten Zweijahrplan. »Die Spaltungsaktionen in Westdeutschland«, erklärte die Partei, »haben uns der Möglichkeit beraubt, eine geeinte deutsche Wirtschaft zu erhalten, haben dahin geführt, daß die sowjetische Besatzungszone in der nächsten Zeit gezwungen sein wird, ihre Wirtschaft auf Grund eines eigenen Wirtschaftsplanes aufzubauen.« Das Ziel war bescheiden und schien dennoch unerreichbar: Bis Ende 1950 sollte die Produktion auf 81 Prozent des Standes von 1936 steigen. Als der Plan verkündet wurde, betrug selbst die Produktion von Ziegelsteinen nach ostzonalen Quellen nur 16 Prozent von 1936.

Das Mittel zur Produktionssteigerung übernahm die SED ebenfalls von Stalin. Es war schlichte Menschenschinderei, aber ein anderes Mittel gab es nicht. Nach dem Muster des russischen Grubenarbeiters Alexej Stachanow, der 1935 die Übersoll-Kampagne in der Sowjetunion einleitete, baute die SED einen deutschen Wundermann auf, den Hauer Adolf Hennecke. In der Grube »Karl Liebknecht«

bei Zwickau übertraf er das Soll um 380 Prozent und wurde fortan zum Aushängeschild des »sozialistischen Leistungswillens«. »Übersoll«, »freiwillige Verpflichtungen«, »Aufbauschichten« wurden nun zu Schlagworten einer Kampagne, die das Letzte an physischer und psychischer Kraft aus den Arbeitern herausholte, ohne ihnen die Hoffnung auf bessere Lebensbedingungen zu geben. Es dauerte fünf Jahre, bis der aufgestaute Druck zur Explosion führte.

Unterdessen war in Bonn der Parlamentarische Rat zusammengetreten. Als am Abschluß der westdeutschen Verfassung nicht mehr zu zweifeln war, gaben auch die Russen grünes Licht zur Staatsgründung. Der »Volksrat« arbeitete eine Verfassung aus, die sich im wesentlichen auf jenen Entwurf stützte, den die SED 1946 bei ihrer Gründung für ganz Deutschland vorgeschlagen hatte:

Artikel 1: »Deutschland ist eine unteilbare demokratische Republik. Es gibt nur eine deutsche Staatsangehörigkeit.«

Artikel 2: »Die Farben der Deutschen Demokratischen Republik sind Schwarz-Rot-Gold. Die Hauptstadt der Republik ist Berlin.«

Artikel 3: »Alle Staatsgewalt geht vom Volke aus.«

Diese Verfassung sollte von einem »Dritten Deutschen Volkskongreß« verabschiedet werden. Er wurde am 15. Mai 1949 gewählt, drei Tage nach Genehmigung des westdeutschen Grundgesetzes durch die Militärgouverneure. Gewählt wurde nach Einheitslisten, aber an zahlreichen Orten immer noch in geheimer Abstimmung. Das Ergebnis war eine neue Demütigung für die SED und die Besatzungsmacht. Obwohl offene Opposition nicht mehr möglich war, obwohl massiver Druck ausgeübt wurde und 95,2 Prozent zur Wahl gingen, stimmten nur 66,1 Prozent für die Einheitsliste. Ein Drittel stimmte mit »Nein«, und 6,6 Prozent gaben ungültige Wahlscheine ab. Es war ein blamabler Start, für Walter Ulbricht ein Zeichen, die Zügel noch fester anzuziehen. Seither gab es in der DDR nur noch Abstimmungsergebnisse über 98 Prozent.

Der Volkskongreß wählte aus seinen Reihen einen neuen »Volksrat« von 330 Mitgliedern. Er wurde zur konstituierenden Versammlung der DDR. Im ehemaligen Reichsluftfahrtministerium, das als eines der wenigen Gebäude im Berliner Regierungsviertel den Krieg überstanden hatte, traten die Delegierten am 7. Oktober zusammen. In der parteiamtlichen »Geschichte der deutschen Arbeiterbewegung«, herausgegeben vom Institut für Marxismus-Leninismus, wird die Geburt des ostdeutschen Staates wie folgt beschrieben:

»Auf dem Thälmann-Platz [ehemals Wilhelm-Platz, der Verf.] in Berlin – gegenüber den Ruinen der ehemaligen Reichskanzlei – standen an diesem Tag die Menschen zu Tausenden und begrüßten jede Nachricht mit Beifall, die aus dem Hause des Volksrats nach außen drang . . . Wilhelm Pieck verlas die Gesetzesvorlage über die Konstituierung des Deutschen Volksrats als Provisorische Volkskammer der Deutschen Demokratischen Republik. Er betonte die Rechtmäßigkeit dieses Vorgangs, war der Volksrat doch aus dem Dritten Deutschen Volkskongreß hervorgegangen, der wiederum in allgemeiner und freier Wahl von der Bevölkerung gewählt worden war. Wie ein Mann erhoben sich die 300 Abgeordneten zum Zeichen des Einverständnisses von ihren Plätzen. Beifall brandete auf. Er ging in einem Jubelsturm unter, als die Nachricht die Tausenden auf dem Thälmann-Platz erreichte. Die Hochrufe auf die junge Republik wollten kein Ende nehmen. Lieder der Arbeiterbewegung und der Jugend wurden angestimmt.«

Die neue Volkskammer wählte den ehemaligen KPD-Führer Wilhelm Pieck zum Staatsoberhaupt und den einstigen SPD-Vorsitzenden Grotewohl zum Ministerpräsidenten des zweiten deutschen Staates. Während die Gründung der Bundesrepublik sang- und klanglos über die Bühne gegangen war, veranstaltete die SED die bis dahin größte Demonstration in Ost-Berlin. Sie endete mit einem Fackelzug Unter den Linden. Vor der düsteren Ruinenkulisse der einstigen Prachtstraße verkündete der FDJ-Vorsitzende Erich Honecker: »Wir grüßen aus tiefstem Herzen das Neue, unsere strahlende freudige Zukunft.«

Eines hatten die beiden Staaten am Anfang ihrer Existenz jedoch gemeinsam: Beide wagten es nicht, sich zu sich selbst zu bekennen, beide bezeichneten sich als Notlösung, beide beschworen die Einheit Deutschlands. »Die Bildung dieser Regierung«, erklärte Grotewohl vor der Volkskammer, »ist der Ausdruck der Tatsache, daß die demokratischen Kräfte unseres Volkes nicht gewillt sind, sich mit der Spaltung unseres Vaterlandes abzufinden, sondern daß sie von dem eisernen Willen beseelt sind, beharrlich den Kampf um die Wiedererlangung der Einheit Deutschlands und seiner Souveränität auf demokratischer und friedlicher Grundlage zu führen.«

Kaum war der zweite deutsche Teilstaat aus der Taufe gehoben, proklamierte Konrad Adenauer das Erstgeburtsrecht der westdeutschen Republik. Vor dem Bundestag erklärte er: »Die Bundesrepublik Deutschland ist bis zur Erreichung der deutschen Einheit die alleinige legitimierte staatliche Organisation des deutschen Volkes. Sie erkennt Erklärungen der Sowjetzone nicht als verbindlich für das deutsche Volk an.«

Die beiden illegitimen deutschen Kinder des kalten Krieges begannen ihre Privatfehde um das Erbe des Deutschen Reiches. Es dauerte 23 Jahre, bis sie einen Waffenstillstand schlossen.

V. KAPITEL

DIE GROSSE ILLUSION

»Der Weg in die europäische Gemeinschaft erschien mir der beste Dienst, den wir den Deutschen in der Sowjetzone erweisen konnten.«

Konrad Adenauer

1. MIT KANONEN ZUR EINHEIT?

Es gab immer nur zwei Wege zur Lösung der deutschen Frage: die Teilung Deutschlands mit fester Bindung der Teilstaaten an die beiden Blöcke – oder die dauerhafte Neutralisierung Gesamtdeutschlands mit einer Sicherheitsgarantie beider Blöcke. Für beide Lösungen gab es gute Gründe, aber beide schlossen sich gegenseitig aus.

Die Westmächte hatten sich frühzeitig für die Teilung entschieden. Sie entsprach ihren ursprünglichen Kriegszielen, denn sie nahm Deutschland die Möglichkeit, abermals eine unkontrollierte und abenteuernde Politik zu treiben. Außerdem bot ihnen die Teilung den Vorteil, gut zwei Drittel des deutschen Wirtschaftspotentials und drei Viertel der deutschen Bevölkerung dem eigenen Block nutzbar zu machen und Westdeutschland als Sperr-Riegel gegen die Sowjetunion aufzubauen.

Die Sowjets verfolgten bis zur Mitte der fünfziger Jahre die andere Lösung: die »Zähmung« Deutschlands nicht durch Teilung, sondern durch vertragliche Neutralisierung. Das bedeutete für Moskau zwar Verzicht auf einen kommunistischen Satellitenstaat, aber Gewinn größerer Sicherheit durch ein blockfreies Gesamtdeutschland mit begrenztem und kontrolliertem Militärpotential.

Für die Deutschen selbst bedeutete die Westlösung: einerseits Wohlstand und Sicherheit vor den Russen, andererseits Preisgabe der Ostzone, Isolierung West-Berlins, Todesstreifen und permanenter kalter Bürgerkrieg. Die gesamtdeutsche Lösung bedeutete: Wiedereingliederung der Ostzone, Hauptstadt Berlin, kaum geringerer Wohlstand als bei der Westlösung, aber Rücksichtnahme auf die Sowjets und ein unwägbares Sicherheitsrisiko.

Die Deutschen konnten nur zwischen diesen beiden Möglichkeiten wählen. Sie konnten sich nie die Rosinen aus beiden Kuchen picken, sie konnten nie die Vorteile der Westlösung und dazu die Wiedervereinigung haben. Genau dies aber propagierte Konrad Adenauer, und genau dies war die Fata Morgana, der seine Anhänger zwanzig Jahre lang nachjagten.

Adenauers Kernsatz lautete: »Erst wenn der Westen stark war, konnte sich ein wirklicher Ausgangspunkt für Friedensverhandlungen ergeben mit dem Ziel, nicht nur die Sowjetzone, sondern das ganze versklavte Europa östlich des Eisernen Vorhangs zu befreien, und zwar in Frieden zu befreien. Der Weg in die europäische Gemeinschaft erschien mir der beste Dienst, den wir den Deutschen in der Sowjetzone erweisen konnten.«

Dies war das Glaubensbekenntnis der Politik der Stärke. Ihr Ziel bestand im »Rollback«, im Zurückdrängen der sowjetischen Interessensphäre auf ihre Vorkriegsgrenzen, in der »Revision der Ergebnisse des Zweiten Weltkriegs«, wie Moskau es nicht zu Unrecht nannte. Es war eine Politik, die schließlich scheitern mußte, weil sie auf einer grotesken Unterschätzung der russischen Militärmacht beruhte. Schon als Adenauer die Regierung übernahm, war das amerikanische Atomwaffenmonopol gebrochen, und jeder westliche Generalstäbler rechnete damit, daß die Russen auch bald die Wasserstoffbombe haben würden. Die Überlegenheit des Westens konnte auch bei zunehmendem Rüstungswettlauf nicht mehr wachsen, sie konnte nur noch abnehmen.

Alles spricht jedoch dafür, daß Adenauer gar nicht ernsthaft erstrebte, was er unaufhörlich als sein Ziel ausgab. Er war ein tiefer Skeptiker und hartgesottener Realist. Das einzig Irrationale an Konrad Adenauer war seine ständige Beteuerung, die Wiedervereinigung gegen die Russen ertrotzen zu können.

In seiner praktischen Politik ging Adenauer von der Teilung Europas als einer unabänderlichen Tatsache aus, so wie er es 1945 formuliert hatte. Sein Blick war stets nach Westen gerichtet. Nach dem Krieg begrüßte er es ausdrücklich, daß Berlin seine Funktion als deutsche Hauptstadt verloren hatte. 1946 sagte er in einem Interview mit der »Welt«, dem Blatt der britischen Militärregierung: »Ich gehe mit Jakob Kaiser in einer Frage auseinander, nämlich wo das Schwergewicht des künftigen Deutschland liegen soll. Wir im Westen lehnen vieles, was gemeinhin ›preußischer Geist‹ genannt wird, ab. Ich glaube, daß die deutsche Hauptstadt eher im Südwesten liegen soll als im weit östlich gelegenen Berlin . . . Wer Berlin zur Hauptstadt macht, schafft geistig ein neues Preußen.«

Für Konrad Adenauer war die Westlösung auch die Endlösung der deutschen Frage. Für ihn lag jenseits der Elbe nicht mehr ein Stück Deutschland, sondern die »Sowjetzone«. Die Begriffe »Deutschland« und »deutsches Volk« waren in Adenauers Sprache stets Synonyme für Westdeutschland und westdeutsches Volk. Der Teilstaat gerann in seiner Begriffswelt zum Ganzen. Die Gewissensskrupel der westdeutschen Ministerpräsidenten bei der Konstituierung der Bundesrepublik blieben ihm immer fremd.

Als Adenauer die Regierung übernahm, waren weder die Bundesrepublik noch die DDR souveräne Staaten, sondern halbautonome Gebiete unter Oberaufsicht der Besatzungsmächte. Die Vollmachten beider Regierungen beschränkten sich auf die innere Verwaltung, und selbst auf diesem Gebiet war die Autonomie im Westen laut Besatzungsstatut (und im Osten de facto) wieder aufhebbar, und zwar nicht nur im Notstandsfall, sondern auch »als Folge internationaler Verpflichtungen« der Besatzungsmächte.

Dies konnte auch eine Viermächte-Vereinbarung über die Wiedervereinigung sein. Noch war also keine unüberwindbare völkerrechtliche Hürde aufgerichtet, noch konnten die beiden Teilstaaten jederzeit aufgehen in einem gesamtdeutschen Staatsverband.

Doch es war Adenauers erklärtes Ziel, den Status der Halbautonomie so rasch wie möglich zu überwinden, die Bundesrepublik als gleichberechtigtes Vollmitglied in den Westblock zu integrieren und das Besatzungsregime durch ein Bündnissystem zu ersetzen. Dieses Ziel verfolgte er mit bohrender Zähigkeit. Es war ein durchaus lohnendes Ziel, vorausgesetzt, man verzichtete auf die Wiedervereinigung.

Mit sicherem Instinkt erkannte Adenauer den einfachsten und schnellsten Weg zur Souveränität und Westintegration: die Aufrüstung der Bundesrepublik. Es war ein Gedanke, den nur ein großer Zyniker und Menschenverächter fassen konnte. Angesichts der Verwüstungen des Zweiten Weltkriegs, angesichts des tiefsten Zusammenbruchs der deutschen Geschichte abermals eine deutsche Armee aufzustellen, bedeutete eine ungeheuerliche Provokation des eigenen Volkes und ganz Europas, im Osten wie im Westen. Doch das schreckte Adenauer nicht. Soldaten waren für ihn Attribute der Staatlichkeit, die Aufrüstung ein Transportmittel auf dem Wege zur Bündnisfähigkeit. Mit bemerkenswerter Offenheit gesteht der Kanzler in seinen Memoiren: »Drei Faktoren waren es, die meine Haltung in der Frage der Wiederbewaffnung beeinflußten: 1. die Erlangung der Souveränität als Folge der Wiederaufrüstung, 2. Sicherheit gegenüber der Aufrüstung der Sowjetzone durch Sowjetrußland, 3. die Herbeiführung einer europäischen Föderation.«

Einen vierten Grund nennt der Kanzler nicht – die Allianz mit der deutschen Rechten. Adenauer hätte für seinen Marsch nach Westen nie eine Mehrheit gefunden, wenn er seine Politik als das deklariert hätte, was sie war: die Integration als Endziel. Er konnte nur eine Mehrheit finden, wenn er die Wiedervereinigung auf seine Fahnen schrieb und den Marsch nach Westen als Umweg zur »Befreiung« des Ostens deklarierte. Damit gewann er den Heerhaufen der antibolschewistischen Kreuzzügler, die das Schlagwort vom »Rollback« todernst nahmen und den Tag herbeisehnten, an dem sie Seite an Seite mit Amerika Rache für Stalingrad nehmen konnten.

So faßte der Kanzler, kaum daß er den Amtseid geleistet hatte, den folgenschwersten Entschluß der Nachkriegsgeschichte. Wenn es ein Mittel gab, den westlichen Teilstaat untrennbar an den Westblock zu schmieden, dann war es die Wiederbewaffnung. Sie konnte nicht wieder rückgängig gemacht werden wie eine separate Postverwaltung. Sie bedeutete die Verschmelzung mit dem verbündeten Lager. Sie mußte die Brücken zur Wiedervereinigung abbrechen. Die Remilitarisierung veränderte die deutsche Situation von Grund auf.

Die heimliche Diskussion um einen westdeutschen »Wehrbeitrag« – so hieß das Ersatzwort für Aufrüstung – war schon vor Konstituierung der Bundesrepublik in Gang gekommen. Das Startsignal dafür war die Gründung der NATO im April 1949. Das Militärbündnis zwischen den USA und den westeuropäischen Staaten bildete die Krönung der Containment-Politik. Kern des Nordatlantikpakts war die amerikanische Sicherheitsgarantie: Die USA betrachteten jeden Angriff auf einen NATO-Staat als einen Angriff gegen sich selbst.

Der amerikanische Generalstab plante von vornherein die Einbeziehung des westdeutschen Vorfeldes und des westdeutschen Menschenreservoirs in den Pakt. Auch Präsident Truman hatte keine Skrupel, den gleichen Deutschen, die man erst vor vier Jahren mühsam niedergerungen hatte, wieder Gewehre in die Hand zu drücken: »Ohne ihre Mitwirkung mußte Europas Verteidigung eine bloße Nachhutaktion an der Atlantikküste bleiben. Nur unter Mitwirkung Deutschlands war eine Tiefenverteidigung denkbar, die einem von Osten kommenden Angriff Halt gebieten konnte.«

Die Vorverhandlungen zwischen Amerikanern und Deutschen fanden unter konspirativen Umständen statt, denn noch waren alle Planungen für einen deutschen

»Wehrbeitrag« illegal. Auch nach Gründung der Bundesrepublik zählten »Abrüstung und Entmilitarisierung« laut Besatzungsstatut zu den Hauptzielen der Besatzung. Gleichwohl hatten die Amerikaner schon lange eine in ihren Diensten stehende deutsche Spionageorganisation unter dem ehemaligen Wehrmachtgeneral Reinhard Gehlen aufgebaut. Über ihn ließen sie jetzt vertrauliche Kontakte zu hohen deutschen Offizieren laufen. Unter denen, die nicht abgeneigt waren, wieder Uniform zu tragen, trat General Hans Speidel hervor, einst Rommels Stabschef und Mitverschwörer des 20. Juli. Er ließ dem Bundeskanzler eine Denkschrift zukommen, die die Aufstellung westdeutscher Truppen empfahl.

Etwa zur gleichen Zeit verpflichtete sich Adenauer im »Petersberger Abkommen«, dem ersten Vertrag zwischen der Bundesrepublik und den westlichen Besatzungsmächten, »die Entmilitarisierung des Bundesgebietes aufrechtzuerhalten und mit allen zur Verfügung stehenden Mitteln die Neubildung irgendwelcher Streitkräfte zu verhindern«.

Zehn Tage nach Unterzeichnung dieser Verpflichtung, am 3. Dezember 1949, ließ der Kanzler den ersten Versuchsballon zum Thema Wiederbewaffnung steigen. In einem Interview mit der amerikanischen Provinzzeitung »Cleveland Plain Dealer« äußerte er die Idee, »ein deutsches Kontingent innerhalb einer europäischen Armee« aufzustellen.

Im Ausland wie im Inland erhob sich ein Sturm der Empörung. Der Zweite Weltkrieg war so frisch in Erinnerung, als seien gestern die letzten Bomben gefallen, die letzten Toten begraben worden. Noch lagen Deutschlands Städte in Ruinen, noch waren Zehntausende von Kriegsgefangenen nicht heimgekehrt, noch suchten Millionen Menschen ihre Angehörigen. Nichts war in Deutschland so unpopulär wie der Gedanke an eine neue Armee. In all den Diskussionen seit 1945, in denen nach der Ursache der Katastrophe und nach den Schuldigen gefragt wurde, war unter dem Strich immer dasselbe als Wurzel allen Übels übriggeblieben: der Befehl, der blinde Gehorsam, der Offizier, die Uniform.

Die Erfahrung von Stalingrad, der Tod in den brennenden Städten, die Flüchtlingstrecks aus Ostpreußen hatten die Deutschen tiefer verwandelt, als alle amerikanischen Umerziehungsoffiziere ahnten. Das, was das »deutsche Wesen« 75 Jahre lang gekennzeichnet hatte, von Bismarcks Reichsgründung durch »Blut und Eisen« über die »Stahlgewitter« des Ersten Weltkriegs bis zu Hitlers Eroberungsfeldzügen – das Militärische als Lebensprinzip der Nation –, war zum Segen Europas zerbrochen: Carlo Schmid drückte es mit dem Satz aus: »Man sollte den Deutschen den einzigen Sieg lassen, den sie 1945 errungen haben: den Sieg über den Kommiß.«

Nur Adenauer schien von alledem nichts zu spüren. Er war nie Soldat gewesen. Er hatte nie den physischen Untergang einer Armee erlebt, nie die Ohnmacht des Soldaten gegenüber dem Befehl. Adenauer war nicht erschrocken, aber doch erstaunt über die Reaktion auf seine Militärpläne. Noch in seinen Memoiren schreibt er verwundert: »Nun war die Lage in der Bundesrepublik aber so, daß die weit überwiegende Mehrheit des deutschen Volkes dem Gedanken an die Wiedererrichtung einer deutschen Wehrmacht völlig negativ gegenüberstand.«

Die populäre Parole dieser Zeit hieß »Ohne mich«. Doch der Widerstand beeindruckte Adenauer nicht. Er hielt sich an den Rat des amerikanischen Hochkommissars John J. McCloy, der ihm einmal empfahl, »man müsse sich freimachen von emotionalen Störungen. Man solle als erwachsener Mensch sich nicht von den wankelmütigen Gefühlen des Mobs und der Straße beeinflussen lassen.« So startete denn der Bundeskanzler die Wiederbewaffnung. Sie wurde zu einem sechsjährigen Kampf, der die gerade gegründete Republik in ihre schwerste Krise stürzte und die Halbnation im Westen noch einmal spaltete.

2. KONSPIRATION ZUR AUFRÜSTUNG

Ein unerwartetes Ereignis im Fernen Osten kam Adenauer bei seinen Rüstungsplänen zu Hilfe: Am 25. Juni 1950 überschritten nordkoreanische Truppen den 38. Breitengrad und fielen in Südkorea ein. Die Parallele zu Deutschland schien auf der Hand zu liegen: Korea war wie Deutschland seit dem Zweiten Weltkrieg in einen kommunistischen und einen antikommunistischen Teil gespalten. Es gab allerdings einen bedeutsamen Unterschied zu Deutschland – aus Korea waren die Russen und Amerikaner vor Ausbruch des Bürgerkrieges abgezogen.

Der nordkoreanische Angriff beschleunigte die alliierten Pläne zur Nutzbarmachung westdeutscher Wehrkraft. Das Stichwort gab der greise Winston Churchill, seit 1945 Oppositionsführer im Unterhaus. Als erster entwickelte er einen Plan, wie man deutsche Soldaten bekommen und dennoch die Wiedergeburt der Wehrmacht vermeiden konnte – nämlich durch Schaffung einer internationalen Europa-Armee unter alliiertem Kommando. Die Deutschen sollten Truppenkontingente beisteuern, aber unter Aufsicht der Verbündeten bleiben. Am 11. August 1950 – als Südkorea unter der kommunistischen Offensive zusammenzubrechen drohte – stellte Churchill seinen Plan im Straßburger Europarat zur Diskussion. Sein Antrag auf »sofortige Schaffung einer europäischen Armee unter einheitlichem Kommando« wurde mit Mehrheit angenommen.

Jetzt hielt Adenauer die Zeit für reif, den Alliierten offiziell die Wiederbewaffnung vorzuschlagen. General Speidel hatte ihm dazu ein zweites, detailliertes Memorandum ausgearbeitet. Es sah die Aufstellung von 15 Divisionen innerhalb von zwei Jahren vor. Diese Truppen, einschließlich taktischer Luftwaffe und Küstenschutz-Marine, müßten »bis zum Korps« unter deutschem Befehl kämpfen und den Westalliierten völlig gleichgestellt sein. Als Anfang könne man die bestehenden »Labour Service Groups« (ehemaliges deutsches Wehrmachtspersonal, das für die Besatzungstruppen arbeitete) in Kampfverbände verwandeln.

Diese Gedanken trug Adenauer den drei alliierten Hochkommissaren in ihrem Amtssitz auf dem Petersberg bei Bonn vor: »Ich legte den Hochkommissaren dar, daß ich daran dächte, eine deutsche Verteidigungsmacht aufzubauen in Form von freiwilligen Formationen bis zu einer Gesamtstärke von 150 000 Mann.«

Die Hochkommissare sprangen keineswegs vor Begeisterung auf, denn offiziell war das Thema immer noch tabu. Außerdem hatten sie ihre Zweifel bezüglich der Wehrfreudigkeit der Deutschen. Aber der Kanzler beruhigte sie: »Auf die Frage, ob die westdeutsche Polizei gegen die sowjetzonale Polizei kämpfen werde, antwortete ich aus voller Überzeugung mit einem ›Ja‹. Die westdeutschen Verteidigungskräfte würden kämpfen, wenn sie über Waffen verfügten, die den Erfolg garantierten.«

Die Hochkommissare sagten zunächst weder ja noch nein zu den Plänen des Kanzlers. Aber es stand eine Außenministerkonferenz in New York bevor, der Adenauer das Angebot formell unterbreitete. Er beschwor damit die erste schwere Regierungskrise seiner knapp einjährigen Amtszeit herauf: Der Kanzler konsultierte weder das Kabinett, geschweige denn das Parlament. sondern gab das schicksalsschwere Papier mit der Militär-Offerte dem amerikanischen Hochkommissar McCloy auf die Reise nach Washington mit.

Die für die Außenminister bestimmte Denkschrift forderte die Verstärkung der Besatzungstruppen und wiederholte das Angebot zu Wiederaufrüstung: »Der Bundeskanzler hat ferner seine Bereitschaft erklärt, im Falle einer Bildung einer westeuropäischen Armee einen Beitrag in Form eines westdeutschen Kontingents zu leisten.«

In einem zweiten Papier forderte Adenauer als Gegenleistung für den Wehrbeitrag die Souveränität. Wörtlich: »Wenn der deutsche Mensch Opfer jeder Art bringen soll, so muß ihm wie allen anderen westeuropäischen Völkern der Weg zur Freiheit offen sein. Die Bundesregierung hält es daher für notwendig, daß die Beziehungen Deutschlands zu den Besatzungsmächten auf neue Grundlagen gestellt werden.« Das Memorandum verlangte die Beendigung des Kriegszustandes und ein »System vertraglicher Abmachungen« anstelle des Besatzungsstatuts.

Am Tag nach der Abreise McCloys las der Kanzler seinen verblüfften Ministern die beiden Papiere vor, die er der amerikanischen Regierung als offizielle Anträge der

Bundesrepublik Deutschland übermittelt hatte. Obwohl ihn das Petersberger Abkommen verpflichtete, »den Aufbau der Regierung freiheitlich zu gestalten und autoritäre Methoden auszuschalten«, hatte er eine Entscheidung, die das Leben der Nation veränderte, nicht anders gefällt als irgendein Despot in Südamerika.

Innenminister Gustav Heinemann, zugleich Präses der (gesamtdeutschen) Synode der Evangelischen Kirche, trat darauf als erstes Kabinettsmitglied der Bundesrepublik zurück. In einer öffentlichen Erklärung sagte er: »Das Aufstellen deutscher Truppen bedeutet eine schwere Belastung unserer sozialen Gestaltungsmöglichkeiten . . . Die andere Belastung erwächst unserer jungen Demokratie. Die militärische Macht wird nahezu unvermeidlich wieder eine eigene politische Willensbildung entfalten . . . Wenn das Wiedererstehen des deutschen Soldaten in Frankreich ein tiefes Mißbehagen auslöst, was wird es in Rußland auslösen, das den Furor teutonicus in besonderem Maße erlebt und ebenfalls nicht vergessen hat . . . Ein europäischer Krieg wird obendrein ein Krieg von Deutschen gegen Deutsche. Er wird sich, wie die Dinge liegen, auf deutschem Boden abspielen. Wer auch immer die erste Schlacht gewinnt – der Stoß geht durch deutsches Land . . . Wir werden unser Volk nur dann demokratisch machen, wenn wir Demokratie riskieren. Wenn in irgendeiner Frage der Wille des deutschen Volkes eine Rolle spielen soll, dann muß es in der Frage der Wiederaufrüstung sein.«

Für diese Haltung hatte Adenauer nur Spott übrig: »Heinemann vertrat nach seinen eigenen Worten den Standpunkt, daß man, nachdem Gott den Deutschen zweimal die Waffen aus der Hand geschlagen habe, sie nicht zum drittenmal ergreifen dürfe . . . Ich hatte Herrn Heinemann erwidert, daß nach meiner Auffassung Gott uns den Kopf zum Denken gegeben habe und die Arme und Hände, um damit zu handeln.«

In New York, auf der Außenministerkonferenz, erzielten Adenauers Papiere einen vollen Erfolg: Die drei Westmächte einigten sich grundsätzlich auf deutsche Soldaten. US-Außenminister Dean G. Acheson kabelte an Präsident Truman nach Washington, »daß wir in dieser Frage nicht als Bittsteller bei der deutschen Regierung aufzutreten, sondern lediglich den Vorschlag Adenauers zu akzeptieren brauchen, deutsche Einheiten in die Verteidigung Europas einzuschalten, sofern er seinerseits zur Annahme gewisser Bedingungen bereit ist.«

Schon 14 Tage später berief General Speidel zusammen mit General Adolf Heusinger, im Krieg Chef der Operationsabteilung des Heeres, die erste Arbeitskonferenz einstiger Wehrmachtsführer ein. Da jede militärische Aktivität immer noch illegal war, fand die Versammlung unter strengster Geheimhaltung im Eifelkloster Himmerod statt.

Die ehemaligen Generäle, Admiräle und Obersten beschlossen, sich wieder zur Verfügung zu stellen. Allerdings forderten sie die Erhöhung der geplanten Armee auf 250 000 Mann und das Ende der »Diffamierung« ihres Berufsstandes. Tatsächlich gelang ihnen vier Monate später ein »Durchbruch«: Als General Eisenhower zum Oberkommandierenden der NATO-Streitkräfte ernannt wurde, rangen Speidel und Heusinger ihrem einstigen Gegner und Besatzungsherrn eine öffentliche Ehrenerklärung ab: »Mir ist bewußt geworden, daß ein echter Unterschied besteht zwischen den deutschen Soldaten und Offizieren auf der einen und Hitler und dessen verbrecherischer Gruppe auf der anderen Seite. Was mich betrifft, so glaube ich nicht, daß der deutsche Soldat als solcher seine Ehre verloren hat.«

Unterdessen richtete Adenauer, obwohl immer noch auf Entmilitarisierung verpflichtet und von keinem Parlament autorisiert, ein getarntes Verteidigungsministerium ein. An seine Spitze stellte er den CDU-Abgeordneten Theodor Blank. Er trug den Titel »Beauftragter des Bundeskanzlers für die mit der Vermehrung der alliierten Truppen zusammenhängenden Fragen«.

Bis dahin waren die militärischen Geschäfte Adenauers von dem einstigen Panzergeneral Gerhard Graf von Schwerin wahrgenommen worden. Seine Mission war monatelang völlig unbemerkt geblieben. Er hauste im Dachgeschoß des Kanzleramts unter der Bezeichnung »Zentrale für Heimatdienst«. Da der General Gewissensbisse bekam, verriet er alles der Presse – und wurde prompt gefeuert. So war die Entstehung der Bundeswehr begleitet vom Ruch illegaler Machenschaften und Skandal.

Von den Besatzungsmächten verfolgte Frankreich die ganze Entwicklung mit Unbehagen. Es hatte sich immer gegen die Gründung der Bundesrepublik gesträubt, und kaum war der westdeutsche Staat geboren, wurde sein Alptraum wahr: Am Horizont erschien abermals der düstere Umriß des deutschen Stahlhelms. Die einzige Möglichkeit, die künftige deutsche Militärmacht zu zähmen, lag in Churchills Europa-Plan. Unter dem Druck der Amerikaner und Briten entwickelte der französische Ministerpräsident René Pleven, ein alter Kampfgefährte de Gaulles, die Idee weiter und trug sie im Oktober 1950 der Pariser Nationalversammlung vor.

Was die Abgeordneten erlebten, war die Geburtsstunde eines politischen Homunkulus, der die europäische Politik vier Jahre lang vergiftete und schließlich von seinen eigenen Erzeugern umgebracht wurde. Es war die »Europäische Verteidigungsgemeinschaft« (EVG).

Die EVG sollte eine Unterabteilung der NATO sein. Ihr gehörten jene sechs kontinentaleuropäischen Staaten an, die später die Europäische Wirtschaftsgemeinschaft bildeten: Frankreich, Italien, die Benelux-Staaten und die Bundesrepublik. Diese sechs Länder sollten ihre Truppen zu einer internationalen Streitmacht mit einheitlichen Uniformen, einheitlicher Ausbildung, einheitlichen Laufbahnen und einheitlicher Besoldung verschmelzen. In dieser »Europa-Armee« sollte es keine größeren nationalen Truppenverbände als die Division von 13 000 Mann geben. Alle Führungsstäbe sollten integriert sein, das heißt aus Offizieren verschiedener Nationalitäten bestehen.

Zwar war auch eine politische Organisation mit Ministerrat, Parlament und Gerichtshof geplant, doch das Schwergewicht der EVG lag auf der Armee. Was allenfalls der

Schlußstein einer europäischen Föderation sein konnte, sollte das Fundament der EVG werden.

Der unverdaubare Brocken für Frankreichs Parlamentarier bestand darin, daß die USA und England der Organisation nicht angehörten. Damit blieben, von den Kleinstaaten und dem geographisch entfernten Italien abgesehen, Frankreich und die Bundesrepublik als Kern der Europa-Armee übrig. Ausgerechnet Frankreich also sollte Deutschland zuliebe auf seine nationale Armee, auf seine Souveränität verzichten – Frankreich, das tiefer als alle anderen Partner von Deutschland gedemütigt worden war, das die verlorene Macht zurückgewinnen wollte, das sich gerade in den Indochina-Krieg stürzte.

Das EVG-Projekt konnte nicht gutgehen. Trotzdem begannen Anfang 1951 die Verhandlungen. Zur Debatte standen zwei Verträge: der EVG-Vertrag, der die Gemeinschaft der Sechs gründete, und der »Generalvertrag« zwischen Bonn und den drei Westmächten, der das Besatzungsregime in der Bundesrepublik beenden sollte. Beide Verträge waren miteinander gekoppelt und konnten nur zusammen in Kraft treten. Nachdem Adenauer den Alliierten deutsche Soldaten angeboten hatte, machten die Alliierten die Aufrüstung zur Bedingung für die Gewährung der Souveränität. Damit war Adenauers politisches Schicksal an die Wiederbewaffnung Westdeutschlands gekettet.

3. DIE AUSGESCHLAGENE CHANCE

Wenn es Adenauers Absicht war, durch die Drohung mit der Aufrüstung die Wiedervereinigung zu erzwingen, dann trug seine Politik bald die ersten Früchte. Stalin begriff, daß er einen Preis zahlen mußte, um die Wiederbewaffnung der Deutschen zu verhindern. Er schickte zunächst die DDR vor. Am 30. November 1950, zwei Monate nach dem New Yorker Aufrüstungsbeschluß, erhielt Konrad Adenauer einen Brief seines ostdeutschen Kollegen Otto Grotewohl. Es war die erste Kontaktaufnahme zwischen den beiden deutschen Regierungen.

Der Fall wurde zum Exempel für die Entwicklung der innerdeutschen Beziehungen in den nächsten beiden Jahrzehnten: Der Osten bot Gespräche an – der Westen stellte Vorbedingungen, der Osten ging darauf ein – der Westen stellte höhere Bedingungen, der Osten ging darauf nicht mehr ein – der Kontakt brach ab. Es war ein getreues Spiegelbild der Beziehungen zwischen Washington und Moskau.

Grotewohl schlug einen »gesamtdeutschen Konstituierenden Rat« vor. Der Rat sollte »paritätisch« von Ost- und Westdeutschland besetzt werden und zwei Aufgaben haben: »unverzügliche« Beratungen über einen Friedensvertrag aufnehmen und »freie gesamtdeutsche Wahlen für eine Nationalversammlung« durchführen.

Niemand in Bonn war für Annahme dieses Vorschlags, aber Bundespräsident Theodor Heuss plädierte dafür, den Brief wenigstens zu beantworten. Er schickte Adenauer sogar einen Antwortentwurf, um »Ihnen ein bißchen Ihrer großen Belastung abzunehmen«. Aber Adenauer war auch gegen den Briefverkehr: »Die vorgeschlagene Kontaktaufnahme mit den Zonenmachthabern war dazu geeignet, uns bei den Westalliierten als schwankend und unzuverlässig erscheinen zu lassen.«

Nach Rücksprache mit den Hochkommissaren stellte der Kanzler anderthalb Monate nach Grotewohls Briefeingang auf einer Pressekonferenz Vorbedingungen für freie Wahlen, darunter die Wiederherstellung der demokratischen Freiheiten vor Abhaltung der Wahlen und die Auflösung der kasernierten Volkspolizei. Die Wahlen selbst müßten unter internationaler Kontrolle stattfinden.

Grotewohl antwortete seinerseits mit einer Regierungserklärung, in der er auf die paritätische Zusammensetzung des Gesamtdeutschen Rats verzichtete und sich mit Gesprächen über die beiderseitigen Polizeistreitkräfte einverstanden erklärte. Schließlich wandte sich die Volkskammer mit der Parole »Deutsche an einen Tisch« direkt an den Bundestag und schlug gemeinsame Beratungen über einen Friedensvertrag vor.

Der Bundestag verabschiedete daraufhin, mit den Stimmen der SPD, ein 14-Punkte-Programm für gesamtdeutsche Wahlen. Punkt 12 forderte abermals die »internationale Kontrolle«. Zur Verblüffung der Bonner Parlamentarier erklärte die Volkskammer »die Mehrzahl« der 14 Punkte für »annehmbar«. Die internationale Kontrolle wolle man »auf der gesamtdeutschen Beratung erörtern«.

Bundesregierung und Bundestag lehnten jedoch weiterhin direkte Gespräche ab und schraubten die Bedingungen höher: Über die Westalliierten schalteten sie die UNO ein: Eine Untersuchungskommission der Vereinten Nationen sollte prüfen, ob in Ostdeutschland die »Voraussetzungen« zur Abhaltung freier Wahlen bestünden. Damit verlangten sie nichts anderes als die Selbstaufgabe des DDR-Regimes bereits vor der Wahl.

Erwartungsgemäß lehnte Grotewohl die UN-Kontrolle ab (»unvereinbar mit dem Prinzip der Nichteinmischung in innere Angelegenheiten«), legte aber statt dessen einen detaillierten Gesetzentwurf für gesamtdeutsche Wahlen vor. Dieser Entwurf war das weitestgehende ostdeutsche Gesprächsangebot, das je auf dem Tisch lag.

Der Ostberliner Vorschlag lehnte sich eng an das Wahlgesetz der Weimarer Republik an. Er enthielt 42 Artikel, darunter folgende:

»Jedem Kandidaten zur Nationalversammlung wird in allen deutschen Ländern und in Groß-Berlin unbehinderte Bewegungsfreiheit gewährleistet.«

»Alle Beschränkungen im Personenverkehr innerhalb Deutschlands, einschließlich Groß-Berlins, werden spätestens drei Monate vor der Wahl aufgehoben.«

»Die Kennzeichnungen des Stimmzettels durch den Wähler erfolgen in einem der Beobachtung durch andere Personen entzogenen Teil des Wahllokals . . . Ein Verzicht auf diese Vorschriften ist unzulässig. Jeder Verstoß macht den gesamten Wahlakt des Stimmbezirks ungültig.«

»Die Nationalversammlung tritt spätestens am 30. Tage nach der Wahl in Berlin zusammen.«

Das einzige, was in diesem demokratischen Bilderbuch-

Wahlgesetz fehlte, war die vom Westen verlangte internationale Kontrolle. Doch selbst wenn man massive Wahlbeeinflussung in der DDR unterstellte, selbst wenn man annahm, daß alle Ostdeutschen für die SED stimmten, hätte die SED auf Grund der Bevölkerungszahl der DDR nur rund ein Viertel aller Mandate der Nationalversammlung erringen können. Zusammen mit den westdeutschen Kommunisten wären es immer noch weniger als ein Drittel gewesen. Doch auch dieses – höchst unwahrscheinliche – rote Drittel war dem Bundestag zuviel für ein gesamtdeutsches Parlament. Er legte ein eigenes Wahlgesetz vor, das auf internationaler Kontrolle bestand. Damit war der innerdeutsche Dialog vorerst beendet.

Inzwischen näherten sich die EVG-Beratungen dem Ziel. Die Verträge standen vor dem Abschluß. Der Countdown für die deutsche Wiederbewaffnung tickte unaufhaltsam durch Europa. Fünf Minuten vor Zero griff Stalin selbst ein. Nachdem sich alle Vorgeplänkel zwischen den Deutschen als fruchtlos erwiesen hatten, holte der Kreml seine schwerste und letzte Waffe aus dem diplomatischen Arsenal: Am 10. März 1952 übersandte die Sowjetunion ihren drei ehemaligen Verbündeten den Entwurf für einen Friedensvertrag mit Deutschland. Es war der erste Friedensvorschlag, der von einer der Besatzungsmächte auf den Tisch gelegt wurde.

Der Entwurf beschränkte sich auf wenige Leitsätze. Die wichtigsten enthielten folgende Vorschläge:

1. Deutschland wird wiedervereinigt und neutralisiert.
2. Die Ostgrenze Deutschlands ist die Oder-Neiße-Linie.
3. Alle Besatzungsmächte ziehen ihre Truppen ein Jahr nach Inkrafttreten des Friedensvertrages ab.
4. Alle im Industrieplan des Kontrollrats vorgesehenen Beschränkungen für die deutsche Wirtschaft werden aufgehoben.
5. Deutschland kann Truppen zur Selbstverteidigung unterhalten.

In der Begleitnote schlug die Sowjetunion die »schleunigste Bildung« einer gesamtdeutschen Regierung vor. Sie sollte an den Verhandlungen über den Friedensvertrag beteiligt werden.

Es ist schwer vorstellbar, daß irgendeine russische Regierung jemals zu einem weitergehenden Friedensvorschlag bereit gewesen wäre. Stalins Angebot war das Äußerste, was die Deutschen von Moskau erwarten konnten. Der Preis, den Deutschland für den Zweiten Weltkrieg zahlen sollte, war die endgültige Abtretung der Ostgebiete (die Anerkennung eines Faktums also) und die Neutralisierung – gewiß ein harter Tribut, doch gemessen an Jalta und Potsdam, gemessen auch an den ursprünglichen Plänen der Westmächte, war es wenig. Es war vor allem die einzige Brücke zur Wiedervereinigung. Auf die kürzeste Formel gebracht, bedeutete Stalins Angebot: Moskau verzichtet auf die DDR, wenn ganz Deutschland außerhalb der NATO bleibt.

Die Frage, ob Stalin das Angebot ernst meinte, brachte seither Berge von bedrucktem Papier hervor. Doch die Antwort ist einfach: 1. Die Westmächte fürchteten offensichtlich die Seriosität der Offerte, denn sie weigerten sich, mit den Russen darüber zu verhandeln. 2. Die DDR war 1952 für Stalin keinen roten Heller mehr wert. Sie war zu einem gigantischen Denkmal für das Versagen des Sozialismus geworden.

Während die Bundesrepublik dank Marschall-Plan und Marktwirtschaft schon 1950 die Vorkriegsproduktion erreichte und 1952 das »Wirtschaftswunder« erste Knospen trieb, war die DDR hoffnungslos zurückgefallen. Abgeschnitten vom Wirtschaftskreislauf des Westens, ohne Unterstützung durch die Besatzungsmacht, war sie dazu verurteilt, mit veralteten Maschinen in notdürftig geflickten Werkhallen mörderische Produktionsauflagen zu erfüllen. So entstand ein Kreislauf des Desasters: Die unerträglichen Lebensbedingungen ließen den Flüchtlingsstrom anschwellen (allein 1951 gingen 165 000 Menschen in den Westen), die wachsende Unruhe führte zur Verstärkung des Terrors

(15 Jahre Zuchthaus für den Schüler Hermann Flade wegen Verteilung illegaler Flugblätter und Angriffs auf einen Volkspolizisten), und der Terror wiederum steigerte den Haß gegen das ganze System.

Die Russen konnten nicht hoffen, die Dinge in absehbarer Zeit in den Griff zu bekommen. Ostdeutschland war aus einer Beute zu einem Ballast für die Sowjetunion geworden. Es war nicht nur wirtschaftlich ausgeblutet, es war auch ein nationaler Fremdkörper im Sowjetimperium, neben Ungarn das einzige nichtslawische Territorium und dazu das einzige geteilte Land. Immer würden die Ostdeutschen nach Westen blicken, immer würden sie zur größeren, reicheren Bundesrepublik streben, immer würde es Unruhe geben, immer Streit mit den Westmächten. Die DDR war 1952 nur in einer Hinsicht von Wert für die Sowjets – als Faustpfand gegen die westdeutsche Aufrüstung. Diesen Wert wollte Stalin einhandeln.

Wenn Adenauers Politik der Stärke tatsächlich die Wiedervereinigung zum Ziel hatte, dann war jetzt der Augenblick gekommen, den Trumpf auszuspielen, dann mußte man sich jetzt mit den Russen zusammensetzen. Doch weder Adenauer noch die Westmächte hatten vor, die Wiedervereinigung mit der vierten Besatzungsmacht auszuhandeln, das heißt, einen Preis dafür zu zahlen. Die Wiedervereinigung war für den Westen seit der Pariser Konferenz von 1949 nur noch denkbar als bedingungsloser Anschluß der DDR an die Bundesrepublik. So lautete die Antwort auf Stalins Wiedervereinigungsofferte »nein«.

Adenauer hat abwechselnd zwei Argumente gegen die Neutralisierung angeführt. Das erste war rein demagogisch: »Der Untergang Deutschlands war dann sicher. Die abendländisch-christliche Kultur, das Christentum selbst würden vernichtet. Blieb Deutschland Niemandsland und käme es schließlich doch zu einer kriegerischen Auseinandersetzung in Europa, so würde Deutschland Kampffeld für die aufeinanderprallenden Kräfte werden.«

Das zweite Argument Adenauers war politisch begründet: »Ohne Deutschland [gemeint ist Westdeutschland, der Verf.] war die Integration Europas von Anfang an zum

Scheitern verurteilt . . . Die Folgen waren mit Sicherheit vorauszusehen: Angesichts der kleinlichen europäischen Händel und der Unmöglichkeit, ein vereintes Europa zu schaffen, würde sich das amerikanische Volk enttäuscht von Europa abwenden. Ein wichtiges Ziel Sowjetrußlands wäre erreicht. Der Weg für eine schrittweise erfolgende kommunistische Unterminierung der einzelnen europäischen Staaten läge frei. Das Endergebnis wäre die völlige Abhängigkeit von der Sowjetunion.«

Vierzig Jahre später war die Gefahr, daß sich die USA »enttäuscht von Europa abwenden«, trotz der Integration Westdeutschlands nicht geringer – bloß mit dem Unterschied, daß die Russen noch immer an der Elbe standen.

Damals setzte Adenauer alles daran, Verhandlungen über Stalins Wiedervereinigungs-Offerte zu verhindern: »Ich begrüßte es daher sehr, daß die drei Westmächte unmittelbar nach Bekanntwerden der russischen Note mir durch ihre Hohen Kommissare am 11. März 1952 erklärten: ›Wir werden in unseren Verhandlungen über die Europäische Verteidigungsgemeinschaft und über den Deutschlandvertrag so fortfahren, als ob es die Note nicht gäbe!‹«

Die Antwort der Westmächte an Moskau war von kaum zu überbietender Schroffheit. Sie lehnten Verhandlungen über einen Friedensvertrag rundheraus ab, »bis die Voraussetzungen für freie Wahlen (in Ostdeutschland) geschaffen sind«. Außerdem forderten die Westmächte, »daß es der gesamtdeutschen Regierung sowohl vor wie nach Abschluß eines Friedensvertrages freistehen sollte, Bündnisse einzugehen«.

Dies hieß mit anderen Worten: Die Sowjetunion sollte als Vorleistung ihr Regime in der DDR fallenlassen, worauf sich eine gesamtdeutsche Regierung der EVG anschließen und die NATO damit bis an die Oder vorrücken konnte. Wenn dies alles geschehen sei, könne man mit den Russen über einen Friedensvertrag reden. Was es dann noch zu verhandeln gäbe, sagten die Westmächte freilich nicht. Ihre Note wiederholte das nun schon vertraute Spiel, das maximale Verhandlungsziel zur Vorbedingung für die Aufnahme von Verhandlungen zu machen.

Trotz dieser Abfuhr schlug Moskau in einer zweiten Note abermals Gespräche vor. Es erklärte sich bereit, zur Wahlvorbereitung in der DDR zwar nicht eine UNO-Kommission, aber eine Kontrollkommission der vier Besatzungsmächte zuzulassen. Wieder sagten die Westmächte »nein«. Eine Viermächte-Kommission wäre »nicht in der Lage, zu zweckdienlichen Entscheidungen zu gelangen«. Außerdem führten die Westmächte ein neues Argument gegen die Neutralisierung an: »Die sowjetischen Vorschläge würden einen ständigen Zustand der Spannung und Unsicherheit in Mitteleuropa bedeuten.«

Inwiefern die Wiedervereinigung und Neutralisierung Deutschlands mehr Spannung und Unsicherheit erzeugen sollte als die Spaltung Deutschlands mit der Zonengrenze und einem ständig bedrohten Außenfort Berlin – das blieb für immer unerklärt.

Moskau wiederholte seine Vorschläge in einer dritten und vierten Note, der Westen sagte ein drittes und viertes Mal »nein«. Adenauer griff persönlich ein, um einen Notentext zu korrigieren, der ihm zu weich erschien. Er hatte nur eine Sorge: daß die Unterzeichnung der EVG-Verträge verzögert werden könne.

Tatsächlich hatte sich der innenpolitische Widerstand gegen die Aufrüstung und die »Westverträge« zusehends verstärkt. Der SPD erging es wie George Kennan: Sie hatte die Westlösung als erste betrieben, sie hatte die Bundesrepublik mitgegründet, die Verfassung war zum großen Teil eine Schöpfung von Sozialdemokraten – aber was Adenauer nun daraus machte, das hatte die SPD nie gewollt: die Integration in ein westliches Militärbündnis, die Remilitarisierung, den Abschied von der Wiedervereinigung.

Schon im Mai 1950, als offenbar wurde, daß die Bundesregierung und die Westmächte die Wiederbewaffnung betrieben, eröffnete die SPD auf ihrem Hamburger Parteitag den Kampf: »Der Parteitag bekräftigt den Entschluß des Parteivorstandes, sich jeder Remilitarisierung Deutschlands mit allen Mitteln zu widersetzen. Die SPD lehnt eine

Wiederaufrüstung und die Einführung einer militärischen Dienstpflicht ab.«

In der ersten Militärdebatte des Bundestages, am 7. Februar 1952, erklärte Erich Ollenhauer: »Die These: Wenn wir den Westen stark machen, wird die Einheit Deutschlands leichter zu erzwingen sein, entspricht doch einem machtpolitischen und illusionären Denken, das nicht im deutschen Interesse liegt . . . Wir Sozialdemokraten werden keine Politik akzeptieren, die auf kaltem Wege das Provisorium Bundesrepublik in ein kaum noch zu korrigierendes Definitivum umwandelt.«

Die sowjetische Friedensvertrags-Offerte und das westliche »Nein« brachten das innenpolitische Klima auf Siedehitze. Kurt Schumacher, schon dem Tode nahe, beschwor Adenauer in einem persönlichen Brief, »daß nichts unversucht bleiben darf, festzustellen, ob die Sowjetunion eine Möglichkeit bietet, die Wiedervereinigung Deutschlands in Freiheit durchzuführen«. Selbst wenn die Viermächte-Verhandlungen scheitern sollten, »wäre doch auf jeden Fall sichergestellt, daß die Bundesrepublik keine Anstrengungen gescheut hat, um eine sich bietende Chance zur Wiedervereinigung Deutschlands und Befriedung Europas auszunützen«.

Der Appell war vergebens. Adenauer wollte nicht mit den Russen verhandeln, er wollte die EVG-Verträge. Am 26. Mai 1952, mitten während des Notenwechsels mit Moskau, war es soweit: Im gleichen Saal des Bundesrates, in dem das Grundgesetz unterzeichnet worden war, setzte Adenauer seine Signatur unter den Generalvertrag. Tags darauf wurde in Paris der EVG-Vertrag abgeschlossen. Ein Militärprotokoll setzte den Umfang der westdeutschen Streitkräfte fest: Zwölf Divisionen für das Heer und 1350 Flugzeuge für die Luftwaffe, insgesamt 407 000 Mann. Damit stellte die Bundesrepublik nach Frankreich die stärkste Armee auf dem europäischen Kontinent. Die »Ergebnisse des Zweiten Weltkrieges« waren in der Tat revidiert.

Am gleichen Tag, als Adenauer das Vertragswerk unterzeichnete, riegelte die DDR die innerdeutsche Grenze ab.

Die bis dahin relativ offene Demarkationslinie wurde durch eine fünf Kilometer breite »Sperrzone« und einen zehn Meter breiten »Kontrollstreifen« zur Todesfalle. »Bei Nichtbefolgung der Anordnungen der Grenzstreifen wird von der Waffe Gebrauch gemacht«, hieß es in der Verordnung des Staatssicherheitsministers Zaisser.

Die Nation war nun auch physisch getrennt. Von diesem Tage an fraß sich die Grenze Jahr für Jahr tiefer in die Landschaft ein. Doch Adenauer sah an diesem Tage nicht die Grenze, er sah nur die Verträge mit dem Westen. Dieser Tag war der erste Höhepunkt seiner Staatsführung: »Mit der Unterzeichnung . . . war ein Schlußstrich gezogen unter den schrecklichen Krieg und die Nachkriegszeit. Wir Deutsche würden in eine politische Gemeinschaft eintreten, in der wir alle Rechte, aber auch alle Pflichten mit unseren Partnern teilen würden . . . Eine ganze Epoche war beendet, die Epoche der Feindschaften und Kriege zwischen den Völkern des Westens.«

Doch der feierlichen Unterzeichnung fehlte das Triumphale. In Bonn weigerte sich die Opposition, an der Zeremonie teilzunehmen. Der Generalvertrag war für die Sozialdemokraten unannehmbar: Er enthielt eine »Bindungsklausel«, die auch ein wiedervereinigtes Deutschland auf die EVG verpflichtete. Damit schloß der Vertrag die Wiedervereinigung praktisch aus. Kurt Schumacher nannte ihn eine »plumpe Siegesfeier der alliierten-klerikalen Koalition über das deutsche Volk« und erklärte: »Wer diesem Generalvertrag zustimmt, hört auf, ein guter Deutscher zu sein.«

Drei Monate später war der Oppositionsführer tot. Hunderttausende gaben ihm das letzte Geleit auf dem Weg von Bonn nach Hannover. Kein deutscher Nachkriegspolitiker wurde mit größerer Anteilnahme zu Grabe getragen. Schumacher war in seinem letzten Lebensabschnitt zum Tribun der gesamtdeutschen Strömung in der Bundesrepublik geworden, aber er war gescheitert. Er selbst hatte einst die Weichen gestellt und den Zug in Bewegung gesetzt, der jetzt unter anderem Kommando mit halsbrecherischem Tempo ins westliche Bündnissystem fuhr. Zu spät sah Schumacher, daß die ganze Richtung falsch war, wenn man die Wiedervereinigung mit dem abgehängten Waggon Ostdeutschland wollte.

4. WENN ALLES IN SCHERBEN FÄLLT . . .

Die Verträge waren unterzeichnet, der Kampf um die Ratifizierung begann. Er wurde zur Zerreißprobe für die junge deutsche Demokratie. Dem Kanzler war kein Preis zu hoch, um sein Ziel in kürzester Zeit und auf kürzestem Wege zu erreichen. Er setzte alle Machtmittel ein, die ihm die Verfassung bot, und er ging darüber hinaus bis an den äußersten Rand der Legalität. Das Ergebnis war jener Zustand, für den das zynische Wort »Kanzlerdemokratie« gefunden wurde – ein verwüstetes innenpolitisches Schlachtfeld, ein Freund-Feind-Verhältnis, das das politische Klima der Bundesrepublik bis in die sechziger Jahre vergiftete.

Als der Kampf begann, trieb der kalte Krieg dem Höhepunkt entgegen. Es wurde schwierig, in der Bundesrepublik öffentlich eine abweichende Meinung zu propagieren. Die Kommunisten wurden wieder in die Illegalität gedrängt. Eine von der KPD und von Pazifisten organisierte »Volksbefragung gegen die Remilitarisierung«, die nichts anderes als eine Unterschriftensammlung war, wurde kurzerhand verboten, Funktionäre, die trotzdem weitermachten, zu hohen Zuchthausstrafen verurteilt.

Die nichtkommunistischen Gegner der Verträge sahen sich mehr und mehr als »Mitläufer Moskaus« verteufelt. Das Wort »Neutralist« erhielt im Sprachgebrauch des Regierungslagers eine diffamierende, ehrabschneiderische Funktion. Als Kirchenpräsident Martin Niemöller, prominentester Pazifist Deutschlands und einer der wenigen Deutschen, die weltweit Achtung genossen, nach Moskau fuhr, um die Lage zu erkunden und über die Entlassung deutscher Kriegsgefangener zu reden, erklärte Adenauer: »Ich finde es tief bedauerlich, daß ein Deutscher in der Position des hessischen Kirchenpräsidenten Niemöller seiner Regierung auf diese Weise und zu diesem Zeitpunkt in den Rücken fällt.«

Adenauers einstiger Innenminister Gustav Heinemann, der nach seinem Austritt aus der CDU die Gesamtdeutsche Volkspartei gründete und unerschrocken für die Neutralisierung Deutschlands eintrat, erklärte am 25. September 1952: »Es bestehen in der Bundesrepublik weithin Zweifel, ob eine freie Meinungsäußerung noch möglich ist, ohne Beruf und Familie zu gefährden. In einer geradezu erschütternden Fülle liegen uns Erklärungen aus dem ganzen Bundesgebiet vor, daß man nicht offen für seine politische Überzeugung eintreten möchte, weil man fürchten müsse, zur Rechenschaft gezogen zu werden.«

Eine von Heinemann mitorganisierte »Notgemeinschaft für den Frieden Europas« zog eine Unterschriftenliste für eine Petition an den Bundestag zurück, um die Unterzeichner nicht zu gefährden. In der Petition hieß es: »Wir sind der Überzeugung, daß eine westdeutsche Aufrüstung nicht der Sicherung des Friedens dient, sondern die Kriegsgefahr erhöht . . . Aufrüstung wird den Eisernen Vorhang dichter schließen und 18 Millionen Deutsche, vor allem die junge Generation, den Gegenmaßnahmen des Sowjetsystems preisgeben . . . Wir fordern den Bundestag deshalb auf, die geplante Aufrüstung abzulehnen.«

Spendenaufrufe der Notgemeinschaft wurden von den Landesbehörden verboten, und selbst die SPD drohte ihren Mitgliedern mit Ausschluß, wenn sie der Notgemeinschaft beitraten. Die parlamentarische Opposition war von der Furcht gelähmt, als »sowjetfreundlich« und »neutralistisch« – was für Adenauer das gleiche war – abgestempelt zu werden. So nahm die SPD den Kampf gegen die Verträge auf, ohne sich offen zu der einzig denkbaren Alternative zu bekennen. Einen Monat nach Schumachers Tod verabschiedete der Dortmunder Parteitag ein neues Aktionsprogramm, in dem es einerseits hieß: »Die Sozialdemokratische Partei lehnt dieses Vertragssystem ab und kämpft gegen seine Ratifizierung« – und andererseits: »Die Sozialdemokratische Partei kennt die tödlichen Gefahren der sowjetischen Politik für ganz Europa. Das Instrument dieser Politik ist heute der kalte Krieg. Diesen kalten Krieg muß die freie Welt gewinnen.«

Doch auf dem gleichen Parteitag gab es auch Delegierte, die unzweideutig Stellung bezogen. Einer von ihnen war der Berliner Abgeordnete Willy Brandt. Er sagte: »Falls sich heute oder morgen die weltpolitische Möglichkeit bietet, dieses Deutschland auf dem Boden der Freiheit wiederzuvereinigen, dann sollten wir auch ja dazu sagen, wenn ein solches in Freiheit wiedervereinigtes Deutschland – ich möchte hinzufügen leider – nicht militärpolitischer Bestandteil des atlantischen Bündnissystems sein könnte.«

Willy Brandt war der Schützling Ernst Reuters. Er spiegelte die Meinung des Berliner Bürgermeisters wider. Reuter war seit der Blockade ein anderer geworden. Die Enttäuschung darüber, daß »der zweite Schritt«, die »Befreiung der Ostzone«, ausgeblieben war, hatte ihn wie viele Sozialdemokraten zur Überprüfung seiner Position veranlaßt. Er sah, daß die Spaltung im kalten Krieg einzufrieren drohte, und er sah, daß es nur einen Ausweg gab: die EVG als Tauschobjekt gegen die Wiedervereinigung. Kurz vor seinem Tode im September 1953 schrieb er: »Auch als militärischer Laie glaube ich hinreichende Anzeichen dafür zu erkennen, daß die EVG keine absolute Notwendigkeit, sondern ein Posten von relativem Wert ist, der den Gegenstand von Verhandlungen bilden könnte. Und das gleiche gilt für die Neutralität, die auch vieles Verschiedene bedeuten kann.«

Die Partei freilich mochte so weit nicht gehen. Sie verlegte den Kampf gegen die Verträge an die juristische Front und rief das Bundesverfassungsgericht an. Da das Grundgesetz keine Bestimmungen über militärische Fragen enthielt, bestand kaum ein Zweifel, daß die Verträge verfassungswidrig waren, solange das Grundgesetz nicht geändert wurde. Dies aber war nur durch eine Zweidrittelmehrheit möglich, über die Adenauer nicht verfügte.

Für Adenauer kam die Anrufung des Verfassungsgerichts einer landesverräterischen Handlung nahe: »Die Erklärungen der SPD riefen im Ausland große Verwirrung hervor. Das Vertrauen zu uns wurde dadurch keineswegs gestärkt . . . Ich mußte trotz der aufgetretenen Schwierigkeiten alles versuchen, die Verträge so schnell und reibungslos wie möglich ratifizieren zu lassen. Ich wartete die Stellungnahme des Bundesverfassungsgerichts nicht ab und beantragte für den 9. Juli 1952 die erste Lesung der Vertragswerke im Bundestag.«

Zur Erbitterung der Opposition erklärten die Karlsruher Richter, sie könnten erst nach Verabschiedung der Verträge ein Urteil über ihre Verfassungsmäßigkeit fällen. Inzwischen hatte jedoch selbst der Bundespräsident Bedenken bekommen. Heuss war Vorsitzender der FDP gewesen, und auch in seiner alten Partei gab es entschiedene Gegner der Verträge. Der profilierteste unter ihnen war der Bundestagsabgeordnete Karl Georg Pfleiderer. Er ging davon aus, daß Moskau die Wiedervereinigung »niemals zubilligen wird, wenn diese Vereinigung dazu führen sollte, daß das Staatensystem der NATO bis zur Oder-Neiße-Grenze ausgedehnt wird«. Pfleiderer empfahl ein gesamteuropäisches Vertragssystem mit einem neutralen Deutschland, dessen Sicherheit von den Westmächten garantiert wurde.

Theodor Heuss mochte angesichts solcher Überlegungen seiner Parteifreunde keine Verträge unterschreiben, bei denen nicht einmal geklärt war, ob sie mit der Verfassung in Einklang standen. Er entschloß sich daher zu einem dramatischen Schritt und beantragte seinerseits beim Verfassungsgericht ein Gutachten über die Westverträge.

So standen die Dinge, als Adenauer im Dezember 1952 versuchte, die Verträge in zweiter und dritter Lesung durch den Bundestag zu peitschen. Die Erregung im Lande hatte den Höhepunkt erreicht. Der Bundestag war von Polizeieinheiten abgeriegelt und glich einer militärischen Igelstellung, in die der Feind bereits durch Verrat eingedrungen war. Beide Seiten waren sich bewußt, daß zum erstenmal seit 1945 die Deutschen selbst über ihr politisches Schicksal zu entscheiden hatten und daß mit dieser Entscheidung der Weg für beide Teile der gespaltenen Nation endgültig festgelegt wurde.

Die Parlamentsdebatte wurde zu einer dreitägigen Schlacht. Nie wieder erlebte der Bundestag Stunden solcher Todfeindschaft. Adenauer hielt die schlimmste Rede seiner Kanzlerschaft, eine Provokation von beschämendem

Niveau. Er nahm späte Rache für Schumachers »Kanzler der Alliierten« und schleuderte der SPD das Wort vom »Totengräber des deutschen Volkes« entgegen. Sein Schlußsatz ging im Toben des Hauses unter: »Wir stehen vor der Wahl zwischen Sklaverei und Freiheit, wir wählen die Freiheit.«

Schumachers Nachfolger Erich Ollenhauer erwiderte, Adenauers Haltung werde »nur noch durch die Arroganz und Ignoranz eines Kaiser Wilhelm II. übertroffen«. Fritz Erler, der brillanteste Kopf der Opposition, faßte die Situation in die kürzeste Formel: »Um der Sicherheit des Westens einschließlich der Bundesrepublik willen wird die deutsche Einheit geopfert.« Er plädierte für die Neutralisierung: »Wenn eben jeder (der beiden Blöcke) nicht das Ganze haben kann, weil der andere das nicht gestattet, dann ist es für alle auch erträglich, wenn keiner von beiden sich Deutschland militärisch einverleibt.« Erler zitierte Gustav Heinemann: »Die schlimmste Neutralisierung ist, daß die deutschen Waffen hüben und drüben einander neutralisieren.«

Doch nicht die Opposition erschütterte Adenauers Siegeszuversicht, sondern das Bundesverfassungsgericht. Noch während der Sitzung, auf der die Verträge verabschiedet werden sollten, erhielt der Kanzler Meldung, daß das von Heuss beantragte Gutachten des Verfassungsgerichts, Gerüchten zufolge, »nicht in unserem Sinne, sondern negativ ausfallen würde« (Adenauer). Das alarmierte den Kanzler: »Es mußte etwas geschehen. Zunächst einmal hielt ich es für das klügste, die dritte Lesung zu verschieben.«

Damit war aber die Trickkiste des Kanzlers noch nicht erschöpft: Um die von Opposition und Staatsoberhaupt erbetenen Richtersprüche zu umgehen, beantragte die Regierungskoalition flugs ihrerseits beim Verfassungsgericht das Urteil, die Verträge seien mit dem Grundgesetz vereinbar und deshalb seien alle anderen Anträge überflüssig.

Zu Adenauers Ärger erklärten die Richter jedoch, das Gutachten für den Bundespräsidenten habe Vorrang vor allen anderen Verfahren und binde das Gericht außerdem in allen folgenden Urteilen. Nun gab es für Adenauer nur noch einen Ausweg: Der Bundespräsident mußte seinen Antrag zurückziehen. So kam es zur peinlichsten Affäre um das Staatsoberhaupt.

Auf einer eilig einberufenen Kabinettssitzung befand die Bundesregierung, »daß der Beschluß des Bundesverfassungsgerichts mit den Bestimmungen des Grundgesetzes und des Gesetzes über das Bundesverfassungsgericht nicht übereinstimme« (Adenauer) – mit anderen Worten: Die Regierung beschuldigte das Verfassungsgericht des Verfassungsbruchs.

Nachdem das Kabinett innerhalb einer Vormittagssitzung und ohne Anhörung neutraler Gutachter zu dieser Erkenntnis gelangt war, ging der Kanzler zum Präsidenten, »um ihm die Ansicht der Bundesregierung mitzuteilen«. Am gleichen Abend marschierte Adenauer noch einmal zu Heuss, diesmal in Begleitung einer großen Abordnung von Ministern und Staatssekretären. Heuss kapitulierte. »Der Bundespräsident erklärte gleich zu Beginn, er sei inzwischen zu dem Schluß gekommen, sein Ersuchen um ein Rechtsgutachten zurückzuziehen« (Adenauer).

In dieser Nacht wurde Heuss' Parteifreund Reinhold Maier, noch immer Ministerpräsident in Stuttgart, um zwei Uhr von seinem niedersächsischen Kollegen Hinrich Wilhelm Kopf (SPD) mit der Alarmnachricht geweckt: »Der Bundespräsident soll veranlaßt werden, auf das Gutachten zu verzichten. Das müssen Sie verhindern!« Als Maier in Bonn anrief, war es schon zu spät. Die Meldung vom Rückzug des Präsidenten tickerte über alle Fernschreiber, der Skandal war perfekt. Nach dem Parlament waren nun auch der Bundespräsident und das Verfassungsgericht düpiert.

Es gab kein Verfassungsorgan mehr, das nicht von den EVG-Verträgen wie von einer bösen Infektion in seiner Integrität angeschlagen war. Drei Jahre nach Gründung der Bundesrepublik waren die demokratischen Institutionen für einen Großteil der Deutschen zur Farce geworden.

Den Kanzler focht dies alles nicht an. »Ich war nach wie vor entschlossen, die Ratifikation der Vertragswerke so schnell wie möglich durchzusetzen. Ich war gewillt, mich von diesem Ziel durch nichts abbringen zu lassen«, schreibt er in seinen Memoiren.

Adenauer erreichte sein Ziel, aber es wurde ein Pyrrhussieg. Wohl bestätigte schließlich das Verfassungsgericht, daß die Verträge rechtens seien, wohl brachte die Regierung die Papiere durch das Parlament, aber als Theodor Heuss im März 1954 endlich seine Unterschrift unter die Verträge setzte, waren sie nur noch ein Fetzen Papier. Was Konrad Adenauer unter rücksichtsloser Opferung demokratischer Glaubwürdigkeit durch die Instanzen gepeitscht hatte, war sinnlos geworden – Frankreich machte nicht mehr mit.

Im Juni 1954 wurde der Radikalsozialist Pierre Mendès-France Ministerpräsident in Paris. Sein Ziel war, Frankreich aus dem Desaster des Indochina-Krieges herauszuführen, es von seinem Größenwahn zu befreien und es wirtschaftlich und politisch zu sanieren. Das letzte, was er dabei gebrauchen konnte, war die EVG, die ihm die Handlungsfreiheit nahm und Frankreich an die Deutschen mit ihrer Kreuzzugsidee fesselte.

Pro forma stellte Mendès-France eine Reihe von Abänderungsanträgen zum EVG-Vertrag. Die wichtigsten waren: Die militärische Integration sollte auf die in Deutschland stationierten Truppen – und damit hauptsächlich auf die Deutschen – beschränkt werden, die supranationalen Institutionen sollten erst nach acht Jahren in Kraft treten, und bis dahin sollte Frankreich in allen Fragen ein Vetorecht haben.

Die Vertragsstaaten versammelten sich in Brüssel noch einmal zu einer Konferenz, um Frankreichs Wünsche zu hören – und abzulehnen. Als Mendès-France mit dem »Nein« der anderen nach Paris zurückkehrte, stimmte die Nationalversammlung die Verträge insgesamt nieder. Dort, wo sie vier Jahre zuvor geboren worden waren, wurden sie beerdigt.

Als die Franzosen ihr »Non« verkündeten, befand sich Adenauer zur Kur auf der Bühler Höhe bei Baden-Baden. Die Nachricht traf ihn nicht unvorbereitet. Dennoch war sie ein Schock. Sein Ziel schien zerstört, denn mit dem

EVG-Vertrag war auch der Generalvertrag und damit die Souveränität hinfällig. Adenauer hatte vier Jahre gekämpft, gesiegt und zum Schluß alles verloren. »Jene schrecklichen Tage«, schreibt er, »haben sich meinem Gedächtnis tief eingegraben, aber Trauer und Resignation helfen nichts. Die Aufgaben: Aufnahme der Bundesrepublik in den Kreis der freien Völker, Schaffung Europas, mußten von neuem in Angriff genommen werden.«

Die Ersatzpläne lagen schon bereit. Das Spiel begann noch einmal von vorn. Die Einsätze blieben die gleichen: Westintegration und Aufrüstung – oder Wiedervereinigung und Neutralisierung.

5. AUFSTAND DER VERLORENEN

Die Spaltung Deutschlands hatte sich seit 1952 weiter vertieft. Nachdem der Westen die russische Wiedervereinigungs-Offerte abgelehnt und Bonn die EVG-Verträge unterzeichnet hatte, trieb Moskau die Ostintegration der DDR voran. Der Startschuß fiel im Juli 1952: Mit einer propagandistischen Großoffensive proklamierte die SED den »Aufbau des Sozialismus«. In der Praxis hieß das: Ausschaltung der privaten Betriebe in Handel, Industrie und Landwirtschaft, Aufbau einer eigenen Schwerindustrie trotz fehlender Rohstoffbasis, verstärkter Kampf gegen die Opposition innerhalb und außerhalb der Partei und schließlich »Organisierung bewaffneter Streitkräfte«.

Die DDR-Führung läßt Schlag auf Schlag folgen. Im Juli 1952 wird die föderative Staatsstruktur beseitigt: Die fünf Länder werden aufgelöst, das Territorium der DDR in 14 Bezirke gegliedert. Im Oktober wird eine Justizreform verkündet, die die Unabhängigkeit der Richter und Rechtsanwälte beseitigt. Die bestehenden Bereitschaften der Volkspolizei werden offiziell zur »Kasernierten Volkspolizei« (KVP) umgewandelt. Die Truppe erhält militärische Ränge und neue, der Sowjetarmee ähnliche Uniformen. Sowjetische Offiziere werden den Einheiten als Ausbilder zugeteilt.

Gleichzeitig setzt eine neue Säuberung in der Funktionärshierarchie ein. Außenminister Georg Dertinger (CDU) wird wegen »Spionage« verhaftet und zu 15 Jahren Zuchthaus verurteilt. Altkommunist Franz Dahlem, ein Veteran der »Gruppe Ulbricht«, wird aus dem Politbüro ausgestoßen, weil er »gegenüber den Versuchen imperialistischer Agenten, in die Partei einzudringen, völlige Blindheit bewiesen hat«.

Parallel zu den Parteisäuberungen hagelt es Terrorurteile gegen die Bevölkerung. Beispiele: Ein Pfarrer in Annaberg-Buchholz erhält zehn Jahre Zuchthaus wegen »verleumderischer Hetze gegen die DDR«, vier Bauern werden vom Bezirksgericht Erfurt zu insgesamt 50 Jahren verurteilt, weil sie »versucht haben, die demokratische Entwicklung auf dem Dorfe aufzuhalten«.

Der Terror kann die Lage jedoch nicht stabilisieren. Er führt nur dazu, daß die »Republikflucht« zunimmt und die Arbeitsmoral sinkt. Immer schneller dreht sich das Karussell, bis am 5. März 1953 eine Blitzmeldung aus Moskau um die Erde läuft: Stalin ist tot.

Über den Kreml senkt sich gespenstische Stille, breitet sich über das ganze Imperium aus, von der mongolischen Grenze bis Wittenberge an der Elbe. Der rote Zar, dessen Wort jahrzehntelang über Tod und Leben entschied, ist verstummt. Wie viele Menschen er seinen Plänen, seinen Launen, seinen Irrtümern opferte, vermag niemand zu errechnen. Was seinen Tod überdauert, ist die lähmende Furcht, die sein Name verbreitete.

Vier Männer halten die Totenwache an Stalins Sarg: Geheimdienstchef Lawrentij Berija, der neue Partei- und Regierungschef Malenkow, Verteidigungsminister Nikolai Bulganin und Politbüromitglied Nikita Chruschtschow. Sie sind Rivalen. Auf die Dauer ist nur für einen von ihnen Platz im Kreml. Aber sie wissen, daß eine einzige Fehlentscheidung jetzt zum Dammbruch führen kann. Sie müssen den aufgestauten Druck abbauen, sie brauchen Entspannung, nach innen und nach außen.

An die Bruderparteien in Osteuropa ergeht Order, kürzer zu treten. Besonders die deutschen Genossen werden ermahnt, den Bogen nicht zu überspannen. Die DDR ist das schwächste Glied in der Kette der sozialistischen Länder, die Männer im Kreml können sich jetzt am wenigsten in Berlin Schwierigkeiten leisten. Niemand weiß das besser als Stalins Chefterrorist Berija. Zehn Jahre später beschuldigt Chruschtschow ihn und Malenkow öffentlich des Verrats an der DDR: »Bereits in den ersten Tagen nach dem Tod Stalins«, erklärt Chruschtschow 1963, »begann Berija Schritte zu unternehmen, die auf die Untergrabung der freundschaftlichen Beziehungen der Sowjetunion zu den Bruderländern des sozialistischen Lagers gerichtet waren. Gemeinsam mit Malenkow schlug er provokatorisch vor, die Deutsche Demokratische Republik als sozialistischen Staat zu liquidieren, und empfahl der Sozialistischen Einheitspartei Deutschlands, auf die Losung des Kampfes für den Aufbau des Sozialismus zu verzichten.«

Tatsächlich widersetzt sich Ulbricht, unterstützt von der Sowjetischen Kontrollkommission in Berlin, zunächst den »weichen« Empfehlungen aus Moskau. Der stalinistische Flügel der SED und das russische Oberkommando fürchten einen Aufstand, wenn die Partei jetzt Nachgiebigkeit zeigt. Und so tun sie das Gegenteil und ziehen die Zügel noch straffer an. Im April erläßt die Regierung Grotewohl einschneidende Lebensmittelverordnungen: Alle Selbständigen sowie Ostberliner, die in West-Berlin arbeiten, erhalten ab sofort keine Lebensmittelkarten mehr. Wie sie sich ernähren sollen, bleibt ihnen überlassen. Kurz darauf werden die Preise der Grundnahrungsmittel erhöht und schließlich die Arbeitsnormen heraufgesetzt.

Damit ist die Grenze des Erträglichen erreicht. Ein Funke genügt jetzt, um die aufgestaute Spannung zur Entladung zu bringen. Aus Moskau kommt der kategorische Befehl, den Kurs unverzüglich zu korrigieren. Am 9. Juni 1953 zieht die SED die Notbremse. In einer öffentlichen Erklärung gibt das Politbüro zu, »daß seitens der SED und der Regierung der Deutschen Demokratischen Republik in der Vergangenheit eine Reihe von Fehlern begangen wurden . . . Die Interessen solcher Bevölkerungsteile wie der Einzelbauern, der Einzelhändler, der Handwerker, der Intelligenz wurden vernachlässigt . . . Eine Folge war, daß zahlreiche Personen die Republik verlassen haben.«

Das Politbüro nimmt fast alle Anordnungen der letzten Zeit zurück. Es verspricht, private Betriebe zu fördern, beschlagnahmte Geschäfte und Höfe zurückzugeben, die Lebensmittelpreise wieder zu senken, die Sperre der Lebensmittelkarten und die Reisebeschränkungen aufzuheben. Nur eines verspricht die Partei nicht: die Arbeitsnormen herabzusetzen. Gerade dies aber ist der Punkt, der die Arbeiter am meisten verbittert.

Am 14. Juni schlägt sich das »Neue Deutschland« auf die Seite der Arbeiter. Das Parteiorgan fordert »Schluß mit der Normenschaukelei« und erklärt, »es wird Zeit, den Holzhammer beiseite zu legen«. Die Verwirrung an der Parteispitze enthüllt sich vollends, als zwei Tage später, am 16. Juni, ausgerechnet das Gewerkschaftsblatt »Tribüne« die Normen verteidigt: »Jawohl, die Beschlüsse über die Erhöhung der Normen sind in vollem Umfang richtig. Es gilt, den Beschluß des Ministerrats mit aller Kraft durchzuführen.«

Dies ist der Funke, der den Aufstand auslöst. Als das Gewerkschaftsblatt mit dem provozierenden Artikel auf den Baustellen in der Stalinallee, der neuen Prachtstraße Ost-Berlins, kursiert, flackert das Wort »Streik« auf. Es breitet sich aus wie ein Steppenbrand. Die Bauarbeiter sammeln sich zum Demonstrationszug ins Regierungsviertel, Stunden später wird daraus ein Generalstreik, und am nächsten Tag steht die ganze DDR in Aufruhr. Es geht nicht mehr um Normen und Lebensmittelpreise, es geht um das ganze System: gegen die Volkspolizei, gegen die SED, gegen die Russen, für freie Wahlen, für die Wiedervereinigung.

Die Staatsmacht der DDR bricht über Nacht zusammen, die Sowjetunion sieht sich dem ersten Volksaufstand in ihrem Machtbereich gegenüber. Das Oberkommando in Karlshorst verhängt den Ausnahmezustand und läßt Panzer auffahren. Nach 24 Stunden haben die Sowjets die Situation wieder unter Kontrolle. Rund 90 Personen werden standrechtlich erschossen, mehrere tausend verhaftet. Der

Aufstand, unorganisiert und kopflos, erlischt so schnell, wie er aufflammte.

Der 17. Juni bleibt in seiner politischen Zielsetzung wirkungslos, aber er hinterläßt auf beiden Seiten der Barrikade eine tiefe Schockwirkung. Dem Kreml demonstriert er schlagartig die Schwäche des ostdeutschen Regimes, den Ostdeutschen selbst öffnet er in schmerzhafter Weise die Augen für die eigene Ohnmacht. Wer in den Stunden des Aufruhrs gehofft hatte, daß »der Westen« jetzt marschieren werde, wurde bitter enttäuscht. Der Rundfunk in West-Berlin und der Bundesrepublik schürte zwar durch pausenlose Nachrichtensendungen die Rebellion, aber die westlichen Besatzungsmächte beschränkten sich auf Proteste ihrer Berliner Stadtkommandanten gegen den russischen Militäreinsatz im Gebiet von Groß-Berlin; die Bundesregierung auf die Proklamation des 17. Juni zum gesetzlichen Feiertag.

Enttäuscht wurden auch die Kreuzfahrer, die sich Adenauers Marsch nach Westen in der Hoffnung auf die »Befreiung der Ostzone« angeschlossen hatten. Der 17. Juni zeigte ihnen zum erstenmal, daß mit der Westintegration auch die Zugbrücken über dem Festungsgraben hochgezogen worden waren. Weder die Westmächte noch Adenauer sahen eine Veranlassung, auf die Entwicklung jenseits des eigenen Schutzwalls einzuwirken. Der Aufstand im Osten konnte ihnen kaum ungelegener kommen, denn er brach mitten im Kampf um die Ratifizierung der Westverträge aus und lieferte den Vertragsgegnern neue Argumente.

Im Bundestag erklärte der Berliner Abgeordnete Willy Brandt nach dem 17. Juni: »Die Wiedervereinigung hat den Vorrang vor allen anderen Projekten außenpolitischer Art. Wir kommen nicht weiter mit dem Zögern und Zagen derer, die offenbar keine größere Sorge haben als die, daß ihnen liebgewordene Pläne über den Haufen geworfen werden könnten . . . Wir können nicht mit gutem Gewissen die 18 Millionen der Ostzone auf den Sankt-Nimmerleins-Tag vertrösten.«

Ein Vierteljahr später konnte Adenauer freilich einen

triumphalen Wahlsieg feiern: Mit dem Slogan »Keine Experimente« errang die Regierungskoalition die Zweidrittelmehrheit im Bundestag. Die Westdeutschen hatten das »Wirtschaftswunder« prämiert. Sie waren nun erkennbar heraus aus dem Dreck der Nachkriegsjahre und genossen die ersten Früchte ihrer Anstrengungen. Sie verdienten harte Deutsche Mark, fuhren neue Volkswagen, aßen riesige Schnitzel und machten Ferien in Italien. Sie hatten keine Lust, sich den Spaß am Leben verderben zu lassen. Zwar waren sie in ihrer Mehrheit entschieden gegen eine neue Armee, zwar waren sie jeder für sich entschlossen, keine Uniform mehr anzuziehen, aber wenn sie die Wahl hatten zwischen diesem Übel, das ja ohnehin nur die Jungen traf, und dem »Experiment« einer Wiedervereinigung, dann wählten sie die Sicherheit in der Teilung.

Im Kreml entschied sich unterdessen die erste Runde im Kampf um die Herrschaft: Berija wurde unmittelbar nach dem 17. Juni als Innenminister abgesetzt und ein halbes Jahr später erschossen. Malenkow blieb Ministerpräsident, mußte aber den Parteivorsitz an Chruschtschow abtreten. Von nun an erhielt die sowjetische Deutschlandpolitik einen neuen Akzent. Zwar bestand ihr Hauptziel immer noch darin, die Aufrüstung Westdeutschlands zu verhindern, und immer noch bot sie als Gegenleistung die Wiedervereinigung unter der Bedingung der Neutralisierung an, aber zugleich griff Chruschtschow der DDR kräftig unter die Arme, um aus der »Zone« endlich einen Staat zu machen, der auf eigenen Füßen stehen konnte. Wenn der Westen die DDR nicht haben wollte, dann sollte sie ein sozialistisches Bollwerk werden, das östliche Gegenstück zur Bundesrepublik.

Unter Anleitung Chruschtschows zog die SED die Konsequenzen aus dem 17. Juni: erstens Säuberung der Partei von unzuverlässigen Elementen, zweitens »weiche Welle« gegenüber der Bevölkerung. Als Hauptsündenböcke wurden Staatssicherheitsminister Wilhelm Zaisser und der Chefredakteur des »Neuen Deutschland«, Rudolf Herrnstadt, geopfert. Das Zentralkomitee bekannte öffentlich seine Sünden und gelobte Besserung: »Die Hauptaufgabe der Partei besteht in der festen Gewinnung der überwiegenden Mehrheit der Arbeiterklasse. Dies kann nur erreicht werden, wenn die Partei jegliches Kommandieren gegenüber den Arbeitermassen unterdrückt . . . Die demokratische Gesetzlichkeit ist strikt einzuhalten. Jeder Versuch, die verfassungsmäßig garantierten Rechte der Bürger durch willkürliche Amtshandlungen zu verletzen, ist streng zu ahnden.«

Nachdem die Situation in der DDR auf diese Weise einigermaßen stabilisiert war, willigten die Sowjets in eine Deutschlandkonferenz ein, die ihnen die Westmächte nach dem Tode Stalins angeboten hatten. Es war die erste Außenministerkonferenz der vier Besatzungsmächte seit Gründung der beiden Teilstaaten. Sie wurde am 25. Januar 1954 im Gebäude des ehemaligen Kontrollrats eröffnet und endete drei Wochen später so ergebnislos wie alle vorausgegangenen Treffen.

Die Positionen waren seit Stalins Friedensvertrags-Vorschlag von 1952 nur geringfügig modifiziert. Die Westmächte bestanden immer noch auf freien Wahlen als Vorleistung, ließen aber die Forderung nach UN-Kontrolle fallen und erklärten sich mit einer Überwachungskommission der vier Mächte einverstanden, die sie zwei Jahre zuvor abgelehnt hatten. In der Hauptsache blieben sie jedoch unnachgiebig: Die gesamtdeutsche Regierung sollte außenpolitische »Handlungsfreiheit« haben, das heißt, sie sollte dem Westblock beitreten können.

Molotow erklärte, daß die Wiedervereinigung Deutschlands auch unter den neuen Herren im Kreml nur zum Preis der Neutralisierung zu haben war. Als Morgengabe brachte er das zusätzliche Angebot mit, »Deutschland von der Zahlung der Reparationen in jeder Form vollkommen zu befreien«.

Zum erstenmal wurde jedoch erkennbar, daß sich der Kreml auf die Teilung Deutschlands einzustellen begann. Als die Westmächte wie erwartet die Neutralisierung ablehnten, schlug Molotow einen gesamteuropäischen Sicherheitspakt vor, dem »bis zur Bildung eines einheitlichen, friedliebenden, demokratischen deutschen Staates« die beiden deutschen Teilstaaten »gleichberechtigt« beitreten sollten. Dieser Plan wurde mit der Berliner Konferenz die neue Leitschiene der sowjetischen Europapolitik.

Nur einmal noch bot Moskau die Wiedervereinigung an: als ein halbes Jahr nach der Berliner Konferenz die EVG wie eine Seifenblase platzte und an ihrer Stelle der Umriß einer westdeutschen Armee unter eigener Flagge sichtbar wurde.

6. IM ZWEITEN ANLAUF ZU DEN WAFFEN

Im Weißen Haus saß seit 1953 ein neuer Mann, der Kriegsheld Dwight D. Eisenhower. Mit ihm hatte die Republikanische Partei zum erstenmal seit 24 Jahren eine Präsidentschaftswahl gewonnen. Doch »Ike« war das Gegenteil des energiesprühenden Truman. Der General liebte keine Konflikte und betrachtete das Weiße Haus in erster Linie als wohlverdienten Ruhesitz nach einer harten militärischen Laufbahn. Kein anderer Präsident verbrachte so viel Zeit auf dem Golfplatz. Die Politik überließ er weitgehend seinen Ministern, die auswärtigen Angelegenheiten dem ehemaligen Missionar und Rechtsanwalt John Foster Dulles.

Dulles bestimmte bis zu seinem Tode die Richtlinien der amerikanischen Außenpolitik. Als Instrument stand ihm nicht nur das State Department zur Verfügung, sondern auch der mächtige Informations- und Exekutivapparat des Geheimdienstes der Vereinigten Staaten: Sein Bruder Allan Dulles war der Chef des CIA. So konnte der Außenminister seine Politik stets auf dem kurzgeschalteten Weg über den Geheimdienst absichern und durchsetzen.

In Konrad Adenauer fand John Foster Dulles einen idealen Partner. Die beiden Männer stimmten nicht nur in Ziel und Weg überein, Dulles besaß auch den gleichen unbeugsamen Starrsinn, die gleiche Inflexibilität des Denkens, die gleiche holzgeschnitzte Art zu reden wie der westdeutsche Regierungschef. Wenn eine persönliche Beziehung zwischen zwei Männern ihrer Art, ihres Alters und verschiedener Nationalität überhaupt möglich ist, dann schlossen sie Freundschaft. Die »Achse Bonn – Washington« beendete das Vasallenverhältnis des Kanzlers zu den drei Besatzungsmächten.

Dulles' Politik entsprang wie die Adenauers dem voratomaren Zeitalter. Sie suchte nicht den Ausgleich, sondern den kalkulierten Konflikt mit der anderen Weltmacht, sie basierte auf der Überzeugung, die Sowjetunion durch klassischen militärischen Druck, der bis an die Schwelle des Krieges ging, in die Knie zwingen zu können. Dulles erfand ein neues Wort für seine Politik. Es hieß »Brinkmanship« – Politik als Gratwanderung am Rande des Abgrunds.

So gewann die amerikanische Außenpolitik gegenüber Feind und Freund einen erpresserischen Zug. Mit der ständig wiederholten Drohung, bei Unbotmäßigkeit der Europäer die US-Truppen aus Europa abzuziehen, begleitete Dulles den Ratifizierungsprozeß der EVG-Verträge. Als Frankreich die Verträge schließlich zu Fall brachte, empfand er dies ebenso wie Adenauer als persönliche Demütigung. Er war entschlossen, in kürzester Zeit eine Ersatzlösung notfalls gegen Frankreich durchzusetzen.

Am Tag nach der Pariser Abstimmung erklärte Präsident Eisenhower: »Amerika hat nie etwas aufgegeben, was gut für sich und gut für die Welt war. Wir werden auch jetzt nicht aufgeben.« Eine Woche später sagte ihm der Außenminister, was zu tun sei. »Foster Dulles unterrichtete mich, daß das State Department zwei Alternativlösungen erwäge: 1. Deutschland direkt in die NATO aufzunehmen und über die NATO mit der deutschen Regierung eine freiwillige Rüstungsbeschränkung zu vereinbaren. 2. Falls Frankreich gegen diesen Plan sei, die deutsche Wiederbewaffnung durch ein Verteidigungsabkommen ohne Zusammenarbeit mit den Franzosen durchzuführen. Die zweite Lösung, als letzte Möglichkeit gedacht, könne die Franzosen überzeugen, daß wir zu allem entschlossen sind.«

Mit dieser Marschroute flog Dulles nach Bonn. Zum erstenmal konspirierte der Außenminister der Vereinigten Staaten mit dem Regierungschef der immer noch unter Besatzungsrecht stehenden Bundesrepublik gegen die dritte Besatzungsmacht Frankreich. Beide hegten den gleichen Groll gegen Paris. Adenauer: »Gegen Mendès-France war ich mit tiefer Bitterkeit erfüllt.«

Der Kanzler riet Dulles, Frankreich wirtschaftlich unter Druck zu setzen: »Ich stellte fest, daß Mendès-France derartige Maßnahmen am besten verstehen werde, da sein erstes Ziel sei, die französische Wirtschaft zu stärken. Hierbei sei er auf Amerika angewiesen. Man müsse ihm den Hahn etwas zudrehen, dürfe ihn jedoch nicht abstellen.«

Adenauer verstärkte den ohnehin düsteren Eindruck, den Dulles von Europa hatte. Es gebe, so sagte der Kanzler, nur wenige »völlig zuverlässige« Länder: »Die Benelux-Staaten, die Türkei, Griechenland, Spanien – obgleich es nicht Mitglied der NATO sei – und die Bundesrepublik, in beschränktem Maße auch England.« Gleichwohl sei selbst die Bundesrepublik ideologisch gefährdet. »Wenn innerhalb der nächsten Wochen kein sichtbares Ergebnis vorgewiesen werden könne, bestehe die große Gefahr, daß Deutschland in den kommenden sechs bis zwölf Monaten nach Osten abgleite. Es sei notwendig, sofort Maßnahmen zu treffen.«

Was er denn mit »sofortigen Maßnahmen« meine, fragte Dulles. Ohne Umschweife erwiderte Adenauer, man solle mit der westdeutschen Aufrüstung beginnen, »bevor das noch erst auszuarbeitende neue Vertragswerk fertig sei . . . Ich schlage deshalb den Bau von Kasernen für die zukünftigen Truppen vor, den Bau von Exerzierplätzen, Flugplätzen und so weiter, Ausbildung von deutschen Freiwilligen für Spezialwaffen in der amerikanischen und britischen Armee, und zwar sowohl hier in der Bundesrepublik wie in Amerika und England.«

Dies verschlug wohl selbst Dulles die Sprache. Er entgegnete knapp, die »Anregungen zu prüfen«, aber er entschied sich dann doch für die Legalität und verzichtete darauf, deutsche Truppen ohne Verträge aufzustellen.

Auf dem Rückweg nach Washington machte Dulles in London Station. Churchill war seit 1951 wieder Premierminister. Er hatte seit je westdeutsche Truppen gefordert.

Gemeinsam mit den USA stellte er die Franzosen vor die Wahl, sich entweder an einem Vertrag über die deutsche Wiederbewaffnung in kürzester Frist zu beteiligen oder draußen vor der Tür zu bleiben. Frankreich beugte sich. Am 28. September 1954, knapp einen Monat nach dem Scheitern der EVG, versammelten sich die NATO-Staaten und ihre ehemaligen Kriegsgegner, Deutschland (West) und Italien, zur endgültigen Gründung des großen Westblocks in London.

Die Konferenz wurde zum Duell zwischen Mendès-France und Adenauer. Frankreichs Bedingungen waren: scharfe Rüstungsbeschränkungen der Bundesrepublik, Kontrolle der Rüstungsbeschränkungen und Verzicht auf das Saargebiet.

Mit der Abtretung der Saar mochte sich Adenauer zwar abfinden, doch auf die Rüstungsproduktion wollte er nicht verzichten: »Ich fragte: ›Soll die Bundesrepublik nach dem Vorschlag von Herrn Präsident Mendès-France dauernd ohne jede Waffenfabriken sein? Ein sehr unheimliches Gefühl für alle diejenigen, die Soldaten werden müssen!‹«

Es kam zu erbitterten Debatten. Wie schon daheim in Bonn beim Gespräch mit Dulles malte Adenauer nun vor der versammelten Runde der NATO-Vertreter das Menetekel eines bolschewistischen Erdrutsches an die Wand: »Ich führte weiter aus, daß die Stimmung in der deutschen Bevölkerung augenblicklich labil sei. Der Glaube an Europa . . . habe durch die ganze Entwicklung bisher nicht seine Erfüllung gefunden. Auf der anderen Seite nähmen vom Osten her die Versuche, die Bevölkerung für den Neutralismus zu gewinnen, immer mehr an Stärke zu. Man bediene sich dabei eines Appells an nationale Empfindungen, indem man darauf hinweise, daß allein auf diesem Wege die Wiedervereinigung Deutschlands erfolgen könne.«

Auch Dulles holte den Holzknüppel hervor. Er erklärte, die freiwillige Verpflichtung der USA zur Stationierung von Truppen in Europa sei mit dem Scheitern der EVG erloschen. Eine Erneuerung sei nur möglich, wenn diese Konferenz erfolgreich abgeschlossen, das heißt, eine Einigung über die Wiederbewaffnung der Deutschen erzielt werde. »Dann wäre ich bereit, dem Präsidenten zu empfehlen, die Zusicherung zu erneuern.«

Pierre Mendès-France behielt die Nerven. Er hatte gerade den Indochina-Krieg zu Ende gebracht und gegen den Widerstand der USA das Genfer Friedensabkommen unterzeichnet. Er war nicht bereit, nun vor dem alten Mann aus Bonn zu kapitulieren. Da die Aufrüstung der Bundesrepublik offensichtlich nicht mehr zu stoppen war, bestand Frankreich wenigstens auf einer gewissen Kontrolle als letzter Sicherung gegen eine Wiederholung der Geschichte.

Adenauer mußte nachgeben: »Die Krise konnte schließlich dadurch überwunden werden, daß ich im Namen der Bundesrepublik Deutschland eine Verzichterklärung auf die Herstellung der sogenannten ABC-Waffen im eigenen Lande und auf die Herstellung einer Reihe weiterer schwerer Waffen abgab.«

Zusätzlich entwickelte die Londoner Konferenz ein Sicherheitssystem, das auch Frankreich befriedigte: Die Bundesrepublik wurde in den seit 1948 bestehenden »Brüsseler Pakt« (England, Frankreich, Benelux) aufgenommen, das Ganze in »Westeuropäische Union« (WEU) umgetauft und mit einem Amt für Rüstungskontrolle ausgestattet. Dieses Amt war befugt, Rüstungsproduktion und Truppen jederzeit zu inspizieren.

Außer dem Verzicht auf ABC-Waffen verpflichteten sich die Deutschen, ohne Genehmigung keine Raketen, strategischen Bomber und größere Kriegsschiffe zu bauen (schon 1958 wurde die Genehmigung zum Bau von Panzerabwehrraketen erteilt). Kontrolliert wurde ferner die Produktion aller Geschütze mit einem Kaliber von über 90 mm, von Panzern und Minen.

Trotz dieser Rüstungsbegrenzungen hatte Adenauer keinen Grund, der EVG nachzutrauern, denn die Hauptvereinbarungen von 1952 wurden nicht nur erneuert, sondern noch verbessert. Sie verstärkten das militärische Gewicht und die politische Unabhängigkeit der Bundesrepublik. Das Ergebnis von London war dies:

Die Bundesrepublik stellt eine Armee von 500 000 Mann auf (fünfmal soviel wie die Reichswehr der Weimarer

Republik). Die Streitkräfte sind nicht mehr »integriert«, sondern durch und durch deutsch, wenngleich insgesamt der NATO unterstellt.
Die Bundesrepublik ist Mitglied der NATO und gleichberechtigt in den Kommandozentralen vertreten.
Aus dem Generalvertrag, mit dem die Alliierten der Bundesrepublik die Souveränität verleihen, wird die umstrittene »Bindungsklausel« für die Wiedervereinigung und der Notstandsvorbehalt der Alliierten gestrichen. (Allerdings enthalten weder der WEU- noch der NATO-Vertrag eine Revisionsklausel für den Fall der Wiedervereinigung.)

Der einzige Preis, den die Bundesrepublik zahlen mußte, war die Saar. Sie sollte ein »Europäisches Statut« bekommen, das die Bindung an Frankreich vertraglich absegnete.

Doch auch dieser Preis wurde schließlich nicht gezahlt: In einer Volksabstimmung lehnte die Saarbevölkerung das Statut ein Jahr später entgegen der ausdrücklichen Empfehlung Adenauers mit Zweidrittelmehrheit ab.

Nachdem die Aufnahme der Deutschen in den Westblock auf diese Weise beschlossen war, wurde das komplizierte Vertragswerk – insgesamt zwölf Verträge, Protokolle und Abkommen – in atemberaubendem Tempo ausgearbeitet und am 23. Oktober 1954 in Paris unterzeichnet. Keine acht Wochen nachdem die EVG beerdigt worden war, trocknete die Tinte unter den neuen Papieren.

Stolz kabelte Dulles seinem Präsidenten: »Ich bin glücklich, Sie zu informieren, daß alles, einschließlich der Saar, unterzeichnet und besiegelt ist. Ich weiß, wie sehr Sie sich mit mir darüber freuen, daß die Einheit und Freiheit Europas, zu der Sie so unermeßlich viel beigetragen haben, jetzt wahrscheinlich bewahrt werden kann.«

Bewegt notierte Eisenhower: »Das Land, das die alliierten Truppen unter meinem Kommando fast ein Jahrzehnt zuvor miterobert hatten, war kein Schauplatz der Verwüstung und Verzweiflung mehr. Es war jetzt ein rehabilitiertes und gleichberechtigtes Mitglied der westlichen Allianz. Zutiefst stimme ich Foster zu, daß die Vollendung dieser

Veränderung ›fast ein Wunder – ein leuchtendes Kapitel der Geschichte‹ war.«

Noch war das Wunder freilich nicht ganz vollendet, noch fehlte die Ratifizierung durch die Volksvertretungen. Adenauer war entschlossen, sich den Erfolg nicht ein zweites Mal aus der Hand schlagen zu lassen, weder durch die heimische Opposition noch durch die Franzosen, noch durch die Russen.

7. BONN, ZWÖLF UHR MITTAGS

In Moskau lösten die Pariser Verträge Alarm aus. Was die Westmächte in größter Hast durchgepeitscht hatten, mußte sich aus der Perspektive des Kreml noch bedrohlicher ausnehmen als die EVG von 1952. Die Westdeutschen waren nun nicht mehr eingebunden in eine internationale Truppe, sie hatten jetzt freie Hand, eine nationale Armee aus dem Boden zu stampfen und wieder eine Rüstungsindustrie für alle konventionellen Waffen aufzubauen, sie saßen gleichberechtigt in den höchsten Militärstäben der NATO und waren zum privilegierten Verbündeten der USA avanciert.

Zu alledem bot das innenpolitische Panorama der Bundesrepublik ein beunruhigendes Bild. Die Restauration lief auf vollen Touren. Der kalte Krieg und die Remilitarisierungskampagne hatten nicht nur zur Entstehung veritabler neofaschistischer Parteien und Gruppen geführt, das ganze Land war weit nach rechts abgerutscht. Selbst in der Regierung saßen einstige Mitglieder der NSDAP, und einige von ihnen schienen 1945 wohl ihr Parteiabzeichen, nicht aber ihre Gesinnung abgelegt zu haben. Vertriebenenverbände und Traditionsvereine der Wehrmacht und Waffen-SS propagierten unverhüllt die »militärische Lösung« der deutschen Frage, während gegen die KPD Verbotsantrag beim Bundesverfassungsgericht gestellt wurde.

Alles in allem schien die Bundesrepublik unaufhaltsam in einer revanchistischen, neofaschistischen Strömung zu versinken. Ihr Anschluß an die westliche Militärallianz mußte das bestehende Kräfteverhältnis entscheidend zuungunsten der Sowjetunion verändern. Wenn es für Moskau überhaupt eine Möglichkeit gab, den Einzug der Deutschen in die NATO zu verhindern, dann bestand sie darin, ihnen abermals die Wiedervereinigung anzubieten und gleichzeitig die Konsequenzen für den Fall der Ablehnung klarzumachen.

Am selben Tag, als Adenauer in Paris die Verträge unterschrieb, startete Moskau seine letzte Gegenoffensive. In einer Note an die Westmächte schlug die Sowjetregierung ihren ehemaligen Verbündeten eine Konferenz über eine europäische Gesamtregelung vor. Themen sollten sein: 1. Wiedervereinigung Deutschlands und »Durchführung gesamtdeutscher freier Wahlen«, 2. Abzug der Besatzungstruppen, 3. ein gesamteuropäischer Sicherheitspakt.

In der Frage freier Wahlen kamen die Russen dem Westen einen entscheidenden Schritt entgegen. Sie erklärten sich bereit, über den sogenannten »Eden-Plan« zu verhandeln, der freie Wahlen als östliche Vorleistung zur Wiedervereinigung forderte. »Die Sowjetregierung ist der Meinung, daß Möglichkeiten vorhanden sind, ein Übereinkommen in dieser Frage herbeizuführen«, hieß es in der Note.

Es mußte einen Mann wie Chruschtschow erbittern, daß ihm auf dieses Angebot statt sachlicher Argumente nur das höhnische Wort »Propaganda« entgegentönte. Keiner der Regierenden im Westen, am wenigsten die Bundesregierung, schien ernst zu nehmen, was ebenfalls in der Note stand: »Im Falle der Verwirklichung dieser Beschlüsse (von Paris) wird Westdeutschland nicht mehr als ein friedliebender Staat betrachtet werden können, was auf lange Zeit hinaus die Wiederherstellung der Einheit Deutschlands unmöglich machen wird.«

Die Westmächte lehnten die vorgeschlagene Konferenz ab. Darauf traten in Moskau die Ostblockstaaten einschließlich der DDR zusammen und bereiteten eine Gegen-NATO vor. Sie erklärten: »Die Teilnehmerstaaten dieser Konferenz geben ihren Entschluß bekannt, im Falle der Ratifizierung der Pariser Abkommen gemeinsame

Maßnahmen bei der Organisierung der Streitkräfte ... durchzuführen.«

Ungerührt ließ die Bundesregierung die Verträge derweil durch die parlamentarischen Instanzen laufen. Wenige Wochen vor der Ratifizierung machte der Kreml den Deutschen noch einmal ein direktes Gesprächsangebot. Da keine diplomatischen Beziehungen zwischen Bonn und Moskau bestanden, ließ die Sowjetregierung am 15. Januar 1955 eine Erklärung über TASS verbreiten. Es war eines jener Dokumente, die die Kreuzwege der Geschichte markieren.

Georgij Malenkow, der für die Bereinigung der deutschen Frage zu jedem vertretbaren Preis war, setzte sein persönliches Schicksal gegen Chruschtschow aufs Spiel, dem schon die vorliegenden Angebote zu weit gingen. So machte der sowjetische Regierungschef dem Westen die letzte denkbare Konzession: Er akzeptierte eine internationale Kontrolle für die gesamtdeutschen Wahlen und schlug vor, diese Wahlen noch im gleichen Jahr stattfinden zu lassen.

In der Erklärung hieß es: »Gegenwärtig gibt es noch ungenutzte Möglichkeiten zur Erreichung eines Abkommens in der Frage der Wiedervereinigung Deutschlands und über die Durchführung von gesamtdeutschen freien Wahlen zu diesem Zweck im Jahre 1955 ... Um ein Übereinkommen zu erleichtern, hält es die Sowjetregierung für möglich, sich über die Einrichtung einer entsprechenden internationalen Aufsicht zu einigen.« Die Erklärung wiederholte, daß dies die letzte Chance war: »Wenn die Pariser Abkommen ratifiziert sein werden, wird eine neue Lage entstehen.«

Weder die Bundesregierung noch die Westmächte fühlten sich veranlaßt, die sowjetische Regierungserklärung auch nur zu beantworten. Was immer aus dem Osten kam, wehrte Adenauer mit der stereotypen Beschwörungsformel ab: »Erst ratifizieren, dann verhandeln.« Nie hat er erklärt, worüber dann eigentlich noch verhandelt werden sollte.

Die Opposition führte unterdessen einen hoffnungslosen Kampf gegen die Verträge. Ihre parlamentarische Position war schwächer als 1952, ihre Haltung jedoch konsequenter.

Das Bewußtsein, mit diesen Verträgen das Todesurteil für die deutsche Einheit zu unterschreiben, hatte sich seit dem Ende der EVG geschärft, die Argumente für eine gesicherte Neutralisierung gewannen an Boden.

Fritz Erler erklärte im Februar 1954: »Es gilt zu erwägen, eine Allianzlosigkeit aus deutschem Entschluß vorzuschlagen«, und auch Carlo Schmid empfahl den »Status der Bündnislosigkeit«. Oppositionsführer Ollenhauer beschwor die Regierung, vor Unterzeichnung der Verträge »keine neuen Verpflichtungen zu übernehmen, ehe nicht ein neuer Versuch gemacht worden ist, durch Verhandlungen mit der Sowjetunion zu klären, ob es möglich ist, die Frage der Wiedervereinigung auf der Basis von freien Wahlen und der Eingliederung des geeinten Deutschland in ein System der kollektiven Sicherheit zu lösen«.

Als die Verträge dennoch unterschrieben wurden, nahm die Haltung der Opposition etwas Verzweifeltes an. Der Parteivorstand der SPD erklärte: »Das ganze deutsche Volk muß wissen: Es droht die Gefahr einer Zerstörung aller Grundlagen von Viermächte-Verhandlungen für die friedliche Wiedervereinigung Deutschlands in Freiheit.«

Es kam zur ersten großen außerparlamentarischen Aktion, der »Paulskirchen-Bewegung«. Ihre Hauptträger waren die SPD, der DGB und weite Kreise der evangelischen Kirche. Am 29. Januar 1955 verabschiedeten sie in der Frankfurter Paulskirche ein »Deutsches Manifest«, in dem es heißt: »Die Aufstellung deutscher Streitkräfte in der Bundesrepublik und in der Sowjetzone muß die Chancen der Wiedervereinigung für unabsehbare Zeit auslöschen und die Spannung zwischen Ost und West verstärken. Eine solche Maßnahme würde die Gewissensnot großer Teile unseres Volkes unerträglich steigern. Das furchtbare Schicksal, daß sich die Geschwister einer Familie in verschiedenen Armeen mit der Waffe in der Hand gegenüberstehen, würde Wirklichkeit werden.«

Erich Ollenhauer wandte sich, wie drei Jahre zuvor Kurt Schumacher, mit einem persönlichen Brief an Adenauer: »Die Haltung der Sowjetunion läßt erkennen, daß nach der Ratifizierung Verhandlungen über die deutsche Einheit nicht mehr möglich sein werden. Dies bedeutet: Die Bundesrepublik und die sogenannte ›Deutsche Demokratische Republik‹ bleiben gegen den Willen des deutschen Volkes nebeneinander bestehen . . . Man hat es 1952 versäumt, die Ernsthaftigkeit der damaligen Angebote der Sowjetunion zu erproben. Uns jetzt der gleichen Unterlassung schuldig zu machen, würde vor dem deutschen Volk nicht verantwortet werden können.« Der Oppositionsführer forderte den Kanzler auf, die Westalliierten zu bitten, mit Moskau unverzüglich Verhandlungen über die letzten sowjetischen Vorschläge einzuleiten.

Der Bundeskanzler antwortete wie folgt: »Über alles, was die Sowjetunion in den letzten Tagen und Wochen zur deutschen Frage geäußert hat, läßt sich nach der Ratifizierung genauso gut verhandeln wie vorher . . . Ich bin zuversichtlich, daß es uns im Verein mit den Westmächten gelingen wird, die sowjetische Führung von unseren und der Westmächte friedlichen und konstruktiven Absichten zu überzeugen, so daß sie auch nach der Ratifizierung der Pariser Abkommen zu aussichtsreichen Verhandlungen bereit ist.«

Am 27. Februar 1955 verabschiedete der Bundestag die Verträge in dritter Lesung. Es war die Stunde tiefster Ohnmacht der Opposition. Voll bitterer Resignation erklärte Ollenhauer: »Wer in dieser Lage die Ratifizierung vor neue Verhandlungen über die Wiedervereinigung setzt, der dokumentiert damit, daß er unter allen Umständen der definitiven Eingliederung der Bundesrepublik in das Nordatlantikpakt-System den Vorzug vor der Wiedervereinigung gibt. Ich habe keinen Kommentar dazu zu machen.«

Die Entscheidung war gefallen, der sechsjährige Kampf zu Ende. Am 5. Mai 1955 traten die Verträge in Kraft. Die Bundesrepublik verwandelte sich aus einem halbautonomen Feindstaat unter Besatzungsrecht in den militärischen Verbündeten der Sieger des Zweiten Weltkrieges. Aus den Besatzungsmächten wurden Schutzmächte, aus den Hohen Kommissaren Botschafter, aus den Besatzungstruppen Stationierungsstreitkräfte. Der westdeutsche Teilstaat hatte die Stufe der Gleichberechtigung im westlichen Lager erreicht. Aus dem »Provisorium«, das die Väter des Grundgesetzes im Auge hatten, war ein Definitivum geworden, das sich anschickte, in die Spitzengruppe der Westmächte vorzustoßen. Adenauers politisches Lebenswerk war an diesem 5. Mai 1955 vollendet. Er selbst sah es so: »An diesem Tage hatte Deutschland seine Freiheit, seine Souveränität wiedererlangt.«

Aber wie schon bei der Unterzeichnung des Generalvertrages vor drei Jahren mußte Adenauer auch am stolzesten Tag seiner Kanzlerschaft auf seinen Wunsch verzichten, das historische Ereignis entsprechend zu würdigen. Er wollte im Plenum des Bundestages eine Proklamation verlesen, doch die Opposition drohte, dann ebenfalls eine – höchst unfeierliche – Erklärung abzugeben. So veranstaltete der Kanzler eine kleine Feier für sich selbst: »Ich versuchte, dem Tag zumindest eine gewisse Weihe dadurch zu geben, daß ich vor dem Palais Schaumburg um 12 Uhr mittags feierlich die deutsche Flagge hissen ließ.«

Es war ein einsamer Staatsakt. Das Volk blieb wie bei der Gründung der Bundesrepublik ausgeschlossen, niemand rief »hurra«. Ein Zug Bundesgrenzschutz präsentierte das Gewehr, und anschließend verlas Adenauer vor dem versammelten Häuflein der Beamten und Angestellten des Kanzleramts und den Mitgliedern der Regierung jene Proklamation, die er im Parlament nicht abgeben konnte:

»Mit der Bundesregierung gedenken in dieser Stunde fünfzig Millionen freie Bürger der Bundesrepublik in brüderlicher Verbundenheit der Millionen Deutschen, die gezwungen sind, getrennt von uns in Unfreiheit und Rechtlosigkeit zu leben. Wir rufen ihnen zu: Ihr gehört zu uns, wir gehören zu euch . . . Ihr könnt euch immer auf uns verlassen, denn gemeinsam mit der freien Welt werden wir nicht rasten und ruhen, bis auch ihr die Menschenrechte wiedererlangt habt und mit uns friedlich vereint in einem Staate lebt.«

Neun Tage später wurde der Warschauer Pakt gegründet, die DDR auch militärisch dem Ostblock angeschlossen. Zehn Jahre nach der bedingungslosen Kapitulation der deutschen Wehrmacht rückten in West und Ost wieder deutsche Soldaten in die Kasernen ein. Die einen trugen amerikanische, die anderen russische Stahlhelme. Die Teilung war vollendet.

8. DIE STUNDE DER WAHRHEIT

Als die Pariser Verträge in Kraft traten, war die Szene bereitet, die Adenauer jahrelang beschworen hatte: Die Bundesrepublik besaß Sitz und Stimme im westlichen Bündnis, die NATO war bis an die Elbe vorgerückt, der Aufbau der Bundeswehr begann, der Westen marschierte auf die maximale Stärke zu. Vom Motto des Bundeskanzlers – »Erst ratifizieren, dann verhandeln« – war die erste Hälfte erfüllt. Jetzt mußte, falls nicht alles Bluff gewesen sein wollte, verhandelt werden. Die Politik der Stärke hatte ihre Probe zu bestehen.

Bereits fünf Tage nach Adenauers einsamer Flaggenhissung schickten die Westmächte Einladungen für eine Gipfelkonferenz an den Kreml. Es sei nun »die Zeit gekommen, um eine neue Anstrengung zur Lösung der großen Probleme, denen wir gegenüberstehen, zu unternehmen«. Zur Verblüffung der westlichen Falken sagten die Russen zu.

Im Kreml war die zweite Runde im Machtkampf um Stalins Erbe entschieden worden. Ministerpräsident Malenkow wurde nach den westlichen Absagen auf seine Wiedervereinigungsofferten gestürzt. An seine Stelle trat der bisherige Verteidigungsminister Nikolai Bulganin. Von den vier Männern, die Stalin zu Grabe getragen hatten, waren jetzt nur noch zwei übrig. Da Bulganin nicht den Ehrgeiz hatte, der letzte Überlebende zu werden, wurden die Richtlinien der sowjetischen Politik fortan von Parteichef Nikita Chruschtschow bestimmt.

Der kugelköpfige Ukrainer hatte ein geeintes Deutschland immer für eine Gefahr gehalten, selbst wenn es neutralisiert sein sollte – auch Hitler war schließlich »bündnislos« gewesen. So war Chruschtschow nicht sehr enttäuscht über das Nein des Westens. Es paßte in die eigenen Pläne.

Er hatte sich vorgenommen, aus dem heruntergekommenen stalinistischen Rußland eine echte Weltmacht, ein sozialistisches Amerika zu machen. Dazu konnte er Ostdeutschland gut gebrauchen. Nicht gebrauchen konnte er dagegen den übrigen außenpolitischen Problemballast der Stalinzeit. Er leitete das große Aufräumen ein.

Zunächst annullierte Moskau die Bündnisverträge mit Großbritannien und Frankreich, weil sie »entgegen diesen Verpflichtungen« Westdeutschland aufgerüstet und in eine »gegen die Sowjetunion gerichtete militärische Gruppierung« einbezogen hatten. Alsdann entschärfte Chruschtschow die beiden hartnäckigsten Konfliktherde am Rand des sowjetischen Machtbereichs: Er gab sein Ja zum Staatsvertrag mit Österreich und beendete den kalten Krieg gegen Titos Jugoslawien.

Beide Ereignisse waren sensationell: Mit dem Truppenabzug aus Österreich räumten die Sowjets erstmals ein besetztes Gebiet, und mit dem Besuch Bulganins und Chruschtschows in Belgrad verließ die Staats- und Parteiführung erstmals seit Gründung der Sowjetunion den Machtbereich der Roten Armee. Die Kremlführer schüttelten dem Mann die Hand, den Stalin einst als Erzfeind und Verräter des Sozialismus mit dem Bannfluch belegt hatte.

Chruschtschows Offensive erreichte ihren Höhepunkt mit der Zustimmung zu einer Gipfelkonferenz der vier Mächte – und mit einer Einladung an Konrad Adenauer zu einem Besuch in Moskau. Die Nachricht löste in Bonn Verwirrung und Triumphgefühle aus. Es schien, als habe der Kanzler recht behalten, als krieche der Kreml zu Kreuze, kaum daß die Bundeswehr aus der Taufe gehoben war. Doch Chruschtschow wollte nicht mit Adenauer verhandeln. Er ging von der Teilung als vollendeter Tatsache aus. Alles was er wollte, war ein sowjetischer Botschafter am Rhein.

Adenauer flog nach Washington, um sich mit Dulles zu beraten. Wie immer stimmten die beiden Männer überein. Der amerikanische Außenminister kam zu der gleichen groben Fehleinschätzung der Russen wie der deutsche Kanzler: »Dulles verglich die Lage mit einem Boxkampf«, berichtete Adenauer. »Der Gegner sei schon groggy, hänge in den Seilen und warte nur darauf, daß der Gong das Ende der Runde ankündige. Wir seien auch müde und wünschten ebenfalls das Ende der Runde herbei . . . Es sei jetzt notwendig, nicht nachzugeben. Wenn der Westen stark bleibe, halte er auch eine friedliche Befreiung Osteuropas für möglich . . . Ihm gehe es darum, in den Satellitenstaaten einen nationalen Impuls zu erwecken und unter den Nationalgesinnten nicht das Gefühl mächtig werden zu lassen, daß sie auf ewig dazu verdammt seien, unter russischer Herrschaft zu leben.«

Als sich ein Jahr darauf die Ungarn im Vertrauen auf die amerikanische Propaganda gegen die Russen erhoben, wurden sie freilich bitter enttäuscht. Sie waren so verloren wie 1953 die Deutschen in der DDR. Auch John Foster Dulles, der mit Hilfe seines Bruders so viel getan hatte, um den »nationalen Impuls zu wecken«, war nicht geneigt, wegen der Ungarn einen dritten Weltkrieg zu riskieren.

Vorerst aber, im Juli 1955, gab Dulles dem Bundeskanzler Verhaltensmaßregeln für Moskau mit (»es sei immer weise, in Verhandlungen mit den Russen sehr vorsichtig zu sein«) und setzte auch das Datum der Reise fest: »Er habe sich die Sache überlegt. Auch er sei der Ansicht, daß der richtige Zeitpunkt meiner Reise nach der am 17. Juli beginnenden (Gipfel-)Konferenz liege, am besten im September.« Man wollte erst abwarten, was die Russen dem Westen zu sagen hatten.

Am 17. Juli 1955 begann die Gipfelkonferenz in Genf. Es war eine denkwürdige Szene. Nach zehn Jahren saßen die Chefs der einstigen Kriegskoalition wieder an einem Tisch. Auf westlicher Seite waren noch zwei Veteranen von Potsdam dabei: General Eisenhower, jetzt Präsident der Vereinigten Staaten, und Anthony Eden, damals Chef des Foreign Office, jetzt Premierminister Großbritanniens. Doch sonst erinnerte in Genf nichts an alte Zeiten. Die Deutschen, um die es unter anderem ging, waren diesmal als Beobachter vertreten, und zwar in zwei getrennten Delegationen, die sich gegenseitig als nichtexistent betrachteten. Nichts aber dokumentierte den Anbruch einer neuen Ära drastischer als der Auftritt der Russen. Die neuen Kremlführer betraten die internationale Arena. Aller Augen waren auf sie gerichtet.

Statt des düsteren Stalin, den kein Mensch je auf einer Straße und nie anders als in einer Litewka gesehen hatte, erschienen zwei rosige, überaus joviale und kontaktfreudige Herren, die westliche, wenn auch etwas ungefüge Anzüge mit weißen Hemden und Krawatten trugen, die Hände schüttelten, Kinder küßten, mit Fotografen scherzten und offensichtlich von Selbstbewußtsein strotzten. Sie wurden vom ersten Tag an die Stars der Konferenz und überrollten die Weltpresse mit einer Offensive des Lächelns.

Auch am Verhandlungstisch erwiesen sich die Stalin-Nachfolger als umgängliche Partner. Ohne den eisigen, herausfordernden Ton, den der Westen so lange von Moskau gewöhnt war, vertraten sie ihren Standpunkt. Man kam sich rasch näher, sprach über Abrüstung, Vertrauen, bessere gegenseitige Kontakte, kurz: über die Beendigung des kalten Krieges. In wenigen Tagen entstand eine optimistische Atmosphäre, der »Geist von Genf«.

Was eigentlich Hauptthema der Konferenz sein sollte, die Deutschlandfrage, wurde dabei völlig unter den Tisch gekehrt. Gleich zu Beginn hatte Ministerpräsident Bulganin klargemacht, daß Moskaus Warnungen vor der Ratifizierung der Pariser Verträge keine leeren Worte waren. Nach Inkrafttreten der Verträge betrachtete die Sowjetregierung die deutsche Frage als erledigt. Die Wiedervereinigung war kein Thema mehr für die Russen. Sarkastisch meinte Bulganin: »Im Augenblick haben wir nicht die Absicht, die Frage der Annulierung dieser Verträge aufzuwerfen und die Forderung zu stellen, daß Westdeutschland diese Gruppierungen verläßt.«

Die Westmächte mochten auch nicht weiter drängen. Man ließ die deutsche Frage ruhen und einigte sich prinzipiell auf den sowjetischen Vorschlag, ein gesamteuropäisches Sicherheitssystem auszuarbeiten.

Während alle Welt fasziniert die neue Szenerie der Verständigung betrachtete, schreckte der »Geist von Genf« den Bundeskanzler in seinem nahe gelegenen Schweizer Urlaubsort Mürren auf: »Meine Befürchtungen über die psychologische Auswirkung der Genfer Konferenz stiegen von Tag zu Tag. Die Russen hatten durch ihr verbindliches Auftreten in Genf erreicht, daß sie wieder allgemein als verhandlungsfähig angesehen wurden.«

Alarmiert schickte Adenauer durch Boten einen Mahnbrief an Dulles: »Die Hinausschiebung der Wiederherstellung der Einheit Deutschlands ist so gefährlich, weil sie zeitlich zusammenfällt mit der in Genf sich ankündigenden Rehabilitierung Rußlands durch die angelsächsischen Mächte . . . Man kann Rußland nicht zur Wiederherstellung der Einheit Deutschlands zwingen, aber wohl kann man den Anschein der Rehabilitierung Rußlands vermeiden.«

Amerikas Außenminister schluckte die Rüge und beeilte sich, den alten Herrn zu beruhigen. »Wenn es die Sowjets waren, die den Geist von Genf besonders wünschten, dann ist es wahrscheinlich, daß sie, um diesen Geist zu erhalten, noch etwas mehr zahlen werden. Wieviel sie noch bezahlen werden, bleibt abzuwarten. Aber es ist gewiß die Absicht der Vereinigten Staaten, sie in dieser Einsicht unter Druck zu setzen.«

Es gab indessen keinen Zahltag mehr. Die Russen hatten ihren Preis drei Jahre lang genannt, und der Westen hatte den Handel ausgeschlagen. Jetzt war das Angebot endgültig vom Tisch. Auf der Rückreise von Genf machte Chruschtschow in Ost-Berlin Station und erklärte, was fortan die Richtschnur der russischen Deutschlandpolitik war: Es seien in Europa »neue Verhältnisse« entstanden, die eine »mechanische Vereinigung beider Teile Deutschlands« zu einer »unrealen Sache« machten. Jetzt könne es nur noch eine »Annäherung« zwischen den beiden deutschen Staaten geben: »Man kann die deutsche Frage nicht auf Kosten der Interessen der Deutschen Demokratischen Republik lösen.«

Im Klartext hieß das: Die Teilung Deutschlands ist unaufhebbar, es geht jetzt nur noch darum, daß die Bundesrepublik die Teilung, die sie selbst heraufbeschworen hat, anerkennt.

Der erste Schritt dazu war Adenauers Reise nach Moskau. Der Kanzler sah die Gefahr wohl: »Durch die gleichzeitige Anwesenheit eines Botschafters der Bundesrepublik Deutschland und eines Botschafters der Sowjetzone in Moskau liefen wir Gefahr, daß die Staaten, die uns bisher als die einzigen legitimen Vertreter des deutschen Volkes ansahen und keine offiziellen Beziehungen zur DDR unterhielten, diese Politik änderten.«

Doch der Kanzler konnte der Einladung nicht ausweichen, wollte er nicht seine eigene Politik des »Erst ratifizieren, dann verhandeln« desavouieren.

So landete er am 8. September 1955 in Moskau. Zum erstenmal seit dem Krieg betraten Deutsche, die sich ausdrücklich als Gegner der Sowjetunion betrachteten, russischen Boden. Chruschtschow bereitete ihnen den prächtigsten Empfang, der einer kapitalistischen Regierungsdelegation seit dem Tode Stalins zuteil wurde. Das Wachregiment hatte Adenauer zu Ehren sogar neue Paradeuniformen bekommen.

Doch im Kreml hörte das Lächeln auf. Bulganin eröffnete die Partie: »In Westdeutschland werden mitunter Reden gehalten, wonach man mit der Sowjetunion ›von einer Position der Stärke aus‹ sprechen müsse. Wir können nicht ohne Ironie auf eine derartige Argumentation hinweisen. Über solche Argumentation kann man nur spotten.«

Als die Deutschen dennoch von der Wiedervereinigung anfingen, erlebte Adenauer als erster westlicher Staatsmann jenen Chruschtschow, der mit der Faust auf den Tisch hieb, wenn ihm die Galle überlief: »Wir haben sehr ehrlich, und manchmal sogar mehr als es die diplomatische Sprache erlaubt, davor gewarnt, daß die Pariser Verträge den Weg zur Lösung der deutschen Frage versperren werden . . . Die NATO ist gegen die Sowjetunion geschaffen worden. Wenn aber eine Organisation geschaffen wird, die gegen uns ist, so werden wir als Staatsmänner alles tun, um sie zu schwächen.« Es gebe überhaupt nur ein Thema, über das man reden könne: »Die diplomatischen Beziehungen aufzunehmen, Botschaften zu gründen, Botschafter auszutauschen.«

Als die Deutschen daraufhin die Frage der Kriegsgefangenen anschnitten und erklärten, ohne Freilassung der letzten Gefangenen würden sie keine Beziehungen aufnehmen, explodierte Chruschtschow: »Sie verlangen von uns Vorleistungen. Ich weiß nicht, wie das zu qualifizieren ist! Die Bundesrepublik Deutschland hat die Pariser Verträge unterzeichnet, sie hat die Bedingungen für die Remilitarisierung Westdeutschlands angenommen. Sie ist der NATO beigetreten, die gegen die Sowjetunion gerichtet ist. Folglich werden Armeen aufgestellt zum Kriege gegen die Sowjetunion. Und nach allem erwarten Sie von uns Großmütigkeit? Ich weiß nicht, für wen halten Sie uns, und wie schätzen Sie uns ein? Ich glaube, daß Sie sich uns gegenüber nicht klug verhalten!«

Adenauer hörte mit unbewegtem Gesicht zu. »Ich mußte mich sehr zusammennehmen, um nicht aufzustehen und den Konferenzsaal zu verlassen.« Chruschtschow entschuldigte sich für seinen Ausbruch, aber er sagte noch einmal: »Truppen werden nicht aufgestellt, damit sie Suppe essen und Brühe zubereiten.«

Fünf Tage lang redeten sich die Russen ihren Groll von der Seele. Dann gaben sie die überlebenden Kriegsgefangenen frei. Es waren nicht mehr als zehntausend, zuzüglich zwangzigtausend Zivilgefangener, die zumeist nach Kriegsende aus der Ostzone deportiert worden waren.

Als Adenauer auf dem Moskauer Flugplatz von der Gardekompanie verabschiedet wurde, hatte er sein Cannae erlitten. Er brachte zwar 30 000 Menschen heim, aber er hatte 18 Millionen verloren.

Falls er seinen Wahlspruch »Erst ratifizieren, dann verhandeln« je ernst gemeint hatte, dann war er gescheitert. Die Einheit Deutschlands war verspielt. Adenauer selbst setzte seine Unterschrift unter das Papier, das Moskau zur ersten Hauptstadt machte, in der es zwei deutsche Botschaften gab.

VI. KAPITEL

KONKURS

»Können die Völker der Welt ohne
die Wiedervereinigung der beiden deutschen
Staaten leben? Sie können es,
ja, sie können ohne dem nicht schlecht leben.«

Nikita Chruschtschow

1. DER LETZTE TRUMPF – ATOMWAFFEN

Das Grundmuster der neuen europäischen Mächtestruktur war 1955 fixiert, die deutsche Frage mit der Teilung entschieden – zumindest für die kommenden Jahrzehnte, wahrscheinlich für die nächsten zwei, drei Generationen, vielleicht für immer. Die einzigen, die sich weigerten, dieser Tatsache ins Auge zu sehen, waren die Deutschen selbst. Sie glaubten in ihrer Mehrheit immer noch, sie könnten die Vorteile der Westintegration genießen und dazu die Einheit des Landes zurückgewinnen. Die »Wiedervereinigung« wurde allsonntäglich auf Reden und Kundgebungen beschworen, aber das Wort hatte allmählich jeden Bezug zur Realität verloren. Es war zu einer liturgischen Formel erstarrt, die desto inbrünstiger wiederholt wurde, je wirklichkeitsferner sie war.

Die Bundesregierung nährte den Selbstbetrug nach Kräften. Adenauer sah auch nach seiner Moskaureise keinen Anlaß, seine Politik zu revidieren. Nie gestand er ein, daß sein Wiedervereinigungs-Konzept gescheitert war. Er setzte den Kampf gegen die Sowjetunion selbst dann noch fort, als er sinnlos geworden war. Er gab bis an sein Lebensende vor, die Russen aus Mitteleuropa vertreiben zu können, ohne etwas dafür zu bezahlen. Noch kurz vor seinem Tode schrieb er: »Meine Hoffnung war: Die Sowjetunion werde eines Tages einsehen: Alles zusammen können wir nicht machen. Meine Hoffnung war, sie werde dann ihre Kräfte auf die Auseinandersetzung mit den Chinesen konzentrieren und Europa in Ruhe lassen. Auf diese Entscheidung mußte gewartet werden.«

Der alte Herr wartete vergeblich. Er bemerkte nicht, daß seine russischen Kontrahenten sich bereits 1955 entschlossen hatten, »Europa in Ruhe zu lassen«. Adenauer hatte ihnen erfolgreich die Neutralisierung Gesamtdeutschlands verbaut, nun ließen sie es dabei bewenden. Ihr Ziel war ab 1955 die Sicherung des Status quo. Es begann der lange Kampf um die Anerkennung der deutschen Teilung durch die Deutschen.

Auf der Genfer Gipfelkonferenz hatten Chruschtschow und Bulganin noch der Formel zugestimmt, »daß die deutsche Frage und die Frage der Wiedervereinigung Deutschlands durch freie Wahlen im Einklang mit den nationalen Interessen des deutschen Volkes als auch im Interesse der europäischen Sicherheit gelöst werden sollen«.

Als sich aber im Herbst, vier Wochen nach Adenauers Moskaureise, die Außenminister wieder in Genf versammelten, um die Direktiven der Regierungschefs in konkrete Vereinbarungen umzusetzen, lehnten die Russen jedes Gespräch über die Wiedervereinigung kategorisch ab. Molotow wiederholte, daß es für die »Vereinigung Deutschlands« nur noch den Weg über die »Annäherung der beiden deutschen Staaten« gebe. Er griff auf den Grotewohl-Plan von 1950 zurück und schlug einen »Gesamtdeutschen Rat« aus Vertretern der Bundesrepublik und der DDR vor. Das Problem sei jetzt »Sache der Deutschen selbst«.

Auch der Westen war der deutschen Frage überdrüssig. Zehn Jahre nach Kriegsende wuchs das Verlangen nach Ruhe. Die Zeit schien reif, mit den Russen ins Gespräch zu kommen. Die Voraussetzungen waren günstig. Chruschtschow brach auf dem 20. Parteitag mit dem Stalinismus, in Moskau setzte Tauwetter ein, »Koexistenz« hieß die Parole. Der kalte Krieg verlor an Schärfe. Zwei neue Schlagworte gingen um: Entspannung und Abrüstung. Für dieses Ziel schienen ein Sicherheitspakt und eine atomwaffenfreie neutrale Zone in Mitteleuropa diskutable Wege zu sein.

Das Wort »Neutralität« hatte inzwischen an Reputation gewonnen. Indiens Premierminister Nehru hißte als Sprecher der sich formierenden Dritten Welt das Banner der Blockfreiheit, und selbst Eisenhower erwies bei einem Besuch des indonesischen Staatschefs Sukarno den Neutralen seine Reverenz, indem er sagte, die USA seien selbst 150 Jahre lang neutral gewesen.

Auch George F. Kennan, der Saulus des »Containment« und Paulus des »Disengagement«, meldete sich wieder zu Wort. In einer neuen Denkschrift, die in Washington erörtert wurde, erklärte er: »Ich bin unter allen Umständen ein Anhänger des Neutralismus an sich . . . Deshalb habe ich immer daran gezweifelt, ob die Entscheidung, Deutschland wiederzubewaffnen, auch wirklich klug war. Meiner Ansicht nach sollte die amerikanische Politik die Wiedervereinigung Deutschlands anstreben. Damit würde es eine Funktion als neutraler Faktor übernehmen, der die scharfe Schneide der beiden militärischen Pole in Europa abstumpfen und schließlich helfen kann, die Heftigkeit des Konflikts zwischen Ost und West zu verringern.«

All dies schreckte Adenauer auf: »Das veränderte Klima in den Vereinigten Staaten bereitete mir Sorge. Die Denkschrift Kennans, die Äußerung Eisenhowers über die Bewertung der Neutralität waren schlechte Zeichen.« Der Kanzler war nicht gewillt, die Dinge treiben zu lassen. Er entwickelte eine eigene Strategie gegen die Entspannungstendenzen. Ihre drei Hauptprinzipien waren: 1. keine Anerkennung der DDR, weder durch Bonn noch durch Dritte, 2. keine Abrüstung ohne Wiedervereinigung, 3. Atomwaffen für die Bundeswehr.

Die wichtigste Waffe gegen die DDR war die »Hallstein-Doktrin«, benannt nach Adenauers Staatssekretär im Auswärtigen Amt. Sie wurde bereits auf dem Rückflug von Moskau geboren. Die Sowjetunion sollte das einzige Land bleiben, in dem es zwei deutsche Botschaften gab. Um den Alleinvertretungsanspruch der Bundesrepublik durchzusetzen, erklärte Bonn die Anerkennung der DDR als »einen gegen die Lebensinteressen des deutschen Volkes gerichteten unfreundlichen Akt«, der von Bonn mit dem Abbruch der diplomatischen Beziehungen geahndet werde. Das erste Opfer wurde, zwei Jahre später, Jugoslawien.

Die zweite Doktrin war das sogenannte Junktim zwischen Abrüstung und Wiedervereinigung. Es war vor allem eine Waffe gegen die eigenen Verbündeten. Der erste, der sie zu spüren bekam, war Englands Premierminister Anthony Eden. Er hatte schon auf der Genfer Gipfelkonferenz einen Rüstungskontrollplan für Mitteleuropa vorgeschlagen. Das Projekt sah eine entmilitarisierte Zone in Mitteleuropa und internationale Inspektionen beiderseits der Zonengrenze vor.

Als England diesen Plan auf dem Außenministertreffen im darauffolgenden Herbst abermals vorlegte, protestierte Adenauer: »Ich war mit den Einzelheiten dieses Planes keineswegs einverstanden . . . Durch eine solche Vorleistung auf dem Gebiet der Sicherheit würde das Interesse der Sowjetunion an der Wiederherstellung der Einheit Deutschlands noch weiter geschwächt . . . Aus meiner Sorge nicht nur um die Zukunft Deutschlands, sondern um die des Westens überhaupt, teilte ich am 24. Oktober 1955 Eden diese meine Bedenken in einem Brief mit.«

Ein halbes Jahr später mußte der Kanzler den französischen Ministerpräsidenten Guy Mollet zur Ordnung rufen. Mollet hatte unverblümt erklärt, daß seine Regierung der Abrüstung größere Wichtigkeit beimesse als der Wiedervereinigung Deutschlands, ja, daß die Wiedervereinigung überhaupt nur infolge der Entspannung möglich sei: »Wenn es eine Chance gibt, daß die Russen Deutschland wiedervereint sehen wollen, so kann diese Chance nur im Rahmen einer allgemeinen Weltabrüstung ins Auge gefaßt werden.« Vorsichtig deutete Mollet an, daß im Zuge einer allmählichen Entspannung eine Neutralisierung Deutschlands denkbar sei: »Ich sage nicht, daß das einen Verzicht Deutschlands auf seine Mitgliedschaft in der NATO einbegreift. Es würde aber möglich werden, darüber zu diskutieren.«

Dies war für Bonn Anlaß, erstmals eine der drei Schutzmächte öffentlich in scharfer Form zu rügen. Das Auswärtige Amt unter seinem neuen Chef Heinrich von Brentano erklärte, »daß die Wiedervereinigung überhaupt erst ein aussichtsreiches Gespräch über die Abrüstung ermöglichen werde. Keine deutsche Regierung wird bereit sein, Vorschläge ernsthaft zu diskutieren, die die Entspannung auf der Grundlage einer auch nur vorübergehenden Anerkennung oder stillschweigenden Hinnahme der Teilung Deutschlands bewirken wollen.«

Das dritte und wirksamste Bonner Instrument gegen die Entspannung war die Forderung nach Atomwaffen für die Bundeswehr. Sie verschärfte die Konfrontation mit Moskau und führte zu neuen schweren Erschütterungen in der Bundesrepublik.

Die Regierung trieb die Aufstellung der Bundeswehr ohnehin in einem hektischen Tempo voran. Obwohl die Deutschen zehn Jahre lang keine Kanonen bedient hatten und nur geringen militärischen Eifer zeigten, wurde schon im Juli 1956, ein halbes Jahr nachdem die ersten tausend Freiwilligen in die Kasernen gezogen waren, die allgemeine Wehrpflicht eingeführt (in der DDR erst sechs Jahre später). Im Oktober des gleichen Jahres übernahm der bisherige Minister für Atomfragen, Franz Josef Strauß, das Kommando über die Bundeswehr, und kurz darauf forderte Bonn Atomgranaten und -raketen für seine Armee.

Listig hatte sich Konrad Adenauer bei der freiwilligen Rüstungsbeschränkung der Pariser Verträge eine Hintertür zur Atombewaffnung offengehalten. Wohl verzichtete er damals auf die Herstellung, nicht aber auf den Erwerb von ABC-Waffen, und so machte er am 5. April 1957 seinen Anspruch ungeniert geltend. Als er auf einer Pressekonferenz gefragt wurde, ob es stimme, daß er die Bundeswehr mit Kernwaffen ausrüsten wolle, gab er die denkwürdige Antwort: »Unterscheiden Sie doch die taktischen und die großen atomaren Waffen. Die taktischen Waffen sind nichts weiter als die Weiterentwicklung der Artillerie.

Selbstverständlich können wir nicht darauf verzichten, daß unsere Truppen auch in der normalen Bewaffnung die neueste Entwicklung mitmachen. Die großen Waffen haben wir ja nicht.«

Wieder stand die verblüffte Weltpresse vor der Frage, ob der Bonner Kanzler voller Einfalt oder voller Zynismus gesprochen hatte. In jedem Fall hatte er sich den denkbar schlechtesten Zeitpunkt für seine Forderung ausgesucht. Denn das Thema Atomwaffen hatte gerade seinen höchsten internationalen Reizwert erreicht. Die fortgesetzten Versuchsexplosionen der beiden Supermächte verstörten seit langem die Öffentlichkeit. Die oberen Schichten der Atmosphäre waren in einem alarmierenden Maße verseucht. Von Tokio bis Hamburg registrierten die Meteorologen steigende Radioaktivität im Regen. Eine weltweite Kampagne zur Einstellung der Kernwaffenversuche und des atomaren Wettrüstens war im Gange.

Empört protestierten die namhaftesten deutschen Kernphysiker, darunter die Nobelpreisträger Otto Hahn, Werner Heisenberg und Max Born, im »Göttinger Appell« gegen Adenauers Atomwaffenpläne: »Jede einzelne taktische Atombombe oder -granate hat eine ähnliche Wirkung wie die erste Atombombe, die Hiroshima zerstört hat . . . Für ein kleines Land wie die Bundesrepublik glauben wir, daß es sich heute noch am besten schützt und den Weltfrieden noch am ehesten fördert, wenn es ausdrücklich und freiwillig auf den Besitz von Atomwaffen jeder Art verzichtet. Jedenfalls wäre keiner der Unterzeichneten bereit, sich an der Herstellung, der Erprobung oder dem Einsatz von Atomwaffen in irgendeiner Weise zu beteiligen.«

Die Erklärung hatte die Wirkung einer Initialzündung. Abermals entstand eine breite außerparlamentarische Protestbewegung, die Kampagne »Kampf dem Atomtod«. Sie konnte schwerlich als kommunistisch diffamiert werden, da die KPD seit 1956 verboten war und ihre Funktionäre streng überwacht wurden. Die führende Kraft der Kampagne war die SPD. Als die sozialdemokratischen Landesregierungen von Hessen, Hamburg und Bremen Volksbefragungen organisierten, stellte die Bundesregierung Verbotsantrag beim Bundesverfassungsgericht. Die Karlsruher Richter gaben dem Antrag statt: Die Volksbefragungen stellten »einen von den Ländern her versuchten Eingriff in die ausschließliche Zuständigkeit des Bundes dar« und seien daher verfassungswidrig.

Im Frühjahr 1958 beantragte Adenauer die parlamentarische Zustimmung zur atomaren Aufrüstung. Wieder rannte die Opposition Sturm gegen den Kanzler. Gustav Heinemann, als Sozialdemokrat in den Bundestag zurückgekehrt, hielt die große Generalabrechnung mit seinem ehemaligen Parteichef Adenauer: »Ich erachte es für die historische Schuld der CDU, daß sie bis zum Jahre 1954 in dieser leichtsinnigen Weise die damaligen Möglichkeiten ausgeschlagen hat, denen wir heute nachtrauern müssen. Wie lange wollen Sie dieses Spiel noch fortsetzen? Wie lange noch?«

Die Partei des Kanzlers hatte die absolute Mehrheit, und so beschloß der Bundestag im März 1958, »die Streitkräfte der Bundesrepublik mit den modernsten Waffen auszurüsten«. Doch die Bundeswehr sollte diese Waffen nie bekommen. Amerikaner und Russen führten bereits vertrauliche Gespräche zur Begrenzung der Atomrüstung und zur Verhinderung ihrer Ausbreitung. Schon im Sommer 1957 gab Eisenhower seinem Sonderbeauftragten Harold Stassen ein Geheimpapier zu den offiziellen Abrüstungsverhandlungen mit: »Es schlug vor, daß allen Nationen mit Ausnahme dieser drei (USA, Großbritannien und UdSSR) in Zukunft die Herstellung *oder der Gebrauch* von Kernwaffen verboten sein sollten« (Eisenhower).

Obwohl noch elf Jahre vergingen, bis die Supermächte den Atomsperrvertrag unterzeichneten, waren sie sich schon damals stillschweigend einig, den Schlüssel zu ihrer Macht nicht aus der Hand zu geben. So scheiterte Adenauers letzter Versuch, die Wiedervereinigung durch militärische Stärke zu erzwingen, nicht nur an den Sowjets, sondern auch an den eigenen Verbündeten.

2. DIE FALLE SCHNAPPT ZU

Zwei Tage nach dem Atomwaffenbeschluß des Bundestags eroberte Chruschtschow die Alleinherrschaft in Moskau. Der Parteichef stürzte Ministerpräsident Bulganin und übernahm selbst den Regierungsvorsitz. Damit war das nach Stalins Tod feierlich beschworene Prinzip der kollektiven Führung aufgehoben. Das cholerische Temperament des neuen Zaren schlug ungefiltert auf alle Entscheidungen des Kreml durch, die russische Außenpolitik steuerte in ein abenteuerliches Fahrwasser.

Nikita Chruschtschow war beherrscht von dem Ehrgeiz, als ebenbürtiger Partner vom Westen anerkannt zu werden. Seine fatalste Eigenschaft war die Ungeduld. Er brauchte Erfolge, möglichst rasch und möglichst spektakulär. Seine erster großer Coup war der Sputnik.

Der künstliche Mond befreite die Russen mit einem Schlag vom Odium der ewig Zurückgebliebenen. Über Nacht gewann die Sowjetunion Respekt als technische Großmacht. Sie hatte Amerika auf einem epochemachenden Gebiet überholt. Politiker und Militärs waren dabei weniger von den piepsenden Funksignalen aus dem All beeindruckt als vielmehr von der Rakete, die den Satelliten in die Umlaufbahn geschossen hatte: Sie konnte jeden beliebigen Punkt der Erde erreichen.

Beflügelt von dem immensen Prestigegewinn ging Chruschtschow zur außenpolitischen Offensive über. Er begann dort, wo Stalin zehn Jahre zuvor gescheitert war – in Berlin. Er wollte das Loch stopfen, durch das jährlich Hunderttausende aus der DDR in den Westen abwanderten und damit den Sozialismus diskreditierten.

Die Ostdeutschen hatten nach dem Beitritt der Bundesrepublik zur NATO die letzten Hoffnungen auf die Wiedervereinigung verloren. Das Gefühl, vom Westen endgültig »abgeschrieben« zu sein, griff um sich. Es blieb nur die Wahl, sich zu arrangieren oder »abzuhauen«. Da die Aussicht auf eine Besserung der Verhältnisse gering war, gingen gerade die Jungen, die Tüchtigen, die Risikobereiten »in den Westen«.

Die Möglichkeit dazu war relativ einfach: Man fuhr nach Ost-Berlin und stieg dort in die S-Bahn nach West-Berlin. Kam unterwegs eine Vopo-Streife, konnte man immer noch auf dem letzten Ost-Bahnhof aussteigen. War man einmal im Westen, meldete man sich im Notaufnahmelager und wartete auf den Flug in die Bundesrepublik.

Bonn förderte die Abwanderung. Ein unkompliziertes Aufnahmeverfahren und großzügige finanzielle und soziale Starthilfen erleichterten allen Flüchtlingen die Ansiedlung in der Bundesrepublik. Fachkräfte von »drüben« waren begehrt, weil sie an straffe Arbeitsdisziplin und hohe Leistungsansprüche gewöhnt waren. So zog jeder Flüchtling, der im Westen Fuß gefaßt hatte, weitere Abwanderer nach. Von der Staatsgründung bis Ende 1957 verließen zwei Millionen Menschen den »Arbeiter-und-Bauern-Staat«. In der DDR lebten schließlich trotz des Zustroms von Umsiedlern aus den Ostgebieten weniger Menschen als vor dem Krieg.

Allmählich geriet die Parteispitze in Panik. Sie verschärfte die Repression. Ab 1957 stellte ein neues Paßgesetz die »Republikflucht« unter Strafe (Gefängnis bis zu drei Jahren). Ferner wurde mit Gefängnis nicht unter sechs Monaten (in schweren Fällen mit Zuchthaus) bestraft, »wer es unternimmt, eine Person zum Verlassen der Deutschen Demokratischen Republik zu verleiten«. Außerdem wurden die Delikte »Staatsgefährdende Propaganda und Hetze« (Gefängnis nicht unter drei Monaten, in schweren Fällen Zuchthaus) und »Staatsverleumdung« (Gefängnis bis zu zwei Jahren) ins Strafgesetzbuch aufgenommen.

Trotz der verschärften Strafen und strenger Kontrollen schwoll der Flüchtlingsstrom weiter an. Das Problem für die DDR-Führung war nicht nur der Verlust qualifizierter Fachleute, sondern die allgemeine Demoralisierung, die vom »Schaufenster des Westens« ausging. West-Berlin war das weithin sichtbare und jedermann zugängliche Erfolgssymbol des kapitalistischen Systems, das permanente Dementi der sozialistischen Errungenschaften. Der ostdeutsche Staat konnte erst stabilisiert werden, wenn das Schaufenster vernagelt und der Notausgang versperrt war.

Chruschtschow sah dafür nur einen Weg: den immer noch bestehenden Viermächte-Status Deutschlands zu zerreißen, die Westmächte aus Berlin zu vertreiben und der DDR die Kontrolle über die Zufahrtswege durch einen Separatfrieden zu übertragen.

Nach zahlreichen Vorwarnungen, die dem Grollen eines Vulkans vor dem Ausbruch glichen, stellte Chruschtschow den Westmächten am 27. November 1958 ein Ultimatum. Es war eingebettet in die längste Note, die der Kreml je an seine ehemaligen Verbündeten richtete, eine Abrechnung über die letzten zwanzig Jahre. Chruschtschow zählte das ganze Sündenregister der Westmächte auf, vom Münchner Abkommen mit Hitler über die Einstellung der Reparationslieferungen durch General Clay bis zur drohenden Atomrüstung der Bundesrepublik.

Chruschtschows Fazit: »Das Potsdamer Abkommen ist von den Westmächten gröblich verletzt worden. Es gleicht dem Stamm eines einst mächtigen und früchtetragenden, jetzt aber abgehauenen Baumes, dem man noch dazu sein Herzstück genommen hat . . . Wer diese Abkommen gröblich verletzt hat, hat auch das Recht verwirkt zur Aufrechterhaltung seines Besatzungsregimes in Berlin.«

Moskau kündigte mit der Note das Londoner Protokoll von 1944 über den Viermächte-Status Groß-Berlins und forderte »die Umwandlung West-Berlins in eine selbständige politische Einheit, in eine Freie Stadt . . . in deren Leben sich kein Staat, auch keiner der bestehenden deutschen Staaten, einmischen dürfte«. Auf dem Territorium der Freien Stadt seien »keinerlei Streitkräfte zuzulassen«, die »feindliche Wühltätigkeit« sei einzustellen.

Als Frist für die Ausarbeitung eines entsprechenden Abkommens setzte Chruschtschow sechs Monate. Das Ultimatum schloß mit der Drohung: »Sollte die genannte Frist nicht zur Erreichung einer Übereinkunft ausgenutzt werden, so wird die Sowjetunion durch ein Abkommen mit der DDR die geplanten Maßnahmen verwirklichen.«

Dem Berlin-Ultimatum ließ Chruschtschow den Entwurf eines Friedensvertrages mit Deutschland folgen. Er sah, wie der Vorschlag Stalins von 1952, die Neutralisierung

Deutschlands vor, aber mit einem wesentlichen Unterschied. Er ging von der Teilung Deutschlands aus. Artikel 2 lautete: »Bis zur Wiedervereinigung Deutschlands in dieser oder jener Form werden unter dem Begriff ›Deutschland‹ die beiden bestehenden deutschen Staaten verstanden.« Artikel 25: »Bis zur Wiederherstellung der Einheit Deutschlands erhält West-Berlin die Stellung einer entmilitarisierten Freien Stadt.«

Die Westmächte reagierten auf Chruschtschows Offensive gelassen. Sie erklärten, der Viermächte-Status Berlins habe nichts mit dem Potsdamer Abkommen zu tun und bleibe infolgedessen unabhängig davon in Kraft. Außerdem hätten die Westmächte 1945 im Tausch gegen die Mitverwaltung Berlins »eine Besetzung großer Teile Mecklenburgs, Sachsens, Thüringens und Anhalts durch die Sowjets« ermöglicht. Im übrigen seien die russischen Vorschläge »unannehmbar« und »keine vernünftige Grundlage für Verhandlungen zwischen souveränen Staaten«.

Eisenhower ordnete ferner an, vor Ablauf des Ultimatums militärische Vorbereitungen zu treffen, »groß genug, um vom sowjetischen Nachrichtendienst bemerkt zu werden, aber nicht so groß, um öffentliche Unruhe auszulösen«.

Chruschtschow hatte sich verrannt, noch ehe die Partie begonnen hatte. Da er nicht ernsthaft daran dachte, Gewalt anzuwenden, mußte er Schritt für Schritt von seinem Ultimatum abrücken. Immerhin schlugen die Westmächte ein neues Außenministertreffen vor. Es wurde die letzte Deutschlandkonferenz der ehemaligen Siegermächte. Sie fand im Mai 1959 in Genf statt, zu jenem Zeitpunkt also, an dem Chruschtschow seine Berlin-Drohung hatte wahrmachen wollen.

John Foster Dulles saß nicht mehr am Verhandlungstisch. Er war kurz vorher an Krebs gestorben, noch im Krankenhaus von Konrad Adenauer mit deutschem Haferschleim versorgt. Eisenhower ernannte Dulles' Stellvertreter Christian Herter zum neuen Außenminister. Auch Molotow war nicht mehr dabei. Der Veteran der Oktoberrevolution war 1957 als »Parteifeind« aus dem Politbüro ausgestoßen worden. Moskaus neuer Außenminister hieß Andrej Gromyko.

Es waren nicht mehr die verbissenen Kämpfer des kalten Krieges, die 1959 in Genf zusammenkamen, sondern kühle, geschäftsmäßige Diplomaten, Akteure einer neuen Epoche, die der alten Debatten müde waren. Es wurde auf dieser letzten Deutschlandkonferenz nicht mehr geschimpft, aber es wurde, wie auf den vorangegangenen, auch nichts gelöst. Die Russen rückten zwar in aller Form von ihrem Ultimatum ab, und der Westen sprach erstmals über einen Gesamtdeutschen Rat als Vorstufe zur Wiedervereinigung, doch beide Seiten hielten im Grunde den Status quo für die beste aller Möglichkeiten. Man ging ohne Groll auseinander. Wenn auch die Berlin-Frage in der Schwebe blieb – die Wiedervereinigung Deutschlands war mit dieser Konferenz von der internationalen Tagesordnung gestrichen.

Chruschtschow hatte den Ostdeutschen schon im März 1959 auf einer Kundgebung in Leipzig erklärt, daß sie von der Wiedervereinigung Abschied nehmen müßten: »Genossen! Das deutsche Problem ist trotz aller Wichtigkeit eine Teilfrage. Ich bitte, mich richtig zu verstehen. Die Bevölkerung der Erde zählt etwa 2,5 Milliarden Menschen, darunter sind ungefähr 80 Millionen Deutsche . . . Wir sind für die Einheit Deutschlands, und das deutsche Volk bedarf ihrer. Können aber die Völker der Welt ohne die Wiedervereinigung der beiden deutschen Staaten leben? Sie können es, ja, sie können ohne dem nicht schlecht leben. Können die Deutschen ohne die Wiedervereinigung leben? Ja, sie können es, sie können ohne dem sogar gut leben. Folglich ist dies zwar eine wichtige, aber keine Grundfrage.«

Auch für den Westen war die Wiedervereinigung keine Grundfrage mehr. Die Grundfrage war für beide Weltmächte, ohne Krieg miteinander zu leben. So lud Eisenhower den Kremlchef trotz der erfolglosen Deutschlandkonferenz nach Amerika ein. Chruschtschow absolvierte eine triumphale Tour durch die Vereinigten Staaten. Das Eis schien gebrochen, eine Gipfelkonferenz wurde für das nächste Frühjahr in Paris vereinbart.

Besorgt registrierte Adenauer die neuerliche Klimabesserung im Verhältnis der beiden Großmächte. Auf einer westlichen Vorbesprechung zur Gipfelkonferenz stellte der amerikanische Präsident zu Adenauers Entsetzen die Frage, »was denn aus Berlin werden solle, wenn die Russen – falls sie jetzt nachgäben – demnächst wieder eine neue Sache gegen Berlin unternähmen? Die Westmächte könnten sich auch nicht wehren gegen einen etwaigen Friedensvertrag der Sowjetunion mit der DDR, weil die Westmächte ja mit der Bundesrepublik einen Friedensvertrag geschlossen hätten.«

Offenbar meinte Eisenhower den Generalvertrag, den auch der Kanzler selbst »eine Art Friedensvertrag« genannt hatte. Dieser Vertrag war einst Adenauers höchstes Ziel gewesen, ihm zuliebe hatte er Stalins Wiedervereinigungsangebot ausgeschlagen. Jetzt verleugnete er seine Bedeutung: »Ich ergriff darauf das Wort und sagte zunächst, ich müsse die Herren leider enttäuschen: Wir hätten noch mit keinem von ihnen einen Friedensvertrag geschlossen.« Der Kanzler riet wie immer zur Härte: »Ich sei überhaupt dagegen, Chruschtschow irgendeinen Vorschlag zu machen.«

Adenauers Sorge vor einer Einigung ohne oder gegen ihn wurde kurz darauf gegenstandslos. Der Zufall kam ihm ein letztes Mal zu Hilfe: Am 1. Mai 1960, sechzehn Tage vor der geplanten Gipfelkonferenz, wurde in der Nähe von Swerdlowsk ein amerikanisches Aufklärungsflugzeug vom Typ U-2 abgeschossen, der Pilot Francis Powers unverletzt gefangen genommen.

Die Maschine gehörte offiziell der amerikanischen Weltraumbehörde NASA, in Wahrheit aber dem CIA. Pilot Powers trug bei seiner Festnahme alles, was ein Agent aus dem Spionagethriller bei sich hat: Giftnadel, Pistole mit 200 Schuß Munition, Devisen, Goldmünzen und einen vielsprachigen Hilfsappell für den Fall eines Unglücks: »Ich bin ein Amerikaner und spreche Ihre Sprache nicht. Ich brauche Essen, Unterkunft und Hilfe. Ich tue Ihnen nichts zuleide und führe nichts gegen Ihr Volk im Schilde. Wenn Sie mir helfen, werden Sie belohnt.«

Aus den Trümmern der Maschine wurden zweitausend Meter belichtetes Filmmaterial und die Streckenkarte des Fluges geborgen. Er führte vom türkischen NATO-Stützpunkt Adana quer über die Sowjetunion.

Die Spionageeinsätze wurden seit 1956 durchgeführt, die Russen verfolgten die hochfliegenden Maschinen seit langem auf den Radarschirmen. Jetzt hatten sie endlich eine erwischt. Chruschtschow machte daraus die größte Propagandashow seiner Amtszeit. Er flog zur festgesetzten Gipfelkonferenz nach Paris und verlangte von Eisenhower öffentlich eine persönliche Entschuldigung, die Verurteilung der »unmittelbar Schuldigen« und die Erklärung, daß die Flüge eingestellt werden.

Eisenhower willigte nur in die letzte Bedingung ein. Er hatte die Flüge persönlich angeordnet, sein soldatisches Denken verbot es ihm, jetzt einen Sündenbock zu opfern. Er stand voll zu seiner Verantwortung an dem verunglückten Unternehmen. Er lehnte eine Entschuldigung ab und erklärte, die Flüge seien für die Sicherheit der Vereinigten Staaten erforderlich gewesen.

Chruschtschow stand vom Konferenztisch auf und ließ die drei westlichen Regierungschefs konsterniert zurück. Er blieb noch zwei Tage in Paris und machte seinem Herzen in ungezügelten Pressekonferenzen Luft. Nicht der Zwischenfall an sich, sondern Eisenhowers Weigerung, sich zu entschuldigen, hatten ihn tief gekränkt: »Die Imperialisten sind es gewöhnt, so zu handeln wie einst die russischen Kaufleute: Sie beschmierten den Dienern die Lippen mit Senf, und diese sagten: ›Danke schön‹ und verneigten sich tief. Wir können uns mit Beleidigungen nicht abfinden. Wir haben unseren Stolz und unsere eigene Würde. Wir vertreten einen mächtigen sozialistischen Staat.«

Eisenhowers Entspannungsversuch endete mit einer verheerenden Niederlage. Die Ansätze zu einer Verständigung waren zerstört, das Berlin-Problem wieder zu einer glimmenden Lunte geworden.

Im nächsten Jahr zog ein neuer Mann ins Weiße Haus ein: John F. Kennedy. Er regierte nur tausend Tage, aber er war einer jener Kometen am politischen Himmel, deren Leuchtspur noch lange sichtbar bleibt. Er war jung, unkonventionell, wagemutig. Er sprach eine neue Sprache. Seine Antrittsrede hatte cäsarischen Zuschnitt. Sie wandte sich an Freund und Feind auf dem Globus: »Wenn die freie Gesellschaft nicht den vielen helfen kann, die arm sind, dann kann sie auch niemals jene wenigen retten, die reich sind. Laßt uns gemeinsam die Sterne erforschen, die Wüsten erobern, die Krankheiten ausrotten. Fragt nicht, was euer Land für euch tun wird, fragt, was ihr für euer Land tun könnt. Fragt nicht, was Amerika für euch tun wird, sondern fragt, was wir zusammen für die Freiheit des Menschen tun können.«

Kennedys Vision hatte nichts zu tun mit der missionarischen Befreiungsideologie seiner Vorgänger. Er ging von den Machtverhältnissen aus, die er 1961 vorfand: zwei Riesen, die genug Atombomben und Raketen besaßen, um sich gegenseitig auszulöschen, und dazwischen einige Halbstarke, die ständig versuchten, die Giganten vor ihren Karren zu spannen. Kennedy hatte nicht vor, sich von ihnen erpressen zu lassen. Er suchte von Anfang an das Zwiegespräch mit dem Gegner.

Ein halbes Jahr nach seinem Amtsantritt traf er sich mit Nikita Chruschtschow in Wien. Die Chefs der beiden Weltmächte sprachen zwei Tage lang hinter verschlossenen Türen, teils in der amerikanischen, teils in der russischen Botschaft. Beide verzichteten auf freundliche Floskeln und steckten ihre Claims ab. Kennedy erklärte, daß er nicht die Absicht habe, die Sowjetunion aus irgendeiner Position zu werfen, die sie gegenwärtig innehabe, daß er aber seinerseits entschlossen sei, keinen Zentimeter zurückzuweichen. Chruschtschow sagte, daß es für ihn nur ein Problem gäbe, nämlich Berlin.

Chruschtschow wollte die Sache mit dem neuen Präsidenten endgültig ausfechten. Kennedys Sekretär Kenneth O'Donnell, einer seiner engsten Mitarbeiter, berichtet: »In ihrem letzten Privatgespräch drohte Chruschtschow unverhüllt mit Krieg, falls die Vereinigten Staaten auf ihren Rechten in West-Berlin bestehen sollten, nachdem Rußland einen Separatfrieden mit Ostdeutschland abgeschlossen hätte. Das würde in sechs Monaten geschehen. Diese Entscheidung sei ›unwiderruflich‹, rief Chruschtschow, ›das können Sie Macmillan, de Gaulle und Adenauer sagen. Und wenn das Krieg bedeutet, dann ist die Sowjetunion bereit dazu‹.«

Kennedy antwortete ruhig: »Dann wird es wohl ein kalter Winter werden.« Aber er hatte seine Zweifel, ob Berlin einen Krieg wert war. »Er war realistisch genug«, schreibt O'Donnell, »um zu sehen, daß die Hoffnung auf die Wiedervereinigung Ost- und Westdeutschlands ein unmöglicher Traum war, und er konnte Rußlands Ärger über die fortgesetzte Anwesenheit westlicher Besatzungstruppen und über eine Insel der freien Marktwirtschaft tief im deutschen kommunistischen Gebiet verstehen . . . Außerdem gab es verschiedene Aspekte in unseren Beziehungen mit Konrad Adenauer und seiner Regierung, die Kennedy verdrossen. Adenauer blockierte die amerikanischen und britischen Bemühungen um eine friedliche Berlin-Regelung, und die Bonner Regierung beklagte sich ständig, daß die Vereinigten Staaten militärisch nicht energisch genug gegen Chruschtschow auftraten.«

Kennedy war der vierte Präsident der Vereinigten Staaten, der sich mit Deutschland beschäftigen mußte, und er hatte das ganze Problem gründlich satt. Der Mann, nach dem so viele Plätze, Straßen und Brücken in der Bundesrepublik benannt sind, sagte: »Die Westdeutschen wollen, daß wir die Russen aus Ostdeutschland vertreiben – als ob es nicht schon reicht, daß wir ungeheure Summen für die Verteidigung Westeuropas und besonders Westdeutschlands ausgeben, während sich Westdeutschland zu der am schnellsten wachsenden Industriemacht der Welt entwikkelt. Wenn sie glauben, daß wir wegen Berlin Krieg führen, außer als letzten verzweifelten Schritt, um die NATO zu retten, dann müssen sie sich etwas anderes ausdenken.«

Die Probe aufs Exempel kam schon zwei Monate nach

dem Gespräch mit Chruschtschow. Wenn nicht bereits in Wien, dann gewann der Kremlchef in den nächsten Wochen die Gewißheit, daß sich die Amerikaner zwar nicht aus West-Berlin vertreiben ließen, daß sie aber keinen Finger rühren würden, wenn er den Ostdeutschen den Fluchtweg verlegte.

Mit dem Instinkt der Umzingelten spürten die Leute in der DDR, was sich zusammenbraute. Die Fluchtbewegung schwoll lawinenartig an. Von Januar bis August 1961 kamen 160 000 Menschen, fast soviel wie im ganzen Vorjahr. Allein am 12. August wurden 2400 Flüchtlinge in Marienfelde registriert. Es waren die letzten, die ohne Lebensgefahr West-Berlin erreichten.

Der 12. August war ein Sonnabend. Nachmittags um 16 Uhr unterzeichnete Walter Ulbricht, seit dem Tode Wilhelm Piecks Staatsratsvorsitzender der DDR, die Einsatzbefehle für die Volksarmee. Das sowjetische Oberkommando setzte die russischen Truppen in Gefechtsbereitschaft. Bei Anbruch der Nacht zogen die deutsch-sowjetischen Verbände einen Sperrkreis um Berlin, um zwei Uhr morgens rückten Pioniertruppen der NVA, gesichert von Kampfverbänden, ins Stadtzentrum vor und riegelten West-Berlin auf der ganzen Länge der Sektorengrenze ab. Die Errichtung der Mauer begann. Als der Sonntagmorgen dämmerte, saß der östliche Teil der Nation in der Falle.

Der 13. August war für die Deutschen auf beiden Seiten der Mauer der größte Schock seit Kriegsende. Zwar war das Land seit langer Zeit geteilt, aber es gab noch immer die Nabelschnur Berlin zwischen den beiden Deutschlands, es gab noch immer einen Austausch von Informationen, immer noch das Gefühl des Provisorischen, Überwindbaren der Teilung. Erst die Mauer setzte all dem ein Ende. Sie war die totale Teilung.

Für die Deutschen in der DDR lag der Schock dieses Tages nicht nur im Eingesperrtwerden, sondern ebensosehr im Verlassensein – nichts rührte sich im Westen. Fassungslos sah die Nation an den Fernsehern zu, wie die Volksarmisten Betonklotz auf Betonklotz türmten, U-Bahnhöfe vermauerten und Wachttürme aufstellten, während die westlichen Schutzmächte darauf achteten, daß es keinen Menschenauflauf an der Grenze gab.

Im fernen Washington wunderte sich der Präsident über die Aufregung der Deutschen. Er sah in der Mauer den klaren Beweis, daß Chruschtschow seine Ziele zurückgesteckt und auf West-Berlin verzichtet hatte. »Warum«, sagte Kennedy zu O'Donnell, »sollte Chruschtschow eine Mauer bauen, wenn er West-Berlin wirklich nehmen wollte? Das ist sein Ausweg aus der Klemme. Es ist keine sehr schöne Lösung, aber eine Mauer ist verdammt noch mal besser als ein Krieg.«

3. GÖTZENDÄMMERUNG

Jener Sonntag im August 1961 wurde zum Wendepunkt der deutschen Nachkriegsgeschichte. Adenauers Politik der Stärke fand in der Berliner Mauer ihr Grabmal. Der Plan, die Russen aus Deutschland herauszudrohen, hatte sich endgültig als Illusion erwiesen. Die große Erpressung war gescheitert. Auf beiden Seiten der Betonwand brach eine neue Ära an. Im Osten begann die Konsolidierung, im Westen die Ernüchterung.

Der Schock war am stärksten in Berlin, im nunmehr eingemauerten Westen der Stadt. Auch Willy Brandt, der Regierende Bürgermeister der Halbstadt, erlebte den 13. August als ein Datum, das sein politisches Denken veränderte. Mit tiefer Erbitterung registrierte er damals die Passivität des Westens, zumal der Vereinigten Staaten. Ein Weltbild brach für ihn, wie für Millionen Deutsche, an diesem Tag zusammen: »Es wurde Ulbricht erlaubt, der Hauptmacht des Westens einen bösen Tritt vors Schienbein zu versetzen – und die Vereinigten Staaten verzogen nur verstimmt das Gesicht«, schreibt Brandt in seinen Erinnerungen. »Kaum je zuvor hatte ich während meiner Bürgermeisterzeit mit gleicher Bitterkeit erfahren, was ohnmächtiger Zorn ist.«

Am Vormittag jenes 13. August 1961 berieten die drei westalliierten Stadtkommandanten mit dem Regierenden

Bürgermeister, was zu tun sei. »Ich wußte auch keine eigentlichen Gegenmaßnahmen vorzuschlagen«, berichtet Brandt, »aber ich sagte: ›Protestieren Sie doch wenigstens. Schickt mindestens sofort Patrouillen an die Sektorengrenze, um dem Gefühl der Unsicherheit zu begegnen und den Westberlinern zu zeigen, daß sie nicht gefährdet sind.‹«

Doch es dauerte 20 Stunden, bis die ersten Jeeps an der Sektorengrenze auftauchten, fast zwei Tage, bis ein Protest beim sowjetischen Stadtkommandanten einging, und drei Tage, bis die Westmächte formell in Moskau protestierten – »in Wendungen, die kaum über die Routine hinausreichten« (Brandt).

In einem wütenden Brief an Kennedy (»Untätigkeit und reine Defensive können eine Vertrauenskrise zu den Westmächten hervorrufen«) forderte der Regierende Bürgermeister drei Tage nach der Absperrung der Stadt wenigstens eine symbolische Geste. Kennedy entsandte daraufhin seinen Vizepräsidenten Lyndon Johnson und den alten Blockadebrecher Lucius Clay als »Kopf-hoch«-Emissäre nach West-Berlin und schickte einen martialisch aufgeputzten Militärkonvoi über die Autobahn in die eingemauerte Stadt. Adenauer war wie immer vom Schicksal Berlins unbewegt. Er kam erst nach neun Tagen, und erst unter dem massiven Druck seiner eigenen Partei.

In ohnmächtiger Empörung forderte der Berliner Bürgermeister vor dem Bundestag das Eingreifen der UNO und Repressalien gegen die DDR und Moskau: »Wir dürfen jetzt mit den Ulbrichtleuten weder über Geschäfte reden, noch sonst so tun, als sei nichts passiert . . . Selbstverständlich kann unser Verhältnis zur Regierung der Sowjetunion nicht unbeeinflußt bleiben durch den empörenden Rechtsbruch vom 13. August . . . Die Bundesrepublik wird sich mit einem Teilungsdiktat nicht abfinden können. Sie wird es niemals anerkennen können.«

Brandt erhielt donnernden Beifall, aber die Mauer wurde nicht durchlässiger. In West-Berlin war ihre Wirkung am stärksten spürbar. Die »Frontstadt« hatte infolge der totalen Absperrung vom Osten ihre Funktion als Magnet des Westens verloren. Sie war nur noch eine isolierte Exklave, ein Getto ohne Kontakt zur Umwelt, künstlich am Leben erhalten durch Milliarden-Subventionen aus dem Westen, versorgt über ständig gefährdete Verkehrsstränge.

»Damals mag vielen, nicht anders als mir, schmerzhaft deutlich geworden sein, daß Berlins Anspruch, die deutsche Hauptstadt im Wartestand zu sein, erschüttert war«, schrieb Brandt später. »In der Tat, das war nicht nur für mich eine tiefe Zäsur. Meine politischen Überlegungen sind in den folgenden Jahren durch die Erfahrung dieses Tages [des 13. August, der Verf.] wesentlich mitbestimmt worden. Was man meine Ostpolitik genannt hat, wurde vor diesem Hintergrund geformt.«

Es war Brandts Pressechef, der die Alternative zum innerdeutschen kalten Krieg theoretisch entwickelte. Der Mann hieß Egon Bahr. Er war in den fünfziger Jahren einer der bekanntesten Journalisten Berlins und steuerte als langjähriger Kommentator und zeitweiliger Chefredakteur des amerikanischen Rundfunksenders RIAS den harten Kurs der Konfrontation mit der DDR. 1960 holte ihn Willy Brandt ins Rathaus, und bald wurde Egon Bahr der engste politische Berater des »Frontstadt«-Bürgermeisters. Nach dem Mauerbau begann er, Überlegungen für eine neue Politik zu formulieren. Er wurde der eigentliche Architekt der Ostverträge.

Im Juli 1963, zwei Jahre nach dem Mauerbau, trug Brandt die Umrisse seiner und Bahrs Gedanken erstmals der Öffentlichkeit vor. Es war kurz nach Kennedys Deutschland-Besuch. Der Auftritt des Präsidenten in Berlin (»Ich bin ein Berliner«) war Balsam für die verwundete Seele der eingemauerten Stadt – aber an den Fakten konnte auch der Präsident der Vereinigten Staaten nichts ändern. Die Berliner mußten sich darauf einstellen, auf unabsehbare Zeit mit der Mauer zu leben.

Der Regierende Bürgermeister war einer der wenigen westdeutschen Politiker, die bereit waren, aus dieser Situation die Folgerungen zu ziehen. Er wählte die idyllische Evangelische Akademie Tutzing am Starnberger See, um seine neuen Einsichten zu ventilieren. In einem Vortrag unter dem bezeichnenden Titel »Denk ich an Deutschland«

sagte er: »Es hat den Anschein, als ob wir im Begriff sind, in der Bundesrepublik so etwas wie eine Götzendämmerung zu erleben . . . Die Zeit einer schmerzhaften Selbstüberprüfung wird kommen, weil wir uns allesamt der Wirklichkeit zu stellen haben . . . Es geht um die simple Erkenntnis, daß es keine andere Aussicht auf eine friedliche Wiedervereinigung unseres Volkes gibt als den nicht erlahmenden Versuch, die Erstarrung der Fronten zwischen Ost und West aufzubrechen.«

Egon Bahr, der Brandt nach Tutzing begleitet hatte, verdeutlichte, was damit gemeint war: »Wenn es richtig ist, daß die Zone dem sowjetischen Einflußbereich nicht entrissen werden kann, dann ergibt sich daraus, daß jede Politik zum direkten Sturz des Regimes drüben aussichtslos ist. Diese Folgerung bedeutet, daß Veränderungen nur ausgehend von dem dort herrschenden, verhaßten Regime erreichbar sind . . . Die Mauer war ein Zeichen der Angst und des Selbsterhaltungstriebes des kommunistischen Regimes. Die Frage ist, ob es nicht Möglichkeiten gibt, diese Sorgen dem Regime graduell soweit zu nehmen, daß auch die Auflockerung der Grenzen und der Mauer praktikabel wird, weil das Risiko erträglich ist. Das ist eine Politik, die man auf die Formel bringen könnte: Wandel durch Annäherung.«

Damit hatte die These ihren Namen. Ein Schlagwort war geboren, das die deutsche Politik für das nächste Jahrzehnt beherrschte. Damals grenzten solche Gedanken allerdings noch ans Subversive. Der kalte Krieg feierte nach dem 13. August neue Orgien. Die Mauer war zur Hauptkampflinie geworden. Vom Westen wurden Fluchttunnel gegraben, vom Osten wurde scharf geschossen. Am 17. August 1962 ließen die DDR-Grenzer den Flüchtling Peter Fechter nachmittags um 14 Uhr mit zwei Lungenschüssen und einem Bauchschuß auf dem Pflaster liegen, bis er verblutet war. Mitleidlos sahen sie dem Sterben des jungen Mannes eine Stunde lang zu.

Brutalitäten wie diese warfen die DDR auf dem Weg zur Anerkennung um Jahre zurück. Die Bundesrepublik setzte ihr ganzes neugewonnenes Gewicht gegen den ostdeutschen Staat ein. Rigoros wurde die Hallstein-Doktrin angewandt, die Entwicklungshilfe für Länder der Dritten Welt eingestellt oder ihre Einstellung angedroht, wenn die Empfänger auch nur Handelsbeziehungen zur DDR aufnahmen. Gleichzeitig forcierte Bonn die verlängerte Wehrdienstzeit auf 18 Monate, forderte statt der abgelehnten nationalen eine multinationale Atomstreitmacht der NATO und erwirkte eine weitere Lockerung der Rüstungsbeschränkungen: Ab 1963 durften die Westdeutschen wieder U-Boote bis zu 1000 Tonnen bauen.

Dennoch: Die Ära Adenauer war unwiderruflich zu Ende. Die Mauer brachte auch den greisen Kanzler zu Fall. Seine Politik hatte in Berlin ihr steinernes Dementi gefunden. Fünf Wochen nach dem Mauerbau verlor die Partei Adenauers bei den Bundestagswahlen die absolute Mehrheit. Die FDP, ohne die er nun nicht mehr regieren konnte, zwang dem 85jährigen Regierungschef das Versprechen ab, in der Mitte der Legislaturperiode zurückzutreten. Seine lange Herrschaft nahm mit der »Spiegel-Affäre« ein unrühmliches Ende. Am 15. Oktober 1963 räumte der erste Kanzler der Bundesrepublik Deutschland, die er zu Recht als seine Schöpfung bezeichnen konnte, das Palais Schaumburg. Seinen Nachfolgern hinterließ er die schwere Aufgabe, mit der Teilung Deutschlands fertig zu werden.

Die weltpolitische Situation hatte sich unterdessen aus der Erstarrung gelöst. Der kalte Krieg ging zu Ende. Am Horizont zeichnete sich bereits eine neue Ära ab. Die letzte Kraftprobe zwischen den beiden Supermächten war mit einem Patt beendet worden: Kennedy hatte Chruschtschow zwar gezwungen, die sowjetischen Raketen aus Kuba abzuziehen, aber er hatte als Gegenleistung versprochen, Fidel Castro nicht mehr mit Gewalt stürzen zu wollen: Es war eine Existenzgarantie für den »ersten sozialistischen Staat der westlichen Hemisphäre«.

Der Kulminationspunkt der Konfrontation war überschritten. Beide Seiten kamen stillschweigend überein, von nun an ihre Interessensphären zu respektieren. Sie mußten die atomare Erpressung aus dem politischen Arsenal streichen, weil sie die Selbstvernichtung einschloß und damit ihren Sinn verlor.

Chruschtschow wurde im Oktober 1964 gestürzt. Seine Nachfolger Breschnew und Kossygin kehrten zum Prinzip der kollektiven Führung zurück und gaben die Kraftmeierei zugunsten der herkömmlichen Diplomatie auf. Die Beziehungen der beiden Supermächte traten trotz des Vietnam-Krieges in die Phase der Koexistenz ein.

Bonn konnte den kalten Krieg nicht fortsetzen, wenn die westliche Führungsmacht den Frieden wünschte. Ein behutsamer Kurswechsel begann, begleitet von innenpolitischem Tauwetter. Als Adenauers glückloser Nachfolger Ludwig Erhard 1966 von der eigenen Partei gestürzt wurde, zogen die Sozialdemokraten erstmals in die Regierung ein. SPD-Chef Willy Brandt wurde Außenminister unter CDU-Kanzler Kurt Georg Kiesinger, Egon Bahr Planungschef im Auswärtigen Amt.

Die Deutschlandpolitik der Großen Koalition war ein Kompromiß zwischen Bahrs Vorwärtsstrategie und den Bremsern in der Kanzlerpartei. Kiesinger bestand nach wie vor auf dem Alleinvertretungsanspruch (»Auch diese Bundesregierung betrachtet sich als einzige deutsche Regierung, die berechtigt ist, für das ganze deutsche Volk zu sprechen«), hob jedoch die Hallstein-Doktrin gegenüber den kommunistischen Ländern auf. Zwei Monate nach seinem Amtsantritt stellte Außenminister Brandt diplomatische Beziehungen zum Ostblockstaat Rumänien her.

Der Fall alarmierte die DDR. Auf einer eilig einberufenen Warschauer-Pakt-Konferenz setzte Walter Ulbricht eine Anti-Hallstein-Doktrin durch: Die übrigen Ostblockstaaten verpflichteten sich, erst dann Beziehungen zu Bonn aufzunehmen, wenn die Bundesrepublik die DDR anerkannt habe.

Zu diesem letzten Schritt konnte sich auch die Große Koalition nicht entschließen. Obwohl die De-facto-Anerkennung längst vollzogen war, obwohl es seit Jahren direkte Verhandlungen und Abkommen mit der DDR über den Interzonenhandel, über Passierscheine für Westberliner, über technische Fragen gab, scheute Bonn noch immer vor der formellen Anerkennung des zweiten deutschen Staates zurück. So verfiel der einzige Preis, den Ost-Berlin für die Anerkennung hätte zahlen können, das Lippenbekenntnis zur Wiedervereinigung.

Im Souveränitätsvertrag der DDR mit Moskau – dem Gegenstück zum Bonner Generalvertrag – hatten sich beide Seiten noch verpflichtet, »die erforderlichen Anstrengungen zur Wiederherstellung der Einheit Deutschlands auf friedlicher und demokratischer Grundlage zu unternehmen«. Noch das Parteiprogramm der SED von 1963 propagierte »die Überwindung der Spaltung Deutschlands« und, als »ersten Schritt«, eine »Konföderation der beiden deutschen Staaten, der sich auch die Freie Stadt West-Berlin anschließen könnte«.

Drei Jahre später bot die SED der SPD eine »große gesamtdeutsche Beratung« an. Als die Sozialdemokraten daraufhin einen Redneraustausch zwischen Ost und West vorschlugen, willigte Ulbricht überraschenderweise ein. Bonn lieferte ihm freilich kurz darauf den Vorwand zum Widerruf mit einem Sondergesetz über »freies Geleit« für die SED-Redner: Es befreite die Ostdeutschen für 14 Tage von westdeutscher »Strafverfolgung« und implizierte damit den Hoheitsanspruch der Bundesrepublik über die DDR.

1967 schlug Ministerpräsident Willi Stoph seinem westdeutschen Kollegen Kiesinger erstmals einen Vertrag zwischen Bonn und Ost-Berlin vor. Der Entwurf sprach von »souveränen Staaten deutscher Nation« und der »friedlichen Lösung der nationalen Frage«. Zwar beantwortete Kiesinger als erster Bundeskanzler einen Brief aus Ost-Berlin, aber er lehnte Verhandlungen über einen Vertrag ab. Der Dialog versandete.

Zwei Jahre darauf vollzog sich in der Bundesrepublik die große Wachablösung. Im März 1969 wurde Gustav Heinemann, der konsequenteste Gegner Adenauers und der Pariser Verträge, zum Bundespräsidenten gewählt, im Oktober Willy Brandt als Kanzler vereidigt. Ein euphorischer Siegestaumel bemächtigte sich der SPD. Schumachers Traum von der Führungsrolle der Sozialdemokraten in einer neuen deutschen Republik hatte sich endlich erfüllt.

Doch in der Kardinalfrage der deutschen Politik blieb dem ersten sozialdemokratischen Kanzler nur die Rolle übrig, die Theodor Heuss 1946 für sich gesehen hatte – Konkursverwalter zu sein. Willy Brandt stand vor dem totalen Bankrott westdeutscher Wiedervereinigungspolitik. Es war nichts mehr zu retten, es sei denn ein Wort – das Wort von der »deutschen Nation«.

VII. KAPITEL

WANDEL DURCH ANNÄHERUNG

»Wir haben den Schutt weggeräumt, und wir haben uns dabei die Finger blutig gemacht.«

Walter Scheel

1. SONDERZUG NACH ERFURT

Bis zu dieser Zeit lebte die westdeutsche Halbnation in einem Traumland, das nichts mehr mit der politischen Wirklichkeit der Welt zu tun hatte. Das Traumland hieß »Deutschland in den Grenzen von 1937« (und es spukt heute noch in manchen Köpfen herum). Wie in einem surrealistischen Stück gab es von Flensburg bis Passau keine Atlanten, die die reale politische Geographie Mitteleuropas darstellten, ja, es hagelte scharfe Proteste, wenn Buchhändler ausländische Kartenwerke anboten, die nicht die deutschen Vorkriegsgrenzen zeigten. Der Wetterbericht des Deutschen Fernsehens umfaßte Ostpreußen und Schlesien, als säßen noch immer deutsche Zuschauer in Königsberg und Breslau, und die Streckenkarten in den Zügen der Deutschen Bundesbahn verzeichneten sogar penibel das Memelgebiet, obwohl es schon 1919 an Litauen gefallen und von Adolf Hitler nur sehr vorübergehend »heim ins Reich« geholt worden war.

Ein Vierteljahrhundert nach Kriegsende tat die Bundesrepublik Deutschland noch immer so, als sei das Ergebnis des Krieges ungewiß, als gäbe es eines Tages eine Friedenskonferenz, auf der alles wieder gut werden würde. Längst hatte die Welt die deutsche Teilung akzeptiert, und selbst im tiefsten Afrika wurden Deutsche sachkundig gefragt, ob sie aus »Ost oder West« kämen – nur Bonn ignorierte die Wirklichkeit, und zwar zum eigenen Schaden. Sein Spielraum wurde immer enger, die Isolierung in der Deutschlandfrage immer spürbarer. Die neue Bundesregierung stand vor der Wahl, immer weiter Terrain zu verlieren oder das Tabu zu brechen und von den Tatsachen auszugehen.

Willy Brandt entschloß sich zur Generalbereinigung. Dies konnte freilich nicht in einem einzigen Schritt geschehen. Die Bereinigung war nur möglich im Rahmen einer politischen Großoffensive, die vier Ziele gleichzeitig anstrebte: ein Abkommen mit Moskau, eines mit Warschau, eines über Berlin, und schließlich eines mit der DDR (in dieser nach der Logik der realen Machtverhältnisse auf einander abgestimmten Reihenfolge). Es war ein Unternehmen von historischer Dimension. Es befreite die Bundesrepublik aus der Selbstfesselung des »Alleinvertretungsanspruchs« und machte den Weg frei für eine neue Ära der Entspannung und der Kooperation, weit über die deutsche Landschaft hinaus.

Die Offensive lief unter der Chiffre »Gewaltverzicht«, doch die angestrebten Verträge bedeuteten weit mehr als die Kodifizierung der selbstverständlichen Verpflichtung, auf den Krieg als Mittel der Politik zu verzichten. Es handelte sich, dem politischen Kern nach, um Ersatzfriedensverträge, wenngleich dies natürlich von den Protagonisten bestritten wurde: Die Ostverträge beendeten den kalten Krieg und damit die »Nachkriegszeit«, die im Grunde ein einziger Versuch war, die jeweils andere Seite aus ihrer Stellung zu hebeln.

Die Verträge besiegelten den Status quo. Sie schufen damit die Voraussetzung für einen Zustand der Entspannung, der die anstehenden inneren Reformen im Ostblock, zumal in der Sowjetunion, überhaupt erst denkbar machte. Wenn Politik die Kunst des Möglichen ist, dann lieferte diese Kunst in den Ostverträgen eines ihrer Meisterwerke ab.

Der Weg war mühselig und voller Hindernisse. Daß das

Ziel dann doch in drei Jahren erreicht wurde, ist vor allem dem Charisma Willy Brandts zuzuschreiben. Er war die beherrschende Figur dieser Zeit. Die Ostverträge wurden zum Kulminationspunkt seines Lebens.

Der Kanzler ging das Ziel frontal und ohne Umschweife an. In seiner ersten Regierungserklärung vom 28. Oktober 1969 bot er der DDR direkte Regierungsverhandlungen »ohne Diskriminierung« über eine »vertraglich vereinbarte Zusammenarbeit« an: »Zwanzig Jahre nach Gründung der Bundesrepublik und der DDR müssen wir ein weiteres Auseinanderleben der deutschen Nation verhindern, also versuchen, über ein geregeltes Nebeneinander zu einem Miteinander zu kommen.«

Eine formelle völkerrechtliche Anerkennung des anderen deutschen Staates lehnte freilich auch Brandt ab. »Auch wenn zwei Staaten in Deutschland existieren, sind sie doch füreinander nicht Ausland«, sagte er vor dem Bundestag.

Zum erstenmal hatte damit ein westdeutscher Regierungschef von »zwei Staaten« gesprochen. Ein Sturm der Empörung erhob sich auf der Rechten, aber auch aus Ost-Berlin kam ein kühles Echo. Die DDR bestand auf »normalen völkerrechtlichen Beziehungen« und lehnte einen Sonderstatus, welcher Art auch immer, ab.

Die These von der »Einheit der Nation« stieß in Ost-Berlin auf Hohn und Spott. Das war eine Umkehrung ihrer bisherigen Politik. Noch in ihrer neuen Verfassung von 1968 hatte sich die DDR als »sozialistischen Staat deutscher Nation« bezeichnet und die »Überwindung der vom Imperialismus der deutschen Nation aufgezwungenen Spaltung Deutschlands« gefordert. Jetzt trat Ulbricht den großen Rückzug an. Die SED entschloß sich, die letzten Taue, die die beiden Staaten noch miteinander verbanden, zu kappen. Die Partei, die jahrzehntelang als Vorkämpferin der deutschen Einheit aufgetreten war – und die Einheit anfangs auch gewollt hat, weil die Besatzungsmacht sie wollte –, bestand jetzt nicht nur auf der endgültigen staatlichen Trennung, sondern leugnete auch das Fortbestehen der Nation.

»Man kann keine Einheit der deutschen Nation wahren, die es längst nicht mehr gibt«, schrieb das »Neue Deutschland« im Januar 1970. »Erst dann, wenn in der westdeutschen Bundesrepublik, um mit Karl Marx und Friedrich Engels zu sprechen, die Arbeiterklasse ›sich selbst als Nation konstituiert‹ hat, erst dann kann es ein einheitliches, ein sozialistisches Deutschland, eine einheitliche sozialistische deutsche Nation geben.« Das war immerhin ein imaginäres Hintertürchen für die Zukunft, das sich die SED offenhielt.

So konnte die erste Begegnung zwischen den Regierungschefs der beiden deutschen Staaten nur zu einer Enttäuschung werden. Willy Brandt hatte kurz nach seinem Regierungsantritt eine Aussprache mit Willi Stoph, dem Vorsitzenden des Ministerrats der DDR, angeregt. Man kam überein, sich in Erfurt zu treffen. Am Morgen des 19. März 1970 überquerte der westdeutsche Kanzler in einem Sonderzug die deutsch-deutsche Grenze. Es war ein bewegender Augenblick im Leben der geteilten Nation.

Willy Brandt stand am Fenster des Zuges und blickte hinaus. »Die Bahnstrecke war in den Ortschaften durch die Volkspolizei abgeschirmt«, schreibt er. »Dennoch winkten mir immer wieder einzelne Leute und große Gruppen ihr Willkommen. Ich sah eine ganze Fabrikbelegschaft, die mich begrüßte. Überall erhobene, ausgestreckte Hände. Überall geöffnete Fenster. Manche Menschen wirkten verhalten, andere waren enthusiastisch und winkten mit Tisch- oder Bettüchern. Mich bewegte es tief, die Namen der Städte zu lesen, die für die Geschichte der deutschen Arbeiterbewegung, vor allem für die Geschichte der deutschen Sozialdemokratie, so bedeutsam waren.«

Tausende von Menschen standen auf dem Bahnhofsplatz in Erfurt, als der Zug einlief. Nervöse Spannung lag in der Luft. Als Willy Brandt aus dem Bahnhofsgebäude ins Freie trat, löste sich die Spannung in einer plötzlich aufwallenden Bewegung. Die Menge durchbrach die Absperrung der Volkspolizei. Für Minuten lag die Gefahr von Panikreaktionen in der Luft. Nur mühsam erreichte die Bonner Delegation das Hotel »Erfurter Hof« gegenüber dem Bahnhof. Die Menschen wichen nicht und kehrten nun die Gesichter dem Hotel zu. Sprechchöre brandeten auf: »Willy Brandt ans Fenster – Willy Brandt ans Fenster!«

Schließlich zeigte sich die Gestalt des Kanzlers schemenhaft im Fenster des zweiten Stockwerks. Niemand, der die Szene im Fernsehen sah, wird sie vergessen können: der bewegungslose Mann dort oben, und die Gesichter auf dem Platz, ihm zugewandt in unaussprechbarer Hoffnung und Sehnsucht. Die Einheit der Nation – hier wurde sie demonstriert.

»Ich war bewegt«, schrieb Willy Brandt später über diesen Augenblick. »Doch ich hatte das Geschick dieser Menschen zu bedenken: Ich würde anderntags wieder in Bonn sein, sie nicht . . . So mahnte ich durch eine Bewegung meiner Hände zur Zurückhaltung. Man hat mich verstanden. Die Menge wurde stumm. Ich wandte mich schweren Herzens ab. Mancher meiner Mitarbeiter hatte Tränen in den Augen.«

Das anschließende Gespräch mit Willi Stoph wurde ein harter Schlagabtausch. Der westdeutsche und der ostdeutsche Regierungschef gehörten der gleichen Generation an und hatten in ihrer Jugend den gleichen Kampf gegen Hitler geführt. Brandt war als junger Sozialist emigriert, Stoph hatte als Kommunist im Zuchthaus gesessen. Beide glaubten 1945 noch an ein geeintes, antifaschistisches Deutschland. Jetzt standen sie auf verschiedenen Seiten des Grabens, der Europa teilte.

Brandt und Stoph fanden nicht einmal auf der menschlichen Ebene zueinander. Es blieb eine frostige Begegnung. Zu einem wirklichen Gespräch war Stoph nicht bereit. Er wiederholte die bekannte Forderung nach völkerrechtlicher Anerkennung der DDR und erklärte: »Nicht wir haben Deutschland gespalten. Die Verantwortung liegt allein bei der Bundesrepublik und den Westmächten.« Auch ein Gespräch unter vier Augen – Dolmetscher waren ja nicht nötig, »Deutsch können wir beide«, sagte Stoph – brachte keine neuen Nuancen. Ohne konkretes Ergebnis reiste Brandt wieder ab. Die erste Etappe auf seinem Weg war ernüchternd. Sie hatte nur gezeigt, wie tief die Kluft war, die die beiden Systeme trennte.

Der Gegenbesuch Stophs in Kassel am 21. Mai 1970 wurde fast zu einem Desaster. Neonazistische Schlägertrupps überrannten die Polizeiabsperrungen und randalierten vor dem »Schloßhotel«, wo die Besprechungen stattfinden sollten. »Brandt an die Wand« und »Volksverräter Hand in Hand – Willi Stoph und Willy Brandt« skandierten die Sprechchöre. Einer Gruppe von Neonazis gelang es sogar, die DDR-Fahne vom Mast zu holen und zu zerreißen. Die vorgesehene Kranzniederlegung mußte verschoben werden, wie die Polizeiführung erklärte, sie könne für die Sicherheit der DDR-Delegation nicht garantieren – ein bis dahin für unvorstellbar gehaltener Skandal bei Regierungsverhandlungen in der Bundesrepublik. Willy Brandt sah sich veranlaßt, dem Gast sein Bedauern auszusprechen.

Daß unter diesen Umständen kein ersprießliches Gesprächsklima entstehen konnte, liegt auf der Hand. Brandt gab die »Zwanzig Punkte von Kassel« zu Protokoll, die das ganze Feld seiner Ostpolitik umrissen – von einem Vertrag zwischen beiden deutschen Staaten (Punkt Nr. 1) bis zum beiderseitigen UNO-Beitritt (Punkt Nr. 20).

Stoph blieb starr und unbeweglich. Er verschärfte noch seinen Standpunkt zur nationalen Frage: »Die BRD ist vom Nationalverband abgetrennt worden und hat sich als Separatstaat, als Mitglied der Nato, etabliert. Die DDR ist der sozialistische deutsche Nationalstaat.« Brandt konterte: »Die Einheit der Nation kann weder durch Sie noch durch uns abgeschafft werden.«

Man trennte sich ohne Kommuniqué. Die erste deutsch-deutsche Gesprächsrunde auf höchster Ebene endete mit einem völligen Fehlschlag – es sei denn, man wollte die beiden Begegnungen schon per se als Fortschritt betrachten, was in gewisser Hinsicht wohl zutraf. Wenigstens konnte man nun die Schwierigkeiten ermessen, die noch zu überwinden waren.

Brandt begriff nach diesem enttäuschenden Start, daß er den Hebel dort ansetzen mußte, wo letztlich die Entscheidungen auch über die DDR getroffen wurden, nämlich in Moskau. Er schickte seinen politischen Chefarchitekten Egon Bahr, jetzt Staatssekretär im Bundeskanzleramt, zum Kreml.

Die Verhandlungen mit den Sowjets dauerten fast ein halbes Jahr. Insgesamt fünfzig Stunden lang sprach Bahr mit Andrej Gromyko, dem sowjetischen Außenminister. Auf beiden Seiten waren ganze Gebirge von Mißtrauen abzubauen. Jahrzehntelang hatte die Bonner Politik einen eindeutig antisowjetischen Charakter gehabt, und jahrzehntelang war umgekehrt die Bundesrepublik von Moskau als Hort der »Revanchisten und Militaristen« verteufelt worden. Bahr, so berichtet Brandt, habe zunächst gar nicht ausmachen können, ob die Russen überhaupt bereit waren, über eine prinzipielle Veränderung des Verhältnisses zu sprechen. Doch schließlich stellten beide Seiten fest, daß es der Partner ernst meinte mit einem neuen Anfang.

Moskau stellte vier Bedingungen, die zugleich den Rahmen für die übrigen Verträge bildeten: 1. Anerkennung der DDR, 2. Anerkennung der Oder-Neiße-Grenze, 3. Annullierung des Münchner Abkommens von 1938, durch das das Sudetenland von der Tschechoslowakei abgetrennt worden war, 4. Teilnahme Bonns an einer gesamteuropäischen Sicherheitskonferenz.

Moskau seinerseits bot als Gegenleistung eine vertraglich abgesicherte Garantie für West-Berlin an, was einem Verzicht auf die alten Annexionsdrohungen gleichkam.

Beide Seiten betrachteten das Ganze als Bündel. Bonn stellte klar, daß es keine Ratifizierung des Moskauer Vertrages ohne das Berlin-Abkommen geben würde. Die Russen verstanden. Auch sie wollten keine neue Krise.

Im August 1970 war der Vertrag unter Dach und Fach. Zum erstenmal seit Adenauers denkwürdiger Reise im Jahre 1955 landete wieder ein deutscher Bundeskanzler in Moskau. Die Zeiten hatten sich gründlich geändert. Über Adenauers Besuch lag noch der Schatten des Zweiten Weltkriegs, die Wunden waren noch nicht vernarbt, weder auf russischer noch auf deutscher Seite. Danach hatte der kalte Krieg jahrzehntelang die Beziehungen bestimmt.

Moskaus Versuch, West-Berlin zu annektieren, war ebenso gescheitert wie die Strategie des Westens, die DDR zu unterminieren. In Moskau wie in Washington regte sich zudem die Einsicht, daß auch die globale Expansionsstrategie an ihre Grenzen gestoßen war. Man mußte sich arrangieren, im Kleinen wie im Großen. Der deutsch-sowjetische Vertrag war der erste Durchbruch ins Freie, heraus aus dem Teufelskreis der permanenten Konfrontation. Formal nichts weiter als ein Gewaltverzichtsvertrag, enthielt er die Generalklausel für alle folgenden Verträge: Beide Seiten erklärten, daß sie »heute und künftig die Grenzen aller Staaten in Europa, einschließlich der Oder-Neiße-Linie und der Grenze zwischen der Bundesrepublik Deutschland und der Deutschen Demokratischen Republik, als unverletzlich betrachten«.

Es war, in summa, die Anerkennung der Realitäten. In dem Abkommen, das Adenauer und Bulganin 15 Jahre zuvor geschlossen hatten, war noch vom »nationalen Hauptproblem des deutschen Volkes, der Wiederherstellung der Einheit eines demokratischen Staates«, die Rede gewesen. Diesmal gelang es den Deutschen nicht mehr, die Formel von der Einheit vertraglich zu verankern. Um wenigstens vor der Geschichte zu dokumentieren, daß man gleichwohl nicht auf das Ziel verzichtet habe, reichte die Bundesregierung am Tage der Vertragsunterzeichnung in Moskau einen »Brief zur deutschen Einheit« nach. Sie erklärte darin, »daß dieser Vertrag nicht im Widerspruch zu dem politischen Ziel der Bundesrepublik Deutschland steht, auf einen Zustand des Friedens in Europa hinzuwirken, in dem das deutsche Volk in freier Selbstbestimmung seine Einheit wiedererlangt«.

So war das Wort Einheit wenigstens in einem Postskriptum dokumentiert. Das war die letzte Rückzugslinie. Die Russen nahmen das Schreiben kommentarlos entgegen. An den Tatsachen änderte es nichts.

Beim Staatsbankett nach der Unterzeichnung des Vertrages sagte Brandt in seiner Tischrede: »Die Geschichte darf nicht zu einem Mühlstein werden, der uns niemals aus der Vergangenheit entläßt. Ich verstehe diesen Vertrag in gewisser Hinsicht als einen Schlußstrich und als einen neuen Anfang, der unseren beiden Staaten gestattet, den Blick nach vorn zu richten in eine bessere Zukunft.«

2. WARSCHAU, 7. DEZEMBER 1970

Die nächste Etappe der Generalbereinigung war Warschau. Es war das psychologisch schwierigste Wegstück. »Als ich im Dezember 1970 nach Warschau flog, um den Vertrag zu unterzeichnen, fühlte ich, daß ich mich – stellvertretend für meine Landsleute – auf einen Prüfstand der Geschichte zu begeben hatte«, schreibt Brandt.

Mit dem Überfall auf Polen, mit der Teilung und Unterjochung des Landes, hatte der Marsch in die deutsche Katastrophe begonnen. Hier hatte sie sich vollendet, hier standen ihre unverrückbaren Meilensteine: Treblinka, Maidanek, Auschwitz, das Warschauer Getto. Die überlieferte Geschichte kannte nichts Vergleichbares.

Zehn Millionen Deutsche hatten Hitlers Vernichtungspolitik mit der Vertreibung aus der Heimat bezahlt. Was Polen im Osten an Rußland verloren hatte, hatte es sich im Westen von Deutschland geholt. Über den preußischen Kernlanden wehte der polnische Adler. Das Maß des Unglücks war voll, auf beiden Seiten. Es mußte ein Schlußstrich gezogen werden – wenn irgendwo in Europa, dann hier, auch wenn es den Heimatvertriebenen und der deutschen Rechten als »Verrat« erschien. Es war nichts mehr »preiszugeben«, was nicht längst und für alle Zeiten verspielt worden war.

Vor der Vertragsunterzeichnung legte die deutsche Delegation einen Kranz als Mahnmal für die Opfer des Warschauer Gettos nieder. Es war ein regennasser Tag. Niemand erwartete etwas Besonderes. Es war eine jener protokollarischen Pflichtübungen, die zur Routine offizieller Besuche gehören. Aber konnte es damit an diesem Ort sein Bewenden haben – ein Kranz mit den Farben der neuen deutschen Republik vor diesem Denkmal, und nichts weiter?

Willy Brandt spürte das wohl. Er fiel auf die Knie und verharrte so, selbst zum Denkmal erstarrt. Es war eine einfache Geste, doch sie war in ihrer Ausdruckskraft von solcher Intensität, das sie sich für immer in das Gedächtnis der Zeitgenossen grub: Ein Mann, der damals auf der anderen Seite stand, der nicht teilhatte an der Schuld, kniete nieder. Er kniete auch für die, die es nötiger gehabt hätten als er und die es nicht fertig brachten, je ihr Knie zu beugen, nicht einmal im Geiste.

Der »Kniefall von Warschau« wurde zum Sinnbild der Ostpolitik, zum Sinnbild des anderen Deutschland, das sich – mühselig genug – aus den Verstrickungen der Vergangenheit zu befreien begann. Daheim, in der Bundesrepublik, registrierte das Bundeskriminalamt eine Zunahme der Morddrohungen gegen den Kanzler, und eine Blitzumfrage ergab, daß noch ein weiter Weg bis zur inneren Befreiung der Deutschen zu gehen war: 48 Prozent, so ergab die Umfrage, mißbilligten die Geste der Demut oder hielten sie für »übertrieben«.

Der Abschluß der Verträge von Moskau und Warschau machte den Weg frei für das Berlin-Abkommen. Nun war es an der Sowjetunion, ihren Teil zum Prozeß der Entspannung in Mitteleuropa einzubringen.

Von allen Verträgen des Gesamtkomplexes war das Berlin-Abkommen das komplizierteste. Vertragspartner waren nicht die beiden deutschen Staaten, geschweige denn die Stadt Berlin (West), sondern die »Vier Mächte«, die nach wie vor die Verantwortung für »Deutschland als Ganzes« trugen und in Berlin als Besatzungsmächte zudem die Funktion der obersten Regierungsgewalt innehatten.

Seit Aufhebung der Berliner Blockade im Jahre 1949 hatte es kein Abkommen mehr über die einstige deutsche Hauptstadt gegeben. Die Situation Berlins war völkerrechtlich ungeregelt. Die Spaltung der Stadt – während der Blockade vollzogen – war inzwischen durch die Mauer besiegelt. Die DDR hatte, mit Rückendeckung der Sowjetunion, den Viermächte-Status Berlins de facto zerrissen und den Ostsektor zur »Hauptstadt der Republik« erklärt.

Dennoch hielten die Siegermächte den Schein des Viermächte-Status aufrecht – es war die letzte Klammer, die sie in Deutschland miteinander verband und die ihren Anspruch als Kuratoren für »Deutschland als Ganzes« unterstrich.

Diesen Schein zu wahren und gleichzeitig den Status quo zu zementieren, der diesem Schein widersprach – das war das Kunststück, das die Unterhändler fertigbringen sollten (und tatsächlich fertigbrachten).

Es begann mit der schwierigen Frage, was eigentlich unter »Berlin« zu verstehen sei – Gesamt-Berlin, wie die Westmächte meinten, oder West-Berlin, wie die Russen wollten. Der Dissenz war nicht zu überbrücken – die Frage wurde einfach ausgeklammert. So kam es zu der wohl einmaligen Situation, daß das Territorium, von dem der Vertrag handelte, im Vertragstext nicht bezeichnet wurde. Man nannte es in einer kafkaesken Formulierung »das betreffende Gebiet«, wobei es jeder Seite überlassen blieb, was sie darunter verstehen wollte – Gesamt- oder West-Berlin. (Nur wo unstreitig West-Berlin gemeint ist, ist im Vertrag von den »Westsektoren« die Rede, woraus sich allerdings folgern läßt, daß es auch andere Sektoren in dem »betreffenden Gebiet« geben muß.)

Doch wenn der Vertrag auch ein juristischer Eiertanz zwischen Tabus und Ausklammerungen wurde, so wußten doch alle Beteiligten, worüber sie sprachen: Es ging um nichts anderes und nichts Geringeres als um die Existenzsicherung West-Berlins, der ummauerten und isolierten Stadt, die nun seit Jahrzehnten eine Faustpfand-Rolle im kalten Krieg spielte. Die drei »Essentials«, an denen das Schicksal der Stadt hing und die Kennedy erstmals formuliert hatte, sollten ein für allemal festgeschrieben werden: 1. das Recht der drei Westalliierten auf Anwesenheit in West-Berlin, 2. der freie Zugang nach West-Berlin durch das Territorium der DDR, und 3. das Recht der Westberliner auf Selbstbestimmung ihrer inneren Ordnung.

Diese Ziele wurden erreicht. Die Regierung Brandt war zwar nicht unmittelbar an den Verhandlungen beteiligt, doch sie war der Motor und zeitweise auch der Regisseur hinter den Kulissen. Sie hielt einen gewichtigen Trumpf in der Hand: Ohne Berlin-Abkommen, so hatte Brandt unmißverständlich erklärt, würde es keine Ratifizierung der Ostverträge im Bundestag geben. So waren schließlich alle Beteiligten an einem Erfolg interessiert: die Sowjets, weil sie die Ostverträge nicht scheitern lassen wollten, die Westmächte, weil sie aus unmittelbaren Gründen eine dauerhafte Berlin-Regelung wünschten, und Bonn, weil West-Berlin durch eine Viermächte-Vereinbarung endlich eine verläßliche Lebensgrundlage bekam. Nur die DDR, die eine Machtposition aus der Hand geben mußte, versuchte zu bremsen.

Nach anderthalbjährigen Verhandlungen, in die sich Willy Brandt in der Schlußphase mit einem persönlichen Brief an den sowjetischen Parteichef Leonid Breschnew einschaltete, wurde das Abkommen am 20. September 1971 in Berlin unterzeichnet. Die feierliche Zeremonie fand im Gebäude des einstigen Alliierten Kontrollrats statt, wo fast ein Vierteljahrhundert zuvor die Viermächte-Verwaltung Deutschlands zusammengebrochen war. Das Papier regelte den Modus vivendi für die verbleibende Konkursmasse, der man den Namen »das betreffende Gebiet« gegeben hatte.

Für West-Berlin brachte der Vertrag, jenseits aller juristischen Haarspalterei, eine reale Wende. Die Zeit der ständigen Erpressung, der Willkür und Unsicherheit war beendet. Die Mauer stand noch, aber das Messer war von der Kehle der Stadt genommen. Berlin konnte freier atmen.

Das Transitabkommen, das die beiden deutschen Staaten im Auftrag der Vier Mächte und in Ergänzung des Berlin-Abkommens schlossen, schuf erstmals seit Kriegsende wieder geregelte Verhältnisse auf den Zufahrtswegen nach Berlin. Es gab keine zeitraubenden Kontrollen und keine Schikanen mehr. Die einzelnen Gebühren entfielen (sie werden seither von Bonn pauschal entrichtet). Erstmals konnten Westberliner wieder den Ostteil der Stadt und die DDR besuchen, bis zu 30 Tage im Jahr und nicht nur in »dringenden Familienangelegenheiten«. Bereits vor Abschluß des Viermächte-Abkommens konnte auch, nach 18jähriger Unterbrechung, der Telefonverkehr zwischen beiden Teilen der Stadt wieder aufgenommen werden.

Im politischen Bereich dagegen blieb einiges ungeklärt. Die Außenvertretung Berlins durch den Bund gab weiter Anlaß zu Streit, und auch das Binnenverhältnis zwischen der Stadt und dem Bund blieb auslegungsfähig, je nach der politischen Großwetterlage. Wochenlang stritt sich eine Übersetzer-Kommission aus beiden deutschen Staaten um die Übertragung des englisch-französisch-russischen Vertragstextes in ihre Muttersprache. Für die Umschreibung der Beziehungen zwischen Berlin und der Bundesrepublik, für die im englischen Text das Wort »ties« steht, konnte keine Einigung erzielt werden. Bonn spricht von »Bindungen«, Ost-Berlin von »Verbindungen«. Beides ist sprachlich richtig, dem politischen Sinn nach aber grundverschieden. Dennoch: Gemessen an der realen Verbesserung für die Lebenssituation der Stadt und ihrer Menschen waren dies Geringfügigkeiten.

Wie sehr sich das Klima inzwischen aufgehellt hatte, erfuhr Willy Brandt, als er wenige Tage nach dem Berlin-Abkommen zu seiner Überraschung von Leonid Breschnew zu einem Privatbesuch auf die Krim eingeladen wurde. Keinem westlichen Regierungschef war diese Auszeichnung bisher zuteil geworden, und der deutsche Kanzler fragte sich wohl selbst, was unter einem »Privatbesuch« zu verstehen sei.

Brandt kam mit einem Flugzeug der Luftwaffe. Zum erstenmal seit dem Krieg landeten wieder uniformierte deutsche Offiziere auf der Krim. Sie wurden herzlich aufgenommen. Breschnew selbst holte Brandt ab. Wie der Kanzler berichtete, wurden beim ersten Willkommensdrink politische Witze ausgetauscht. (Brandt: »Was ist der Unterschied zwischen Kapitalismus und Kommunismus? Im Kapitalismus wird der Mensch durch den Menschen ausgebeutet, im Kommunismus ist es umgekehrt.«)

Breschnew nahm seinen Gast nach Oreanda mit, dem Feriendomizil des Kremlführers bei Jalta. Unweit des Ortes, wo einst die Großen Drei die Weichen für die Zukunft gestellt hatten (nicht gerade zum Segen Europas), zogen die beiden Staatsmänner ein Resümee der weltpolitischen Situation von Berlin bis China.

Es blieb nicht bei Unverbindlichkeiten. Der Russe erklärte dem Deutschen, daß er das Berlin-Junktim, das Brandt aufgestellt hatte, umzudrehen gedenke. Das heißt: erst Ratifizierung der Ostverträge, dann Inkraftsetzen des Berlin-Abkommens. Brandt wiederum hielt gegenüber dem »Lagerältesten« des Ostblocks nicht mit seiner Kritik über die Beckmesserei der DDR und ihre Verzögerungstaktik hinter dem Berg.

Brandt und Breschnew sprachen insgesamt 16 Stunden miteinander, länger als je ein sowjetischer und ein deutscher Staatsmann seit dem Krieg. Sie lernten wohl mehr voneinander, als es auf einer noch so intensiven politischen Konferenz möglich gewesen wäre. Was denn das Neue wäre, wurde Brandt nach seiner Rückkehr in Bonn gefragt. »Daß wir im Begriff sind, uns natürlich und normal zueinander zu verhalten«, erwidert er.

In diesem Jahr erreichte Willy Brandt den Zenit seines Lebens. Im Herbst 1971 wurde ihm der Friedensnobelpreis verliehen als erstem Deutschen nach Carl von Ossietzky. In Oslo, wo Brandt einst Asyl gefunden hatte, nahm er die Auszeichnung entgegen. »Deutschland hat sich mit sich selbst versöhnt«, sagte er. »Es hat zu sich selbst zurückgefunden, so wie der Exilierte die friedlichen und menschlichen Züge seines Vaterlandes wiederentdecken durfte.«

Das war freundlich ausgedrückt. Doch die Wirklichkeit sah anders aus. Den erbittertsten Widerstand gegen seine Politik mußte Brandt nicht draußen, sondern zu Hause überwinden. Die Ratifizierung der Ostverträge stand an, und eine Welle der Feindschaft schlug ihm entgegen. »Ausverkauf deutscher Interessen« lautete der Generalvorwurf an die sozial-liberale Koalition und an den Kanzler persönlich. Alle Verunglimpfungen wurden wieder aufgewärmt, von der unehelichen Abkunft bis zur »norwegischen Uniform«, die der Heimkehrer 1945 getragen hatte.

Der Bundestag erlebte die stürmischsten Wochen seiner Geschichte. Überläufer hatten die Reihen der Koalition so geschwächt, daß sie die Mehrheit verlor. Am 27. April 1974 glaubte Oppositionsführer Rainer Barzel, den Kanzler durch ein konstruktives Mißtrauensvotum stürzen zu können. Rein rechnerisch mußte sein Kalkül aufgehen, und niemand erwartete etwas anderes. Willy Brandt stellte sich darauf ein, am gleichen Tag das Palais Schaumburg räumen zu müssen. Im Kanzlerbüro begannen die Beamten, die Akten zusammenzuräumen und brisante Papiere in den Reißwolf zu stecken.

Während draußen im Lande das politische Klima Siedehitze erreichte und überall Demonstrationen für die sozialliberale Koalition stattfanden, prallten im Bundestag in der entscheidenden Debatte vor der Abstimmung noch einmal die Gegensätze aufeinander. Kurt Georg Kiesinger, einst Kanzler der Großen Koalition, warf seinem früheren Vizekanzler Willy Brandt vor, das »große Anliegen der Wiederherstellung des deutschen Volkes« zu gefährden. Ihm antwortete Außenminister Walter Scheel mit einer leidenschaftlichen Rede. Die sozial-liberale Regierung, sagte er, habe sich vorgenommen, »unser Volk über seine Tabuschwelle hinwegzuführen, es von Illusionen wegzubringen, ihm auch harte Wahrheiten zu sagen und auf diese Weise die ihm nach zwei verlorenen Weltkriegen verbliebene nationale Restsubstanz dauerhaft zu sichern. Wir haben den Schutt weggeräumt, und wir haben uns dabei die Finger blutig gemacht«.

Das Mißtrauensvotum scheiterte. Der Opposition fehlten zwei Stimmen zum Sieg. Barzel wurde von Leuten seiner eigenen Fraktion im Stich gelassen – vielleicht schlug einigen der Überläufer doch das Gewissen.

Die CDU/CSU konnte nun nicht mehr hoffen, die Verträge zu Fall zu bringen. Doch die Fraktion enthielt sich bei der Schlußberatung unter dem Druck von Franz Josef Strauß der Stimme, so daß die Verträge von Moskau und Warschau schließlich nur mit der knappen Mehrheit von jeweils 248 Stimmen angenommen wurden – kein Ruhmesblatt in der Geschichte des deutschen Parlaments.

3. »VONEINANDER UNABHÄNGIGE STAATEN«

Das Vertragswerk mit dem Osten war mit der Ratifizierung vollendet. Nun blieb der schwierigste Rest zu tun: der Vertrag zwischen den beiden deutschen Staaten, der die Grundlagen ihres Zusammenlebens fixieren sollte.

Zwei Jahre nach dem ergebnislosen Doppeltreffen von Erfurt und Kassel unternahm die Regierung Brandt/Scheel einen neuen Anlauf. Die Kontakte waren seither zwar nicht abgerissen, aber das Klima hatte sich kaum gebessert. Die Haltung der DDR zur Frage der nationalen Einheit war eher noch intransigenter geworden, obwohl es in Ost-Berlin einen Führungswechsel gegeben hatte.

Im Mai 1971, während der laufenden Berlin-Verhandlungen der Vier Mächte, war Walter Ulbricht von seinem Posten als Parteichef der SED abgelöst worden (er blieb vorläufig noch Staatsratsvorsitzender). Der bis dahin allmächtige »Erste Sekretär« war inzwischen 78 Jahre alt. Die DDR war sein Geschöpf und sein Lebenswerk. Er, der 1945 an der Spitze einer kleinen Gruppe stalintreuer Emigranten aus Moskau in das noch brennende Deutschland geflogen wurde und lange Zeit der meistgehaßte Mann der Republik war, wurde gegen Ende seines Lebens fast eine Art Vaterfigur in der DDR: ein proletarischer Zuchtmeister mit dem Habitus des Kleinbürgers, der sich gleichwohl in der Rolle des Landesvaters gefiel.

Walter Ulbricht hatte zeitlebens alle Schwenkungen mitgemacht, die die Partei – und das war für ihn immer die KPdSU – von ihm verlangte. Was Deutschland betraf, so hatte er die deutsche Einheit propagiert, als Moskau dies für geboten hielt, und er hatte das Gegenteil getan, als Moskau auf Abgrenzung umschaltete. Doch im Alter, und mit zunehmendem Stolz auf den »ersten Arbeiter-und-Bauern-Staat der deutschen Geschichte«, wurde er halsstarriger gegen die Wünsche und Mahnungen des Großen Bruders. Er sperrte sich gegen das Berlin-Abkommen, das ihm einen vermeintlichen Trumpf aus der Hand schlug und West-Berlin, diesen Stachel im Fleisch der DDR, in seiner provozierenden Insellage stabilisierte.

Der Kreml war nicht gewillt, sich von den deutschen Genossen, und seien sie noch so verdient, das Konzept verderben zu lassen, und so mußte sich Ulbricht am Ende seines Lebens die Demütigung gefallen lassen, die schon so vielen zuteil geworden war: Er wurde über Nacht zur Unperson gestempelt.

Der neue Parteichef hieß Erich Honecker. Er war fast zwanzig Jahre jünger als Ulbricht, stammte aus dem äußersten Westen Deutschlands, dem saarländischen Neunkirchen, und gehörte nicht zur Gruppe der Moskau-Emigranten. Er war als junger Kommunist unter Hitler zu einer hohen Zuchthausstrafe verurteilt worden und wurde 1945 von der Roten Armee aus der Strafanstalt Brandenburg befreit.

Wer jedoch geglaubt hatte, daß der Saarländer sich in der deutschen Frage flexibler zeigen würde als der Sachse, wurde rasch eines Besseren belehrt. Honecker ordnete sich zwar geschmeidig der sowjetischen Außenpolitik unter und gab den Widerstand gegen das Berlin-Abkommen auf, doch in der Frage der deutsch-deutschen Beziehungen steuerte er den gleichen Kurs wie sein Vorgänger Ulbricht.

Ulbricht hatte im Dezember 1970 die Parole ausgegeben: »Die bürgerliche deutsche Nation existiert nicht mehr. Die DDR ist der sozialistische deutsche Nationalstaat. In ihr vollzieht sich der Prozeß der Herausbildung einer sozialistischen Nation. Die BRD verkörpert den verbliebenen Teil der alten bürgerlichen deutschen Nation.«

Dies war eine einigermaßen abenteuerliche Hilfskonstruktion, aber sie wurde fortan zur Leitlinie der DDR-Politik. In seiner ersten Rede als neuer Parteichef wies Erich Honecker auf dem 8. Parteitag das »Gerede von der sogenannten ›Einheit der deutschen Nation‹« scharf zurück und erklärte: »Die prinzipielle Linie unserer Partei geht davon aus, daß der gesamte Verlauf der Entwicklung dahin führt, daß die Gegensätzlichkeit zwischen uns und der BRD sich verstärkt und daß darum der Prozeß der Abgrenzung zwischen beiden Staaten immer tiefergehend wird.« Die Formel von den »besonderen innerdeutschen Beziehungen« sei deshalb »kein Beitrag für, sondern ein Torpedo gegen die Normalisierung der Beziehungen«.

Noch schärfer formulierte er wenige Wochen später, im Januar 1972: »Die BRD ist Ausland – und mehr noch: Sie ist imperialistisches Ausland.«

Dies war nun die äußerste Gegenposition zum Standpunkt Bonns. Dennoch war auch die DDR an einer dauerhaften Regelung interessiert. Der Entspannungsprozeß hatte inzwischen eine Eigendynamik erreicht, der sich auch Ost-Berlin nicht mehr entziehen konnte, zudem Moskau immer stärker auf einen Vertragsabschluß drängte. Außerdem konnte sich die DDR von einer Normalisierung der Beziehungen einen stabilisierenden Effekt auf das eigene System erhoffen.

Man ging etappenweise vor. Der erste Schritt war der »Verkehrsvertrag«, ein seinem Zweck nach vergleichsweise harmloses Abkommen. Beide Seiten verpflichteten sich, den grenzüberschreitenden Verkehr »in größtmöglichem Umfang zu gewähren, zu erleichtern und möglichst zweckmäßig zu gestalten«.

Doch so einfach dies klingt, so schwierig waren die Verhandlungen. Sie wurden wieder von Egon Bahr geführt. Sein Gegenüber war Michael Kohl, Staatssekretär beim Ministerrat der DDR. Beide absolvierten mit dem Verkehrsvertrag die Generalprobe zum Grundlagenvertrag. Denn der Verkehrsvertrag – der erste Staatsvertrag, den die beiden deutschen Staaten aus eigener Verantwortung heraus miteinander abschlossen – enthielt in seiner Präambel jene brisante Formulierung, die das politische Vertragsziel umriß: »Normale gutnachbarliche Beziehungen, wie sie zwischen voneinander unabhängigen Staaten üblich sind.«

Wochenlang wurde buchstäblich um jedes Wort und jedes Komma dieser Formulierung gerungen. Der Bonner Delegation gelang es schließlich, die fatale Vokabel »souverän« zu vermeiden. Auch wurde Wert darauf gelegt, »das Adjektiv ›normal‹ auf ›gutnachbarlich‹ zu beziehen, was durch das Fehlen eines Kommas zwischen den beiden Adjektiven ausgedrückt wurde. ›Normal‹ wurde so durch ›gutnachbarlich‹ entschärft und vom Bereich der völkerrechtlichen mehr auf den der praktischen Beziehungen gelenkt«. So einer der engsten Mitarbeiter Egon Bahrs in der Bonner Verhandlungsdelegation.

Als praktisches Ergebnis brachte der Verkehrsvertrag bedeutende Reiseerleichterungen mit sich. Die Westdeutschen konnten ab jetzt nicht nur aus familiären, sondern auch aus »kommerziellen, kulturellen, sportlichen und religiösen Gründen« sowie als Touristen in die DDR reisen. Die DDR-Bürger unterhalb des Rentenalters konnten erstmals in »dringenden Familienangelegenheiten« in den Westen fahren.

Nach diesem Durchbruch ging man ans Eigentliche, an jenen Vertrag, der das Verhältnis der beiden deutschen Staaten auf eine völkerrechtliche Grundlage stellen sollte.

Beide Seiten hatten höchst widersprüchliche Ziele im Auge: Die DDR wünschte die volle völkerrechtliche Anerkennung ihrer Souveränität, die durch die Anerkennung einer eigenen Staatsbürgerschaft und den Austausch von Botschaftern besiegelt werden sollte. Die Bundesrepublik wollte gerade dies vermeiden. Sie strebte in erster Linie »menschliche Erleichterungen« sowie eine Bekräftigung der »deutschen Einheit« an. Beide Seiten wußten, daß es nun ums Ganze ging, daß der Vertrag, wie immer er aussehen würde, die Situation für lange Zeit – wahrscheinlich für mehr als eine Generation – festschreiben würde. Es war weder eine Befristung noch eine Kündigungsklausel für den Vertrag vorgesehen, und tatsächlich enthielt er später auch keine.

Ein Preis war nicht mehr erzielbar, weder für Bonn noch für Ost-Berlin. Noch einige Jahre zuvor wäre es den Westdeutschen vermutlich gelungen, die DDR auf die »nationale Einheit« festzulegen, die ja in ihrer eigenen Verfassung noch im allerersten Satz genannt wurde.

Doch jetzt hatte es die DDR nicht mehr nötig, um der Anerkennung willen Konzessionen in Sachen »nationaler Einheit« zu machen. Bereits im Berlin-Abkommen war die »Deutsche Demokratische Republik« von den Vier Mächten erstmals in ihrer vollen amtlichen Bezeichnung genannt und somit als existent anerkannt worden. Die förmliche Anerkennung durch neutrale Staaten stand bevor, und an den Verhandlungen der KSZE-Konferenz, die in diesem Sommer begannen, nahm sie bereits als vollberechtigtes Mitglied teil. Die Zeit lief für Ost-Berlin.

So wurden die Verhandlungen, in denen es weniger um Inhalte als um juristische Fallstricke ging, zu einer Nervenprobe. »Das Klima war über Strecken eisig«, schreibt Brandt. Der DDR-Verhandlungsführer Kohl »schien sich bei Gesprächen in Bonn wie im feindlichen Ausland zu fühlen. Im Lauf der Zeit ergab sich dann ein etwas entspannteres Verhältnis.«

Keine der beiden Seiten erreichte schließlich alle ihre Ziele. Die DDR konnte die »volle völkerrechtliche Anerkennung« nicht durchsetzen: Das brisante Wort »Souveränität« wurde in einem Nebensatz versteckt und bezog sich nur allgemein auf die »Achtung der Souveränität aller Staaten in Europa«. Die Frage der Staatsangehörigkeit wurde gänzlich ausgeklammert. Die diplomatischen Missionen beider Staaten wurden nicht in den Rang von Botschaften erhoben, sondern erhielten den minderen Status von »Ständigen Vertretungen«.

Aber auch die Bundesrepublik drang mit ihrem Hauptziel nicht durch. Die »Nation« als Substantiv kommt im Vertragstext ebensowenig vor wie das Wort »Deutschland«. Es gelang der westdeutschen Delegation lediglich, »die unterschiedlichen Auffassungen zu grundsätzlichen Fragen, darunter der nationalen Frage« festzuschreiben. Nach Lage der Dinge ließ sich allenfalls diese negative Formulierung als Erfolg werten.

Auf den politischen Kern reduziert bedeutete der Vertrag, um den sich ein ganzes Bündel von Zusatzprotokollen und Briefwechseln rankt, die Anerkennung der Eigenstaatlichkeit der DDR: »Die Bundesrepublik Deutschland und die Deutsche Demokratische Republik gehen von dem Grundsatz aus, daß die Hoheitsgewalt jedes der beiden Staaten sich auf sein Staatsgebiet beschränkt. Sie respektieren die Unabhängigkeit und Selbständigkeit jedes der beiden Staaten in seinen inneren und äußeren Angelegenheiten« (Art. 6).

Dieser Satz war der vorläufige Schlußpunkt unter den

mehr als 30jährigen Krieg der beiden Regime, die aus der Teilung Deutschlands hervorgegangen waren. Keine der beiden Seiten hatte gesiegt. Jetzt begann man nolens volens, sich nebeneinander einzurichten.

Der Vertrag stellte indessen nicht nur einen Schlußpunkt, sondern auch einen Neuanfang dar. Die DDR erweiterte abermals den Reiseverkehr (grenznaher Verkehr, neue Grenzübergänge), und beide Seiten verpflichteten sich, den Grundlagenvertrag durch ein ganzes Netz von Folgeverträgen zu ergänzen – über die Zusammenarbeit auf naturwissenschaftlichem, kulturellem und sportlichem Gebiet bis zum Umweltschutz und zum Rechtsverkehr.

Zum erstenmal eröffnete sich damit die Chance, das weitere Auseinanderdriften der beiden Staaten zu stoppen und den Trend umzukehren. Die Teilung durch Anerkennung der Teilung zu mildern – darin lag das Paradoxon des Vertrages.

Doch Brandt konnte nicht hoffen, den Vertrag unter den gegebenen Mehrheitsverhältnissen durchs Parlament zu bekommen. So führte er durch eine negative Vertrauensabstimmung den eigenen Sturz herbei und machte dadurch den Weg für Neuwahlen frei.

Es wurde der erbittertste Wahlkampf seit den Pariser Verträgen. Diesmal fand er in umgekehrter Schlachtordnung statt. Die sozial-liberale Regierung machte die Ostpolitik zum zentralen Thema des Wahlkampfs, das konservative Lager beharrte auf seinem Nein.

Die Wahl trug den Charakter eines Plesbiszits: für oder gegen Willy Brandt, für oder gegen die Ostpolitik. Nie wieder fand eine Regierung so enthusiastische Unterstützung durch die intellektuelle Community des Landes, durch Künstler, Schriftsteller, Wissenschaftler, Publizisten. Heinrich Böll und Günter Grass waren die prominentesten Galionsfiguren der »Wählerinitiativen«, die überall aus dem Boden schossen. »Willy Brandt muß Kanzler bleiben«, hieß das Motto. Hunderttausende fühlten sich zu individuellen Bekenntnissen aufgerufen, trugen »Willy«-Buttons am Anzug und klebten »Willy«-Sticker ans Auto. Der

Kanzler selbst erlebte den Höhepunkt einer Verehrung, die zuweilen in Verklärung überging.

Am 19. November 1972 wurde der neue Bundestag gewählt. Die Wahlbeteiligung erreichte mit 91,1 Prozent einen absoluten Rekord. Das Ergebnis brachte der SPD den bislang größten Triumph ihrer Geschichte: Sie erhielt fast 46 Prozent der Wählerstimmen und wurde mit 230 Mandaten stärkste Fraktion im Bundestag. Die sozial-liberale Regierung konnte sich nun auf eine bequeme Mehrheit von 46 Sitzen stützen. Der Vertrag mit der DDR war gerettet, und niemand würde später sagen können, er sei gegen den Willen des Volkes zustande gekommen.

Während des Wahlkampfes hatte Egon Bahr die letzten Schwierigkeiten in direkten Gesprächen mit Erich Honecker und Leonid Breschnew ausgeräumt. Am 8. November 1972, kurz vor den Wahlen, wurde der Vertrag von Bahr und Kohl, den beiden gebürtigen Thüringern, paraphiert, und am 21. Dezember 1972, nach der Neubildung der Bundesregierung, von ihnen unterzeichnet.

Es war ein klarer Berliner Wintertag. Ein kalter, trockener Wind fegte über die weiten leeren Flächen, die sich noch immer zwischen Tiergarten und Alexanderplatz dehnten. Der Sitz des Ministerrats der DDR, das ehemalige Neue Stadthaus, aus dem die gesamtberliner Stadtverwaltung vor 24 Jahren vertrieben worden war, war in weitem Umkreis abgesperrt. Geheimpolizisten und Soldaten des Wachbataillons »Dserschinski«, deren Uniformen bis auf den Stahlhelm dem einstigen Wachbataillon »Großdeutschland« glichen, patrouillierten um den Regierungssitz. Doch weder Freund noch Feind zeigte sich auf der Straße, als drinnen, unter dem Scheinwerferlicht des Fernsehens, die Füllfedern über das Papier kratzten und den Schlußpunkt unter das Ergebnis des Zweiten Weltkriegs setzten.

Es herrschte eine leere Stille, als sei der Geschichte der Atem ausgegangen. Als brauchte sie einen Augenblick der Besinnung, um eine neue Seite aufzuschlagen.

NACHWORT
ODER: HAT DIE GESCHICHTE ENTSCHIEDEN?

*»Wir dürfen nicht übersehen,
daß die deutsche Teilung heute
in den Augen anderer ein Element
ist, das den Frieden sichert.«*

Helmut Schmidt

Am 18. Dezember 1973 wurden am Sitz der Vereinten Nationen in New York zwei neue Flaggen gehißt. Beide waren schwarz-rot-gold gestreift. Sie unterschieden sich nur dadurch, daß die eine in der Mitte ein Wappen mit Hammer und Zirkel trug: Die Erben des Bismarck-Reiches zogen als Mitglieder No. 133 (DDR) und No. 134 (BRD) in die Weltorganisation ein. Es war der historische Schlußpunkt unter das lange Drama der deutschen Teilung.

Für die Welt ist die deutsche Frage seither erledigt, sie hat andere Sorgen. Aber ist die deutsche Frage auch für die Deutschen erledigt?

Der äußere Anschein sprach bis vor kurzem dafür. Die »Wiedervereinigung«, jahrzehntelang Dreh- und Angelpunkt deutscher Politik, ist in der Bundesrepublik kein Thema mehr, weder in der öffentlichen Diskussion noch am Stammtisch. Alle Schlachten sind geschlagen, alle Chancen verpaßt, alle Argumente verbraucht. Die Einsicht hat sich durchgesetzt, daß die Teilung nicht mehr aufhebbar ist, jedenfalls nicht gegen den Willen einer der beiden Supermächte. Nur zehn Prozent der Westdeutschen glauben noch, daß es irgendwann einmal ein vereintes Deutschland geben wird, und nur noch ein Prozent hielt 1988 die Wiedervereinigung für die »wichtigste Frage«, mit der sich die Bonner Politik beschäftigen sollte – 1965 waren es noch 45 Prozent.

Zeit und Gewöhnung haben die gesamtdeutschen Emotionen abkühlen lassen. Fast ein halbes Jahrhundert ist seit dem Untergang des Nationalstaates vergangen – eine lange Zeit für ein Volk, das den Begriff der Kontinuität verloren hat. Die Bundesrepublik und die DDR existieren bald so lange wie das wilhelminische Kaiserreich und doppelt solange wie die Weimarer Republik und der Hitler-Staat zusammen. Die große Mehrheit der Deutschen hat keine persönliche Erinnerung mehr an das »Reich«, und es scheint, als würden sie es nicht vermissen, zumindest die im Westen nicht.

Was die Deutschen einst für unerträglich, ja für unvorstellbar hielten, hat sich als historisches Faktum durchgesetzt: Deutschland war teilbar. Die Bundesrepublik, das anämische Retortenbaby des kalten Krieges, entwickelte sich zu einem Riesen mit robusten Ellenbogen. Dieser Staat genügt sich selbst und kommt glänzend ohne den preußischen Torso im Osten aus. Seine Bewohner sehen in den Bürgern der DDR kaum noch die getrennten »Brüder und Schwestern«, sondern allenfalls entfernte Verwandte, die durch tragische Umstände in eine mißliche Lage gekommen sind. Man schreibt noch hin und wieder, aber schließlich geht das Leben weiter, und man muß sehen, wo man bleibt. Die westdeutsche Gesellschaft hat sich weitgehend von der gesamtdeutschen Vergangenheit abgenabelt. Sie lebt voll nach Westen gewandt – so wie Adenauer es wollte. Die Zeit, als der große Zyniker über die Zonengrenze rief: »Harret aus und hofft auf uns!«, gehört einer versunkenen Epoche an.

Die beiden Nachfolgestaaten des Deutschen Reiches haben sich auf Dauer eingerichtet. Sie sind die tragenden Ecksteine in den jeweiligen Militärbündnissen und können nicht mehr ohne Erschütterung des weltpolitischen Gleichgewichts daraus gelöst werden. Weder die Bundesrepublik noch die DDR würde in ihrem Lager auch nur einen einzigen Verbündeten für die Idee der Wiedervereinigung gewinnen. »Wir dürfen nicht übersehen«, sagte Helmut Schmidt 1979 im Bericht zur Lage der Nation, »daß die deutsche Teilung in den Augen anderer heute ein Element ist, das den Frieden sichert.«

Es war ein langer Weg bis zu dieser nüchternen Einsicht, aber sie half, das Verhältnis zum anderen deutschen Staat auf eine realistische Grundlage zu stellen. Beiden Seiten blieb keine andere Wahl, als miteinander auszukommen – und sie kommen seither besser miteinander aus, als es manchen europäischen Staatskanzleien lieb ist. Denn dies ist das Paradoxon im deutsch-deutschen Verhältnis: Je dauerhafter die Teilung wurde, desto enger wurden die Beziehungen zwischen den beiden Bankerten des kalten Krieges.

Die Mitte-Rechts-Koalition, die 1982 die Regierung in Bonn übernahm, setzte die Ostpolitik der sozialdemokratischen Kanzler, die sie zuvor bis aufs Messer bekämpft hatte, konsequent fort und gab ihr sogar neue Impulse. Ausgerechnet Franz Josef Strauß, der große Gegenspieler Willy Brandts und Helmut Schmidts, fädelte jenen Milliardenkredit für die DDR ein, der zum nachhaltigen Tauwetter in den verkrampften Beziehungen führte.

Die DDR revanchierte sich mit dem Abbau der Minen und Selbstschußanlagen an der Grenze, erweiterte die Reisemöglichkeiten und liberalisierte die legale Übersiedlung von DDR-Bürgern in den Westen.

Heute verbindet ein dichtes Geflecht von Verträgen, Abkommen und Vereinbarungen die beiden Staaten und regelt die politischen, wirtschaftlichen und kulturellen Beziehungen – von der Abfallbeseitigung in Berlin bis zum Fischfang in der Lübecker Bucht.

Der Reiseverkehr hat einen Umfang erreicht, der Anfang der siebziger Jahre noch als völlig utopisch galt. Die Zahl der Ost-West-Reisen übertrifft inzwischen die in umgekehrter Richtung: 1988 wurden fast sieben Millionen Ost-Besuche in West-Berlin und der BRD registriert, gegenüber 5,5 Millionen West-Besuchen in der DDR.

Die DDR verdient gut daran. Der gesamtdeutsche Reiseverkehr bringt ihr jährlich fast anderthalb Milliarden Deutsche Mark ein, allein 860 Millionen als Transitpauschale für den Berlin-Verkehr und weitere 500 Millionen durch Visagebühren und Zwangsumtausch.

So haben sich Verflechtungen ergeben, die keiner von beiden zerreißen kann, ohne sich selbst zu schaden. Das hat auf das Klima zurückgewirkt.

Die Polemik zwischen den Regierungen, die einst dem verbalen Totschlag gleichkam, hat nahezu aufgehört – von gelegentlichen Ausbrüchen abgesehen, die bemerkenswert schnell wieder abklingen. Ein zivilisierter Umgang hat sich eingespielt. 1986 wurde die erste deutsch-deutsche Städtepartnerschaft zwischen Saarlouis und Eisenhüttenstadt abgeschlossen. Seither sind Dutzende anderer dazugekommen. Besuche westdeutscher Länderchefs, Parteivorsitzender und Minister in Ost-Berlin sind längst zur Routine geworden. Richard von Weizsäcker brach ein weiteres Tabu: 1983 besuchte er als erster Regierender Bürgermeister Berlins den Staatsratsvorsitzenden der DDR – ein altes Kriegsbeil wurde damit begraben.

Sechs Jahre nach Helmut Schmidts frostiger Begegnung mit Erich Honecker am Werbellinsee erreichte das deutsch-deutsche Verhältnis schließlich einen fast euphorischen Höhepunkt: 1987 kam der Partei- und Staatschef des kommunistischen Deutschlands zum offiziellen Besuch in die Bundesrepublik. Helmut Kohl empfing ihn mit allen Ehren eines ausländischen Staatsoberhaupts (obwohl das Bonner Protokoll das Wort »Staatsbesuch« hartnäckig vermied). 38 Jahre nach Gründung der beiden deutschen Nachkriegsrepubliken stieg vor dem Bundeskanzleramt in Bonn die »Spalterflagge« am Mast empor, und die Ehrenkompanie der Bundeswehr intonierte die Becher-Hymne »Auferstanden aus Ruinen« – deren Text in der DDR allerdings nicht mehr gesungen werden darf, da er »Deutschland, einig Vaterland« beschwört.

Kein Attentat wurde versucht, keine Krawalle fanden statt wie einst bei Stophs Besuch in Kassel. Mit stiller Sympathie sahen die Westdeutschen zu, wie der gebürtige Saarländer Honecker seine Heimatstadt Neunkirchen besuchte.

Man begriff: Auch dieser Mann hatte sich sein Schicksal nicht ausgesucht. Zum erstenmal seit der Aufnahme der Beziehungen stellte sich so etwas wie menschliche Wärme ein.

Das Hauptziel der Bonner Ostpolitik ist also erreicht: Der Graben zwischen den beiden Staaten konnte zwar nicht eingeebnet, aber überbrückt werden. Die Konfrontation wurde abgebaut, die Menschen kommen wieder zueinander. Die Strategie, die dem Schlagwort »Wandel durch Annäherung« zugrunde lag, war erfolgreich. Erfolgreicher vielleicht, als ihre Väter ursprünglich vermuteten.

Aber hat sich der Traum erfüllt, der dahinter stand? Konnte die Einheit der Nation gerettet werden?

1970, kurz nach seinem Regierungsantritt, sagte Willy Brandt im Bundestag: »Die Nation gründet sich auf das fortdauernde Zusammengehörigkeitsgefühl der Menschen eines Volkes. Niemand kann leugnen, daß es in diesem Sinne eine deutsche Nation gibt und geben wird, soweit wir vorauszudenken vermögen.«

Stimmt dieser Satz heute, fast zwanzig Jahre später, noch? Bilden die beiden Staaten, oder besser: die Einwohner der beiden Staaten, noch eine Nation?

Sicher ist, daß 40 Jahre staatlicher Doppelexistenz und gesellschaftlicher Polarisierung nicht spurlos an einem Volk vorübergehen, schon gar nicht nach den vorangegangenen Katastrophen und Demoralisierungen. Gerade die zunehmende Zahl von Reisen und Begegnungen hat vielen Menschen auf beiden Seiten bewußt gemacht, wie weit die Entfremdung fortgeschritten ist. Der Westen hat sich schneller und radikaler von dem entfernt, was einmal allgemeine deutsche Lebensart war. Die Uhren gehen anders in der DDR, und in vielen Lebensbereichen ist die Zeit stehengeblieben.

Noch bestehen millionenfache persönliche Bindungen über die Grenze, doch sie nehmen von Jahr zu Jahr ab. Das Gefühl der Zusammengehörigkeit verliert sich mit der Generation, die das ungeteilte Deutschland noch erlebt hat. Was sagt der Name Leipzig dem jungen Kölner, was bedeutet Rügen für den Hamburger von heute? Geographische Daten, die keine Neugierde mehr auslösen, die nur noch mühsam einzuordnen sind und kaum noch mit »Deutschland« assoziiert werden. Jeder dritte Bundesbürger unter vierzig Jahren betrachtet die DDR heute als »Ausland«, und es scheint nur eine Frage der Zeit, bis die Mehrheit der Westdeutschen die Teilung auch innerlich vollzogen hat.

Ist die deutsche Frage also erledigt?

Wir sollten uns vor einer schnellen Antwort hüten. Denn die Frage wird weniger im Westen als vielmehr im Osten entschieden werden. Die Bundesrepublik würde es vermutlich klaglos hinnehmen, wenn sich die DDR zu einem zweiten Österreich entwickelte, zu einem deutschsprachigen Staat mit eigener Identität. Ansätze zu einer derartigen Entwicklung wären wohl denkbar. Warum sollten Mecklenburger, Brandenburger, Thüringer und Sachsen, die ein tiefverwurzeltes historisches und kulturelles Bewußtsein besitzen, auf lange Sicht nicht zu einem Gemeinwesen zusammenwachsen, das sich selbstbewußt von der Bundesrepublik abhebt? Ablösungsprozesse innerhalb nationaler Großfamilien wären nichts Neues in Europa. Holländer und Schweizer trennten sich vom Gros der Deutschen, die Portugiesen von Spanien, die Norweger von Schweden, die Iren von England. Doch alle diese Bewegungen entsprangen dem Drang nach Freiheit und nationaler Selbstbestimmung, die ihnen in der Großfamilie verweigert wurden.

Eben diese Voraussetzung zur Entwicklung einer nationalen Identität fehlt der DDR. Der Fall liegt genau umgekehrt: Der eigene Staat verweigert der Bevölkerung die Selbstbestimmung, ja, er existiert als Ganzes gegen den Willen seiner Bewohner. Auch vierzigjährige Dauer hat daran nichts geändert. Wohl hat man sich arrangiert, weil einem nichts anderes übrig bleibt, wohl lebt man sogar ganz bequem in der »Nischengesellschaft«, die Günter Gaus so treffend beschrieben hat – doch von einer inneren Zustimmung, einer selbstverständlichen Identifikation mit Staat und Gesellschaft (bei aller Kritik an der jeweiligen Regierung), kann in der DDR keine Rede sein.

Der Bezugspunkt im politischen Bewußtsein der meisten DDR-Bürger ist nicht die eigene Republik, sondern der westdeutsche Staat. Sein Lebensstandard, seine Konsumgüter, seine Freiheiten, seine Lebensart bilden das Raster, an dem die Realität der DDR gemessen wird. Das Bild der Bundesrepublik, vor allem das Fernsehbild, mag überzeichnet und irreal sein, nichtsdestoweniger aber ist es die Folie, auf die alle unerfüllten Bedürfnisse und Sehnsüchte projiziert werden, vor allem die Sehnsucht nach Aufhebung der Grenze. Fände heute eine Volksabstimmung in der DDR statt, würde sich die ganz überwiegende Mehrheit der Bevölkerung fraglos für die »Wiedervereinigung« aussprechen.

So hat die nationale Frage in der DDR ihre gefährliche Sprengkraft behalten, und sie wird sie behalten, solange das politische System sich nicht ändert.

Das Regime ist mit diesem Widerspruch bis heute nicht fertig geworden. Nach Abschluß des Grundlagenvertrages und der Aufnahme regulärer Beziehungen zur BRD startete die DDR-Führung zunächst eine neue ideologische Abgrenzungskampagne, um allfälligen gesamtdeutschen Illusionen im eigenen Lande entgegenzuwirken. 1974 wurde die Verfassung entsprechend gesäubert. Alle Bezüge auf die »Spaltung Deutschlands« wurden aus dem Text der Ulbricht-Verfassung von 1968 getilgt, selbst die Worte »Deutschland« und »Nation«. Sofern vom Staatsvolk die Rede ist, spricht die neue Verfassung (die dritte der DDR) nebulös vom »Volk der Deutschen Demokratischen Republik«.

Die Verfassungsänderung war die Antwort auf den Urteilsspruch des Bundesverfassungsgerichts vom Jahre 1973 zum Grundlagenvertrag. Die bayerische Staatsregierung hatte das Verfahren angestrengt, weil sie im Vertrag mit der DDR einen förmlichen Verzicht auf die Wiedervereinigung erblickte, die vom Grundgesetz gefordert wird (»Das gesamte Deutsche Volk bleibt aufgefordert, in freier Selbstbestimmung die Einheit und Freiheit Deutschlands zu vollenden.«).

Nun entschied das Karlsruher Gericht zwar, daß der Vertrag mit der DDR nicht gegen die Verfassung verstoße, erklärte aber zugleich in einer atemberaubenden Begründung: »Das Deutsche Reich existiert fort.« Es sei nur »mangels Organisation nicht handlungsfähig«. Weiter: »Die DDR gehört zu Deutschland und kann im Verhältnis zur BRD nicht als Ausland angesehen werden.« Kein Verfassungsorgan der Bundesrepublik dürfe die Wiederherstellung der staatlichen Einheit als politisches Ziel aufgeben. »Das schließt die Forderung ein, den Wiedervereinigungsanspruch im Innern wachzuhalten und nach außen beharrlich zu vertreten – und alles zu unterlassen, was die Wiedervereinigung vereiteln würde.«

Dies war nun starker Tobak für die DDR, und entsprechend hart fiel das Echo aus Ost-Berlin aus. »Man fragt sich, in welcher Zeit und in welcher politischen Landschaft die Mitglieder dieses Gerichts eigentlich zu leben glauben«, schrieb das »Neue Deutschland«. »Was sie mühsam wiederzubeleben versuchen, liegt doch längst auf dem Müllhaufen der Geschichte. Es ist vergebliche Mühe, daß einige Herren im Talar diese verrotteten Reste wieder aufzuputzen versuchen.«

Damit war allerdings das Problem nicht gelöst, was man an die Stelle der nunmehr tabuisierten Begriffe »Deutschland« und »Nation« setzen wolle. Denn auf ein Vakuum ließ sich die dringend erwünschte Identität der DDR ja schlecht gründen. Eine Antwort auf diese Frage wurde nie gefunden, und so laviert die Partei bis heute zwischen Absage an die Nation und Berufung auf das »nationale Erbe«.

Als die SED 1976 ihr Parteiprogramm sowie das Parteistatut ähnlich wie die Verfassung von nationalen Bezügen säuberte, behielt sie gleichwohl ihren Namen bei, nannte sich also weiter »Sozialistische Einheitspartei *Deutschlands«,* ebenso wie ihr Zentralorgan weiterhin »Neues *Deutschland*« heißt. »Welchen Grund sollten wir denn haben, die Wurzeln unserer Kraft und unseres Erfolges zu verleugnen«, fragte das Blatt rhetorisch, und antwortete selbst: »Unsere Partei repräsentiert das sozialistische Deutschland.«

Behutsam schwenkte die offizielle Kulturpolitik in der Folgezeit wieder auf das »nationale Erbe« ein. Bismarck wurde vorsichtig als bedeutender bürgerlicher Staatsmann rehabilitiert, und Martin Luther im Jubiläumsjahr 1983 geradezu stürmisch gefeiert. Schließlich durfte auch das Reiterstandbild Friedrichs des Großen, ein Wahrzeichen des preußischen Berlins, das den Krieg überlebte, auf seinen angestammten Platz Unter den Linden zurückkehren.

Der Zickzackkurs in der nationalen Frage spiegelt die permanente Identitätskrise der DDR wider. Sie ist mit der Entspannung der deutsch-deutschen Beziehungen nicht geringer geworden. Der innere Druck gegen das Regime hat sich vielmehr noch verstärkt. Die Parteiführung war weder willens noch in der Lage, die kritische Intelligenz zu integrieren oder auch nur ein Minimum an Meinungsbreite zuzulassen. Viele der Besten haben das Land freiwillig oder gezwungenermaßen verlassen – ein ständiger Exodus, der dem Land die intellektuelle Substanz entzieht, aus der die Erneuerung kommen könnte.

Trotz dieses permanenten Aderlasses hat sich der latente Widerstand gegen das System versteift. Er hat inzwischen breite Schichten der jungen Generation erfaßt. Die Kirchen sind zu Zentren einer autonomen, nonkonformistischen Bewegung geworden: Die Nischengesellschaft beginnt aufzumucken. Doch gleichzeitig wachsen auch »Frust« und Resignation. Die Ausreise-Bewegung, nur mühsam kanalisiert und im Zaum gehalten, hat den Charakter einer Massenpsychose angenommen. Sie erreichte im Sommer 1989 einen dramatischen Höhepunkt, als Tausende von jungen DDR-Bürgern über die offene ungarisch-österreichische Grenze flüchteten – ein bedrückendes Indiz für die allgemeine Hoffnungslosigkeit und Verbitterung.

»Wenn es nicht gelingt«, schrieb bereits Ende der siebziger Jahre der aus der SED ausgeschlossene Schriftsteller Heinz Jakobs, »ein von Grund auf erneuertes Land zu schaffen, wird im Volk der Gedanke einer wiedervereinigten Nation mehr und mehr an Bedeutung gewinnen.«

So ist die DDR unfreiwillig zum letzten Hort gesamtdeutscher Sehnsüchte geworden. Je angestrengter sie versucht, eine eigene Identität zu gewinnen, um so weniger scheint es ihr zu gelingen: Vierzig Jahre nach ihrer Gründung treibt sie der schwersten Belastungsprobe ihrer Geschichte entgegen.

Aber auch die westdeutsche Republik hat ihr latentes Identitätsproblem. Sie leidet – ähnlich wie die DDR, wenn auch weniger ausgeprägt – an einem fundamentalen Mangel: Auch vierzig Jahre nach ihrer Gründung besitzt sie noch immer kein Staatsbewußtsein sui generis, keine allgemeine, aus historischen Wurzeln kommende, selbstverständliche Identifikation mit dem Gemeinwesen, wie sie in den gewachsenen Demokratien Westeuropas quer durch alle Parteien besteht.

Die Ursache ist, wie in der DDR, der politische Geburtsfehler. Diese Republik war so wenig wie die DDR das Werk ihrer Bevölkerung. Der westdeutsche Staat wurde zwar mit stillschweigender Zustimmung, aber ohne Mitwirkung seiner Bürger gegründet. Die Verfassung wurde ihnen nicht einmal zur nachträglichen Abstimmung vorgelegt. Sie war den meisten Zeitgenossen übrigens auch ziemlich gleichgültig. Denn die Bundesrepublik war in ihrem Ursprung eine ökonomische Interessengemeinschaft, und sie ist das ihrem Wesen nach bis heute geblieben. Nicht die Staatsgründung, sondern die ein Jahr zuvor erfolgte Währungsreform war im öffentlichen Bewußtsein der »Neubeginn« nach dem Kriege. Die »Wirtschaft« wurde zur zentralen Angelegenheit des Gemeinwesens und schließlich zur staatstragenden Idee der Bundesrepublik. Dies entsprach nach dem Totalitarismus des Hitlerstaates durchaus dem Lebensgefühl der Davongekommenen. Doch als diese Generation allmählich abtrat, und als die Wirtschaft aufhörte, ein »Wunder« zu sein, zeigte sich, daß die Ökonomie als Leitbild nicht ausreichte, um eine junge skeptische Generation zu integrieren.

Überdies verstand sich die Bundesrepublik in der ersten Hälfte ihrer bisherigen Existenz ausdrücklich als »Provisorium«, als Übergangslösung auf dem Weg zur »Wiedervereinigung« (wofür sie allerdings keinen Preis zahlen wollte). So blieb sie lange Zeit ein zwitterhaftes Wesen. Einerseits betrieb sie leidenschaftlich die Integration in ein vereinigtes Westeuropa und sah sich dabei als supranationales Zukunftsmodell – zugleich aber wollte sie das Gegenteil, nämlich die Vereinigung mit dem anderen deutschen Staat, die Wiederherstellung des zerbrochenen Reiches. Bei dieser zwiespältigen Haltung, die sich durch keine Rhetorik verdecken ließ, konnte ein neues, in sich ruhendes Selbstverständnis kaum entstehen.

Helmut Schmidt sah das Problem. Er machte als Bundeskanzler den Vorschlag, wenigstens den Staatsfeiertag der Republik zu verlegen: vom 17. Juni, der ein Tag der Niederlage und des Abschieds von gesamtdeutschen Träumen war, auf den 23. Mai, den Gründungstag der Bundesrepublik. Es wäre ein Akt der Ehrlichkeit gewesen, ein Bekenntnis der Republik zu sich selbst. Doch der Vorschlag stieß auf allgemeine Ablehnung, selbst in Schmidts eigener Partei, der SPD.

Die Schizophrenie dauert an. Der Widerspruch zwischen Westintegration und Wiedervereinigung wurde durch das Karlsruher Urteil (»Das Deutsche Reich existiert fort«) nur verschärft, und er wird abermals aufbrechen, wenn sich die Europäische Gemeinschaft zur politischen Union mausert: Der Beitritt der Bundesrepublik zu einem europäischen Staatenbund mit gemeinsamer Währung und Legislative, womöglich auch einer gemeinsamen Armee, wäre der definitive Abschied von der Idee der Wiedervereinigung.

Indessen schwingt das Pendel in dieser Frage seit geraumer Zeit wieder zurück. Die Europa-Euphorie der frühen Jahre, die immer etwas von Ersatzreligion für die verlorene Eigenidentität hatte, ist längst verflogen. Ernüchterung und Skepsis sind aufgekommen. Der Gedanke an die bevorstehende Wirtschaftsunion und die angestrebte politische Gemeinschaft weckt eher Befürchtungen als Hoffnungen.

Auch der sicherheitspolitische Aspekt der Westintegration – einst das stärkste Argument Adenauers – hat an Anziehungskraft verloren. Die Nato wird mehr und mehr als Fesselung und Störfaktor im Entspannungsprozeß denn als

»Schutzschild« empfunden. Die Friktionen zwischen den militärpolitischen Interessen der Bündnispartner und den nationalen Interessen der Bundesrepublik nehmen zu – beide sind heute durchaus nicht mehr deckungsgleich. Die Mehrheit der deutschen Bevölkerung akzeptiert nicht mehr, daß die Bundesrepublik fast ein halbes Jahrhundert nach Kriegsende noch immer der Exerzierplatz für die größte Militärkonzentration auf dem Globus ist und als Arsenal für fremde Atomwaffen dient, mit denen sich die Erdbevölkerung mehrfach ausrotten ließe.

Die eingeschränkte Souveränität der Bundesrepublik – ein Status, den sie mit der DDR teilt – stößt mehr und mehr auf Widerspruch. Denn über »Deutschland als Ganzes« (wozu eben beide Staaten zählen) wachen noch immer die Vier Mächte, die 1945 die Regierungsgewalt in Berlin übernahmen (und formell nie abgetreten haben). Ein entsprechendes Protokoll hinterlegten die Vier Mächte vorsorglich beim Sicherheitsrat der Vereinten Nationen, als die beiden deutschen Mündel die UN-Mitgliedschaft beantragten: »Die Rechte und Verantwortlichkeiten der Vier Mächte«, heißt es darin, »sowie die entsprechenden Viermächte-Vereinbarungen, -Beschlüsse und -Praktiken« würden durch den Beitritt der beiden deutschen Staaten zur Weltorganisation »in keiner Weise berührt«. Mit anderen Worten: Das Recht auf Selbstbestimmung, das die UN-Charta garantiert, gilt für die Mitglieder No. 133 und 134 nur bedingt. Sollten sie etwa ihre Vereinigung beschließen, genügte das Veto der Vier Mächte (oder einer von ihnen), um dies zu unterbinden.

So bietet die deutsche Szene fast ein halbes Jahrhundert nach Kriegsende noch immer ein diffuses Bild. Beide Staaten tragen schwer an den Spätfolgen ihrer Entstehungsgeschichte. Beide haben einen völkerrechtlich minderen Status als die übrigen Mitglieder der europäischen Völkerfamilie, und beide sind im Innern weit weniger stabil, als es den Anschein hat. Die Bundesrepublik ist immer noch auf der Suche nach sich selbst, und die DDR wird nur durch den Machtapparat des Regimes zusammengehalten, das seinerseits bisher durch die Sowjetunion gestützt wurde. Doch der Wind der Veränderungen, der seit Gorbatschow im Osten weht, wird an der Oder nicht halt machen. Wenn überhaupt, dann wird die deutsche Frage von Osten her bewegt werden.

Noch 1981 erklärte Erich Honecker, sich an die Adresse der Bundesrepublik wendend: »Seid vorsichtig! Der Sozialismus klopft eines Tages auch an eure Tür, und wenn der Tag kommt, an dem die Werktätigen an die sozialistische Umgestaltung der Bundesrepublik Deutschland gehen, dann steht die Frage der Vereinigung beider Staaten vollkommen neu. Wie wir uns dann entscheiden, daran dürfte wohl kein Zweifel bestehen.«

Dieser Tag ist heute ferner denn je. Statt dessen klopft der Wandel an die Tür der DDR. Das sozialistische Lager befindet sich in voller Desintegration. Es ist schon lange kein Block mehr, und es ist die Frage, wie lange es noch sozialistisch sein wird. Polen und Ungarn sind in stürmischer Entwicklung zu einer pluralistischen Gesellschaft westlichen Zuschnitts begriffen. In der Sowjetunion selbst finden dramatische Veränderungen statt. Die starren Strukturen der dirigierten Gesellschaft sind zerbrochen und werden schwerlich wieder restauriert werden können, dafür ist die moderne Industriegesellschaft zu komplex. Der Kommunismus als Ideologie ist tot, selbst wenn es Rückschläge zum Dogmatismus oder Wendungen zu bonapartistischen Regimen geben sollte.

Der Ruf nach Auflösung der Militärblöcke wird lauter, nicht nur in der Opposition, sondern auch in den Reihen der osteuropäischen Reformer. Dieser Ruf wird im Zeitalter der globalen Entspannung und der multilateralen Abrüstungsbemühungen nicht mehr so leicht zu unterdrücken sein wie 1968 in Prag, und er ist heute, zumindest verbal, zu einem Element der sowjetischen Außenpolitik geworden. Am Horizont beginnen sich die Umrisse eines neuen Europa abzuzeichnen, das, von den Fesseln einer absterbenden Ideologie befreit, zu sich selbst zurückfindet. Ein Europa, in dem die Grenze zwischen den Paktsystemen zum Anachronismus wird.

Für die DDR wirft diese Entwicklung existentielle Fragen auf. Sie steht vor einem schwierigen Dilemma: Sie wird sich dem Wandel auf die Dauer nicht entziehen können, doch ihr Spielraum ist klein. Weniger als alle anderen Mitglieder des Warschauer Pakts kann sie sich innere Experimente leisten. Denn jede Erschütterung des Systems mündet unweigerlich in die nationale Frage. »Welche Existenzberechtigung sollte eine kapitalistische Bundesrepublik haben?« fragt Otto Reinhold, der führende Dogmatiker der SED, im Sommer 1989, und antwortet selbst: »Natürlich keine.«

Hier liegt die spezifische Schwäche der DDR, die sie von ihren Nachbarn unterscheidet. Polen, Ungarn, Tschechen mögen Probleme mit dem Sozialismus haben – Probleme mit der nationalen Identität haben sie nicht. Einzig in der DDR ist das politische System auch die Grundlage und Voraussetzung der staatlichen Existenz. Die DDR kann das eine nicht reformieren, ohne das andere in Frage zu stellen.

Dennoch liegt die einzige Chance, die nationale Frage zu entschärfen, in der inneren Liberalisierung der DDR, in der Entwicklung eines annähernd demokratischen Systems, das es der Gesellschaft erlaubt, im Konsens mit dem Staat zu leben und ihm dadurch Stabilität und Selbstvertrauen zu verleihen.

So ist die deutsche Frage heute in erster Linie eine Frage nach der Zukunft der DDR. Erst wenn die Deutschen in der DDR mit ihrem Staat versöhnt sind, werden sie mit der Teilung leben können, so wie die Deutschen in der Bundesrepublik mit der Teilung leben. Je länger dieser Prozeß hinausgezögert wird, desto größer wird die Ungeduld werden, desto größer auch die Gefahr unkontrollierter Eruptionen.

Die Welt wird die Revision der deutschen Teilung zwar nicht zulassen, doch die Nation ist nicht so tot, daß sie nicht die Quelle neuer Unruhe sein könnte.

BILDDOKUMENTE

Ende und Anfang: Deutschland im Jahre Null.

Bedingungslose Kapitulation:
In der Nacht vom 8. zum 9. Mai 1945 unterzeichnet der Chef des Oberkommandos der Wehrmacht, Generalfeldmarschall Keitel, im sowjetischen Hauptquartier in Berlin-Karlshorst die Kapitulationsurkunde.

Das russische Original trägt die Unterschriften der Repräsentanten aller vier Siegermächte: General Schukow (UdSSR), Luftmarschall Tedder (Großbritannien), General Spaatz (USA) und General de Lattre de Tassigny (Frankreich). Auf deutscher Seite unterzeichneten neben Keitel die Vertreter von Marine und Luftwaffe, Admiral v. Friedeburg und Generaloberst Stumpff.

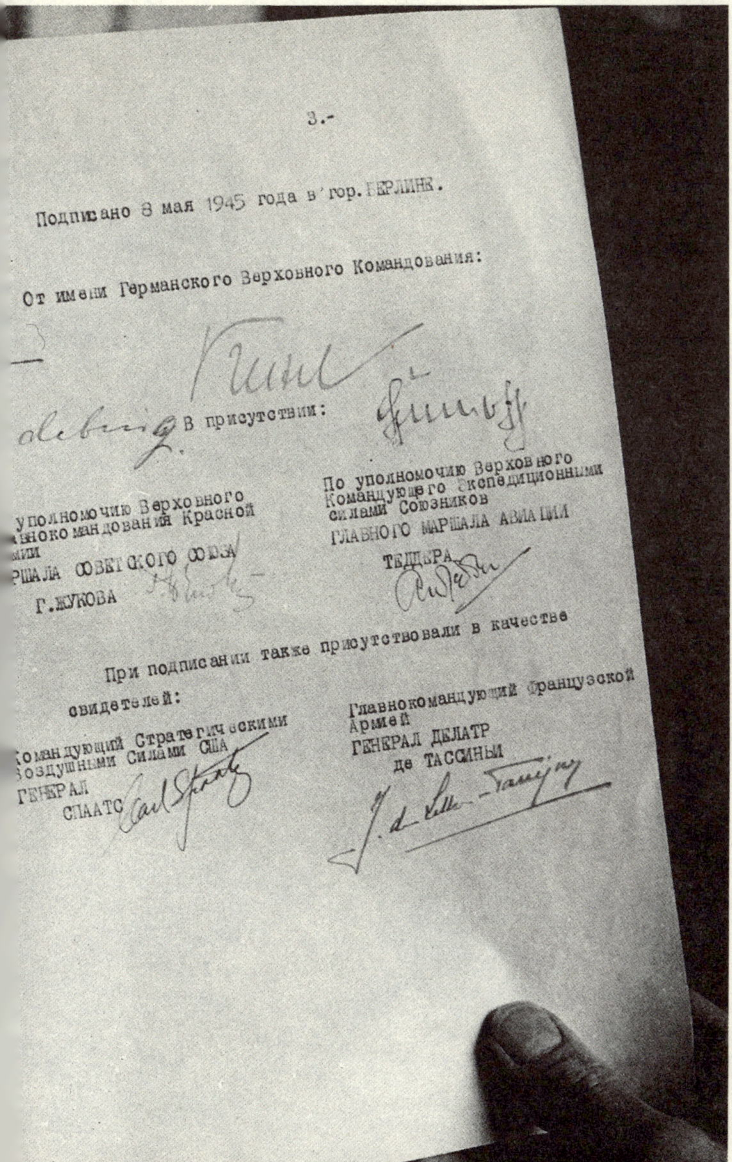

3.-

Подписано 8 мая 1945 года в гор. БЕРЛИНЕ.

От имени Германского Верховного Командования:

В присутствии:

уполномочию Верховного
вноко мандования Красной
мии
РШАЛА СОВЕТСКОГО СОЮЗА
Г.ЖУКОВА

По уполномочию Верховного
Командующего Экспедиционными
силами Союзников
ГЛАВНОГО МАРШАЛА АВИАЦИИ
ТЕДДЕРА

При подписании также присутствовали в качестве
свидетелей:

Командующий Стратегическими
Воздушными Силами США
ГЕНЕРАЛ
СПААТС

Главнокомандующий Французской
Армией
ГЕНЕРАЛ ДЕЛАТР
де ТАССИНЬИ

Berlin ist im Mai 1945 eine Trümmerwüste – das größte Ruinenfeld Europas. Das Reich, dessen Hauptstadt es war, existiert nicht mehr.

Die Großen Drei in Potsdam:
Am 17. Juni 1945 treffen sich Churchill, Truman und Stalin im Schloß Cecilienhof, um über die Zukunft Deutschlands und Europas zu beraten. Das „Potsdamer Abkommen“ sieht die gemeinsame Verwaltung Deutschlands vor.

Der Alliierte Kontrollrat in Berlin: Die Oberbefehlshaber der vier Besatzungsmächte – Feldmarschall Montgomery (Großbritannien), General Schukow (UdSSR), General Eisenhower (USA) und General Koenig (Frankreich) übernehmen die Regierungsgewalt.

Gestern für Hitler - heute für Adenauer
Krupp
Schacht
Weg mit ihnen!
Wählt
KPD

Alle Wege des Marxismu
führen nach Moskau!
Darum CDU

DP
Wählt nicht
die Versager der
Weimarer Zeit
Deutsche
wählt die
Deutsche Partei

Vorwärts
SPD
für ein freies
Deutschlan

Das politische Leben miert sich: Die neu zugelassenen Parteien werben ir ein vereinigtes Deutschland. Der Antikommusmus ist bei der SPD nicht weniger ausgeprägt als bei der CDU. Links- und Rechtsradikale bleiben Splittergruppen. »Keine Experimente« wird der Erfolgsslogan der Adenauer-Partei.

Konrad Adenauer, der »Alte von Rhöndorf«:
die beherrschende Figur der Nachkriegsepoche.

Kurt Schumacher, bein- und armamputiert,
t seiner Sekretärin und Gefährtin Annemarie Renger.

Magistrat
von Groß - Berlin
Hauptverwaltung
Neues Stadthaus

Die Spaltung beginnt in Berlin: Am 8. September 1948 ringen von der SED gelenkte Demonstranten in das Neue Stadthaus ein und vertreiben den Magistrat aus dem Ostsektor. Ernst Reuter (SPD) wird Regierender Bürgermeister in West-Berlin.

Erste Straßensperren in Berlin:
West- und Ostberliner Polizisten im Februar 1949 an einem Straßenkontroll-punkt an der Sektorengrenze zwischen Treptow und Neukölln.

Unter schwarz-rot-goldenem Banner gegen den »US-Imperialismus«: Mit nationalen Parolen kämpft die SED gegen die sich abzeichnende westdeutsche Staatsgründung.

Am 8. Mai 1949 verabschiedet der Parlamentarische Rat in Bonn das Grundgesetz der Bundesrepublik Die Kommunisten (1. Reihe links der KPD-Vorsitzende Max Reimann) stimmen gegen die »Spaltung Deutschlands«. Der FDP-Vorsitzende Theodor Heuss (1. Reihe Mitte) wird erster Bundespräsiden der CDU-Vorsitzende Adenauer (rechts bei der Unterzeichnung der Verfassung) erster Bundeskanzler.

Es lebe d
DEUTSC
DEMOKRATISCHE

Gründung der DDR: Am 7. Oktober 1949 – fünf onate nach der Konstituierung des westdeutschen Staates – wird mit Massenkundgebungen in Ostberlin die Deutsche Demokratische Republik proklamiert.

Walter Ulbricht (Parteichef), Wilhelm Pieck (Staatspräside
der DDR, mit dem sowjetischen Partei- u

l Otto Grotewohl (Regierungschef), das Führungstrio
gierungschef Nikita Chruschtschow 1958.

Erst Bodenreform, dann Kollektivierung: Nach dem Krieg wurde der Großgrundbesitz in der Sowjetzone enteignet und den Kleinbauern übergeben. Wenige Jahre später jedoch wurden die Bauern ausnahmslos in die »Landwirtschaftlichen Produktionsgenossenschaften« (LPG) gezwungen.

errenzeit aus

Durch den Eintritt
aller Bauern in die LPG
treten wir Adenauer
auf den Zeh.

Der 17. Juni 1953 in Berlin: Sowjetische Panzer stehen ei
straße. Kurz darauf fallen die ersten Schüs

lt in der Menschenmenge Ecke Leipziger- und Friedrich-
r Aufstand wird blutig niedergeschlagen.

Großvater
TRUG DES
KÖNIGS
NIFORM
VATER
TRUG DES
FÜHRERS
ROCK

WARUM
wieder
Liste
7
nein! · darum:
Gesamtdeutsche Volkspartei
G.V.P.

Keine
Raketen
sondern
atomwaffenfreie
Zone
Bund der Deutschen . Partei für Einheit, Frieden

*»Ohne mich« heißt die Parole
r Aufrüstungsgegner in den fünfziger
ahren. Doch die antimilitaristische
Bewegung, von DGB und SPD
nterstützt, hat im Klima des kalten
Krieges keine Chance.*

Die Wiederaufrüstung beginnt: Im Januar 1956 besichtigt Adenauer, begleitet von Verteidigungsminister Blank und General Heusinger, die erste Bundeswehrgarnison in Andernach.

Gegenzug im Osten:
In der Uniform der alten Wehrmacht stellt sich 1956 die »Nationale Volksarmee« der DDR vor. Die Wehrpflicht wird erst 1962, sechs Jahre nach der Bundesrepublik, eingeführt.

Mit dem Bau der Berliner Mauer im August 1961 w

Teilung Deutschlands auch physisch vollendet.

Begeistert empfängt Westberlin 1961 US-Präsident John F.

ly. Mit ihm im Wagen: Willy Brandt und Konrad Adenauer.

Historischer Händedruck: Die Regierungschefs der beic

tschen Staaten, Willy Brandt und Willi Stoph, 1970 in Erfurt.

Zu Ostern 1972 öffnen sich erstmals seit dem Mauerbau wieder die Grenzübergänge für die Berliner in der geteilten Stadt. Der Andrang ist überwältigend. Für Tausende ist es das erste Wiedersehen nach elfjähriger Trennung.

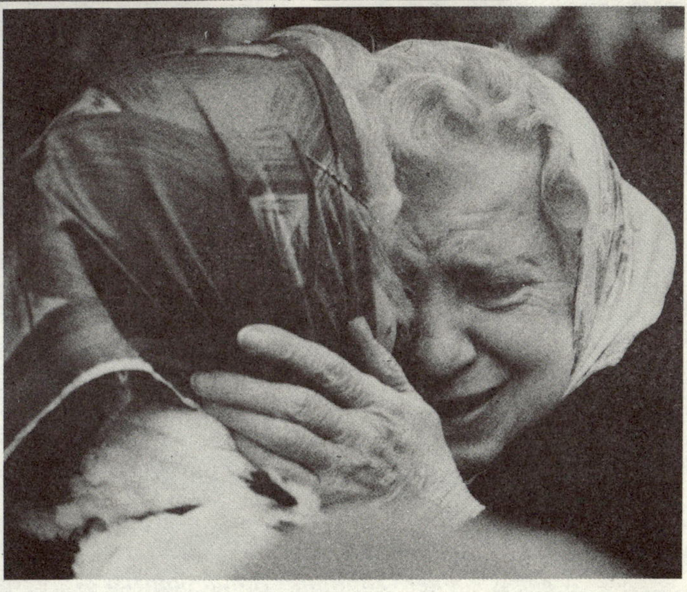

Meilenstein der Ostpolitik: Bundeskanzler Willy Bra

· *dem Warschauer Getto-Denkmal, 7. Dezember 1970.*

Die Anerkennung: Am 21. Dezember 1972 wird der Grundlagenvertrag zwischen den beiden deutschen Staaten von den Unterhändlern Kohl (DDR) und Bahr (BRD) in Ostberlin unterzeichnet.

Frostiges Treffen: Im Dezember 1981 besucht
elmut Schmidt als erster Bundeskanzler den DDR-Staatsrats-
vorsitzenden Erich Honecker am Werbellinsee bei Berlin.
Die »Normalisierung« kommt nur mühsan voran.

Zweimal Deutschland: Erich Honecker als Staatsgast

deskanzler Helmut Kohl in Bonn, September 1987.

Geteilt in alle Ewigkeit? Noch immer ist die deutsch-deutsche Grenze die am schärfsten bewachte Staatsgrenze in Europa. Doch trotz der Abriegelung hat sich die DDR nicht stabilisieren können. Die deutsche Frage schwelt weiter.

ANHANG

DOKUMENTATION

Übersicht

1

Protokoll über die Konferenz von Jalta vom 11. 2. 1945

2

Kapitulationsurkunde der Deutschen Wehrmacht vom 8. 5. 1945

3

Proklamation der »Übernahme der obersten Regierungsgewalt in Deutschland« durch die Alliierten Mächte vom 5. 6. 1945

4

Proklamation über die Errichtung der Besatzungszonen durch die Alliierten Mächte vom 5. 6. 1945

5

Potsdamer Abkommen vom 2. 8. 1945

6

Französisches Veto gegen die Errichtung deutscher Zentralverwaltungen vom 1. 10. 1945

7

Abkommen über die Verschmelzung der britischen und der amerikanischen Besatzungszone vom 2. 12. 1946

8

Brief des amerikanischen Militärgouverneurs, General Lucius Clay, an den sowjetischen Militärgouverneur, Marschall Sokolowski, über die Währungsreform in den Westzonen vom 18. 6. 1948

9

Antwort Marschall Sokolowskis an General Clay vom 20. 6. 1948

10

Alliierter Auftrag zur Staatsgründung in den Westzonen (»Frankfurter Dokumente«) vom 1. 7. 1948

11

Antwort der westdeutschen Ministerpräsidenten auf die Frankfurter Dokumente (»Koblenzer Beschlüsse«) vom 10. 7. 1948

12

Besatzungsstatut für die Bundesrepublik, in Kraft getreten am 23. 5. 1949

13

Petersberger Abkommen zwischen der Alliierten Hohen Kommission und der Bundesregierung vom 22. 11. 1949

14

Sowjetischer Entwurf für einen Friedensvertrag mit Deutschland vom 10. 3. 1952

15

Antwort der Westmächte vom 13. 5. 1952

16

Generalvertrag zwischen den drei Westmächten und der BRD vom 23. 10. 1954

17

Polizeiverordnung der DDR über die Absperrung der Zonengrenze vom 26. 5. 1952

18

Souveränitätsvertrag zwischen der UdSSR und der DDR vom 20. 5. 1955

19

Gewaltverzichtsvertrag zwischen der BRD und der UdSSR vom 12. 8. 1970

20

Gewaltverzichtsvertrag zwischen der BRD und Polen vom 7. 12. 1970

21

Viermächte-Abkommen über Berlin vom 3. 9. 1971

22

Grundlagenvertrag zwischen der BRD und der DDR vom 21. 12. 1972

23

Urteil des Bundesverfassungsgerichts zum Grundlagenvertrag vom 31. 7. 1973

24

Grundgesetz der Bundesrepublik Deutschland vom 23. 5. 1949

25

Verfassung der DDR vom 7. 10. 1949

26

Verfassung der DDR vom 9. 4. 1968

27

Verfassung der DDR vom 7. 10. 1974

1

Protokoll über die Konferenz von Jalta vom 11. 2. 1945 (veröffentlicht am 24. 2. 1947; Auszug)

I. Weltorganisation

Es wurde beschlossen: (1) daß eine Konferenz der Vereinigten Nationen über die beabsichtigte Weltorganisation für Mittwoch, den 25. April 1945, einberufen und in den Vereinigten Staaten von Amerika abgehalten werde. (2) Die zu dieser Konferenz einzuladenden Nationen sollen sein (a) die Vereinten Nationen, so wie sie am 8. Februar 1945 bestanden haben, (b) solche der assoziierten Nationen, welche dem gemeinsamen Feind bis zum 1. März 1945 den Krieg erklärt haben . . .

III. Zerstückelung Deutschlands

Es wurde beschlossen, daß Artikel 12 (a) der Kapitulationsbedingungen für Deutschland folgendermaßen ergänzt werde: »Das Vereinigte Königreich, die Vereinigten Staaten von Amerika und die Union der Sozialistischen Sowjetrepubliken werden bezüglich Deutschlands höchste Machtvollkommenheit haben. In der Ausübung dieser Macht werden sie solche Maßnahmen treffen, einschließlich der völligen Entwaffnung, Entmilitarisierung und Zerstückelung, als sie für den künftigen Frieden und die Sicherheit für notwendig halten.«

Das Studium des Vorganges für die Zerstückelung Deutschlands wurde einem Komitee übertragen, welches aus Mr. Eden (Vorsitzender), Mr. Winant und Herrn Gusew besteht. Diese Körperschaft wird darüber beraten, ob es wünschenswert ist, einen französischen Repräsentanten beizuziehen.

IV. Okkupationszone für die Franzosen und Kontrollrat für Deutschland

Es wurde beschlossen, daß eine Zone in Deutschland, welche von französischen Streitkräften besetzt werden wird, Frankreich zugeteilt wird. Diese Zone wird aus der britischen und amerikanischen Zone gebildet werden, und ihre Ausdehnung wird von den Briten und Amerikanern in Beratung mit der provisorischen französischen Regierung bestimmt werden. Es wurde auch beschlossen, daß die französische provisorische Regierung eingeladen werden soll, ein Mitglied des alliierten Kontrollrates für Deutschland zu werden.

V. Wiedergutmachung

Das folgende Protokoll wurde beschlossen:

1. Deutschland muß in natura für die Verluste zahlen, welche es den alliierten Nationen im Laufe des Krieges zugefügt hat. Wiedergutmachung sollen in erster Linie diejenigen Länder erhalten, welche die Hauptlast des Krieges getragen, die schwersten Verluste erlitten und den Sieg über den Feind gestaltet haben.

2. Wiedergutmachung in natura ist von Deutschland in den drei folgenden Formen zu nehmen: (a) innerhalb zweier Jahre nach der Übergabe Deutschlands oder dem Aufhören organisierten Widerstandes Wegschaffungen von deutschem Nationalvermögen, welches sich sowohl auf dem Gebiete Deutschlands selbst als auch außerhalb des Gebietes befindet (Werkzeugmaschinen, Schiffe, rollendes Material, deutsche Investitionen im Ausland, Aktien Industrieller-, Transport- und anderer Unternehmungen in Deutschland), welche Wegschaffungen hauptsächlich für den Zweck der Zerstörung des Kriegspotentials Deutschlands durchzuführen sind; (b) jährliche Lieferungen von Gütern von der laufenden Produktion für eine festzusetzende Zeitspanne; (c) Benützung deutscher Arbeitskräfte.

3. Zur Ausarbeitung eines detaillierten Planes laut vorgenannter Grundsätze für die Einhebung von Reparationen von Deutschland wird eine alliierte Wiedergutmachungskommission in Moskau errichtet werden. Sie wird aus drei Vertretern bestehen – einem von der Union der Sozialistischen Sowjetrepubliken, einem vom Vereinigten Königreich und einem von den Vereinigten Staaten von Amerika.

4. Bezüglich der Festsetzung einer Gesamtsumme der Wiedergutmachung als auch der Verteilung unter den Ländern, welche unter der deutschen Aggression gelitten haben, kamen die sowjetischen und amerikanischen Delegationen folgendermaßen überein: »Die Moskauer Reparationskommission soll in ihren anfänglichen Studien als Unterlage für die Diskussion den Vorschlag der Sowjetregierung annehmen, daß die Gesamtsumme der Wiedergutmachungen in Übereinstimmung mit den Punkten a und b des § 2 zwanzig Milliarden Dollar sein sollten und daß davon 50 Prozent die Union der Sozialistischen Sowjetrepubliken erhalten solle.«

Die britische Delegation war der Ansicht, daß während der Besprechungen über die Wiedergutmachungsfrage bei der Moskauer

Wiedergutmachungskommission keine Wiedergutmachungsziffern genannt werden sollten. Der vorstehende sowjet-amerikanische Vorschlag wurde der Moskauer Reparationskommission als einer der Vorschläge, welche von der Kommission in Erwägung gezogen werden sollen, weitergegeben . . .

2

Kapitulationsurkunde der Deutschen Wehrmacht vom 8. 5. 1945

1. Wir, die hier Unterzeichneten, die wir im Auftrage des Oberkommandos der Deutschen Wehrmacht handeln, übergeben hiermit bedingungslos dem Obersten Befehlshaber der Alliierten Expeditionsstreitkräfte und gleichzeitig dem Oberkommando der Roten Armee alle gegenwärtig unter deutschem Befehl stehenden Streitkräfte zu Lande, zu Wasser und in der Luft.

2. Das Oberkommando der Deutschen Wehrmacht wird unverzüglich allen deutschen Land-, See- und Luftstreitkräften und allen unter deutschem Befehl stehenden Streitkräften den Befehl geben, die Kampfhandlungen um 23.01 Uhr mitteleuropäischer Zeit am 8. Mai 1945 einzustellen, in den Stellungen zu verbleiben, die sie in diesem Zeitpunkt innehaben, und sich vollständig zu entwaffnen, indem sie ihre Waffen und Ausrüstung den örtlichen alliierten Befehlshabern oder den von den Vertretern der obersten alliierten Militärführungen bestimmten Offizieren übergeben. Kein Schiff, Seefahrzeug oder Flugzeug irgendeiner Art darf zerstört werden, noch dürfen Schiffsrümpfe, maschinelle Einrichtungen oder Geräte, Maschinen irgendwelcher Art, Waffen, Apparaturen und alle technischen Mittel zur Fortsetzung des Krieges im allgemeinen beschädigt werden.

3. Das Oberkommando der Deutschen Wehrmacht wird unverzüglich den zuständigen Befehlshabern alle von dem Obersten Befehlshaber der Alliierten Expeditionsstreitkräfte und dem Oberkommando der Roten Armee erlassenen zusätzlichen Befehle weitergeben und deren Durchführung sicherstellen.

4. Diese Kapitulationserklärung stellt kein Präjudiz für an ihre Stelle tretende allgemeine Kapitulationsbestimmungen dar, die durch die Vereinten Nationen oder in deren Namen festgesetzt werden und Deutschland und die Deutsche Wehrmacht als Ganzes betreffen werden.

5. Im Falle, daß das Oberkommando der Deutschen Wehr-

macht oder irgendwelche unter seinem Befehl stehenden Streitkräfte es versäumen sollten, sich gemäß den Bestimmungen dieser Kapitulationserklärung zu verhalten, werden der Oberste Befehlshaber der Alliierten Expeditionsstreitkräfte und das Oberkommando der Roten Armee alle diejenigen Straf- und anderen Maßnahmen ergreifen, die sie als zweckmäßig erachten.

6. Diese Erklärung ist in englischer, russischer und deutscher Sprache aufgesetzt. Allein maßgebend sind die englische und die russische Fassung.

3

Proklamation der »Übernahme der obersten Regierungsgewalt in Deutschland« durch die Alliierten Mächte vom 5. 6. 1945 (Auszug)

Die Regierungen des Vereinigten Königreichs, der Vereinigten Staaten von Amerika, der Union der Sozialistischen Sowjetrepubliken und die Provisorische Regierung der Französischen Republik übernehmen hiermit die oberste Regierungsgewalt in Deutschland, einschließlich aller Befugnisse der deutschen Regierung, des Oberkommandos der Wehrmacht und der Regierungen, Verwaltungen oder Behörden der Länder, Städte und Gemeinden. Die Übernahme zu den vorstehend genannten Zwecken der besagten Regierungsgewalt und Befugnisse bewirkt nicht die Annektierung Deutschlands.

Die Regierungen des Vereinigten Königreichs, der Vereinigten Staaten von Amerika, der Union der Sozialistischen Sowjetrepubliken und die Provisorische Regierung der Französischen Republik werden später die Grenzen Deutschlands oder irgendeines Teiles Deutschlands und die rechtliche Stellung Deutschlands oder irgendeines Gebietes, das gegenwärtig einen Teil deutschen Gebietes bildet, festlegen.

Kraft der obersten Regierungsgewalt und Befugnisse, die die vier Regierungen auf die Weise übernommen haben, verkünden die Alliierten Vertreter die folgenden Forderungen, die sich aus der vollständigen Niederlage und der bedingungslosen Kapitulation Deutschlands ergeben und denen Deutschland nachzukommen verpflichtet ist:

. . . *Artikel 13*

a) In Ausübung der obersten Regierungsgewalt in Deutschland, die von den Regierungen des Vereinigten Königreichs, der Vereinigten Staaten von Amerika und der Union der Sozialistischen Sowjetrepubliken sowie der Provisorischen Regierung der Französischen Republik übernommen wird, werden die vier alliierten Regierungen diejenigen Maßnahmen treffen, die sie zum künftigen Frieden und zur künftigen Sicherheit für erforderlich halten, darunter auch die vollständige Abrüstung und Entmilitarisierung Deutschlands.

b) Die Alliierten Vertreter werden Deutschland zusätzliche politische, verwaltungsmäßige, wirtschaftliche, finanzielle, militärische und sonstige Forderungen auferlegen, die sich aus der vollständigen Niederlage Deutschlands ergeben. Die Alliierten Vertreter bzw. die ordnungsmäßig dazu ermächtigten Personen oder Dienststellen werden Proklamationen, Befehle, Verordnungen und Anweisungen ergehen lassen, um solche zusätzlichen Forderungen festzulegen und die übrigen Bestimmungen dieser Erklärung auszuführen. Alle deutschen Behörden und das deutsche Volk haben den Forderungen der Alliierten Vertreter bedingungslos nachzukommen und alle diese Proklamationen, Befehle, Anordnungen und Anweisungen uneingeschränkt zu befolgen . . .

4

Proklamation über die Errichtung der Besatzungszonen durch die Alliierten Mächte vom 5. 6. 1945

1. Deutschland wird innerhalb seiner Grenzen, wie sie am 31. Dezember 1937 bestanden, für Besatzungszwecke in vier Zonen aufgeteilt, von denen eine jeder der vier Mächte wie folgt zugeteilt wird:

eine östliche Zone der Union der Sozialistischen Sowjetrepubliken;
eine nordwestliche Zone dem Vereinigten Königreich;
eine südwestliche Zone den Vereinigten Staaten von Amerika;
eine westliche Zone Frankreich.

Die Besatzungstruppen in jeder Zone unterstehen einem von der verantwortlichen Macht bestimmten Oberbefehlshaber. Jede der vier Mächte darf nach ihrem Ermessen in die unter dem Befehl ihres Oberbefehlshabers stehenden Besatzungstruppen Hilfsverbände aus den Streitkräften irgendeiner anderen alliierten Macht, welche an den militärischen Operationen gegen Deutschland aktiv beteiligt war, aufnehmen.

2. Das Gebiet von Groß-Berlin wird von Truppen einer jeden

der vier Mächte besetzt. Zwecks gemeinsamer Leitung der Verwaltung dieses Gebietes wird eine interalliierte Behörde (russisch: Komendatura) errichtet, welche aus vier von den entsprechenden Oberbefehlshabern ernannten Kommandanten besteht.

5

Potsdamer Abkommen vom 2. 8. 1945 (Auszug)

. . . *III. Deutschland*

Alliierte Armeen führen die Besetzung von ganz Deutschland durch, und das deutsche Volk fängt an, die furchtbaren Verbrechen zu büßen, die unter der Leitung derer, welche es zur Zeit ihrer Erfolge offen gebilligt hat und denen es blind gehorcht hat, begangen wurden. Auf der Konferenz wurde eine Übereinkunft erzielt über die politischen und wirtschaftlichen Grundsätze der gleichgeschalteten Politik der Alliierten in bezug auf das besiegte Deutschland in der Periode der alliierten Kontrolle.

Das Ziel dieser Übereinkunft bildet die Durchführung der Krim-Deklaration über Deutschland. Der deutsche Militarismus und Nazismus werden ausgerottet, und die Alliierten treffen nach gegenseitiger Vereinbarung in der Gegenwart und in der Zukunft auch andere Maßnahmen, die notwendig sind, damit Deutschland niemals mehr seine Nachbarn oder die Erhaltung des Friedens in der ganzen Welt bedrohen kann.

Es ist nicht die Absicht der Alliierten, das deutsche Volk zu vernichten oder zu versklaven. Die Alliierten wollen dem deutschen Volk die Möglichkeit geben, sich darauf vorzubereiten, sein Leben auf einer demokratischen und friedlichen Grundlage von neuem wiederaufzubauen. Wenn die eigenen Anstrengungen des deutschen Volkes unablässig auf die Erreichung dieses Zieles gerichtet sein werden, wird es ihm möglich sein, zu gegebener Zeit seinen Platz unter den freien und friedlichen Völkern der Welt einzunehmen.

Der Text dieser Übereinkunft lautet:

Politische und wirtschaftliche Grundsätze bei der Behandlung Deutschlands in der Anfangsperiode der Kontrolle:

A. Politische Grundsätze

1. Entsprechend der Übereinkunft über das Kontrollsystem in Deutschland wird die höchste Regierungsgewalt in Deutschland

durch die Oberbefehlshaber der Streitkräfte der Vereinigten Staaten von Amerika, des Vereinigten Königreichs, der Union der Sozialistischen Sowjetrepubliken und der Französischen Republik nach den Weisungen ihrer entsprechenden Regierungen ausgeübt, und zwar von jedem in seiner Besatzungszone, sowie gemeinsam in ihrer Eigenschaft als Mitglieder des Kontrollrates in den Deutschland als Ganzes betreffenden Fragen.

2. Soweit dieses praktisch durchführbar ist, muß die Behandlung der deutschen Bevölkerung in ganz Deutschland gleich sein.

3. Die Ziele der Besetzung Deutschlands, durch welche der Kontrollrat sich leiten lassen soll, sind:

(I) Völlige Abrüstung und Entmilitarisierung Deutschlands und die Ausschaltung der gesamten deutschen Industrie, welche für eine Kriegsproduktion benutzt werden kann, oder deren Überwachung. Zu diesem Zweck:

a) werden alle Land-, See- und Luftstreitkräfte Deutschlands, SS, SA, SD und Gestapo mit allen ihren Organisationen, Stäben und Ämtern, einschließlich des Generalstabes, des Offizierskorps, der Reservisten, der Kriegsschulen, der Kriegervereine und aller anderen militärischen und halbmilitärischen Organisationen zusammen mit ihren Vereinen und Unterorganisationen, die den Interessen der Erhaltung der militärischen Tradition dienen, völlig und endgültig aufgelöst, um damit für immer der Wiedergeburt oder Wiederaufrichtung des deutschen Militarismus und Nazismus vorzubeugen;

b) müssen sich alle Waffen, Munition und Kriegsgeräte und alle Spezialmittel zu deren Herstellung in der Gewalt der Alliierten befinden oder vernichtet werden. Der Unterhaltung und Herstellung aller Flugzeuge und aller Waffen, Ausrüstung und Kriegsgeräte wird vorgebeugt werden.

(II) Das deutsche Volk muß überzeugt werden, daß es eine totale militärische Niederlage erlitten hat und daß es sich nicht der Verantwortung entziehen kann für das, was es selbst dadurch auf sich geladen hat, daß seine eigene mitleidlose Kriegführung und der fanatische Widerstand der Nazis die deutsche Wirtschaft zerstört und Chaos und Elend unvermeidlich gemacht haben.

(III) Die Nationalsozialistische Partei mit ihren angeschlossenen Gliederungen und Unterorganisationen ist zu vernichten; alle nationalsozialistischen Ämter sind aufzulösen; es sind Sicherheiten dafür zu schaffen, daß sie in keiner Form wieder auferstehen können; jeder nazistischen und militaristischen Betätigung und Propaganda ist vorzubeugen.

(IV) Die endgültige Umgestaltung des deutschen politischen Lebens auf demokratischer Grundlage und eine eventuelle friedliche Mitarbeit Deutschlands am internationalen Leben sind vorzubereiten.

4. Alle nazistischen Gesetze, welche die Grundlagen für das Hitlerregime geliefert haben oder eine Diskriminierung auf Grund der Rasse, Religion oder politischer Überzeugung errichteten, müssen abgeschafft werden. Keine solche Diskriminierung, weder eine rechtliche noch eine administrative oder irgendeiner anderen Art, wird geduldet werden.

5. Kriegsverbrecher und alle diejenigen, die an der Planung oder Verwirklichung nazistischer Maßnahmen, die Greuel oder Kriegsverbrechen nach sich zogen oder als Ergebnis hatten, teilgenommen haben, sind zu verhaften und dem Gericht zu übergeben. Nazistische Parteiführer, einflußreiche Nazianhänger und die Leiter der nazistischen Ämter und Organisationen und alle anderen Personen, die für die Besetzung und ihre Ziele gefährlich sind, sind zu verhaften und zu internieren.

6. Alle Mitglieder der nazistischen Partei, welche mehr als nominell an ihrer Tätigkeit teilgenommen haben, und alle anderen Personen, die den alliierten Zielen feindlich gegenüberstehen, sind aus den öffentlichen oder halböffentlichen Ämtern und von den verantwortlichen Posten in wichtigen Privatunternehmungen zu entfernen. Diese Personen müssen durch Personen ersetzt werden, welche nach ihren politischen und moralischen Eigenschaften fähig erscheinen, an der Entwicklung wahrhaft demokratischer Einrichtungen in Deutschland mitzuwirken.

7. Das Erziehungswesen in Deutschland muß so überwacht werden, daß die nazistischen Lehren völlig entfernt werden und eine erfolgreiche Entwicklung der demokratischen Ideen möglich gemacht wird.

8. Das Gerichtswesen wird entsprechend den Grundsätzen der Demokratie und der Gerechtigkeit auf der Grundlage der Gesetzlichkeit und der Gleichheit aller Bürger vor dem Gesetz ohne Unterschied der Rasse, der Nationalität und der Religion reorganisiert werden.

9. Die Verwaltung Deutschlands muß in Richtung auf eine Dezentralisation der politischen Struktur und der Entwicklung einer örtlichen Selbstverantwortung durchgeführt werden. Zu diesem Zwecke:

(I) Die lokale Selbstverwaltung wird in ganz Deutschland nach demokratischen Grundsätzen, und zwar durch Wahlausschüsse (Räte), so schnell wie es mit der Wahrung der militärischen Sicherheit und den Zielen der militärischen Besatzung vereinbar ist, wiederhergestellt.

(II) In ganz Deutschland sind alle demokratischen politischen Parteien zu erlauben und zu fördern mit der Einräumung des Rechtes, Versammlungen einzuberufen und öffentliche Diskussionen durchzuführen.

(III) Der Grundsatz der Wahlvertretung soll in die Gemeinde-, Kreis-, Provinzial- und Landesverwaltungen, so schnell wie es durch die erfolgreiche Anwendung dieser Grundsätze in der örtlichen Selbstverwaltung gerechtfertigt werden kann, eingeführt werden.

(IV) Bis auf weiteres wird keine zentrale deutsche Regierung errichtet werden. Jedoch werden einige wichtige zentrale deutsche Verwaltungsabteilungen errichtet werden, an deren Spitze Staatssekretäre stehen, und zwar auf den Gebieten des Finanzwesens, des Außenhandels und der Industrie. Diese Abteilungen werden unter der Leitung des Kontrollrates tätig sein.

10. Unter Berücksichtigung der Notwendigkeit zur Erhaltung der militärischen Sicherheit wird die Freiheit der Rede, der Presse und der Religion gewährt. Die religiösen Einrichtungen sollen respektiert werden. Die Schaffung Freier Gewerkschaften, gleichfalls unter Berücksichtigung der Notwendigkeit der Erhaltung der militärischen Sicherheit, wird gestattet werden.

B. Wirtschaftliche Grundsätze

11. Mit dem Ziele der Vernichtung des deutschen Kriegspotentials ist die Produktion von Waffen, Kriegsausrüstung und Kriegsmitteln, ebenso die Herstellung aller Typen von Flugzeugen und Seeschiffen zu verbieten und zu unterbinden. Die Herstellung von Metallen und Chemikalien, der Maschinenbau und die Herstellung anderer Gegenstände, die unmittelbar für die Kriegswirtschaft notwendig sind, ist streng zu überwachen und zu beschränken, entsprechend dem genehmigten Stand der friedlichen Nachkriegsbedürfnisse Deutschlands, um die in dem Punkt 15 angeführten Ziele zu befriedigen. Die Produktionskapazität, entbehrlich für die Industrie, welche erlaubt sein wird, ist entsprechend dem Reparationsplan, empfohlen durch die Interalliierte Reparationskommission und bestätigt durch die beteiligten Regierungen, entweder zu entfernen oder, falls sie nicht entfernt werden kann, zu vernichten.

12. In praktisch kürzester Frist ist das deutsche Wirtschaftsleben zu dezentralisieren mit dem Ziel der Vernichtung der beste-

henden übermäßigen Konzentration der Wirtschaftskraft, dargestellt insbesondere durch Kartelle, Syndikate, Trusts und andere Monopolvereinigungen.

13. Bei der Organisation des deutschen Wirtschaftslebens ist das Hauptgewicht auf die Entwicklung der Landwirtschaft und der Friedensindustrie für den inneren Bedarf (Verbrauch) zu legen.

14. Während der Besatzungszeit ist Deutschland als eine wirtschaftliche Einheit zu betrachten. Mit diesem Ziel sind gemeinsame Richtlinien aufzustellen hinsichtlich:

a) der Erzeugung und der Verteilung der Produkte der Bergbau- und der verarbeitenden Industrie;

b) der Landwirtschaft, Forstwirtschaft und der Fischerei;

c) der Löhne, der Preise und der Rationierung;

d) des Import- und Exportprogramms für Deutschland als Ganzes;

e) der Währung und des Bankwesens, der zentralen Besteuerung und der Zölle;

f) der Reparationen und der Beseitigung des militärischen Industriepotentials;

g) des Transport- und Verkehrswesens.

Bei der Durchführung dieser Richtlinien sind gegebenenfalls die verschiedenen örtlichen Bedingungen zu berücksichtigen.

15. Es ist eine alliierte Kontrolle über das deutsche Wirtschaftsleben zu errichten, jedoch nur in den Grenzen, die notwendig sind:

a) zur Erfüllung des Programms der industriellen Abrüstung und Entmilitarisierung, der Reparationen und der erlaubten Aus- und Einfuhr;

b) zur Sicherung der Warenproduktion und der Dienstleistungen, die zur Befriedigung der Bedürfnisse der Besatzungsstreitkräfte und der verpflanzten Personen in Deutschland notwendig sind und die wesentlich sind für die Erhaltung eines mittleren Lebensstandards in Deutschland, der den mittleren Lebensstandard der europäischen Länder nicht übersteigt (europäische Länder in diesem Sinne sind alle europäischen Länder mit Ausnahme des Vereinigten Königreichs und der Sowjetunion);

c) zur Sicherung – in der Reihenfolge, die der Kontrollrat festsetzt – einer gleichmäßigen Verteilung der wesentlichen Waren unter den verschiedenen Zonen, um ein ausgeglichenes Wirtschaftsleben in ganz Deutschland zu schaffen und die Einfuhrnotwendigkeiten einzuschränken;

d) zur Überwachung der deutschen Industrie und aller wirtschaftlichen und finanziellen internationalen Abkommen einschließlich der Aus- und Einfuhr mit dem Ziel der Unterbindung einer Entwicklung des Kriegspotentials Deutschlands und der Erreichung der anderen genannten Aufgaben;

e) zur Überwachung aller deutschen öffentlichen oder privaten wissenschaftlichen Forschungs- oder Versuchsanstalten, Laboratorien usw., die mit einer Wirtschaftstätigkeit verbunden sind.

16. Zur Einführung und Unterstützung der wirtschaftlichen Kontrolle, die durch den Kontrollrat errichtet worden ist, ist ein deutscher Verwaltungsapparat zu schaffen. Den deutschen Behörden ist nahezulegen, in möglichst vollem Umfange die Verwaltung dieses Apparates zu fördern und zu übernehmen. So ist dem deutschen Volk klarzumachen, daß die Verantwortung für diese Verwaltung und deren Versagen auf ihm ruhen wird. Jede deutsche Verwaltung, die dem Ziel der Besatzung nicht entsprechen wird, wird verboten werden.

17. Es sind unverzüglich Maßnahmen zu treffen zur:

a) Durchführung der notwendigen Instandsetzungen des Verkehrswesens,

b) Hebung der Kohlenerzeugung,

c) weitestmöglichen Vergrößerung der landwirtschaftlichen Produktion und

d) Durchführung einer beschleunigten Instandsetzung der Wohnungen und der wichtigsten öffentlichen Einrichtungen.

18. Der Kontrollrat hat entsprechende Schritte zur Verwirklichung der Kontrolle und der Verfügung über alle deutschen Guthaben im Auslande zu übernehmen, welche noch nicht unter die Kontrolle der alliierten Nationen, die an dem Krieg gegen Deutschland teilgenommen haben, geraten sind.

19. Die Bezahlung der Reparationen soll dem deutschen Volke genügend Mittel belassen, um ohne eine Hilfe von außen zu existieren. Bei der Aufstellung des Haushaltsplanes Deutschlands sind die nötigen Mittel für die Einfuhr bereitzustellen, die durch den Kontrollrat in Deutschland genehmigt worden ist. Die Einnahmen aus der Ausfuhr der Erzeugnisse der laufenden Produktion und der Warenbestände dienen in erster Linie der Bezahlung dieser Einfuhr. Die hier erwähnten Bedingungen werden nicht angewandt bei den Einrichtungen und Produkten, die in den Punkten 4a und 4b der Übereinkunft über die deutschen Reparationen erwähnt sind.

IV. Reparationen aus Deutschland

In Übereinstimmung mit der Entscheidung der Krim-Konferenz, wonach Deutschland gezwungen werden soll, in größtmöglichem Ausmaß für die Verluste und die Leiden, die es den Vereinten Nationen verursacht hat und wofür das deutsche Volk der Verantwortung nicht entgehen kann, Ausgleich zu schaffen, wurde folgende Übereinkunft über Reparationen erreicht:

1. Die Reparationsansprüche der UdSSR sollen durch Entnahme aus der von der UdSSR besetzten Zone in Deutschland und durch angemessene deutsche Auslandsguthaben befriedigt werden.

2. Die UdSSR wird die Reparationsansprüche Polens aus ihrem eigenen Anteil an den Reparationen befriedigen.

3. Die Reparationsansprüche der Vereinigten Staaten, des Vereinigten Königreiches und der anderen zu Reparationsforderungen berechtigten Länder werden aus den westlichen Zonen und den entsprechenden deutschen Auslandsguthaben befriedigt werden.

4. In Ergänzung der Reparationen, die die UdSSR aus ihrer eigenen Besatzungszone erhält, wird die UdSSR zusätzlich aus den westlichen Zonen erhalten:

a) 15 Prozent derjenigen verwendungsfähigen und vollständigen industriellen Ausrüstungen, vor allem der metallurgischen, chemischen und Maschinen erzeugenden Industrie, soweit sie für die deutsche Friedenswirtschaft unnötig und aus den westlichen Zonen Deutschlands zu entnehmen sind, im Austausch für einen entsprechenden Wert an Nahrungsmitteln, Kohle, Kali, Zink, Holz, Tonprodukten, Petroleumprodukten und anderen Waren, nach Vereinbarung.

b) 10 Prozent derjenigen industriellen Ausrüstung, die für die deutsche Friedenswirtschaft unnötig ist und aus den westlichen Zonen zu entnehmen und auf Reparationskonto an die Sowjetregierung zu übertragen ist ohne Bezahlung oder Gegenleistung irgendwelcher Art.

Die Entnahmen der Ausrüstung, wie sie oben in a) und b) vorgesehen sind, sollen gleichzeitig erfolgen.

5. Der Umfang der aus den westlichen Zonen zu entnehmenden Ausrüstung, der auf Reparationskonto geht, muß spätestens innerhalb von sechs Monaten von jetzt ab bestimmt sein.

6. Die Entnahme der industriellen Ausrüstung soll so bald wie möglich beginnen und innerhalb von zwei Jahren, gerechnet vom Zeitpunkt der in § 5 spezifizierten Bestimmung, abgeschlossen sein. Die Auslieferung der in § 4 a) genannten Produkte soll so schnell wie möglich beginnen, und zwar in durch Vereinbarung bedingten Teillieferungen seitens der Sowjetunion, und innerhalb

von fünf Jahren von dem erwähnten Datum ab erfolgen. Die Bestimmung des Umfanges und der Art der industriellen Ausrüstung, die für die deutsche Friedenswirtschaft unnötig ist und der Reparation unterliegt, soll durch den Kontrollrat gemäß den Richtlinien erfolgen, die von der Alliierten Kontrollkommission für Reparationen, unter Beteiligung Frankreichs, festgelegt sind, wobei die endgültige Entscheidung durch den Kommandierenden der Zone getroffen wird, aus der die Ausrüstung entnommen werden soll.

7. Vor der Festlegung des Gesamtumfanges der der Entnahme unterworfenen Ausrüstung sollen Vorschußlieferungen solcher Ausrüstungen erfolgen, die als zur Auslieferung verfügbar bestimmt werden in Übereinstimmung mit dem Verfahren, das im letzten Satz des § 6 vorgesehen ist.

8. Die Sowjetregierung verzichtet auf alle Ansprüche bezüglich der Reparationen aus Anteilen an deutschen Unternehmungen, die in den westlichen Besatzungszonen in Deutschland gelegen sind. Das gleiche gilt für deutsche Auslandsguthaben in allen Ländern, mit Ausnahme der weiter unten in § 9 gekennzeichneten Fälle.

9. Die Regierungen der USA und des Vereinigten Königreichs verzichten auf ihre Ansprüche im Hinblick auf Reparationen hinsichtlich der Anteile an deutschen Unternehmungen, die in der östlichen Besatzungszone in Deutschland gelegen sind. Das gleiche gilt für deutsche Auslandsguthaben in Bulgarien, Finnland, Ungarn, Rumänien und Ostösterreich.

10. Die Sowjetregierung erhebt keine Ansprüche auf das von den alliierten Truppen in Deutschland erbeutete Gold . . .

VI. Stadt Königsberg und das anliegende Gebiet

Die Konferenz prüfte einen Vorschlag der Sowjetregierung, daß vorbehaltlich der endgültigen Bestimmung der territorialen Fragen bei der Friedensregelung derjenige Abschnitt der Westgrenze der Union der Sozialistischen Sowjetrepubliken, der an die Ostsee grenzt, von einem Punkt an der östlichen Küste der Danziger Bucht in östlicher Richtung nördlich von Braunsberg-Goldap und von da zu dem Schnittpunkt der Grenzen Litauens, der Polnischen Republik und Ostpreußens verlaufen soll.

Die Konferenz hat grundsätzlich dem Vorschlag der Sowjetregierung hinsichtlich der endgültigen Übergabe der Stadt Königsberg und des anliegenden Gebietes an die Sowjetunion gemäß der obigen Beschreibung zugestimmt, wobei der genaue Grenzverlauf einer sachverständigen Prüfung vorbehalten bleibt.

Der Präsident der USA und der britische Premierminister haben erklärt, daß sie den Vorschlag der Konferenz bei der bevorstehenden Friedensregelung unterstützen werden . . .

IX. Polen

Bezüglich der Westgrenze Polens wurde folgendes Abkommen erzielt:

In Übereinstimmung mit dem bei der Krim-Konferenz erzielten Abkommen haben die Häupter der drei Regierungen die Meinung der Polnischen Provisorischen Regierung der Nationalen Einheit hinsichtlich des Territoriums im Norden und Westen geprüft, das Polen erhalten soll. Der Präsident des Nationalrates Polens und die Mitglieder der Polnischen Provisorischen Regierung der Nationalen Einheit sind auf der Konferenz empfangen worden und haben ihre Auffassungen in vollem Umfange dargelegt. Die Häupter der drei Regierungen bekräftigen ihre Auffassung, daß die endgültige Festlegung der Westgrenze Polens bis zu der Friedenskonferenz zurückgestellt werden soll.

Die Häupter der drei Regierungen stimmen überein, daß bis zur endgültigen Festlegung der Westgrenze Polens die früher deutschen Gebiete östlich der Linie, die von der Ostsee unmittelbar westlich von Swinemünde und von dort die Oder entlang bis zur Einmündung der westlichen Neiße und die westliche Neiße entlang bis zur tschechoslowakischen Grenze verläuft, einschließlich des Teiles Ostpreußens, der nicht unter die Verwaltung der Union der Sozialistischen Sowjetrepubliken in Übereinstimmung mit den auf dieser Konferenz erzielten Vereinbarungen gestellt wird, und einschließlich des Gebietes der früheren Freien Stadt Danzig unter die Verwaltung des polnischen Staates kommen und in dieser Hinsicht nicht als Teil der sowjetischen Besatzungszone in Deutschland betrachtet werden sollen . . .

XIII. Ordnungsmäßige Überführung deutscher Bevölkerungsteile

Die Konferenz erzielte folgendes Abkommen über die Ausweisung Deutscher aus Polen, der Tschechoslowakei und Ungarn:

Die drei Regierungen haben die Frage unter allen Gesichtspunkten beraten und erkennen an, daß die Überführung der deutschen Bevölkerung oder Bestandteile derselben, die in Polen, Tschechoslowakei und Ungarn zurückgeblieben sind, nach

Deutschland durchgeführt werden muß. Sie stimmen darin überein, daß jede derartige Überführung, die stattfinden wird, in ordnungsgemäßer und humaner Weise erfolgen soll. Da der Zustrom einer großen Zahl Deutscher nach Deutschland die Lasten vergrößern würde, die bereits auf den Besatzungsbehörden ruhen, halten sie es für wünschenswert, daß der Alliierte Kontrollrat in Deutschland zunächst das Problem unter besonderer Berücksichtigung der Frage einer gerechten Verteilung dieser Deutschen auf die einzelnen Besatzungszonen prüfen soll. Sie beauftragen demgemäß ihre jeweiligen Vertreter beim Kontrollrat, ihren Regierungen so bald wie möglich über den Umfang zu berichten, in dem derartige Personen schon aus Polen, der Tschechoslowakei und Ungarn nach Deutschland gekommen sind, und eine Schätzung über Zeitpunkt und Ausmaß vorzulegen, zu dem die weiteren Überführungen durchgeführt werden könnten, wobei die gegenwärtige Lage in Deutschland zu berücksichtigen ist. Die tschechoslowakische Regierung, die Polnische Provisorische Regierung und der Alliierte Kontrollrat in Ungarn werden gleichzeitig von obigem in Kenntnis gesetzt und ersucht werden, inzwischen weitere Ausweisungen der deutschen Bevölkerung einzustellen, bis die betroffenen Regierungen die Berichte ihrer Vertreter an den Kontrollausschuß geprüft haben.

6

Veto des französischen Vertreters im Alliierten Kontrollrat, General Louis Marie Koeltz, gegen die Errichtung deutscher Zentralverwaltungen vom 1. 10. 1945

Auf der zweiten Zusammenkunft des Kontrollrats, am 10. August, hatte ich die Ehre, Sie wissen zu lassen, daß die französische Regierung, die an den Vereinbarungen von Potsdam nicht teilgenommen hat, ihre Verbündeten um einen Meinungsaustausch über einige besondere Punkte dieser Übereinkommen gebeten hatte, bevor sie an der Verantwortung teilnehmen würde, die zu übernehmen sie eingeladen worden war.

Ich hatte darauf hingewiesen, daß die Schaffung deutscher Zentralverwaltungen einer dieser Punkte sei, die ausdrückliche Vorbehalte meinerseits hervorrufen müßten, und daß ich das Ergebnis des Meinungsaustausches abwarten müsse, um den meine Regierung gebeten hatte, bevor ich auf eine Diskussion über die Schlußfolgerungen von Potsdam eingehen könne.

Erst anläßlich der Zusammenkunft der Außenminister in London konnte die französische Regierung sich nun in den letzten Tagen mit ihren Verbündeten über die deutsche Frage unterhalten und ihnen von ihren Ansichten Kenntnis geben. Das Memorandum, in dem diese wiedergegeben sind, enthält die Erklärung seitens der französischen Delegation in London, daß der französische Vertreter im Interalliierten Kontrollrat in Berlin nicht ermächtigt sein wird, einer Maßnahme zuzustimmen, die das besondere Schicksal des rheinisch-westfälischen Gebietes präjudiziert, bevor die in London gestellte Frage von den fünf Ministern debattiert worden ist und Gegenstand eines Beschlusses war.

Welche Begrenzungen aber die Rolle auch immer erfahren wird, welche die geplanten Zentralverwaltungen zu spielen haben würden, so präjudiziert das bloße Prinzip der Schaffung dieser Verwaltungen den Status der in Frage stehenden Gebiete.

Da die in London aufgenommene Diskussion noch nicht zum Ergebnis geführt hat, so sehe ich mich gemäß der von meiner Regierung erhaltenen Weisungen somit genötigt, darum zu ersuchen, daß von der Prüfung der beiden Entwürfe zur Schaffung von Zentralverwaltungen, die dem Rat heute vorliegen, abgesehen wird.

Ich könnte beim gegenwärtigen Stand dieser Entwürfe tatsächlich nur ablehnen.

7

Abkommen über die Verschmelzung der britischen und der amerikanischen Besatzungszone vom 2. 12. 1946 (Auszug)

Vertreter der beiden Regierungen sind in Washington zusammengekommen, um die Fragen zu besprechen, die sich aus der wirtschaftlichen Vereinigung ihrer Besatzungszonen in Deutschland ergeben. Ihren Beratungen haben sie die Tatsache zugrunde gelegt, daß beide Regierungen sich die wirtschaftliche Einheit ganz Deutschlands in Übereinstimmung mit dem Potsdamer Abkommen vom 2. August 1945 zum Ziel setzen. Die im folgenden für die Zonen der Vereinigten Staaten und Großbritanniens getroffenen Vereinbarungen sollten als der erste Schritt in der Richtung auf die wirtschaftliche Vereinigung ganz Deutschlands entsprechend jenem Abkommen betrachtet werden. Die beiden Regierungen sind jederzeit bereit, mit jeder der anderen Besatzungsmächte in Verhandlungen einzutreten, die auf eine Ausdehnung dieser Vereinbarungen auf ihre Besatzungszonen hinzielen.

Auf dieser Grundlage wurde eine Übereinstimmung über die folgenden Paragraphen erzielt:

1. Das Datum der Inkraftsetzung
Dieses Übereinkommen über die wirtschaftliche Vereinigung der beiden Zonen soll am 1. Januar 1947 wirksam werden.

2. Zusammenfassung der wirtschaftlichen Hilfsquellen
Die beiden Zonen sollen in allen wirtschaftlichen Angelegenheiten als ein einziges Gebiet behandelt werden.
Die einheimischen Hilfsquellen dieses Gebietes und alle Einfuhren dieses Gebietes, einschließlich Lebensmittel, sollen zusammengefaßt werden, damit ein gemeinsamer Lebensstandard hergestellt werden kann.

3. Deutsche Verwaltungsbehörden
Der amerikanische und der britische Oberbefehlshaber sind verantwortlich dafür, daß unter ihrer gemeinsamen Kontrolle deutsche Verwaltungsbehörden eingesetzt werden, die zur wirtschaftlichen Vereinigung der beiden Zonen notwendig sind . . .

5. Grundlagen der wirtschaftlichen Planung
Das Ziel der beiden Regierungen ist es, die wirtschaftliche Selbständigkeit des Gebietes bis Ende 1949 zu erreichen . . .

8

Brief des amerikanischen Militärgouverneurs, General Lucius Clay, an den sowjetischen Militärgouverneur, Marschall Sokolowski, über die Währungsreform in den Westzonen vom 18. 6. 1948

Sehr geehrter Marschall Sokolowski,

seit mehreren Monaten sind wir bemüht, ein Viermächte-Abkommen über eine Währungsreform für ganz Deutschland zustande zu bringen. Während dieser Zeit haben die inflationistischen Zustände in der amerikanischen Besatzungszone ein solches Ausmaß angenommen, daß sie nunmehr jede grundlegende Wiederbelebung der deutschen Wirtschaft verhindern.

Wir sind jetzt davon überzeugt, daß wir eine Fortsetzung dieser Zustände nicht mehr gestatten können. Deshalb haben wir uns entschlossen, eine Währungsreform in den drei westlichen Zonen einzuführen. Sie wird am Sonntag, dem 20. Juni, in Kraft treten. Eine Abschrift des Gesetzes und der Durchführungsbestimmungen liegen bei.

Diese Maßnahmen sind nicht für den amerikanischen Sektor in Berlin anwendbar gemäß den besonderen Vereinbarungen, die in dieser Stadt für die Viermächte-Regierung gelten.

Es ist unser Wunsch, die bestehenden Handelsbeziehungen zwischen unserer Besatzungszone und der Sowjetzone auch weiterhin zu pflegen. Wir würden uns freuen, sobald wie möglich mit Ihnen zusammenzukommen, um die Dispositionen hierfür zu besprechen.

Ich hoffe, daß die Besatzungsmächte recht bald zu einer Vereinbarung über eine einheitliche Währung für ganz Deutschland unter Bedingungen kommen mögen, die einen freien Warenaustausch innerhalb Deutschlands gestatten und fördern.

9

Antwort Marschall Sokolowskis an General Clay vom 20. 6. 1948

Lieber General Clay,

ich habe Ihren Brief vom 18. Juni 1948, in welchem Sie mir, wenige Stunden vor der Veröffentlichung im Rundfunk, mitteilen, daß der amerikanische, britische und französische Oberkommandierende der Besatzungstruppen in Deutschland übereingekommen sind, eine separate Währungsreform in den Westzonen des besetzten Deutschlands einzuführen, erhalten.

Mit dieser einseitigen Entscheidung haben Sie ohne Wissen und Zustimmung des Kontrollrats hinter seinem Rücken in Westdeutschland eine separate Währungsreform eingeführt, womit Sie die Einheit des Geldumlaufes liquidieren und die Zersplitterung Deutschlands vollenden. Ich bin außerstande, Ihrem Hinweis auf die schlechte wirtschaftliche Lage in den Westzonen zu folgen, mit dem Sie Ihre separaten Handlungen, die die Zerstörung von Deutschlands Einheit zur Folge haben, rechtfertigen. Sie wissen, daß die wichtigsten Voraussetzungen zur Durchführung einer gesamtdeutschen Währungsreform, die heute auseinandergerissen wurde, schon im Kontrollrat auf einer Viermächte-Basis beschlossen waren.

Ich muß zugeben, daß es mir schwerfällt zu verstehen, wie die separaten Maßnahmen, die Sie in Westdeutschland ergriffen haben, sich mit der Feststellung vereinbaren lassen, »eine Möglichkeit zu finden, damit in nächster Zukunft eine einzige Währung in ganz Deutschland eingeführt wird«, wie Sie in Ihrem Brief erwähnen.

Es will mir scheinen, als hätten Ihre Handlungen in dieser Sache die Hoffnung des deutschen Volkes zerstört.

Sie haben mich von den Maßnahmen zur Durchführung einer separaten Währungsreform in Westdeutschland informiert, fast zur gleichen Zeit, als dies schon geschehen war. Das wird die sowjetischen Besatzungsbehörden zweifellos in eine schwierige Lage bringen, und ich werde mich genötigt sehen, schnelle Maßnahmen zu ergreifen, um die Interessen der deutschen Bevölkerung und der Wirtschaft in der sowjetischen Besatzungszone zu sichern.

10

Alliierter Auftrag zur Staatsgründung in den Westzonen (»Frankfurter Dokumente«) vom 1. 7. 1948

In Übereinstimmung mit den Beschlüssen ihrer Regierungen autorisieren die Militärgouverneure der amerikanischen, britischen und französischen Besatzungszone in Deutschland die Ministerpräsidenten der Länder ihrer Zonen, eine Verfassunggebende Versammlung einzuberufen, die spätestens am 1. September 1948 zusammentreten sollte . . .

I

Die Verfassunggebende Versammlung wird eine demokratische Verfassung ausarbeiten, die für die beteiligten Länder eine Regierungsform des föderalistischen Typs schafft, die am besten geeignet ist, die gegenwärtig zerrissene deutsche Einheit schließlich wiederherzustellen, und die Rechte der beteiligten Länder schützt, eine angemessene Zentralinstanz schafft und Garantien der individuellen Rechte und Freiheiten enthält.

Wenn die Verfassung in der von der Verfassunggebenden Versammlung ausgearbeiteten Form mit diesen allgemeinen Grundsätzen nicht im Widerspruch steht, werden die Militärgouverneure ihre Vorlage zur Ratifizierung genehmigen. Die Verfassunggebende Versammlung wird daraufhin aufgelöst.

Die Ratifizierung in jedem beteiligten Land erfolgt durch ein

Referendum, das eine einfache Mehrheit der Abstimmenden in jedem Land erfordert, nach von jedem Land jeweils anzunehmenden Regeln und Verfahren. Sobald die Verfassung von zwei Dritteln der Länder ratifiziert ist, tritt sie in Kraft und ist für alle Länder bindend. Jede Abänderung der Verfassung muß künftig von einer gleichen Mehrheit der Länder ratifiziert werden. Innerhalb von dreißig Tagen nach Inkrafttreten der Verfassung sollen die darin vorgesehenen Einrichtungen geschaffen sein.

II

Die Ministerpräsidenten sind ersucht, die Grenzen der einzelnen Länder zu überprüfen, um zu bestimmen, welche Änderungen sie etwa vorzuschlagen wünschen. Solche Änderungen sollten den überlieferten Formen Rechnung tragen und möglichst die Schaffung von Ländern vermeiden, die im Vergleich mit den anderen Ländern entweder zu groß oder zu klein sind . . .

III

Die Schaffung einer verfassungsmäßigen deutschen Regierung macht eine sorgfältige Definition der Beziehungen zwischen dieser Regierung und den alliierten Behörden notwendig. Nach Ansicht der Militärgouverneure sollten diese Beziehungen auf den folgenden allgemeinen Grundsätzen beruhen:

1. Die Militärgouverneure werden den deutschen Regierungen Befugnisse der Gesetzgebung, der Verwaltung und der Rechtsprechung gewähren und sich solche Zuständigkeiten vorbehalten, die nötig sind, um die Erfüllung des grundsätzlichen Zwecks der Besatzung sicherzustellen. Solche Zuständigkeiten sind diejenigen, welche nötig sind, um die Militärgouverneure in die Lage zu setzen:

a) Deutschlands auswärtige Beziehungen vorläufig wahrzunehmen und zu leiten;

b) das Mindestmaß der notwendigen Kontrollen über den deutschen Außenhandel und über die innenpolitischen Richtlinien und Maßnahmen, die den Außenhandel nachteilig beeinflussen könnten, auszuüben, um zu gewährleisten, daß die Verpflichtungen, welche die Besatzungsmächte in bezug auf Deutschland eingegangen sind, geachtet werden und daß die für Deutschland verfügbar gemachten Mittel zweckmäßig verwendet werden;

c) vereinbarte oder noch zu vereinbarende Kontrollen, wie z. B. in bezug auf die Internationale Ruhrbehörde, Reparationen, Stand der Industrie, Dekartellisierung, Abrüstung und Entmilitarisierung und gewisse Formen wissenschaftlicher Forschung auszuüben . . .

2. Die Militärgouverneure werden die Ausübung ihrer vollen Machtbefugnisse wieder aufnehmen, falls ein Notstand die Sicherheit bedroht und um nötigenfalls die Beachtung der Verfassungen und des Besatzungsstatuts zu sichern.

11

Antwort der westdeutschen Ministerpräsidenten auf die Frankfurter Dokumente (»Koblenzer Beschlüsse«) vom 10. 7. 1948 (Auszug)

. . . Die Ministerpräsidenten sind davon überzeugt, daß die Notstände, unter denen Deutschland heute leidet, nur bezwungen werden können, wenn das deutsche Volk in die Lage versetzt wird, seine Angelegenheiten auf der jeweils möglichen höchsten territorialen Stufe selbst zu verwalten. Sie begrüßen es daher, daß die Besatzungsmächte entschlossen sind, die ihrer Jurisdiktion unterstehenden Gebietsteile Deutschlands zu einem einheitlichen Gebiet zusammenzufassen, dem von der Bevölkerung selbst eine kraftvolle Organisation gegeben werden soll, die es ermöglicht, die Interessen des Ganzen zu wahren, ohne Rechte der Länder zu gefährden.

Die Ministerpräsidenten glauben jedoch, daß, unbeschadet der Gewährung möglichst vollständiger Autonomie an die Bevölkerung dieses Gebietes, alles vermieden werden müßte, was dem zu schaffenden Gebilde den Charakter eines Staates verleihen würde; sie sind darum der Ansicht, daß auch durch das hierfür einzuschlagende Verfahren zum Ausdruck kommen müßte, daß es sich lediglich um ein Provisorium handelt sowie um eine Institution, die ihre Entstehung lediglich dem augenblicklichen Stand der mit der gegenwärtigen Besetzung Deutschlands verbundenen Umstände verdankt.

In Anbetracht der bisherigen Unmöglichkeit einer Einigung der vier Besatzungsmächte über Deutschland müssen die Ministerpräsidenten besonderen Wert darauf legen, daß bei der bevorstehenden Neuregelung alles vermieden wird, was geeignet sein könnte, die Spaltung zwischen West und Ost weiter zu vertiefen. Sie sind der Überzeugung, daß das von ihnen vorgeschlagene Verfahren geeignet ist, das in Anbetracht der gegebenen Verhältnisse zur

Bewältigung der gegenwärtigen Schwierigkeiten tauglichste Instrument für die Verwaltung des den drei westlichen Besatzungsmächten unterstehenden Gebietes Deutschlands in der kürzesten Zeit zu schaffen.

Für den Vorschlag der Ministerpräsidenten, von einem Volksentscheid Abstand zu nehmen, waren die gleichen Erwägungen maßgebend. Ein Volksentscheid würde dem Grundgesetz ein Gewicht verleihen, das nur einer endgültigen Verfassung zukommen sollte. Die Ministerpräsidenten möchten an dieser Stelle noch einmal betonen, daß ihrer Meinung nach eine deutsche Verfassung erst dann geschaffen werden kann, wenn das gesamte deutsche Volk die Möglichkeit besitzt, sich in freier Selbstbestimmung zu konstituieren; bis zum Eintritt dieses Zeitpunktes können nur vorläufige organisatorische Maßnahmen getroffen werden . . .

12

Besatzungsstatut für die Bundesrepublik (in Kraft getreten am 23. 5. 1949; Auszug)

In Ausübung der obersten Gewalt, welche die Regierungen Frankreichs, der Vereinigten Staaten und des Vereinigten Königreichs beibehalten, proklamieren wir,

General Pierre Koenig, Militärgouverneur und Oberbefehlshaber der französischen Zone Deutschlands,

General Lucius D. Clay, Militärgouverneur und Oberbefehlshaber der amerikanischen Zone Deutschlands, und

General Sir Brian Hubert Robertson, Militärgouverneur und Oberbefehlshaber der britischen Zone Deutschlands,
hiermit gemeinsam das folgende Besatzungsstatut:

1. Die Regierungen Frankreichs, der Vereinigten Staaten und des Vereinigten Königreichs wünschen und beabsichtigen, daß das deutsche Volk während des Zeitraumes, in dem die Fortdauer der Besetzung notwendig ist, das mit der Besetzung zu vereinbarende größtmögliche Maß an Selbstregierung genießt. Abgesehen von den in diesem Statut enthaltenen Beschränkungen, besitzen der Bund und die ihm angehörenden Länder volle gesetzgebende, vollziehende und richterliche Gewalt gemäß dem Grundgesetz und ihren Verfassungen.

2. Um sicherzustellen, daß die Grundziele der Besetzung erreicht werden, bleiben auf folgenden Gebieten Befugnisse ausdrücklich vorbehalten, einschließlich des Rechts, Auskünfte und

Statistiken, welche die Besatzungsbehörden benötigen, anzufordern und nachzuprüfen:

a) die Abrüstung und Entmilitarisierung, einschließlich der damit zusammenhängenden Gebiete der wissenschaftlichen Forschung, die Verbote und Beschränkungen der Industrie und die zivile Luftfahrt;

b) die Kontrollen hinsichtlich der Ruhr, die Restitutionen, die Reparationen, die Dekartellisierung, die Entflechtung, die Handelsdiskriminierungen, die ausländischen Interessen in Deutschland und die Ansprüche gegen Deutschland;

c) auswärtige Angelegenheiten, einschließlich internationaler Abkommen, die von Deutschland oder für Deutschland abgeschlossen werden . . .

3. Die Regierungen Frankreichs, der Vereinigten Staaten und des Vereinigten Königreichs hoffen und erwarten, daß die Besatzungsbehörden keinen Anlaß haben werden, auf anderen Gebieten als den ihnen oben ausdrücklich vorbehaltenen einzugreifen. Die Besatzungsbehörden behalten sich indessen das Recht vor, auf Weisung ihrer Regierungen die Ausübung der vollen Gewalt ganz oder teilweise wieder zu übernehmen, wenn sie dies als wesentlich ansehen für die Sicherheit oder die Aufrechterhaltung der demokratischen Regierung in Deutschland oder als Folge der internationalen Verpflichtungen ihrer Regierungen. Bevor sie entsprechende Schritte unternehmen, werden sie die zuständigen deutschen Behörden von ihrer Entscheidung und deren Gründen förmlich unterrichten . . .

13

Petersberger Abkommen zwischen der Alliierten Hohen Kommission und der Bundesregierung vom 22. 11. 1949 (Auszug)

. . . 3. Die Bundesregierung erklärt ferner ihre feste Entschlossenheit, die Entmilitarisierung des Bundesgebietes aufrechtzuerhalten und mit allen ihr zur Verfügung stehenden Mitteln die Neubildung irgendwelcher Streitkräfte zu verhindern. Zu diesem Zweck wird die Bundesregierung mit der Hohen Kommission auf dem Gebiete des militärischen Sicherheitsamtes eng zusammenarbeiten . . .

. . . 5. Die Bundesregierung, die aus freien demokratischen Wahlen hervorgegangen ist, bekräftigt ihren Entschluß, den Grundsätzen der Freiheit, Toleranz und Menschlichkeit, die die westeuropäischen Nationen verbinden, rückhaltlos Achtung zu verschaffen und sich in ihrem Handeln von diesen Grundsätzen leiten zu lassen. Die Bundesregierung ist fest entschlossen, alle Spuren der nationalsozialistischen Gewaltherrschaft aus dem deutschen Leben und seinen Einrichtungen auszutilgen und das Wiederaufleben totalitärer Bestrebungen welcher Art auch immer zu verhindern. Sie wird bemüht sein, den Aufbau der Regierung freiheitlich zu gestalten und autoritäre Methoden auszuschalten.

6. Auf dem Gebiet der Dekartellisierung und zur Beseitigung monopolistischer Tendenzen wird die Bundesregierung gesetzgeberische Maßnahmen treffen, die den von der Hohen Kommission auf Grund des Artikels 2 (b) des Besatzungsstatuts erlassenen Entscheidungen entsprechen . . .

14

Note der Sowjetunion an die drei Westmächte und Entwurf für einen Friedensvertrag mit Deutschland vom 10. 3. 1952 (Auszug)

. . . Es versteht sich, daß ein solcher Friedensvertrag unter unmittelbarer Beteiligung Deutschlands, vertreten durch eine gesamtdeutsche Regierung, ausgearbeitet werden muß. Hieraus folgt, daß die UdSSR, die USA, Großbritannien und Frankreich, die in Deutschland Kontrollfunktionen ausüben, auch die Frage der Bedingungen prüfen müssen, die die schleunigste Bildung einer gesamtdeutschen, den Willen des deutschen Volkes ausdrükkenden Regierung fördern.

Um die Vorbereitung des Entwurfs eines Friedensvertrages zu erleichtern, legt die Sowjetregierung ihrerseits den Regierungen der USA, Großbritanniens und Frankreichs den beigefügten Entwurf für die Grundlagen eines Friedensvertrages mit Deutschland zur Prüfung vor. Die Sowjetregierung schlägt vor, diesen Entwurf zu erörtern, und erklärt sich gleichzeitig bereit, auch andere eventuelle Vorschläge zu dieser Frage zu prüfen.

Grundlagen des Friedensvertrages mit Deutschland

Die Teilnehmer: Großbritannien, die Sowjetunion, die USA, Frankreich, Polen, die Tschechoslowakei, Belgien, Holland und die anderen Staaten, die sich mit ihren Streitkräften am Krieg gegen Deutschland beteiligt haben.

Politische Leitsätze: 1. Deutschland wird als einheitlicher Staat wiederhergestellt. Damit wird der Spaltung Deutschlands ein Ende gemacht, und das geeinte Deutschland gewinnt die Möglichkeit, sich als unabhängiger, demokratischer, friedliebender Staat zu entwickeln.

2. Sämtliche Streitkräfte der Besatzungsmächte müssen spätestens ein Jahr nach Inkrafttreten des Friedensvertrages aus Deutschland abgezogen werden. Gleichzeitig werden sämtliche ausländischen Militärstützpunkte auf dem Territorium Deutschlands liquidiert.

3. Dem deutschen Volk müssen die demokratischen Rechte gewährleistet sein, damit alle unter deutscher Rechtsprechung stehenden Personen ohne Unterschied der Rasse, des Geschlechts, der Sprache oder der Religion die Menschenrechte und die Grundfreiheiten genießen, einschließlich der Redefreiheit, der Pressefreiheit, des Rechts der freien Religionsausübung, der Freiheit der politischen Überzeugung und der Versammlungsfreiheit.

4. In Deutschland muß den demokratischen Parteien und Organisationen freie Betätigung gewährleistet sein, sie müssen das Recht haben, über ihre inneren Angelegenheiten frei zu entscheiden, Tagungen und Versammlungen abzuhalten, Presse- und Publikationsfreiheit zu genießen.

5. Auf dem Territorium Deutschlands dürfen Organisationen, die der Demokratie und der Sache der Erhaltung des Friedens feindlich sind, nicht bestehen.

6. Allen ehemaligen Angehörigen der deutschen Armee, einschließlich der Offiziere und Generale, allen ehemaligen Nazis, mit Ausnahme derer, die nach Gerichtsurteil eine Strafe für die von ihnen begangenen Verbrechen verbüßen, müssen die gleichen bürgerlichen und politischen Rechte wie allen anderen deutschen Bürgern gewährt werden zur Teilnahme am Aufbau eines friedliebenden und demokratischen Deutschlands.

7. Deutschland verpflichtet sich, keinerlei Koalition oder Militärbündnisse einzugehen, die sich gegen irgendeinen Staat richten, der mit seinen Streitkräften am Krieg gegen Deutschland teilgenommen hat.

Das Territorium: Das Territorium Deutschlands ist durch die Grenzen bestimmt, die durch die Beschlüsse der Potsdamer Konferenz der Großmächte festgelegt wurden.

Wirtschaftliche Leitsätze: Deutschland werden für die Entwicklung seiner Friedenswirtschaft, die der Hebung des Wohlstandes des deutschen Volkes dienen soll, keinerlei Beschränkungen auferlegt. Deutschland werden auch keinerlei Beschränkungen in bezug auf den Handel mit anderen Ländern, die Seeschiffahrt und den Zutritt zu den Weltmärkten auferlegt.

Militärische Leitsätze: 1. Es wird Deutschland gestattet sein, eigene nationale Streitkräfte (Land-, Luft- und Seestreitkräfte) zu besitzen, die für die Verteidigung des Landes notwendig sind.

2. Deutschland wird die Erzeugung von Kriegsmaterial und -ausrüstung gestattet werden, deren Menge oder Typen nicht über die Grenzen dessen hinausgehen dürfen, was für die Streitkräfte erforderlich ist, die für Deutschland durch den Friedensvertrag festgesetzt sind.

Deutschland und die Organisation der Vereinten Nationen: Die Staaten, die den Friedensvertrag mit Deutschland abgeschlossen haben, werden das Ersuchen Deutschlands um Aufnahme in die Organisation der Vereinten Nationen unterstützen.

15

Antwort der Westmächte vom 13. 5. 1952 auf die ergänzende sowjetische Note vom 9. 4. 1952 (Auszug)

. . . 3. In ihrer letzten Note legt die Sowjetregierung nunmehr dar, daß Deutschland nicht in die eine oder andere Mächtegruppe einbezogen werden darf, die gegen irgendeinen friedliebenden Staat gerichtet ist. Deutschlands vorgeschlagene Mitgliedschaft in den Vereinten Nationen dürfte eine derartige Bestimmung sicherlich erübrigen. Auf jeden Fall könnte die Regierung Ihrer Majestät sich nicht mit Bestimmungen einverstanden erklären, durch die Deutschland untersagt würde, eine Verbindung mit anderen Staaten einzugehen, die von einem der Unterzeichnerstaaten des Friedensvertrages willkürlich als gegen irgendeinen friedliebenden Staat gerichtet angesehen werden könnte. Die Regierung Ihrer Majestät kann nicht zulassen, daß Deutschland das Grundrecht einer freien und gleichberechtigten Nation, sich mit anderen Nationen zu friedlichen Zwecken zu verbinden, vorenthalten werden soll. Die Regierung Ihrer Majestät muß annehmen, daß die Sowjetregierung ebenfalls keine Einwendungen dagegen erheben kann, daß Deutschland das Recht hat, Verteidigungsabkommen zu schließen . . .

6. Ein deutscher Friedensvertrag kann nur ausgearbeitet werden, wenn eine gesamtdeutsche Regierung besteht, die auf Grund freier Wahlen gebildet und in der Lage ist, in voller Freiheit an der Erörterung eines derartigen Vertrages teilzunehmen. Es ist daher nicht möglich, im gegenwärtigen Zeitpunkt Besprechungen

über die Bestimmungen eines deutschen Friedensvertrages abzuhalten. Die Regierung Ihrer Majestät hat ihre Stellungnahme zu einigen der sowjetischen Vorschläge bereits mitgeteilt, insbesondere über die irrige Auslegung der territorialen Bestimmungen des Potsdamer Protokolls sowie über die Absicht der Sowjetregierung, Deutschland in ständiger Isolierung von Westeuropa zu halten und es gleichzeitig zu zwingen, den Versuch zu machen, für seine Verteidigung lediglich durch begrenzte Streitkräfte ausschließlich nationaler Art zu sorgen. Die sowjetischen Vorschläge würden eine ständige Fesselung des deutschen Rechtes auf internationale Verbindung und einen ständigen Zustand der Spannung und Unsicherheit in Mitteleuropa bedeuten.

16

Generalvertrag zwischen den drei Westmächten und der Bundesrepublik Deutschland vom 26. 5. 1952 (Fassung vom 23. 10. 1954; Auszug)

Art. 1. (1) Mit dem Inkrafttreten dieses Vertrages werden die Vereinigten Staaten von Amerika, das Vereinigte Königreich von Großbritannien und Nordirland und die Französische Republik (in diesem Vertrag und in den Zusatzverträgen auch als »Drei Mächte« bezeichnet) das Besatzungsregime in der Bundesrepublik beenden, das Besatzungsstatut aufheben und die Alliierte Hohe Kommission sowie die Dienststellen der Landeskommissare in der Bundesrepublik auflösen.

(2) Die Bundesrepublik wird demgemäß die volle Macht eines souveränen Staates über ihre inneren und äußeren Angelegenheiten haben.

Art. 2. Im Hinblick auf die internationale Lage, die bisher die Wiedervereinigung Deutschlands und den Abschluß eines Friedensvertrages verhindert hat, behalten die Drei Mächte die bisher von ihnen ausgeübten oder innegehabten Rechte und Verantwortlichkeiten in bezug auf Berlin und auf Deutschland als Ganzes einschließlich der Wiedervereinigung Deutschlands und einer friedensvertraglichen Regelung . . .

Art. 6. (1) Die Drei Mächte werden die Bundesrepublik hinsichtlich der Ausübung ihrer Rechte in bezug auf Berlin konsultieren.

(2) Die Bundesrepublik ihrerseits wird mit den Drei Mächten zusammenwirken, um es ihnen zu erleichtern, ihren Verantwortlichkeiten in bezug auf Berlin zu genügen.

Art. 7. (1) Die Unterzeichnerstaaten sind darüber einig, daß ein wesentliches Ziel ihrer gemeinsamen Politik eine zwischen Deutschland und seinen ehemaligen Gegnern frei vereinbarte friedensvertragliche Regelung für ganz Deutschland ist, welche die Grundlage für einen dauerhaften Frieden bilden soll. Sie sind weiterhin darüber einig, daß die endgültige Festlegung der Grenzen Deutschlands bis zu dieser Regelung aufgeschoben werden muß.

(2) Bis zum Abschluß der friedensvertraglichen Regelung werden die Unterzeichnerstaaten zusammenwirken, um mit friedlichen Mitteln ihr gemeinsames Ziel zu verwirklichen: ein wiedervereinigtes Deutschland, das eine freiheitlich-demokratische Verfassung, ähnlich wie die Bundesrepublik, besitzt und das in die europäische Gemeinschaft integriert ist . . .

(4) Die Drei Mächte werden die Bundesrepublik in allen Angelegenheiten konsultieren, welche die Ausübung ihrer Rechte in bezug auf Deutschland als Ganzes berühren.

17

Polizeiverordnung der DDR »über die Einführung einer besonderen Ordnung an der Demarkationslinie« vom 26. 5. 1952 (Auszug)

Die Regierung der Deutschen Demokratischen Republik hat der Bonner Regierung und den Regierungen der Westmächte Vorschläge über die Durchführung freier gesamtdeutscher Wahlen und den baldmöglichsten Abschluß eines Friedensvertrages mit Deutschland zugeleitet. Dabei ließ sich die Regierung der Deutschen Demokratischen Republik von dem einmütigen Willen des Volkes leiten, der auf die Erhaltung des Friedens und die Einheit Deutschlands gerichtet ist. Diese Vorschläge wurden von der Adenauer-Regierung abgelehnt, die auf Weisung der amerikanischen, englischen und französischen Besatzungsmächte sich anschickt, den Generalvertrag abzuschließen, der gegen den Friedensvertrag und die Wiederherstellung der Einheit Deutschlands gerichtet ist . . .

Durch Handlungen der anglo-amerikanischen Besatzungsmächte und der Bonner Regierung hat sich die Regierung der Deutschen Demokratischen Republik gezwungen gesehen, durch eine Regierungsverordnung Maßnahmen anzuordnen, die das Ziel haben, die Interessen der Bevölkerung der Deutschen Demokratischen Republik zu verteidigen und das Eindringen von feindlichen Agenten in das Gebiet der Deutschen Demokratischen Republik unmöglich zu machen.

Durch diese Regierungsverordnung wird entlang der Demarkationslinie eine besondere Sperrzone errichtet, in der eine besondere Ordnung eingeführt wird.

Zur Durchführung dieser Regierungsverordnung ergeht folgende Polizeiverordnung:

§1. Die entlang der Demarkationslinie zwischen der Deutschen Demokratischen Republik und Westdeutschland festgelegte Sperrzone umfaßt einen zehn Meter breiten Kontrollstreifen unmittelbar an der Demarkationslinie, anschließend einen etwa 500 Meter breiten Schutzstreifen unmittelbar an der Demarkationslinie und dann eine etwa fünfzig Kilometer breite Sperrzone.

§2. Die Bestimmungen über den kleinen Grenzverkehr sind sofort aufgehoben. Die Demarkationslinie darf nur mit gültigem Interzonenpaß an den vorgesehenen Kontrollpunkten passiert werden.

§3. Für Personen, die im Sperrgebiet wohnen, werden ab sofort keine Interzonenpässe mehr ausgegeben. Für Personen, die in Westdeutschland wohnen, werden für das Sperrgebiet keine Aufenthaltsgenehmigungen mehr erteilt. Die Einreise in das Sperrgebiet mit Interzonenpaß oder Visum ist mit sofortiger Wirkung verboten.

§4. Das Überschreiten des Zehn-Meter-Kontrollstreifens ist für alle Personen verboten. Personen, die versuchen, den Kontrollstreifen in Richtung der Deutschen Demokratischen Republik oder Westdeutschland zu überschreiten, werden von den Grenzkontrollstreifen festgenommen. Bei Nichtbefolgung der Anordnungen der Grenzstreifen wird von der Waffe Gebrauch gemacht . . .

18

Souveränitätsvertrag zwischen der UdSSR und der DDR vom 20. 5. 1955 (Auszug)

Art. 1. Die Vertrag schließenden Seiten bestätigen feierlich, daß die Beziehungen zwischen ihnen auf völliger Gleichberechtigung, gegenseitiger Achtung der Souveränität und der Nichteinmischung in die inneren Angelegenheiten beruhen.

In Übereinstimmung hiermit ist die Deutsche Demokratische

Republik frei in der Entscheidung über Fragen ihrer Innenpolitik und Außenpolitik, einschließlich der Beziehungen zur Deutschen Bundesrepublik, sowie der Entwicklung der Beziehungen zu anderen Staaten . . .

Art. 5. Zwischen den Vertrag schließenden Seiten besteht Übereinstimmung darüber, daß es ihr Hauptziel ist, auf dem Wege entsprechender Verhandlungen eine friedliche Regelung für ganz Deutschland herbeizuführen. In Übereinstimmung hiermit werden sie die erforderlichen Anstrengungen für eine friedensvertragliche Regelung und die Wiederherstellung der Einheit Deutschlands auf friedlicher und demokratischer Grundlage unternehmen.

Art. 6. Der Vertrag wird bis zur Wiederherstellung der Einheit Deutschlands als friedliebender und demokratischer Staat oder bis die Vertrag schließenden Seiten zu einem Übereinkommen über die Änderung oder Außerkraftsetzung dieses Vertrages gelangen Gültigkeit haben.

19

Gewaltverzichtsvertrag zwischen der Bundesrepublik und der UdSSR vom 12. 8. 1970 (Auszug)

Art. 1. Die Bundesrepublik Deutschland und die Union der Sozialistischen Sowjetrepubliken betrachten es als wichtiges Ziel ihrer Politik, den internationalen Frieden aufrechtzuerhalten und die Entspannung zu erreichen . . .

Art. 2. Die Bundesrepublik Deutschland und die Union der Sozialistischen Sowjetrepubliken werden sich in ihren gegenseitigen Beziehungen sowie Fragen der Gewährleistung der europäischen und der internationalen Sicherheit von den Zielen und Grundsätzen, die in der Charta der Vereinten Nationen niedergelegt sind, leiten lassen. Demgemäß werden sie ihre Streitfragen ausschließlich mit friedlichen Mitteln lösen und übernehmen die Verpflichtung, sich in Fragen, die die Sicherheit in Europa und die internationale Sicherheit berühren sowie in ihren gegenseitigen Beziehungen gemäß Artikel 2 der Charta der Vereinten Nationen der Drohung mit Gewalt oder der Anwendung von Gewalt zu enthalten.

Art. 3. In Übereinstimmung mit den vorstehenden Zielen und Prinzipien stimmen die Bundesrepublik Deutschland und die Union der Sozialistischen Sowjetrepubliken in der Erkenntnis überein, daß der Friede in Europa nur erhalten werden kann, wenn niemand die gegenwärtigen Grenzen antastet.

Sie verpflichten sich, die territoriale Integrität aller Staaten in Europa in ihren heutigen Grenzen uneingeschränkt zu achten;

sie erklären, daß sie keine Gebietsansprüche gegen irgend jemand haben und solche in Zukunft auch nicht erheben werden;

sie betrachten heute und künftig die Grenzen aller Staaten in Europa als unverletzlich, wie sie am Tage der Unterzeichnung dieses Vertrages verlaufen, einschließlich der Oder-Neiße-Linie, die die Westgrenze der Volksrepublik Polen bildet, und der Grenze zwischen der Bundesrepublik Deutschland und der Deutschen Demokratischen Republik.

Art. 4. Dieser Vertrag zwischen der Bundesrepublik Deutschland und der Union der Sozialistischen Sowjetrepubliken berührt nicht die von ihnen früher abgeschlossenen zweiseitigen und mehrseitigen Verträge und Vereinbarungen.

20

Gewaltverzichtsvertrag zwischen der Bundesrepublik und Polen vom 7. 12. 1970 (Auszug)

Art. 1. (1) Die Bundesrepublik Deutschland und die Volksrepublik Polen stellen übereinstimmend fest, daß die bestehende Grenzlinie, deren Verlauf im Kapitel IX der Beschlüsse der Potsdamer Konferenz vom 2. August 1945 von der Ostsee unmittelbar westlich von Swinemünde und von dort die Oder entlang bis zur Einmündung der Lausitzer Neiße und die Lausitzer Neiße entlang bis zur Grenze mit der Tschechoslowakei festgelegt worden ist, die westliche Staatsgrenze der Volksrepublik Polen bildet.

(2) Sie bekräftigen die Unverletzlichkeit ihrer bestehenden Grenzen jetzt und in der Zukunft und verpflichten sich gegenseitig zur uneingeschränkten Achtung ihrer territorialen Integrität.

(3) Sie erklären, daß sie gegeneinander keinerlei Gebietsansprüche haben und solche auch in Zukunft nicht erheben werden.

Art. 2. (1) Die Bundesrepublik Deutschland und die Volksrepublik Polen werden sich in ihren gegenseitigen Beziehungen sowie in Fragen der Gewährleistung der Sicherheit in Europa und in der Welt von den Zielen und Grundsätzen, die in der Charta der Vereinten Nationen niedergelegt sind, leiten lassen.

(2) Demgemäß werden sie entsprechend den Artikeln 1 und 2 der Charta der Vereinten Nationen alle ihre Streitfragen ausschließlich mit friedlichen Mitteln lösen und sich in Fragen, die die europäische und internationale Sicherheit berühren, sowie in ihren gegenseitigen Beziehungen der Drohung mit Gewalt oder der Anwendung von Gewalt enthalten . . .

21

Viermächte-Abkommen über Berlin vom 3. 9. 1971 (Auszug)

Teil I
Allgemeine Bestimmungen

1. Die Vier Regierungen werden bestrebt sein, die Beseitigung von Spannungen und die Verhütung von Komplikationen in dem betreffenden Gebiet zu fördern.

2. Unter Berücksichtigung ihrer Verpflichtungen nach der Charta der Vereinten Nationen stimmen die Vier Regierungen darin überein, daß in diesem Gebiet keine Anwendung oder Androhung von Gewalt erfolgt und daß Streitigkeiten ausschließlich mit friedlichen Mitteln beizulegen sind.

3. Die Vier Regierungen werden ihre individuellen und gemeinsamen Rechte und Verantwortlichkeiten, die unverändert bleiben, gegenseitig achten.

4. Die Vier Regierungen stimmen darin überein, daß ungeachtet der Unterschiede in den Rechtsauffassungen die Lage, die sich in diesem Gebiet entwickelt hat und wie sie in diesem Abkommen sowie in den anderen in diesem Abkommen genannten Vereinbarungen definiert ist, nicht einseitig verändert wird.

Teil II
Bestimmungen, die die Westsektoren Berlins betreffen

A. Die Regierung der Union der Sozialistischen Sowjetrepubliken erklärt, daß der Transitverkehr von zivilen Personen und Gütern zwischen den Westsektoren Berlins und der Bundesrepublik Deutschland auf Straßen, Schienen- und Wasserwegen durch das Territorium der Deutschen Demokratischen Republik ohne Behinderungen sein wird, daß dieser Verkehr erleichtert werden wird, damit er in der einfachsten und schnellsten Weise vor sich geht, und daß er Begünstigung erfahren wird . . .

B. Die Regierungen der Französischen Republik, des Vereinigten Königreichs und der Vereinigten Staaten von Amerika erklären, daß die Bindungen zwischen den Westsektoren Berlins und der Bundesrepublik Deutschland aufrechterhalten und entwickelt werden, wobei sie berücksichtigen, daß diese Sektoren so wie bisher kein Bestandteil (konstitutiver Teil) der Bundesrepublik Deutschland sind und auch weiterhin nicht von ihr regiert werden . . .

C. Die Regierung der Union der Sozialistischen Sowjetrepubliken erklärt, daß die Kommunikationen zwischen den Westsektoren Berlins und Gebieten, die an diese Sektoren grenzen, sowie denjenigen Gebieten der Deutschen Demokratischen Republik, die nicht an diese Sektoren grenzen, verbessert werden. Personen mit ständigem Wohnsitz in den Westsektoren Berlins werden aus humanitären, familiären, religiösen, kulturellen oder kommerziellen Gründen oder als Touristen in diese Gebiete reisen und sie besuchen können, und zwar unter Bedingungen, die denen vergleichbar sind, die für andere in diese Gebiete einreisenden Personen gelten . . .

D. Die Vertretung der Interessen der Westsektoren Berlins im Ausland und die konsularische Tätigkeit der Union der Sozialistischen Sowjetrepubliken in den Westsektoren Berlins können wie in Anlage IV niedergelegt ausgeübt werden . . .

22

Grundlagenvertrag zwischen der Bundesrepublik und der DDR vom 21. 12. 1972 (Auszug)

Die Hohen Vertrag schließenden Seiten
eingedenk ihrer Verantwortung für die Erhaltung des Friedens, in dem Bestreben, einen Beitrag zur Entspannung und Sicherheit in Europa zu leisten,

in dem Bewußtsein, daß die Unverletzlichkeit der Grenzen und die Achtung der territorialen Integrität und der Souveränität aller Staaten in Europa in ihren gegenwärtigen Grenzen eine grundlegende Bedingung für den Frieden sind,

in der Erkenntnis, daß sich daher die beiden deutschen Staaten in ihren Beziehungen der Androhung oder Anwendung von Gewalt zu enthalten haben, ausgehend von den historischen Gegebenheiten und unbeschadet der unterschiedlichen Auffassungen der Bundesrepublik Deutschland und der Deutschen Demokratischen Republik zu grundsätzlichen Fragen, darunter zur nationalen Frage,

geleitet von dem Wunsch, zum Wohle der Menschen in den beiden deutschen Staaten die Voraussetzungen für die Zusammenarbeit zwischen der Bundesrepublik Deutschland und der Deutschen Demokratischen Republik zu schaffen,

sind wie folgt übereingekommen:

Art. 1. Die Bundesrepublik Deutschland und die Deutsche Demokratische Republik entwickeln normale gutnachbarliche Beziehungen zueinander auf der Grundlage der Gleichberechtigung.

Art. 2. Die Bundesrepublik Deutschland und die Deutsche Demokratische Republik werden sich von den Zielen und Prinzipien leiten lassen, die in der Charta der Vereinten Nationen niedergelegt sind, insbesondere der souveränen Gleichheit aller Staaten, der Achtung der Unabhängigkeit, Selbständigkeit und territorialen Integrität, dem Selbstbestimmungsrecht, der Wahrung der Menschenrechte und der Nichtdiskriminierung.

Art. 3. Entsprechend der Charta der Vereinten Nationen werden die Bundesrepublik Deutschland und die Deutsche Demokratische Republik ihre Streitfragen ausschließlich mit friedlichen Mitteln lösen und sich der Drohung mit Gewalt oder der Anwendung von Gewalt enthalten.

Sie bekräftigen die Unverletzlichkeit der zwischen ihnen bestehenden Grenze jetzt und in der Zukunft und verpflichten sich zur uneingeschränkten Achtung ihrer territorialen Integrität.

Art. 4. Die Bundesrepublik Deutschland und die Deutsche Demokratische Republik gehen davon aus, daß keiner der beiden Staaten den anderen international vertreten oder in seinem Namen handeln kann.

Art. 5. Die Bundesrepublik Deutschland und die Deutsche Demokratische Republik werden friedliche Beziehungen zwischen den europäischen Staaten fördern und zur Sicherheit und Zusammenarbeit in Europa beitragen.

Sie unterstützen die Bemühungen um eine Verminderung der Streitkräfte und Rüstungen in Europa, ohne daß dadurch Nachteile für die Sicherheit der Beteiligten entstehen dürfen.

Die Bundesrepublik Deutschland und die Deutsche Demokratische Republik werden mit dem Ziel einer allgemeinen und vollständigen Abrüstung unter wirksamer internationaler Kontrolle der internationalen Sicherheit dienende Bemühungen um Rüstungsbegrenzung und Abrüstung, insbesondere auf dem Gebiet der Kernwaffen und anderen Massenvernichtungswaffen, unterstützen.

Art. 6. Die Bundesrepublik Deutschland und die Deutsche Demokratische Republik gehen von dem Grundsatz aus, daß die Hoheitsgewalt jedes der beiden Staaten sich auf sein Staatsgebiet beschränkt. Sie respektieren die Unabhängigkeit und Selbständigkeit jedes der beiden Staaten in seinen inneren und äußeren Angelegenheiten.

23

Urteil des Bundesverfassungsgerichts vom 31. Juli 1973 zum Grundlagenvertrag zwischen der Bundesrepublik und der DDR (Auszug)

Das Grundgesetz geht davon aus, daß das Deutsche Reich den Zusammenbruch 1945 überdauert hat und weder mit der Kapitulation noch durch Ausübung fremder Staatsgewalt in Deutschland durch die alliierten Okkupationsmächte, noch später untergegangen ist. Das entspricht der ständigen Rechtsprechung des Bundesverfassungsgerichts . . . Das Deutsche Reich existiert fort, besitzt nach wie vor Rechtsfähigkeit, ist allerdings mangels Organisation, insbesondere mangels institutionalisierter Organe selbst nicht handlungsfähig . . . Verantwortung für »Deutschland als Ganzes« tragen – auch – die vier Mächte.

Mit der Errichtung der Bundesrepublik Deutschland wurde nicht ein neuer westdeutscher Staat gegründet, sondern ein Teil Deutschlands neu organisiert. Die Bundesrepublik Deutschland ist also nicht »Rechtsnachfolger« des Deutschen Reiches, sondern als Staat identisch mit dem Staat »Deutsches Reich« – in bezug auf seine räumliche Ausdehnung allerdings »teilidentisch« –, so daß insoweit die Identität keine Ausschließlichkeit beansprucht. Die Bundesrepublik umfaßt also, was ihr Staatsvolk und ihr Staatsgebiet anlangt, nicht das ganze Deutschland, unbeschadet dessen, daß sie ein einheitliches Staatsvolk des Völkerrechtssubjekts »Deutschland« (Deutsches Reich), zu dem ihr eigenes

Staatsgebiet als ebenfalls nicht abtrennbarer Teil gehört, anerkennt. Sie beschränkt staatsrechtlich ihre Hoheitsgewalt auf den »Geltungsbereich des Grundgesetzes«, fühlt sich aber auch verantwortlich für das ganze Deutschland . . . Die Deutsche Demokratische Republik gehört zu Deutschland und kann im Verhältnis zur Bundesrepublik Deutschland nicht als Ausland angesehen werden.

Die Wiedervereinigung ist ein verfassungsrechtliches Gebot. Es muß jedoch den zu politischem Handeln berufenen Organen der Bundesrepublik überlassen bleiben zu entscheiden, welche Wege sie zur Herbeiführung der Wiedervereinigung als politisch richtig und zweckmäßig ansehen.

Aus dem Wiedervereinigungsgebot folgt zunächst: Kein Verfassungsorgan der Bundesrepublik Deutschland darf die Wiederherstellung der staatlichen Einheit als politisches Ziel aufgeben, alle Verfassungsorgane sind verpflichtet, in ihrer Politik auf die Erreichung dieses Ziels hinzuwirken – das schließt die Forderung ein, den Wiedervereinigungsanspruch im Innern wachzuhalten und nach außen beharrlich zu vertreten – und alles zu unterlassen, was die Wiedervereinigung vereiteln würde.

Die Deutsche Demokratische Republik ist im Sinne des Völkerrechts ein Staat und als solcher Völkerrechtssubjekt. Diese Feststellung ist unabhängig von einer völkerrechtlichen Anerkennung der Deutschen Demokratischen Republik durch die Bundesrepublik Deutschland. Eine solche Anerkennung hat die Bundesrepublik Deutschland nicht nur nie förmlich ausgesprochen, sondern im Gegenteil wiederholt ausdrücklich abgelehnt. Würdigt man das Verhalten der Bundesrepublik Deutschland gegenüber der Deutschen Demokratischen Republik im Zuge ihrer Entspannungspolitik, insbesondere das Abschließen des (Grundlagen-)Vertrages als faktische Anerkennung, so kann sie nur als faktische Anerkennung besonderer Art verstanden werden.

Das Besondere dieses Vertrages ist, daß er zwar ein bilateraler Vertrag zwischen zwei Staaten ist, für den die Regeln des Völkerrechts gelten, aber zwischen zwei Staaten, die Teile eines immer noch existierenden, wenn auch handlungsunfähigen, weil noch nicht reorganisierten umfassenden Staates Gesamtdeutschland mit einem einheitlichen Staatsvolk sind, dessen Grenzen genauer zu bestimmen hier nicht nötig ist.

24

Grundgesetz der Bundesrepublik Deutschland vom 23. Mai 1949 (Auszug)

Präambel

Im Bewußtsein seiner Verantwortung vor Gott und den Menschen, von dem Willen beseelt, seine nationale und staatliche Einheit zu wahren und als gleichberechtigtes Glied in einem vereinten Europa dem Frieden der Welt zu dienen, hat das Deutsche Volk

in den Ländern Baden, Bayern, Bremen, Hamburg, Hessen, Niedersachsen, Nordrhein-Westfalen, Rheinland-Pfalz, Schleswig-Holstein, Württemberg-Baden und Württemberg-Hohenzollern,

um dem staatlichen Leben für eine Übergangszeit eine neue Ordnung zu geben,

kraft seiner verfassunggebenden Gewalt dieses Grundgesetz der Bundesrepublik Deutschland beschlossen.

Es hat auch für jene Deutschen gehandelt, denen mitzuwirken versagt war.

Das gesamte Deutsche Volk bleibt aufgefordert, in freier Selbstbestimmung die Einheit und Freiheit Deutschlands zu vollenden.

Art. 1. (1) Die Würde des Menschen ist unantastbar. Sie zu achten und zu schützen ist Verpflichtung aller staatlichen Gewalt.

(2) Das Deutsche Volk bekennt sich darum zu unverletzlichen und unveräußerlichen Menschenrechten als Grundlage jeder menschlichen Gemeinschaft, des Friedens und der Gerechtigkeit in der Welt.

(3) Die nachfolgenden Grundrechte binden Gesetzgebung, vollziehende Gewalt und Rechtsprechung als unmittelbar geltendes Recht.

Art. 2. (1) Jeder hat das Recht auf die freie Entfaltung seiner Persönlichkeit, soweit er nicht die Rechte anderer verletzt und nicht gegen die verfassungsmäßige Ordnung oder das Sittengesetz verstößt.

(2) Jeder hat das Recht auf Leben und körperliche Unversehrtheit. Die Freiheit der Person ist unverletzlich. In diese Rechte darf nur auf Grund eines Gesetzes eingegriffen werden.

Art. 3. (1) Alle Menschen sind vor dem Gesetz gleich.

(2) Männer und Frauen sind gleichberechtigt.

(3) Niemand darf wegen seines Geschlechtes, seiner Abstammung, seiner Rasse, seiner Sprache, seiner Heimat und Herkunft, seines Glaubens, seiner religiösen oder politischen Anschauungen benachteiligt oder bevorzugt werden.

Art. 4. (1) Die Freiheit des Glaubens, des Gewissens und die Freiheit des religiösen und weltanschaulichen Bekenntnisses sind unverletzlich.

(2) Die ungestörte Religionsausübung wird gewährleistet.

(3) Niemand darf gegen sein Gewissen zum Kriegsdienst mit der Waffe gezwungen werden. Das Nähere regelt ein Bundesgesetz.

Art. 5. (1) Jeder hat das Recht, seine Meinung in Wort, Schrift und Bild frei zu äußern und zu verbreiten und sich aus allgemein zugänglichen Quellen ungehindert zu unterrichten. Die Pressefreiheit und die Freiheit der Berichterstattung durch Rundfunk und Film werden gewährleistet. Eine Zensur findet nicht statt.

(2) Diese Rechte finden ihre Schranken in den Vorschriften der allgemeinen Gesetze, den gesetzlichen Bestimmungen zum Schutze der Jugend und in dem Recht der persönlichen Ehre.

(3) Kunst und Wissenschaft, Forschung und Lehre sind frei. Die Freiheit der Lehre entbindet nicht von der Treue zur Verfassung . . .

Art. 8. (1) Alle Deutschen haben das Recht, sich ohne Anmeldung oder Erlaubnis friedlich und ohne Waffen zu versammeln.

(2) Für Versammlungen unter freiem Himmel kann dieses Recht durch Gesetz oder auf Grund eines Gesetzes beschränkt werden.

Art. 9. (1) Alle Deutschen haben das Recht, Vereine und Gesellschaften zu bilden.

(2) Vereinigungen, deren Zweck oder deren Tätigkeit den Strafgesetzen zuwiderlaufen oder sich gegen die verfassungsmäßige Ordnung oder gegen den Gedanken der Völkerverständigung richten, sind verboten . . .

Art. 20. (1) Die Bundesrepublik Deutschland ist ein demokratischer und sozialer Bundesstaat.

(2) Alle Staatsgewalt geht vom Volke aus. Sie wird vom Volke in Wahlen und Abstimmungen und durch besondere Organe der Gesetzgebung, der vollziehenden Gewalt und der Rechtsprechung ausgeübt . . .

Art. 21. (1) Die Parteien wirken bei der politischen Willensbildung des Volkes mit. Ihre Gründung ist frei. Ihre innere Ordnung muß demokratischen Grundsätzen entsprechen. Sie müssen über die Herkunft ihrer Mittel öffentlich Rechenschaft geben.

(2) Parteien, die nach ihren Zielen oder nach dem Verhalten ihrer Anhänger darauf ausgehen, die freiheitliche demokratische Grundordnung zu beeinträchtigen oder zu beseitigen oder den Bestand der Bundesrepublik Deutschland zu gefährden, sind verfassungswidrig. Über die Frage der Verfassungswidrigkeit entscheidet das Bundesverfassungsgericht . . .

Art. 22. Die Bundesflagge ist schwarz-rot-gold.

Art. 23. Dieses Grundgesetz gilt zunächst im Gebiete der Länder Baden, Bayern, Bremen, Groß-Berlin*, Hamburg, Hessen, Niedersachsen, Nordrhein-Westfalen, Rheinland-Pfalz, Schleswig-Holstein, Württemberg-Baden und Württemberg-Hohenzollern. In anderen Teilen Deutschlands ist es nach deren Beitritt in Kraft zu setzen . . .

Art. 116. (1) Deutscher im Sinne dieses Grundgesetzes ist vorbehaltlich anderweitiger gesetzlicher Regelung, wer die deutsche Staatsangehörigkeit besitzt oder als Flüchtling oder Vertriebener deutscher Volkszugehörigkeit oder als dessen Ehegatte oder Abkömmling in dem Gebiete des Deutschen Reiches nach dem Stande vom 31. Dezember 1937 Aufnahme gefunden hat.

Art. 146. Dieses Grundgesetz verliert seine Gültigkeit an dem Tage, an dem eine Verfassung in Kraft tritt, die von dem deutschen Volke in freier Entscheidung beschlossen worden ist.

*Durch Alliierten Vorbehalte ist Groß-Berlin vom Geltungsbereich des GG ausgenommen.

25

Verfassung der Deutschen Demokratischen Republik vom 7. Oktober 1949 (Auszug)

Präambel

Von dem Willen erfüllt, die Freiheit und die Rechte des Menschen zu verbürgen, das Gemeinschafts- und Wirtschaftsleben in sozialer Gerechtigkeit zu gestalten, dem gesellschaftlichen Fortschritt zu dienen, die Freundschaft mit allen Völkern zu fördern und den Frieden zu sichern, hat sich das deutsche Volk diese Verfassung gegeben.

Grundlagen der Staatsgewalt

Art. 1. (1) Deutschland ist eine unteilbare demokratische Republik; sie baut sich auf den deutschen Ländern auf.

(2) Die Republik entscheidet alle Angelegenheiten, die für den Bestand und die Entwicklung des deutschen Volkes in seiner Gesamtheit wesentlich sind; alle übrigen Angelegenheiten werden von den Ländern selbständig entschieden.

(3) Die Entscheidungen der Republik werden grundsätzlich von den Ländern ausgeführt.

(4) Es gibt nur eine deutsche Staatsangehörigkeit.

Art. 2. (1) Die Farben der Deutschen Demokratischen Republik sind Schwarz-Rot-Gold.

(2) Die Hauptstadt der Republik ist Berlin.

Art. 3. (1) Alle Staatsgewalt geht vom Volke aus . . .

Rechte des Bürgers

Art. 6. (1) Alle Bürger sind vor dem Gesetz gleichberechtigt.

(2) Boykotthetze gegen demokratische Einrichtungen und Organisationen, Mordhetze gegen demokratische Politiker, Bekundungen von Glaubens-, Rassen-, Völkerhaß, militaristische Propaganda sowie Kriegshetze und alle sonstigen Handlungen, die sich gegen die Gleichberechtigung richten, sind Verbrechen im Sinne des Strafgesetzbuches. Ausübung demokratischer Rechte im Sinne der Verfassung ist keine Boykotthetze.

Art. 7. (1) Mann und Frau sind gleichberechtigt . . .

Art. 8. (1) Persönliche Freiheit, Unverletzlichkeit der Wohnung, Postgeheimnis und das Recht, sich an einem beliebigen Ort niederzulassen, sind gewährleistet. Die Staatsgewalt kann diese Freiheit nur auf Grund der für alle Bürger geltenden Gesetze einschränken oder entziehen . . .

Art. 9. (1) Alle Bürger haben das Recht, innerhalb der Schranken der für alle geltenden Gesetze ihre Meinung frei und öffentlich zu äußern und sich zu diesem Zweck friedlich und unbewaffnet zu versammeln. Diese Freiheit wird durch kein Dienst- oder Arbeitsverhältnis beschränkt; niemand darf benachteiligt werden, wenn er von diesem Recht Gebrauch macht.

(2) Eine Pressezensur findet nicht statt.

Art. 10. . . . (3) Jeder Bürger hat das Recht auszuwandern. Dieses Recht kann nur durch Gesetz beschränkt werden . . .

Art. 12. (1) Alle Bürger haben das Recht, zu Zwecken, die den Strafgesetzen nicht zuwiderlaufen, Vereine oder Gesellschaften zu bilden . . .

Art. 14. (1) Das Recht, Vereinigungen zur Förderung der Lohn- und Arbeitsbedingungen anzugehören, ist für jedermann gewährleistet. Alle Abreden und Maßnahmen, welche diese Freiheit einschränken oder zu behindern suchen, sind rechtswidrig und verboten.

(2) Das Streikrecht der Gewerkschaften ist gewährleistet . . .

Wirtschaftsordnung

Art. 19. (1) Die Ordnung des Wirtschaftslebens muß Grundsätzen sozialer Gerechtigkeit entsprechen; sie muß allen ein menschenwürdiges Dasein sichern . . .

Art. 22. (1) Das Eigentum wird von der Verfassung gewährleistet. Sein Inhalt und seine Schranken ergeben sich aus den Gesetzen und den sozialen Pflichten gegenüber der Gemeinschaft . . .

Art. 23. (1) Beschränkungen des Eigentums und Enteignungen können nur zum Wohle der Allgemeinheit und auf gesetzlicher Grundlage vorgenommen werden. Sie erfolgen gegen angemessene Entschädigung, soweit das Gesetz nichts anderes bestimmt . . .

(5) Der private Großgrundbesitz, der mehr als 100 Hektar umfaßt, ist aufgelöst und wird ohne Entschädigung aufgeteilt.

(6) Nach Durchführung dieser Bodenreform wird den Bauern das Privateigentum an ihrem Boden gewährleistet.

26

Verfassung der Deutschen Demokratischen Republik vom 9. April 1968 (Auszug)

Präambel

Getragen von der Verantwortung, der ganzen deutschen Nation den Weg in eine Zukunft des Friedens und des Sozialismus zu weisen,

in Ansehung der geschichtlichen Tatsache, daß der Imperialismus unter Führung der USA im Einvernehmen mit Kreisen des westdeutschen Monopolkapitals Deutschland gespalten hat, um Westdeutschland zu einer Basis des Imperialismus und des Kampfes gegen den Sozialismus aufzubauen, was den Lebensinteressen der Nation widerspricht, hat sich das Volk der Deutschen Demokratischen Republik,

fest gegründet auf den Errungenschaften der antifaschistisch-demokratischen und der sozialistischen Umwälzung der gesellschaftlichen Ordnung,

einig in seinen werktätigen Klassen und Schichten das Werk der Verfassung vom 7. Oktober 1949 in ihrem Geiste weiterführend,

und von dem Willen erfüllt, den Weg des Friedens, der sozialen Gerechtigkeit, der Demokratie, des Sozialismus und der Völkerfreundschaft in freier Entscheidung unbeirrt weiterzugehen,

diese sozialistische Verfassung gegeben.

Politische Grundlagen

Art. 1. Die Deutsche Demokratische Republik ist ein sozialistischer Staat deutscher Nation. Sie ist die politische Organisation der Werktätigen in Stadt und Land, die gemeinsam unter Führung der Arbeiterklasse und ihrer marxistisch-leninistischen Partei den Sozialismus verwirklichen.

Die Hauptstadt der Deutschen Demokratischen Republik ist Berlin.

Die Staatsflagge der Deutschen Demokratischen Republik besteht aus den Farben Schwarz-Rot-Gold und trägt auf beiden Seiten in der Mitte das Staatswappen der Deutschen Demokratischen Republik.

Art. 2. (1) Alle politische Macht in der Deutschen Demokratischen Republik wird von den Werktätigen ausgeübt. Der Mensch steht im Mittelpunkt aller Bemühungen der sozialistischen Gesellschaft und ihres Staates. Das gesellschaftliche System des Sozialismus wird ständig vervollkommnet . . .

(3) Die Ausbeutung des Menschen durch den Menschen ist für immer beseitigt. Was des Volkes Hände schaffen, ist des Volkes eigen. Das sozialistische Prinzip »Jeder nach seinen Fähigkeiten, jedem nach seiner Leistung« wird verwirklicht . . .

Art. 3. (1) Das Bündnis aller Kräfte des Volkes findet in der Nationalen Front des demokratischen Deutschland seinen organisierten Ausdruck.

(2) In der Nationalen Front des demokratischen Deutschland vereinigen die Parteien und Massenorganisationen alle Kräfte des Volkes zum gemeinsamen Handeln für die Entwicklung der sozialistischen Gesellschaft . . .

Art. 4. Alle Macht dient dem Wohle des Volkes. Sie sichert sein friedliches Leben, schützt die sozialistische Gesellschaft und gewährleistet die planmäßige Steigerung des Lebensstandards, die freie Entwicklung des Menschen, wahrt seine Würde und garantiert die in dieser Verfassung verbürgten Rechte . . .

Art. 6. (1) Die Deutsche Demokratische Republik hat getreu den Interessen des deutschen Volkes und der internationalen Verpflichtung aller Deutschen auf ihrem Gebiet den deutschen Militarismus und Nazismus ausgerottet und betreibt eine dem Frieden und dem Sozialismus, der Völkerverständigung und der Sicherheit dienende Außenpolitik.

(2) Die Deutsche Demokratische Republik pflegt und entwikkelt entsprechend den Prinzipien des sozialistischen Internationalismus die allseitige Zusammenarbeit und Freundschaft mit der Union der Sozialistischen Sowjetrepubliken und den anderen sozialistischen Staaten . . .

Art. 8. (2) Die Herstellung und Pflege normaler Beziehungen und die Zusammenarbeit der beiden deutschen Staaten auf der Grundlage der Gleichberechtigung sind nationales Anliegen der Deutschen Demokratischen Republik. Die Deutsche Demokratische Republik und ihre Bürger erstreben darüber hinaus die Überwindung der vom Imperialismus der deutschen Nation aufgezwungenen Spaltung Deutschlands, die schrittweise Annäherung der beiden deutschen Staaten bis zu ihrer Vereinigung auf der Grundlage der Demokratie und des Sozialismus . . .

Grundrechte und Grundpflichten der Bürger

Art. 19. (1) Die Deutsche Demokratische Republik garantiert allen Bürgern die Ausübung ihrer Rechte und ihre Mitwirkung an der Leitung der gesellschaftlichen Entwicklung. Sie gewährleistet die sozialistische Gesetzlichkeit und Rechtssicherheit.

(2) Achtung und Schutz der Würde und Freiheit der Persönlichkeit sind Gebot für alle staatlichen Organe, alle gesellschaftlichen Kräfte und jeden einzelnen Bürger.

(3) Frei von Ausbeutung, Unterdrückung und wirtschaftlicher Abhängigkeit hat jeder Bürger gleiche Rechte und vielfältige Möglichkeiten, seine Fähigkeiten in vollem Umfange zu entwikkeln und seine Kräfte aus freiem Entschluß zum Wohle der Gesellschaft und zu seinem eigenen Nutzen in der sozialistischen Gemeinschaft ungehindert zu entfalten. So verwirklicht er Freiheit und Würde seiner Persönlichkeit. Die Beziehungen der Bürger werden durch gegenseitige Achtung und Hilfe, durch die Grundsätze sozialistischer Moral geprägt.

(4) Die Bedingungen für den Erwerb und den Verlust der

Staatsbürgerschaft der Deutschen Demokratischen Republik werden durch Gesetz bestimmt.

Art. 20. (1) Jeder Bürger der Deutschen Demokratischen Republik hat unabhängig von seiner Nationalität, seiner Rasse, seinem weltanschaulichen oder religiösen Bekenntnis, seiner sozialen Herkunft und Stellung die gleichen Rechte und Pflichten. Gewissens- und Glaubensfreiheit sind gewährleistet. Alle Bürger sind vor dem Gesetz gleich.

(2) Mann und Frau sind gleichberechtigt und haben die gleiche Rechtsstellung in allen Bereichen des gesellschaftlichen, staatlichen und persönlichen Lebens . . .

Art. 21. (1) Jeder Bürger der Deutschen Demokratischen Republik hat das Recht, das politische, wirtschaftliche, soziale und kulturelle Leben der sozialistischen Gemeinschaft und des sozialistischen Staates umfassend mitzugestalten. Es gilt der Grundsatz »Arbeite mit, plane mit, regiere mit!« . . .

Art. 23. (1) Der Schutz des Friedens und des sozialistischen Vaterlandes und seiner Errungenschaften ist Recht und Ehrenpflicht der Bürger der Deutschen Demokratischen Republik. Jeder Bürger ist zum Dienst und zu Leistungen für die Verteidigung der Deutschen Demokratischen Republik entsprechend den Gesetzen verpflichtet . . .

Art. 27. (1) Jeder Bürger der Deutschen Demokratischen Republik hat das Recht, den Grundsätzen dieser Verfassung gemäß seine Meinung frei und öffentlich zu äußern . . .

(2) Die Freiheit der Presse, des Rundfunks und des Fernsehens ist gewährleistet.

Art. 28. (1) Alle Bürger haben das Recht, sich im Rahmen der Grundsätze und Ziele der Verfassung friedlich zu versammeln . . .

Art. 29. Die Bürger der Deutschen Demokratischen Republik haben das Recht auf Vereinigung, um durch gemeinsames Handeln in politischen Parteien, gesellschaftlichen Organisationen, Vereinigungen und Kollektiven ihre Interessen in Übereinstimmung mit den Grundsätzen und Zielen der Verfassung zu verwirklichen.

Art. 30. (1) Die Persönlichkeit und Freiheit jedes Bürgers der Deutschen Demokratischen Republik sind unantastbar . . .

Art. 31. (1) Post- und Fernmeldegeheimnis sind unverletzbar.

(2) Sie dürfen nur auf gesetzlicher Grundlage eingeschränkt werden, wenn es die Sicherheit des sozialistischen Staates oder eine strafrechtliche Verfolgung erfordern.

Art. 32. Jeder Bürger der Deutschen Demokratischen Republik hat im Rahmen der Gesetze das Recht auf Freizügigkeit innerhalb des Staatsgebietes der Deutschen Demokratischen Republik . . .

Art. 39. (1) Jeder Bürger der Deutschen Demokratischen Republik hat das Recht, sich zu einem religiösen Glauben zu bekennen und religiöse Handlungen auszuüben.

27

Gesetz zur Änderung der Verfassung der Deutschen Demokratischen Republik vom 7. Oktober 1974 (Auszug)

In Übereinstimmung mit Artikel 63 und Artikel 108 der Verfassung der Deutschen Demokratischen Republik beschließt die Volkskammer

§ 1
Die Präambel erhält folgende Fassung:

»In Fortsetzung der revolutionären Traditionen der deutschen Arbeiterklasse und gestützt auf die Befreiung vom Faschismus hat das Volk der Deutschen Demokratischen Republik in Übereinstimmung mit den Prozessen der geschichtlichen Entwicklung unserer Epoche sein Recht auf sozial-ökonomische, staatliche und nationale Selbstbestimmung verwirklicht und gestaltet die entwickelte sozialistische Gesellschaft.

Erfüllt von dem Willen, seine Geschicke frei zu bestimmen, unbeirrt auch weiter den Weg des Sozialismus und Kommunismus, des Friedens, der Demokratie und Völkerfreundschaft zu gehen, hat sich das Volk der Deutschen Demokratischen Republik diese sozialistische Verfassung gegeben.«

§ 2
Artikel 1 erster Absatz erhält folgende Fassung:

»Die Deutsche Demokratische Republik ist ein sozialistischer Staat der Arbeiter und Bauern. Sie ist die politische Organisation der Werktätigen in Stadt und Land unter Führung der Arbeiterklasse und ihrer marxistisch-leninistischen Partei.«

§ 3
Artikel 2 Absatz 1 erhält folgende Fassung:

»(1) Alle politische Macht in der Deutschen Demokratischen

Republik wird von den Werktätigen in Stadt und Land ausgeübt. Der Mensch steht im Mittelpunkt aller Bemühungen der sozialistischen Gesellschaft und ihres Staates. Die weitere Erhöhung des materiellen und kulturellen Lebensniveaus des Volkes auf der Grundlage eines hohen Entwicklungstempos der sozialistischen Produktion, der Erhöhung der Effektivität, des wissenschaftlich-technischen Fortschritts und des Wachstums der Arbeitsproduktivität ist die entscheidende Aufgabe der entwickelten sozialistischen Gesellschaft.«

§ 4
In Artikel 3 Absatz 1 und 2 werden die Worte »Nationalen Front des demokratischen Deutschland« jeweils durch »Nationalen Front der Deutschen Demokratischen Republik« ersetzt.

§ 5
In Artikel 4 Satz 2 werden die Worte »planmäßige Steigerung des Lebensstandards« durch »sozialistische Lebensweise der Bürger« ersetzt.

§ 6
Im Artikel 6 erhalten Absatz 1 bis 4 folgende Fassung:

»(1) Die Deutsche Demokratische Republik hat getreu den Interessen des Volkes und den internationalen Verpflichtungen auf ihrem Gebiet den deutschen Militarismus und Nazismus ausgerottet. Sie betreibt eine dem Sozialismus und dem Frieden, der Völkerverständigung und der Sicherheit dienende Außenpolitik.

(2) Die Deutsche Demokratische Republik ist für immer und unwiderruflich mit der Union der Sozialistischen Sowjetrepubliken verbündet. Das enge und brüderliche Bündnis mit ihr garantiert dem Volk der Deutschen Demokratischen Republik das weitere Voranschreiten auf dem Wege des Sozialismus und des Friedens.

Die Deutsche Demokratische Republik ist untrennbarer Bestandteil der sozialistischen Staatengemeinschaft. Sie trägt getreu den Prinzipien des sozialistischen Internationalismus zu ihrer Stärkung bei, pflegt und entwickelt die Freundschaft, die allseitige Zusammenarbeit und den gegenseitigen Beistand mit allen Staaten der sozialistischen Gemeinschaft.«

§ 8
Artikel 8 Absatz 2 wird gestrichen . . .

ZEITTAFEL

1943

18. 10.–30. 10. Erste Außenministerkonferenz der Anti-Hitler-Koalition in Moskau: Die Alliierten verabschieden ein Grundsatzprogramm der USA zur Nachkriegsbehandlung Deutschlands. Es sieht die vollständige Besetzung, Entmilitarisierung und Zerstörung des Rüstungspotentials vor. Ostpreußen soll an Polen fallen. Eine Sonderkommission (EAC) wird mit der Ausarbeitung eines detaillierten Besatzungsprogramms beauftragt.

28. 11.–1. 12. Roosevelt, Churchill und Stalin treffen sich zur ersten Gipfelkonferenz in Teheran. Die Großen Drei einigen sich auf eine »Westverlagerung« Polens »bis zur Oder«. Roosevelt legt einen Plan zur Aufteilung Deutschlands in fünf Staaten und drei internationale Zonen vor.

1944

11. 9.–19. 9. Roosevelt und Churchill stimmen auf der Konferenz von Quebec dem Morgenthau-Plan zu, der die Entindustrialisierung Deutschlands vorsieht. Kurz darauf distanzieren sich beide Regierungschefs von dem Plan.

12. 9.	Die EAC legt in einem Protokoll die Grenzen der Besatzungszonen und die Dreimächte-Verwaltung des Gebiets von Groß-Berlin fest. – Nach dem Beitritt Frankreichs wird das Abkommen entsprechend ergänzt.

1945

4. 2.–11. 2.	Konferenz von Jalta (Krim): Die Großen Drei nehmen Frankreich als vierte Besatzungsmacht Deutschlands auf. Roosevelt und Churchill lehnen die Lausitzer Neiße als deutsch-polnische Grenze ab. Roosevelt gesteht der Sowjetunion 10 Milliarden Dollar als Reparationsforderung zu. Die Frage der deutschen Teilung wird einem Sonderausschuß überwiesen. (Der Ausschuß wird jedoch nie tätig.)
12. 4.	Roosevelt stirbt, Harry S. Truman wird neuer Präsident der USA.
8. 5.	Die deutsche Wehrmacht kapituliert, der Zweite Weltkrieg ist in Europa beendet.
5. 6.	Die Alliierten übernehmen mit einer Proklamation die »oberste Regierungsgewalt« in Deutschland.
10. 6.	Als erste Besatzungsmacht läßt die Sowjetische Militäradministration (SMA) politische Parteien zu. In kurzen Abständen konstituieren sich in Berlin KPD, SPD, CDU und LDPD.
21. 6.	Die amerikanischen und britischen Truppen ziehen sich aus der sowjetischen Besatzungszone zurück und übernehmen im Tausch ihre Sektoren in Berlin.
17. 6.–2. 8.	Konferenz von Potsdam: Unter Ausschluß Frankreichs beschließen die Großen Drei (Truman, Stalin, Churchill bzw. Attlee) Richtlinien für eine gemeinsame Deutschlandpolitik. Die

Oder-Neiße-Linie wird »vorbehaltlich einer Friedensregelung« als polnische Westgrenze anerkannt. Deutschland soll als wirtschaftliche Einheit behandelt werden. Stalin verzichtet auf eine bestimmte Summe als Reparationsforderung. Die deutschen Reparationsleistungen sollen von einer Sonderkommission ermittelt werden. – Eine deutsche Regierung soll »vorerst« nicht gebildet werden. Dem Alliierten Kontrollrat sollen deutsche Zentralverwaltungen beigegeben werden.

30. 8. Der Alliierte Kontrollrat konstituiert sich in Berlin.

1. 10. Frankreich legt sein Veto gegen die Errichtung deutscher Zentralverwaltungen ein.

1946

3. 5. General Clay stellt die Reparationslieferungen aus der US-Zone an die Sowjetunion ein.

22. 4. Gründung der SED in der Sowjetzone. (In Groß-Berlin hat sich die Mehrheit der SPD-Mitglieder am 31. 3. in einer Urabstimmung gegen die Verschmelzung mit der KPD ausgesprochen. Die SPD bleibt in Groß-Berlin als selbständige Partei bestehen.)

25. 4.–12. 7. Außenministerkonferenz der vier Besatzungsmächte in Paris: Frankreich lehnt nach wie vor deutsche Zentralverwaltungen ab und fordert die Abtrennung des Ruhrgebiets, des Rheinlands und der Saar von Deutschland. Die Sowjetunion fordert 10 Milliarden Dollar Reparationen und eine Viermächte-Kontrolle des Ruhrgebiets. Die USA und England lehnen die französischen und sowjetischen Forderungen ab und vereinbaren eine Verschmelzung ihrer Zonen.

5. 9. Die Militärgouverneure der britischen und amerikanischen Zone unterzeichnen das »Bizonen-Abkommen«. Es tritt am 1. 1. 1947 in Kraft.

6. 9. US-Außenminister Byrnes kündigt in Stuttgart die Revision der amerikanischen Deutschlandpolitik und ein selbständiges Vorgehen in der Bizone an.

20. 10. Landtagswahlen in der Sowjetzone (letzte Wahlen mit getrennten Listen) und in Groß-Berlin: Die SED erreicht in den Ländern 43,5 bis 49,1 %, in Groß-Berlin 19,8 % der Stimmen.

18. 12. Frankreich beginnt durch Errichtung einer Zollschranke mit der wirtschaftlichen Annexion des Saargebietes.

1947

25. 2. Der Kontrollrat erklärt das Land Preußen für aufgelöst.

10. 3.–24. 4. Außenministerkonferenz der vier Besatzungsmächte in Moskau: Die Sowjetunion legt einen detaillierten Deutschlandplan vor: Wiederherstellung der Wirtschaftseinheit, Ausarbeitung einer Verfassung, Wahlen, Regierungsbildung. Nach wie vor fordert Moskau jedoch 10 Milliarden Dollar Reparationen und Kontrolle des Ruhrgebiets. Die Westmächte lehnen abermals ab.

5. 6. US-Außenminister Marshall verkündet ein Hilfsprogramm für Europa, den »Marshall-Plan«. Die »Bizone« wird daran beteiligt.

5. 6.–7. 6. Die Ministerpräsidenten aller deutschen Länder treffen sich erstmals in München. Die Länderchefs der Ostzone fordern die Erörterung der Einheit Deutschlands, die Länderchefs der West-

zonen lehnen ab. Darauf verlassen die Ministerpräsidenten der Ostzone die Konferenz.

25. 11.–15. 12. Außenministerkonferenz der vier Besatzungsmächte in London: Beide Seiten beharren auf ihren Forderungen. US-Außenminister Marshall lehnt die sowjetischen Reparationsforderungen kategorisch ab und beantragt Beendigung der Konferenz. Damit ist die Viermächte-Politik endgültig gescheitert.

19. 12. Jakob Kaiser und Ernst Lemmer als CDU-Vorsitzende der Ostzone abgesetzt. Die Gleichschaltung der bürgerlichen Parteien beginnt.

1948

9. 2. Die Verwaltung der »Bizone« wird zu einer Wirtschaftsregierung mit Sitz in Frankfurt ausgebaut. Der »Wirtschaftsrat«, das Parlament des »Vereinigten Wirtschaftsgebietes«, konstituiert sich am 24. 2.

23. 2.–6. 3. Konferenz der drei Westmächte und der Benelux-Staaten in London: Grundsatzeinigung über die Gründung eines westdeutschen Staates.

20. 3. Der sowjetische Militärgouverneur, Marschall Sokolowski, verläßt aus Protest gegen die Londoner Konferenz den Kontrollrat. Die Viermächte-Verwaltung Deutschlands ist beendet.

20. 4.–3. 6. Die drei Westmächte und die Benelux-Staaten beschließen auf einer zweiten Konferenz in London die Errichtung eines westdeutschen Staates (»Londoner Empfehlungen«).

1. 7. Die drei westlichen Militärgouverneure befehlen den westdeutschen Ministerpräsidenten die Einberufung einer Verfassunggebenden Versammlung für einen westdeutschen Staat (»Frankfurter Dokumente«).

10. 7. Die Ministerpräsidenten stimmen unter der Bedingung zu, daß »das zu schaffende Gebilde« nur ein »Provisorium« sein dürfe. Die Worte »Verfassung« und »Verfassunggebende Versammlung« werden durch »Grundgesetz« und »Parlamentarischer Rat« ersetzt.

18. 6. Die westlichen Militärgouverneure ordnen eine Währungsreform an, die am 20. 6. in Kraft tritt.

20. 6. Die Sowjetische Militäradministration ordnet als Gegenmaßnahme in ihrer Zone ebenfalls eine Währungsreform an.

23. 6. Die Westalliierten führen die Westmark in West-Berlin ein. Die Sowjets verhängen die Blockade gegen West-Berlin.

1. 9. Der Parlamentarische Rat konstituiert sich in Bonn.

30. 11. In Ost-Berlin wird nach der Vertreibung der Gesamtberliner Stadtverwaltung aus dem Ostsektor ein Gegen-Magistrat gebildet. – In West-Berlin wird Ernst Reuter am 7. 12. zum Bürgermeister gewählt.

1949

4. 4. Gründung des Nordatlantikpakts (NATO).

4. 5. In New York unterzeichnen die UN-Delegierten Jessup (USA) und Malik (UdSSR) ein Abkommen über die Aufhebung der Berliner Blockade.

12. 5. Die Berliner Blockade wird aufgehoben. Die Westalliierten genehmigen das Grundgesetz.

23. 5. Das Grundgesetz tritt in Kraft, die Bundesrepublik Deutschland ist gegründet. Sie ist ein halbautonomer Staat. Die drei Westmächte behalten sich im Besatzungsstatut zahlreiche Souveräni-

tätsrechte vor, darunter die Kontrolle des Außenhandels und die Auswärtigen Beziehungen.

30. 5. In Ost-Berlin konstituiert sich der »3. Deutsche Volkskongreß«, der über Einheitslisten gewählt wurde (66,1 % Ja-Stimmen). Der Volkskongreß wählt aus seinen Reihen eine Verfassunggebende Versammlung, den »Deutschen Volksrat«.

23. 5.–26. 6. Außenministerkonferenz der vier Besatzungsmächte in Paris: Die Sowjetunion verlangt die Wiederaufnahme der Tätigkeit des Kontrollrats, die Westalliierten fordern den »Beitritt« der Ostzone zur Bundesrepublik.

14. 8. Wahlen zum 1. Deutschen Bundestag: Die CDU/CSU erringt 31 %, die SPD 29,2 % der Stimmen.

15. 9. Der Bundestag wählt Konrad Adenauer mit einer Stimme Mehrheit zum Bundeskanzler.

7. 10. In Ost-Berlin konstituiert sich der Volksrat als »Provisorische Volkskammer« und proklamiert die Deutsche Demokratische Republik. Staatspräsident wird der ehemalige KPD-Vorsitzende Wilhelm Pieck, Ministerpräsident der frühere SPD-Vorsitzende Otto Grotewohl.

22. 11. Petersberger Abkommen: Die Bundesregierung verpflichtet sich, »mit allen ihr zur Verfügung stehenden Mitteln die Entmilitarisierung des Bundesgebietes aufrechtzuerhalten«.

1950

---

6. 7. Im »Görlitzer Vertrag« erkennt die DDR die Oder-Neiße-Linie als deutsch-polnische Grenze an.

30. 8. Adenauer fordert in einer Denkschrift an die US-Regierung die Aufstellung deutscher Truppen

»innerhalb einer europäischen Armee«. – Bundesinnenminister Heinemann tritt im Verlauf der Kontroverse aus Protest gegen die Aufrüstung zurück.

18. 9. Die drei Westmächte beschließen auf einer Außenministerkonferenz in New York die Aufstellung westdeutscher Streitkräfte und erklären gleichzeitig die Bundesregierung zur alleinigen Vertreterin des deutschen Volkes.

26. 10. In Bonn wird das »Amt Blank« zur Vorbereitung der Wiederbewaffnung gegründet.

30. 11. Grotewohl bietet Adenauer Gespräche über einen »Gesamtdeutschen Konstituierenden Rat« an. Adenauer lehnt die Beantwortung des Vorschlags ab.

1951

15. 2. In Paris beginnen die Verhandlungen über die Bildung einer »Europäischen Verteidigungsgemeinschaft« (EVG) unter Teilnahme der Bundesrepublik. Es wird vereinbart, daß die BRD 12 Divisionen aufstellt und als Gegenleistung die Souveränität erhält. In der Bundesrepublik wächst der Widerstand gegen die Aufrüstung.

1952

9. 1. Die Volkskammer verabschiedet einen Gesetzentwurf für gesamtdeutsche Wahlen, der dem Wahlgesetz der Weimarer Republik entspricht.

8. 2. Der Bundestag beschließt gegen die Stimmen der SPD die Aufstellung einer neuen Armee.

10. 3. Die Sowjetunion bietet den Westmächten die Wiedervereinigung Deutschlands an. Bedingung: Deutschland darf keinem Militärpakt angehören.

Die Westmächte und die Bundesregierung lehnen die Neutralisierung Gesamtdeutschlands ab. Sie fordern den Anschluß der DDR an die BRD und als ersten Schritt freie Wahlen in der DDR unter internationaler Kontrolle.

26. 5.–27. 5. In Bonn wird der »Generalvertrag« unterzeichnet, durch den die Westmächte der BRD die Souveränität verleihen. In Paris wird der EVG-Vertrag unterzeichnet.

26. 5. Die DDR schließt die Zonengrenze und errichtet eine Sperrzone.

12. 7. Die SED proklamiert den »Aufbau des Sozialismus« in der DDR.

15. 7. Die Opposition reicht beim Bundesverfassungsgericht Klage gegen die EVG-Verträge ein. Die Klage wird abgewiesen.

23. 7. Die Volkskammer löst durch Gesetz die fünf Länder der DDR (Mecklenburg, Brandenburg, Sachsen-Anhalt, Thüringen und Sachsen) auf und gliedert die DDR in 14 Bezirke.

6. 8. Bundespräsident Heuss beantragt beim Bundesverfassungsgericht ein Gutachten über die EVG-Verträge. Unter dem Druck der Bundesregierung zieht Heuss den Antrag wieder zurück.

4. 11. General Dwight D. Eisenhower zum Präsidenten der USA gewählt. John Foster Dulles wird Außenminister.

1953

5. 3. Tod Stalins. Sein Nachfolger als Partei- und Regierungschef wird zunächst Georgij Malenkow. Er muß die Parteiführung am 13. 9. 1953 an Nikita Chruschtschow und den Ministerratsvorsitz am 8. 2. 1955 an Nikolai Bulganin abtreten.

16. 6.–17. 6. Aufstand in der DDR.

23. 8. Die Sowjetunion erläßt der DDR weitere Reparationsleistungen und gibt die beschlagnahmten SAG-Betriebe zurück. (Nach westlichen Berechnungen hat die DDR bzw. die sowjetische Besatzungszone von 1945 bis 1953 Sachlieferungen und Leistungen im Wert von 10–12 Milliarden Dollar an Reparationen für die Sowjetunion aufgebracht.)

1954

25. 1.–18. 2. Außenministerkonferenz der vier Mächte in Berlin: Die Sowjetunion bietet abermals die Wiedervereinigung unter der Bedingung der Neutralisierung an. Sie verzichtet auf Reparationen. Die Westmächte beharren auf der »Entscheidungsfreiheit« einer gesamtdeutschen Regierung.

30. 3. Der Bundestag ratifiziert die EVG-Verträge.

31. 8. Die Pariser Nationalversammlung lehnt die EVG-Verträge ab. Sie sind damit gescheitert.

3. 10. Auf einer Neun-Mächte-Konferenz in London wird eine Ersatzlösung für die EVG beschlossen: Die BRD wird als Vollmitglied in die NATO aufgenommen. Es bleibt bei den geplanten 12 Divisionen, die BRD verzichtet jedoch auf die Herstellung von ABC-Waffen und unterwirft sich einer Rüstungskontrolle.

23. 10. Die Sowjetunion bietet abermals die Wiedervereinigung an und erklärt sich mit freien Wahlen als erstem Schritt einverstanden.

23. 10. Die »Pariser Verträge« (NATO-Mitgliedschaft der BRD, Wiederbewaffnung, Rüstungskontrolle, Souveränität) werden unterzeichnet.

15. 1. Die Sowjetunion bietet letztmalig die Wiedervereinigung an und erklärt sich mit internationaler Kontrolle gesamtdeutscher Wahlen einverstanden. Sie erklärt, daß nach Ratifizierung der Pariser Verträge eine »neue Lage« entstehen werde, die die Wiedervereinigung unmöglich mache.

29. 1. Die »Paulskirchen-Bewegung«, eine von SPD und DGB unterstützte außerparlamentarische Aktion, erklärt in einem »Deutschen Manifest«, daß die Wiederbewaffnung die »Chancen der Wiedervereinigung für unabsehbare Zeit auslösche«.

27. 2. Der Bundestag ratifiziert die Pariser Verträge.

5. 5. Die Pariser Verträge treten in Kraft, die Bundesrepublik ist ein souveräner Staat.

14. 5. Der »Warschauer Pakt« wird gegründet, die DDR als Vollmitglied aufgenommen.

17. 7.–23. 7. Gipfelkonferenz der Vier Mächte in Genf (Eisenhower, Eden, Faure, Bulganin/Chruschtschow): Die Sowjetunion lehnt nunmehr gesamtdeutsche Wahlen und Wiedervereinigung ab. Sie schlägt statt dessen ein gesamteuropäisches Sicherheitssystem unter Einschluß der beiden deutschen Staaten vor.

9. 9.–13. 9. Adenauer in Moskau: Die BRD und die UdSSR nehmen diplomatische Beziehungen auf, die UdSSR entläßt die noch inhaftierten Kriegsgefangenen.

20. 9. Die Sowjetunion verleiht der DDR durch einen Generalvertrag die Souveränität.

27. 10.–16. 11.	Außenministerkonferenz der Vier Mächte in Genf: Die Sowjetunion erklärt, die Wiedervereinigung sei von nun an »Sache der Deutschen selbst«. Sie schlägt einen »Gesamtdeutschen Rat« vor.

1956

1. 1.	Die ersten 1000 Freiwilligen der Bundeswehr rücken ein.
18. 1.	Die Volkskammer beschließt die Errichtung der »Nationalen Volksarmee«.
7. 7.	Der Bundestag beschließt die Einführung der allgemeinen Wehrpflicht.
17. 8.	Das Bundesverfassungsgericht erklärt die KPD auf Antrag der Bundesregierung für verfassungswidrig.
31. 12.	SED-Chef Ulbricht schlägt eine »Konföderation« beider deutscher Staaten vor.

1957

4. 4.	Adenauer fordert Atomwaffen für die Bundeswehr.
12. 4.	Protest von 18 westdeutschen Kernphysikern gegen die atomare Bewaffnung der Bundeswehr (»Göttinger Erklärung«).
3. 10.	Der polnische Außenminister Rapacki schlägt eine atomwaffenfreie Zone vor. Sie soll auf westlicher Seite die BRD, auf östlicher Seite die DDR, Polen und die Tschechoslowakei umfassen. Die Westmächte und die Bundesrepublik lehnen den Vorschlag ab.

19. 10.	Bonn bricht in Anwendung der »Hallstein-Doktrin« die Beziehungen zu Jugoslawien ab, nachdem Jugoslawien die DDR anerkannt hat.

1958

25. 3.	Der Bundestag beschließt die Ausrüstung der Bundeswehr mit Atomwaffen.
27. 3.	Der sowjetische Parteichef Chruschtschow stürzt Ministerpräsident Bulganin und übernimmt zusätzlich das Amt des Regierungschefs.
31. 10.	Die USA, die UdSSR und Großbritannien beginnen in Genf Verhandlungen über die Beendigung der Atomwaffenversuche.
27. 11.	Berlin-Ultimatum der Sowjetunion: Die UdSSR kündigt das Viermächte-Abkommen von 1944 und fordert die Umwandlung Westberlins in eine »Freie Stadt« und den Abzug der Westmächte innerhalb eines halben Jahres.
31. 12.	Die Westmächte weisen das Ultimatum zurück, erklären sich aber zu Verhandlungen bereit.

1959

10. 1.	Die UdSSR schlägt den Westmächten einen Friedensvertrag mit Deutschland auf der Basis der Teilung vor: Beide deutsche Staaten sollen neutralisiert werden.
11. 5.–5. 8.	Außenministerkonferenz der Vier Mächte unter Beteiligung zweier deutscher Beraterdelegationen in Genf: Die UdSSR zieht das Berlin-Ultimatum zurück, die Westmächte erklären sich zu weiteren Beratungen über die Berlin-Frage bereit. Die Westmächte lehnen den sowjetischen Friedensvertragsvorschlag ab und beharren auf gesamtdeutschen freien Wahlen.

15. 9.–28. 9. Chruschtschow besucht auf Einladung Präsident Eisenhowers die USA. Eine neue Gipfelkonferenz wird vereinbart.

1. 10. Die Staatsflagge der DDR (schwarz-rot-gold) wird durch das Staatswappen (Hammer und Zirkel) ergänzt. In der BRD wird das Zeigen der neuen DDR-Flagge in der Öffentlichkeit polizeilich verboten.

13. 12. In der DDR beginnt die Endphase der Kollektivierung der Landwirtschaft (Umwandlung der Privatbetriebe in Landwirtschaftliche Produktionsgenossenschaften = LPG).

1960

1. 5. In der Nähe von Swerdlowsk (Ural) wird ein amerikanisches Aufklärungsflugzeug vom Typ U-2 abgeschossen.

17. 5. Auf der vereinbarten Gipfelkonferenz in Paris verlangt Chruschtschow eine Entschuldigung Eisenhowers für den U-2-Zwischenfall. Als Eisenhower ablehnt, verläßt Chruschtschow die Konferenz. Eine neue Phase der Konfrontation beginnt.

7. 9. Wilhelm Pieck ist tot. Das Amt des Präsidenten der DDR wird durch einen kollektiven »Staatsrat« ersetzt. Erster Vorsitzender wird Walter Ulbricht.

8. 11. John F. Kennedy zum Präsidenten der USA gewählt.

1961

3. 6.–4. 6. Kennedy und Chruschtschow treffen sich in Wien. Chruschtschow beharrt auf der Lösung der Berlin-Frage und droht erneut mit einem Separatfrieden mit der DDR. Kennedy erklärt, daß die Westmächte sich nicht aus West-Berlin vertreiben lassen. – Als Folge der zunehmenden Spannungen in der Berlin-Frage schwillt die Abwanderungsbewegung aus der DDR lawinenartig an. Ab Juli werden täglich über 1000 Flüchtlinge registriert.

13. 8. Die DDR riegelt West-Berlin militärisch ab. Die Errichtung der Mauer beginnt. Alle Verkehrsverbindungen nach Ost-Berlin werden bis auf drei Straßenübergänge und einen S-Bahnübergang gesperrt. – Die Westmächte verhalten sich passiv.

22. 10.–28. 10. Bundestagswahlen in der BRD: Die CDU/CSU verliert die absolute Mehrheit. Die FDP fordert Adenauer das Versprechen ab, vor Ablauf der neuen Legislaturperiode zurückzutreten.

1962

24. 1. Einführung der allgemeinen Wehrpflicht in der DDR.

22. 10.–28. 10. Kuba-Krise: Nachdem die UdSSR Mittelstrekkenraketen auf Kuba stationiert hat, verhängen die USA die Seeblockade gegen die Insel. Chruschtschow zieht die Raketen ab, Kennedy verzichtet auf eine Invasion. – Beginn der Ost-West-Entspannung.

1963

26. 6. Kennedy in West-Berlin: »Ich bin ein Berliner!«

15. 5.	Teststopp-Abkommen in Moskau unterzeichnet: Die UdSSR, die USA und Großbritannien stellen alle oberirdischen Atomwaffenversuche ein. Die DDR tritt dem Abkommen am 8. 8., die BRD am 19. 8. bei.
15. 10.	Konrad Adenauer tritt zurück. Ludwig Erhard wird neuer Bundeskanzler.
22. 11.	John F. Kennedy ermordet. Lyndon B. Johnson wird neuer Präsident der USA.
17. 12.	Erstes Passierscheinabkommen mit der DDR: Westberliner dürfen zu Weihnachten, Ostern und Pfingsten Verwandte in Ost-Berlin besuchen.

1964

12. 6.	»Freundschaftsvertrag« zwischen der DDR und der UdSSR: Die Sowjetunion garantiert die Grenzen der DDR, beide Seiten betrachten West-Berlin als »selbständige politische Einheit«.
21. 9.	Otto Grotewohl ist tot, Willi Stoph neuer Ministerpräsident der DDR.
8. 10.	Das IOC läßt künftig zwei getrennte deutsche Mannschaften zu den Olympischen Spielen zu.
14. 10.	Chruschtschow gestürzt. Breschnew wird Parteichef, Kossygin Regierungschef in Moskau.

1965

24. 2.–2. 3.	Auf Einladung des ägyptischen Staatschefs Nasser reist Ulbricht zum ersten Staatsbesuch ins nichtsozialistische Ausland. – In der Folgezeit knüpft die DDR konsularische und Handelsbeziehungen zu zahlreichen Ländern der Dritten Welt an.

1966

11. 2. SED-Chef Walter Ulbricht schlägt in einem offenen Brief an die Delegierten des SPD-Parteitages in Dortmund eine »große gesamtdeutsche Beratung« vor. – Im Verlauf des Briefwechsels einigen sich beide Parteien auf einen Redneraustausch: SPD-Vertreter sollen in der DDR, SED-Vertreter in der BRD auf öffentlichen Kundgebungen sprechen.

23. 6. Der Bundestag beschließt ein Gesetz über »freies Geleit« für die SED-Redner.

29. 6. Die SED sagt den Redneraustausch ab, weil durch das »Handschellengesetz« die westdeutsche Gerichtsbarkeit auf Bürger der DDR ausgedehnt werde.

30. 11. Ludwig Erhard tritt zurück, CDU/CSU und SPD bilden die Große Koalition. Kurt Georg Kiesinger wird Bundeskanzler, der SPD-Vorsitzende Willy Brandt (bisher Regierender Bürgermeister von West-Berlin) Außenminister.

6. 12. Die Erneuerung des Berliner Passierscheinabkommens scheitert: Bundesregierung und Westberliner Senat lehnen die Anerkennungsformel der DDR ab.

1967

31. 1. Die BRD stellt diplomatische Beziehungen zu Rumänien als zweitem Ostblockland her und gibt damit die Hallstein-Doktrin gegenüber den kommunistischen Staaten auf.

10. 2. Die übrigen Warschauer-Pakt-Staaten verpflichten sich, erst dann Beziehungen zu Bonn aufzunehmen, wenn die BRD die DDR anerkannt habe.

10. 5.	Stoph schlägt in einem Brief an Kiesinger Verhandlungen zur Aufnahme »normaler Beziehungen« vor. Kiesinger ist mit Beratungen einverstanden, lehnt aber einen Vertrag ab und hält an der »Alleinvertretung« fest.

1968

31. 1.	Bonn nimmt die 1957 abgebrochenen diplomatischen Beziehungen zu Jugoslawien wieder auf.
6. 4.	In der DDR wird durch Volksentscheid eine »sozialistische Verfassung« angenommen. Art. 1: »Die DDR ist ein sozialistischer Staat deutscher Nation.«
11. 6.	Die DDR führt für Westdeutsche und Westberliner den Paß- und Visumzwang ein.
1. 7.	Atomwaffensperrvertrag von den USA, Großbritannien und der UdSSR in London unterzeichnet. Die Mächte verpflichten sich, Atomwaffen nicht an dritte Länder weiterzugeben.

1969

8. 5.	Kambodscha nimmt als erster nichtsozialistischer Staat Beziehungen zur DDR auf. – Es folgen zahlreiche arabische und afrikanische Staaten.
21. 10.	Nach den Bundestagswahlen vom 28. 9. bilden SPD und FDP die neue Bundesregierung. Willy Brandt wird Kanzler, Walter Scheel Außenminister.

1970

22. 1. Bundeskanzler Brandt bietet Ministerpräsident Stoph »Verhandlungen über den Austausch von Gewaltverzichtserklärungen an«.

11. 2. Stoph schlägt in seiner Antwort ein Treffen der beiden Regierungschefs vor.

19. 3. Brandt trifft Stoph in Erfurt: Stoph fordert einen Anerkennungsvertrag, Brandt lehnt »völkerrechtliche« Anerkennung ab.

21. 5. Stoph zum Gegenbesuch in Kassel: Brandt beharrt auf der »Einheit der Nation«, Stoph lehnt »innerdeutsche Beziehungen« ab.

12. 8. Brandt unterzeichnet den »Moskauer Vertrag« mit der UdSSR: Die BRD anerkennt die Oder-Neiße-Grenze und die »Grenze zwischen der BRD und der DDR«. – In einer Absichtserklärung verpflichtet sich die BRD, mit der DDR »Beziehungen auf der Grundlage der vollen Gleichberechtigung« aufzunehmen.

27. 11. Die Staatssekretäre Bahr (BRD) und Kohl (DDR) nehmen Verhandlungen auf.

7. 12. Brandt unterzeichnet den »Warschauer Vertrag« mit Polen: Die BRD anerkennt die Oder-Neiße-Grenze als polnische Westgrenze.

1971

3. 5. Erich Honecker löst Walter Ulbricht als Parteichef der SED ab.

3. 9. Die ehemaligen Besatzungsmächte schließen das Viermächte-Abkommen über Berlin: Es garantiert die »gemeinsamen Rechte und Verantwortlichkeiten« der Vier Mächte, schreibt vor, daß der Transitverkehr zwischen West-Berlin und der

BRD »in der einfachsten und schnellsten Weise vor sich geht«, daß die »Kommunikationen« zwischen West- und Ost-Berlin bzw. der DDR verbessert werden, und daß die Bindungen zwischen West-Berlin und der BRD »aufrechterhalten und entwickelt werden«.

17. 12. Die BRD und die DDR schließen das »Transitabkommen«, das den Berlin-Verkehr entsprechend dem Viermächte-Abkommen regelt.

20. 12. Die DDR und der Senat von West-Berlin schließen eine Vereinbarung gemäß dem Viermächte-Abkommen: Westberliner können bis zu 30 Tage im Jahr nach Ost-Berlin und in die DDR reisen. Sie benötigen keine Einladung von Verwandten mehr.

1972

27. 4. Die CDU/CSU bringt ein konstruktives Mißtrauensvotum gegen die Regierung Brandt/ Scheel im Bundestag ein, um die Ratifizierung der »Ostverträge« (Moskauer Vertrag und Warschauer Vertrag) zu verhindern. Das Mißtrauensvotum wird mit 247 Ja- gegen 246 Nein-Stimmen und 3 Enthaltungen abgewiesen. (Die Opposition hätte 249 Ja-Stimmen benötigt.)

17. 5. Der Bundestag ratifiziert die Ostverträge. Der größte Teil der Opposition übt Stimmenthaltung.

26. 5. Die BRD und die DDR schließen den »Verkehrsvertrag«: Westdeutsche können bis zu 30 Tage im Jahr die DDR besuchen. Sie benötigen keine Einladung von Verwandten mehr.

22. 9. Der Bundestag wird auf Antrag der Regierungsparteien aufgelöst.

19. 11. Bei den Neuwahlen wird die SPD erstmals stärkste Partei in der Bundesrepublik (45,8 % der

Stimmen). SPD und FDP verfügen im Bundestag über 271 Mandate gegen 225 der CDU/CSU.

21. 12. Bahr und Kohl unterzeichnen in Ost-Berlin den »Grundlagenvertrag« zwischen den beiden deutschen Staaten: Die BRD und die DDR anerkennen gegenseitig ihre »Unabhängigkeit und Selbständigkeit«. – In einem Zusatzabkommen wird der kleine Grenzverkehr in West-Ost-Richtung erleichtert.

1973

3. 7. Eröffnung der »Konferenz für Sicherheit und Zusammenarbeit in Europa« (KSZE) in Helsinki. Die beiden deutschen Staaten nehmen erstmals gemeinsam und gleichberechtigt an einer internationalen Konferenz teil.

31. 7. Das Bundesverfassungsgericht in Karlsruhe weist die Klage Bayerns gegen den Grundlagenvertrag ab und erklärt den Vertrag für verfassungsgemäß. Gleichzeitig aber stellt das Gericht fest: »Das Deutsche Reich existiert fort . . . Die DDR gehört zu Deutschland und kann im Verhältnis zur Bundesrepublik nicht als Ausland angesehen werden.«

1. 8. Walter Ulbricht ist tot. Willi Stoph wird am 3. 10. neuer Staatsratsvorsitzender, Horst Sindermann Vorsitzender des Ministerrats der DDR.

18. 9. Die beiden deutschen Staaten werden als Mitglieder Nr. 133 (DDR) und 134 (BRD) in die Vereinten Nationen aufgenommen.

1974

2. 5. Die Ständigen Vertretungen der beiden deutschen Staaten nehmen ihre Arbeit in Bonn bzw. Ost-Berlin auf.

6. 5.	Willy Brandt erklärt seinen Rücktritt als Bundeskanzler, nachdem sein persönlicher Referent im Kanzleramt, Günter Guillaume, als DDR-Spion verhaftet worden ist (24. 4.).
16. 5.	Helmut Schmidt zum Bundeskanzler gewählt.
7. 10.	Verfassungsänderung der DDR: Alle Bezüge auf »Deutschland« und die »deutsche Nation« werden getilgt. Die neue Verfassung erklärt die DDR zum »untrennbaren Bestandteil der sozialistischen Staatengemeinschaft«.

1975

19. 6.	Die Volkskammer der DDR verabschiedet ein neues Zivilgesetzbuch, das das alte Bürgerliche Gesetzbuch (BGB) des Deutschen Reiches außer Kraft setzt.
1. 8.	Die beiden deutschen Staaten unterzeichnen die KSZE-Schlußakte in Helsinki. Die Unterzeichner-Staaten verpflichten sich, die Souveränität und die Unverletzlichkeit der Grenzen aller Staaten zu achten sowie die Zusammenarbeit zu fördern, einschließlich der Reisen aus persönlichen Gründen und des freien Informationsaustausches.
7. 10.	Die DDR und die UdSSR schließen einen neuen Vertrag über »Freundschaft, Zusammenarbeit und gegenseitigen Beistand«, der die bestehenden Bindungen verankert.

1976

18. 5.	Die SED gibt sich auf dem IX. Parteitag ein neues Programm und ein neues Parteistatut, das ebenso wie die Verfassung von »nationalen« Bezügen gesäubert ist. Erich Honecker erhält den Titel »Generalsekretär«.

29. 10. Erich Honecker von der Volkskammer zum neuen Staatsratsvorsitzenden der DDR gewählt. Der bisherige Staatsratsvorsitzende Stoph wird Vorsitzender des Ministerrats.

16. 11. Der populäre Protestsänger Wolf Biermann wird während einer Tournee durch die BRD von den DDR-Behörden ausgebürgert. Die Maßnahme löst eine Protestwelle unter den Intellektuellen der DDR aus und führt in der Folge zu weiteren Maßregelungen gegen zahlreiche Schriftsteller und Künstler.

1977

23. 8. Der SED-Ökonom Rudolf Bahro wird nach seiner im Westen veröffentlichten Kritik am System (»Die Alternative«) verhaftet und (30. 6. 78) zu acht Jahren Gefängnis verurteilt (1979 in die BRD abgeschoben).

17. 6. Helmut Schmidt erklärt in einer Regierungserklärung zur Deutschlandpolitik: »Wir bejahen nur eine Nation, wir halten an ihr fest.«

1978

4.–7. 5. Staatsbesuch des sowjetischen Staats- und Parteichefs Leonid Breschnew in der Bundesrepublik.

16. 11. Die beiden deutschen Staaten vereinbaren den Bau einer Autobahn Berlin–Hamburg. Der Bau wird von der Bundesrepublik finanziert.

29. 11. Vereinbarung der deutsch-deutschen Grenzkommission zur »Überprüfung, Erneuerung und Ergänzung der Grenzmarkierung« zwischen BRD und DDR.

1979

28. 6. Die Volkskammer beschließt die Direktwahl der Ostberliner Abgeordneten, die bisher wie die Berliner Abgeordneten des Bundestages in das Parlament delegiert wurden.

12. 12. NATO-Doppelbeschluß: Die NATO beschließt die Stationierung moderner atomarer Mittelstrecken-Raketen und bietet gleichzeitig Verhandlungen über eine Reduzierung der beiderseitigen Systeme an.

1980

9. 10. Die DDR erhöht den Mindestumtausch für Westbesucher von DM 13 auf DM 25 pro Tag.

13. 10. Erich Honecker erklärt in einer Rede in Gera, die weitere Normalisierung im Verhältnis zur BRD hänge von vier Bedingungen ab: 1) Umwandlung der Ständigen Vertretungen in reguläre Botschaften, 2) Anerkennung der DDR-Staatsbürgerschaft, 3) Einigung über den Grenzverlauf an der Elbe (Strommitte), 4) Auflösung der Erfassungsstelle Salzgitter.

1981

20.–25. 11. Zweiter Staatsbesuch des sowjetischen Staats- und Parteichefs Leonid Breschnew in der Bundesrepublik.

11.–13. 12. Treffen von Bundeskanzler Schmidt und dem DDR-Staats- und Parteichef Erich Honecker im Gästehaus der DDR am Werbellin-See bei Berlin.

1982

18. 6.	Die DDR entläßt alle »Republikflüchtlinge«, die die DDR vor dem 1. 1. 81 verlassen haben, aus der Staatsbürgerschaft und sichert ihnen Straffreiheit zu.
1. 10.	Bundeskanzler Helmut Schmidt durch konstruktives Mißtrauensvotum gestürzt, Helmut Kohl zum neuen Bundeskanzler gewählt.
20. 11.	Eröffnung der Autobahn Berlin–Hamburg.

1983

29. 6.	Die Bundesrepublik gewährt der DDR einen Kredit in Höhe von einer Milliarde DM.
24. 7.	Franz Josef Strauß, der den Milliarden-Kredit vermittelt hat, wird von Erich Honecker empfangen.
15. 9.	Als erster Regierender Bürgermeister (West-) Berlins besucht Richard v. Weizsäcker den Staatsratsvorsitzenden der DDR.
5. 10.	Erich Honecker kündigt den Abbau der Selbstschußanlagen an der Grenze an.

1984

9. 1.	Die DDR übergibt den Betrieb der (West-) Berliner S-Bahn an den Senat von (West-) Berlin.
27. 6.	Die Westeuropäische Union (WEU) hebt die letzten Rüstungsbeschränkungen für die Bundesrepublik auf. Die BRD darf nunmehr auch Fernbomber und Fernraketen bauen.

25. 7.	Die Deutsche Bank gewährt der DDR einen weiteren, von der Bundesregierung verbürgten Milliardenkredit.
1. 8.	Die DDR gibt weitere Reiseerleichterungen bekannt: Die Aufenthaltsdauer von Westbesuchern in der DDR wird von 30 auf 45 Tage pro Jahr verlängert. Die Berechtigungsscheine für den grenznahen Verkehr werden von drei auf sechs Monate verlängert, die Aufenthaltsdauer im grenznahen Verkehr auf zwei Tage erweitert. Der Mindestumtausch für Rentner wird auf DM 15 gesenkt. DDR-Rentner dürfen künftig nicht nur Verwandte, sondern auch Bekannte im Westen besuchen. Die Ausreisedauer wird von 30 auf 60 Tage verlängert.

1985

12. 3.	Michail Gorbatschow in Moskau zum Generalsekretär der KPdSU gewählt.
19.–21. 11.	Erstes Gipfeltreffen zwischen US-Präsident Ronald Reagan und Generalsekretär Gorbatschow in Genf. Beide Seiten verpflichten sich, auf militärische Überlegenheit zu verzichten. Beginn der weltweiten Entspannung.

1986

29. 1.	Volkskammer-Präsident Horst Sindermann auf Einladung der SPD zu Besuch in Bonn. Treffen mit Bundeskanzler Kohl.
1. 2.	Die DDR lockert die Ausreisepraxis für Personen unterhalb des Rentenalters. Die Zahl der Besuchsreisen in die Bundesrepublik schnellt sprunghaft in die Höhe.
6. 5.	Unterzeichnung des Kulturabkommens zwischen beiden deutschen Staaten. Es soll die Zusam-

menarbeit auf den Gebieten der Kultur, Kunst, Bildung und Wissenschaft fördern.

19. 9. Erste deutsch-deutsche Städtepartnerschaft zwischen Saarlouis und Eisenhüttenstadt.

1987

25. 3. Erster Austausch von Manöverbeobachtern zwischen BRD und DDR: Zwei Offiziere der Bundeswehr nehmen an einer Übung der Nationalen Volksarmee teil. – Gegenvisite zweier NVA-Offiziere bei der Bundeswehr am 14. 9.

6.–11. 7. Staatsbesuch von Bundespräsident Richard v. Weizsäcker in der Sowjetunion.

27. 8. SPD und SED verabschieden ein gemeinsames Grundsatzpapier, in dem sich beide Seiten auf den friedlichen Wettbewerb der Systeme verpflichten.

7.–11. 11. Besuch des DDR-Staatsratsvorsitzenden Erich Honecker in der Bundesrepublik.

8. 12. US-Präsident Ronald Reagan und Generalsekretär Michail Gorbatschow unterzeichnen in Washington das INF-Abkommen, den ersten effektiven Abrüstungsvertrag der modernen Geschichte. Die USA und die UdSSR beschließen, ihre atomaren Mittelstrecken-Raketen vollständig zu verschrotten. Inspektionsteams beider Seiten beaufsichtigen den Prozeß.

1988

29. 5.–2. 6. Staatsbesuch von US-Präsident Reagan in der Sowjetunion.

5. 8. Neue Verkehrsverbesserungen für Berlin vereinbart: Die DDR sagt Errichtung eines dritten

	Grenzübergangs im Süden West-Berlins zu. – Gleichzeitig wird der Ausbau der Eisenbahnstrecke Hannover–Berlin zur Schnellbahn beschlossen. – Die Transitpauschale für den Berlin-Verkehr wird auf 860 Mio. DM erhöht.
14. 12.	Die DDR erläßt eine Verordnung, durch die die erweiterten Reisemöglichkeiten erstmals auf eine Rechtsgrundlage gestellt werden. Privatreisen von Personen unterhalb des Rentenalters sind damit auch zu entfernten Verwandten möglich.
31. 12.	Neuer Rekord im deutsch-deutschen Reiseverkehr: 1988 kamen erstmals mehr DDR-Bürger in den Westen als Bundesbürger in die DDR. Insgesamt wurden 6,7 Mio. Einreisen in die Bundesrepublik und nach West-Berlin registriert, darunter 1,2 Mio. Besuche von Nichtrentnern.

1989

12. 2.	Das Zentralkomitee der Ungarischen Sozialistischen Arbeiterpartei beschließt die Einführung des Mehrparteiensystems in Ungarn.
26. 3.	In der Sowjetunion finden erstmals seit 1917 geheime Wahlen mit konkurrierenden Kandidaten zum neugeschaffenen Kongreß der Volksdeputierten statt.
4. 6.	In Polen werden erstmals freie Wahlen abgehalten. Die Opposition erringt einen überwältigenden Erfolg.
11.–14.6.	Staatsbesuch Michail Gorbatschows in der Bundesrepublik. Eine gemeinsame Erklärung bekräftigt „das Recht aller Völker und Staaten, ihr Schicksal frei zu bestimmen".
19. 8.	Massenflucht von 600 DDR-Bürgern über die ungarisch-österreichische Grenze an einem einzigen Tag – neuer Höhepunkt der inneren Krise der DDR.

BIBLIOGRAPHIE

Quellen und Dokumentationen

Zur Deutschlandfrage

Archiv der Gegenwart, Bonn/Wien/Zürich 1943–1972;
Bericht der Bundesregierung und Materialien zur Lage der Nation, hrsg. vom Bundesministerium für Innerdeutsche Beziehungen, Bonn 1971;
Berlin 1945–1951, hrsg. vom Senat von Berlin, Berlin 1964;
Conference of Berlin 1945, hrsg. vom Department of State, Washington 1960;
Deuerlein, E.: Die Einheit Deutschlands, Berlin/Frankfurt/M. 1957;
Ders.: DDR. Geschichte und Bestandsaufnahme, München 1971;
Europa Archiv. Zeitschrift für internationale Politik, hrsg. von W. Cornides, Frankfurt 1947–1963;
Hillgruber, A.: Deutsche Geschichte 1945–1972, Stuttgart 1987;
Münch, I. v. (Hrsg.): Dokumente des geteilten Deutschland, Stuttgart 1968;
Murawski, E.: Wehrmachtsbericht, Boppard 1962;
Ploetz, K.: Die deutsche Frage, Würzburg 1964;
SBZ von A–Z, hrsg. vom Bundesministerium für Gesamtdeutsche Fragen, Bonn 1953 ff.;
Siegler, H.: Dokumentation zur Deutschlandfrage, 5 Bde., Bonn 1961–1970;
Ders.: Wiedervereinigung und Sicherheit Deutschlands, 2 Bde., o. O. 1967;
Stammen, Th.: Einigkeit und Recht und Freiheit, München 1965;

Texte zur Deutschlandpolitik, hrsg. vom Bundesministerium f. Innerdeutsche Beziehungen, 11 Bde., Bonn/Berlin 1961–1972;
Ders.: Zehn Jahre Deutschlandpolitik 1969–1979, Bonn 1980;
Ders.: Innerdeutsche Beziehungen 1980–1986, Bonn 1986;
Vogelsang, T.: Das geteilte Deutschland, 1980;
Wettig, G.: Die Sowjetunion, die DDR und die Deutschlandfrage o. O. 1976;

Zur alliierten Politik

Balfour, M.: Vier-Mächte-Kontrolle in Deutschland 1945 bis 1946, hrsg. v. A. J. Toynbee, Düsseldorf 1959;
Beal, J. R.: John Foster Dulles 1888–1959, New York 1959;
Churchill, W. L.: Memoiren, 6 Bde., Stuttgart/Hamburg/Bern 1954;
Clay, L. D.: Entscheidung in Deutschland, Frankfurt/M. 1950;
Clemens, D. Sh.: Jalta, Stuttgart 1972;
Dulles, E. L.: John Foster Dulles. The Last Year, New York 1963;
Gaulle, Ch. de: Memoiren 1942–1946, Düsseldorf 1961;
Gerson, L. L.: John Foster Dulles, New York 1968;
Hull, C.: The Memoirs of C. Hull, 2 Bde., London 1950;
Kennan, G. F.: Memoiren eines Diplomaten, München 1971;
Kennedy, R.: Dreizehn Tage, hrsg. v. Th. Sorensen, Bern/München/Wien 1969;
Leahy, W. D.: I Was There. The Personal Story of the Chief of Staff to Presidents Roosevelt and Truman, London 1949;
Moltmann, G.: Amerikas Deutschlandpolitik im Zweiten Weltkrieg, Heidelberg 1958;
Montgomery, B. L. V.: Memoiren, München 1958;
Murphy, R. D.: Diplomat unter Kriegern, Berlin 1965;
O'Donnell, K.: Johnny, We Hardly Knew Ye, Boston 1972;
Schukow, G. K.: Erinnerungen, Stuttgart 1969;
Sherwood, R. E.: Roosevelt und Hopkins, Hamburg 1950;
Ders.: The White House Papers of Harry L. Hopkins, 2 Bde., New York 1950;
Smith, W. B.: Moscow Mission 1946–1949, London 1950;
Stimson, Ph. M.: On Active Service in Peace & War, New York 1948;
Truman, H. S.: Memoiren, 2 Bde., Bern/Stuttgart 1955;
Weingartner, Th.: Die Außenpolitik der Sowjetunion seit 1945, Düsseldorf 1973;
Williams, F.: A Prime Minister Remembers, London 1961;

Zur Bundesrepublik

Adenauer, K.: Erinnerungen, 4 Bde., Stuttgart 1965–1968;

Baring, A.: Außenpolitik in Adenauers Kanzlerdemokratie, 2 Bde., München 1971;

Ders.: Unser neuer Größenwahn, Stuttgart 1988;

Benz, W./Plum, G./Röder, W.: Einheit der Nation, Diskussionen und Konzeptionen zur Deutschlandpolitik der großen Parteien seit 1945, Stuttgart 1978;

Brandt, W.: Mein Weg nach Berlin, München 1960;

Ders.: Begegnungen und Einsichten, Hamburg 1976;

Brandt, W./Löwenthal, R.: Ernst Reuter, ein Leben für die Freiheit, München 1957;

Conze, W.: Jakob Kaiser, Stuttgart 1969;

Erdmenger, K.: Das folgenschwere Mißverständnis, Freiburg i. Br. 1967;

Faust, F.: Das Potsdamer Abkommen und seine völkerrechtliche Bedeutung, Frankfurt/M./Berlin 1969;

Grewe, W. G.: Rückblenden. Aufzeichnungen eines Augenzeugen deutscher Außenpolitik von Adenauer bis Schmidt, Berlin 1979;

Hacke, Chr.: Weltmacht wider Willen, Stuttgart 1988;

Heine, F.: Kurt Schumacher, Göttingen 1969;

Heuss, Th.: Aufzeichnungen 1945–1947, hrsg. v. E. Pikart, Tübingen 1966;

Hoegner, W.: Der schwierige Außenseiter, München 1959;

Institut für Zeitgeschichte: Westdeutschlands Weg zur Bundesrepublik 1945–49, München 1976;

Jaspers, K.: Freiheit und Wiedervereinigung, München 1960;

Kaden, A.: Einheit oder Freiheit, Hannover 1964;

Kaisen, W.: Meine Arbeit, mein Leben, München 1967;

Koch, D.: Heinemann und die Deutschlandfrage, München 1972;

Koch, P.: Willy Brandt, Berlin/Frankfurt 1988;

Lemmer, E.: Manches war doch anders, Frankfurt/M. 1968;

Maier, R.: Ein Grundstein wird gelegt, Tübingen 1964;

Ders.: Erinnerungen 1948–1953, Tübingen 1966;

Narr/Thränhardt (Hrsg.): Die Bundesrepublik Deutschland. Entstehung, Entwicklung und Struktur, Meisenheim 1979;

Ollenhauer, E.: Reden und Aufsätze, hrsg. v. F. Sänger, Hannover 1964;

Paul, W.: Kampf um Berlin, München/Wien 1962;

Pünder, T.: Das bizonale Interregnum, Köln/Berlin 1966;

Ritzel, H. G.: Kurt Schumacher in Selbstzeugnissen und Bilddokumenten, Reinbek 1972;
Schlange-Schöningen, H.: Im Schatten des Hungers, Hamburg/Berlin 1955;
Scholz, A./Oschilewski, W. G. (Hrsg.): Turmwächter der Demokratie. Ein Lebensbild von Kurt Schumacher, 3 Bde., Berlin 1953;
Sethe, P.: Zwischen Bonn und Moskau, Frankfurt/M. 1956;

Zur DDR

Bahro, R.: Die Alternative, Frankfurt/Main 1977;
Brandt, H.: Ein Traum, der nicht entführbar ist. Mein Weg zwischen Ost und West, München 1967;
Doernberg, St.: Kurze Geschichte der DDR, Berlin (Ost) 1964;
Ders.: Die Geburt eines neuen Deutschland, Berlin (Ost) 1959;
Gniffke, E. W.: Jahre mit Ulbricht. Memoiren, Köln 1966;
Grüber, H.: Erinnerungen aus sieben Jahrzehnten, Köln 1968;
Havemann, R.: Aus der Biographie eines deutschen Marxisten, Hamburg 1972;
Keiderling, G./Stulz, P.: Berlin 1945–1968, Berlin (Ost) 1970;
Kreusel, D.: Nation und Vaterland in der Militärpresse der DDR, Stuttgart 1971;
Lehmann, H. G.: Chronik der DDR 1945/49 bis heute, München 1987;
Leonhard, W.: Die Revolution entläßt ihre Kinder, Berlin 1971;
Ludz, P. Ch.: Wissenschaft und Gesellschaft in der DDR, München 1971;
Merseburger, P.: Grenzgänger, München 1988;
Sontheimer, K./Bleek, W.: Die DDR. Politik, Gesellschaft, Wirtschaft, Hamburg 1972;
Stern, C.: Portrait einer bolschewistischen Partei, Köln 1972;
Ulbricht, W.: Zur Geschichte der neuesten Zeit, Berlin (Ost) 1955;
Venohr, W.: Die roten Preußen, Erlangen/Bonn/Wien 1989;
Weber, H.: SED 1946–1971, Hannover 1971;
Ders.: Kleine Geschichte der DDR, 1980;
Windmöller, E./Höpker, Th.: Leben in der DDR, Hamburg 1979;
Zentralkomitee der SED (Hrsg.): Geschichte der deutschen Arbeiterbewegung, Bde. 6–8, Berlin 1966;
Zieger, G.: Die Haltung von SED und DDR zur Einheit Deutschlands 1949–1987, Köln 1988;

Gesamtdarstellungen

Binder, G.: Deutschland seit 1945, Stuttgart 1968;
Dollinger, H. (Hrsg.): Die Bundesrepublik in der Ära Adenauer 1949–1963, München 1966;
End, H.: Zweimal deutsche Außenpolitik, Köln 1973;
Gaus, G.: Wo Deutschland liegt, Hamburg 1983;
Ders.: Die Welt der Westdeutschen, Köln 1986;
Grosser, A.: Deutschlandbilanz, München 1972;
Kuby, E.: Deutsche Schattenspiele, München 1988;
Treue, W.: Die Demontagepolitik der Westmächte nach dem 2. Weltkrieg, Hannover 1967;
Turner, H. A.: Geschichte der beiden deutschen Staaten seit 1945, München 1989;
Wettig, G.: Entmilitarisierung und Wiederbewaffnung in Deutschland 1945 bis 1955, München 1967;
Wucher, A.: Wie kam es zur Bundesrepublik?, Freiburg 1968;
Zündorf, B.: Die Ostverträge, München 1979;

BILDNACHWEIS

S. 313 Keystone; S. 314 AP; S. 315 STERN-Archiv; S. 316/317 Carl Weinrother; S. 318 STERN-Archiv; S. 319 STERN-Archiv; S. 320 Bernd P. Cardinal, STERN-Archiv, Keystone, Plakatarchiv der Bank- und Versicherungs-Oberschule Berlin 45; S. 321 Plakatarchiv der Bank- und Versicherungs-Oberschule Berlin 45, STERN-Archiv, Engels; S. 322 Munker; S. 323 STERN-Archiv; S. 324 Süddeutscher Verlag; S. 324/325 dpd; S. 326 AP; S. 327 dpd; S. 328/329 Keystone; S. 329 AP; S. 330/331 Europa GmbH, München; S. 332/333 UPI; S. 334/335 Höhne-Pohl; S. 335 Ullstein Bilderdienst; S. 336/337 Bildstelle (VFWD) Berlin 31; S. 338/339 dpa Fft.; S. 340 Keystone; S. 341 Ullstein Bilderdienst; S. 342/343 AP; S. 344/345 dpa; S. 346/347 dpa; S. 348/349 Sven Simon; S. 349 Pabel; S. 350/351 Sven Simon; S. 352 STERN-Archiv; S. 353 ADN; S. 354/355 Poly-Press; S. 356 Poly-Press; S. 357 Karin Hyzdal v. Miserony.

PERSONENREGISTER

D

E

F

G

H

N

O

P

R

S